·西部经济论丛·

金融创新与发展研究

**Jinrong Chuangxin
Yu Fazhan Yanjiu**

卓武扬　毛　茜◎主编

西南财经大学出版社

图书在版编目(CIP)数据

金融创新与发展研究/卓武扬,毛茜主编.—成都:西南财经大学出版社,2014.4

ISBN 978 - 7 - 5504 - 1240 - 8

Ⅰ.①金…　Ⅱ.①卓…②毛…　Ⅲ.①金融事业—经济发展—研究—中国　Ⅳ.①F832

中国版本图书馆 CIP 数据核字(2013)第 258753 号

金融创新与发展研究

卓武扬　毛　茜　主编

责任编辑:李　雪

封面设计:墨创文化

责任印制:封俊川

出版发行	西南财经大学出版社(四川省成都市光华村街55号)
网　　址	http://www.bookcj.com
电子邮件	bookcj@foxmail.com
邮政编码	610074
电　　话	028 - 87353785　87352368
照　　排	四川胜翔数码印务设计有限公司
印　　刷	郫县犀浦印刷厂
成品尺寸	185mm×260mm
印　　张	24.25
字　　数	525 千字
版　　次	2014 年 4 月第 1 版
印　　次	2014 年 4 月第 1 次印刷
书　　号	ISBN 978 - 7 - 5504 - 1240 - 8
定　　价	68.00 元

前 言

2007 年 7 月，美国出现次贷危机。2008 年 9 月，雷曼兄弟公司倒闭。美国的金融危机不仅裂变成全球的金融危机，而且转变成十足的经济危机，对全球经济形成严重冲击，给多国带来失业大增、政治动荡的严峻挑战。人们纷纷将危机爆发的"元凶"归结为高证券化、高杠杆率、高流动性的金融产品创新。

然而，从广义上说，金融创新不仅包括金融产品的创新，而且包括金融业中机构组织形式、经营管理机制、金融服务以及融资方式等一系列创造性变革、组合、发展、演进。现在全球经济已经度过了最为艰难的时期，但如果不对现有的经济金融体系在危机中暴露出的深层次和结构性的问题进行反思和追溯，很可能无法完全消除导致危机的隐患。另外，在我们追根溯源找到危及金融体系的深层次原因的同时，金融经济又有怎样的发展路径和发展趋势，更是我们关心的话题。

随着金融的发展，交易成本的降低、市场的完善、价格中信息含量的提高等所带来的福利一直造福着社会，金融体系带来的资本积累和技术创新也推动着经济的发展。毫无疑问，金融创新在节约筹资成本、提高投资回报、提供日益精确的风险管理以及在税收和管制范围的变迁中更高效率地运作等方面的优势已为广大投资者、企业、金融服务机构所认识。

金融的核心，在于跨时间、跨空间的价值交换。正是金融创新更为有效的资源配置功能在整个经济中发挥的强大作用，使得金融体系在当今每个经济体中日益重要，不可替代。那么，金融创新过程中带来的跨越时间、跨越空间的价值交换能解决人类什么问题？可能带来怎样的效应？换言之，金融体系将如何发展？

本书基于四川省教育厅人文社科重点基地"科技金融与创业金融研究中心"相关项目和课题，邀请西华大学经济与贸易学院教授、博士和其他教师、研究生、兄弟院校金融学科科研同仁，以及金融实践领域各方人士，就金融市场、公司金融、金融产品、金融监管等领域的创新与发展问题进行探讨，专注于经济学、法学、管理学、风险管理等在金融领域的交叉学科研究。现将相关研究成果收集汇编成册，题为《金融创新与发展研究》。论文集的探讨立足于当前金融创新与发展的前沿问题，研究视野不局限于本区域、本土，而是扩展至国际、洲际。论文集的汇编和出版，在展现各方智慧和观点的同时，也希望为当今金融领域的发展提供智力支持。

　　本书涉及金融理论、金融法律、金融制度、金融创新等金融前沿问题以及金融案例分析等方面内容，由西华大学卓武扬教授、教师毛茜主编，西华大学经济与贸易学院公司金融专业的研究生甘璐、周鑫睿参与了本书的编纂。

　　当然，金融学博大精深，当本书以管中窥豹的视野探析金融创新与发展问题时，难免陷入盲人摸象的局限与困顿。因此，本书的出版意在抛砖引玉，欢迎读者们交流和建议。

编者

2013 年 10 月

目 录
MULU

◇ **第一篇　金融理论研究**

中国金融发展与服务贸易互动关系研究

　　——基于 VAR 模型分析 ……………………… 程盈莹　郭　明　3

能源价格波动：金融因素及其应对措施 ……………………… 贺　刚　12

新型城镇化中的融资机制研究 ……………………………… 贺　刚　19

金融成长周期理论背景下的企业融资结构分析 ……………… 刘　俊　24

不确定收入和投资成本、不对称信息和企业投融资战略 ………… 罗　涛　29

基于精算定价视角下的预定利率市场化影响探析

　　——兼对《中国保监会关于普通型人身保险费率政策改革有关事项的通知》

　　的解读 ……………………………………… 毛　茜　张　佩　54

银行业外部风险传染的现状、特征及防范对策 ……………… 宁国芳　63

从财务分析角度看企业融资健康度

　　——以通威公司为例 ………………………………… 王文君　68

套期保值的正确理解与合理使用 …………………………… 伍　刚　76

人力资本与公司绩效：我国保险公司的实证研究 …………… 姚寿福　82

我国货币发行量高速增长的经济效应分析 …………… 陈　涛　姚寿福　90

资本区域流动特点及均衡分析 ······················ 义旭东 98

略论区域金融生态环境的优化 ················· 曾建民 罗 丹 102

◇ 第二篇　金融法律研究

我国农村合作金融的立法构建探析 ····················· 彭 景 109

金融服务消费者权益保护的法制建设研究 ················· 王伦强 114

进口押汇的法律关系及银行的风险防范 ·················· 袁春梅 121

美国中小企业的融资渠道

　　　　——JOBS 法案及启示 ················· 谭 阳 郑兴渝 126

论民营银行市场准入的法律法规约束 ··················· 朱怀庆 132

证券电子商务的若干法律问题研究 ········· 卓武扬 周鑫睿 甘 璐 137

◇ 第三篇　金融制度研究

境内上市公司现金分红制度的完善 ···················· 凌廷友 145

存款保险制度的国际比较及对中国的启示 ················· 刘 俊 151

中国各土地制度经济效率：比较与选择 ·················· 龙云安 157

澳大利亚碳定价制度分析及对我国的启示 ················· 陆 雨 169

浅谈民营银行的风险及防范 ···················· 袁春梅 柳 絮 175

中国企业年金的治理缺陷及应对策略 ················ 张 佩 毛 茜 180

我国新股发行定价方式市场化演进与改革 ················· 朱怀庆 187

◇ 第四篇　金融前沿问题

房地产投资信托基金的发展探究 ····················· 何秋洁 193

谨慎看待优先股的作用 ·························· 凌廷友 199

中国银行理财市场发展趋势研究 ····················· 孙从海 204

商业银行对中小企业融资的互助担保模式分析与改进 ··········· 王伦强 211

中小微企业融资问题探讨 ························· 伍 刚 218

基于社会网络的民间借贷信用评价指标体系研究 …………… 熊于宁 225

引进投资发展区域经济过程中需要警惕"候鸟企业"现象 ……… 于代松 231

中国中小企业国际化的现状分析及对策研究

　　——基于调研数据的实证 ……………………… 左世翔 236

◇ 第五篇　金融创新研究

中国金融服务贸易竞争力研究 ……………………… 程盈莹 247

基于互动机制的银行多元化分销渠道配置策略研究 ……… 崔敬东　高庆成 253

浅析网上支付中的用户身份鉴别机制 …………………… 高庆成 259

金融经济可持续发展与创新的关系探悉 …………………… 黄煦凯 267

金融创新与经济增长 …………………………………… 黄煦凯 272

碳金融发展背景下我国商业银行业务创新的现实路径 ……… 陆　雨 283

后危机时代对金融创新作用的再审视

　　——对金融创新、金融风险与金融危机之间关系的文献综述 ………

　　……………………………… 毛　茜　甘　璐　周鑫睿 289

四川省人口老龄化与商业银行业务创新 …………………… 谢海芳 295

基于金融创新的系统性金融风险传导路径研究 …………… 徐　雷 301

浅析电子支付工具的现状、问题与对策 …………… 罗　丹　曾建民 307

◇ 第六篇　实务案例研究

美国房地产投资信托（REITs）研究及对我国的启示 …………… 何秋洁 319

挖掘农村闲置土地潜力之SWOT分析

　　——以四川省巴中市平昌县生态鸡养殖为例 ……… 蒋　丽　冯　川 328

温州民间借贷困境及其政策分析 ………………… 兰　虹 337

中资银行与外资银行理财业务发展比较研究 …………… 孙从海 343

从我国输往国外太阳能光伏产品争端解决看WTO《与贸易有关的投资措施

　　协议》 ……………………………… 吴总建　陈　妍 350

景点类旅游上市公司丽江公司财务状况分析 …………… 游文静 张 华 358

保险法案例教学中提升学生参与度的方法探讨 …………… 张 佩 365

美国家庭的理财与投资 ……………………………… 谭 阳 郑兴渝 371

【第一篇】

金融理论研究

JINRONG LILUN YANJIU

中国金融发展与服务贸易互动关系研究[①]
——基于 VAR 模型分析

程盈莹　郭　明[②]

【程盈莹　西华大学经济与贸易学院　四川成都　610039】
【郭　明　南京银行扬州分行　江苏扬州　225000】

[摘要] 本文以中国服务贸易 1982—2007 年的相关数据为样本，基于 VAR 的分析框架研究了中国金融发展与服务贸易的互动关系。结果表明：中国金融发展与服务贸易之间存在稳定的长期的均衡关系，其中金融发展对服务贸易进出口有显著的促进作用，且对服务贸易进口的作用更大，而服务贸易进出口对金融发展仅具有微弱的促进作用。在短期内，金融发展水平与服务进出口贸易之间的互动关系比较微弱。因此，中国应该加快金融行业的改革与创新步伐，发挥金融对贸易的促进作用。

[关键词] 金融发展　服务贸易　向量自回归模型

一、引言

服务贸易正成为全球经济竞争的重点，全球经济的 70% 是服务型经济。要转变经济增长方式，就要加快服务型经济发展，特别是要加快服务贸易发展。随着世界全球化进程的加快，金融发展和贸易的互动关系日益突出。金融发展主要通过金融制度、技术创新、资源配置、分散风险和汇率调整等途径来影响国际贸易。贸易对金融发展的作用主要体现在服务贸易的进出口对一国的金融发展水平提出了更高的要求，需要保证金融的稳定以及更高的金融服务水平[1]。

目前已有的相关文献认为，一国的金融发展和国际贸易有着密切的关系。Eaton 和 Grossman（1985）[2]认为，当金融市场不尽完善时，将引起贸易干涉，所以一国金融市场的完善程度会影响一国的商业政策。Beck（2002）[3]从企业外源融资的角度构造了一个模型，通过对 65 个国家 30 年的制造业出口数据进行实证分析，结果

---

① 本文获得西华大学重点科研基金项目（项目编号：zw1221202）和西华大学澳大利亚研究中心项目（项目编号：A1321210）的资助。

② 程盈莹，女，西华大学经济与贸易学院讲师，博士，主要研究方向为国际贸易理论与政策；郭明，男，硕士，研究方向为公司金融。

表明金融体系越完善的国家其出口贸易份额越高，因而金融发展和国际贸易之间存在因果关系。Manova（2008）[4]证实了金融信贷约束是决定国际贸易流动的一个重要因素。在国际贸易对金融发展影响的研究上，Blackburn和Hung（1998）[5]认为通过规模效应，贸易自由化能加速金融市场的创新和发展，降低金融中介代理成本，产生更高的增长率。Aizenman（2003）[6]从理论上研究了国际贸易开放对于金融自由化的影响。他认为贸易自由化使得金融控制成本增加，最终导致金融改革的发生。

近年来，国内学者对中国金融发展与国际贸易之间的关系也开始进行了初步探讨。孙兆斌（2004）[7]研究表明我国金融发展与出口商品结构之间存在长期稳定的均衡关系，金融发展是出口商品优化的原因，但出口商品结构优化不是金融发展的原因。齐俊妍（2005）[8]说明金融发展可以通过提高资本禀赋和促进技术进步来影响一国的比较优势。梁莉（2005）[9]认为贸易开放度是金融发展的格兰杰原因，并不是金融发展促进了贸易开放。沈能（2006）[10]认为我国金融发展与国际贸易在长期中存在均衡关系。杨丹萍和毛江楠（2010）[11]以中国纺织产业为例研究了金融发展与对外贸易的互动关系，结果表明我国金融发展与对外贸易之间存在长期稳定关系。

20世纪90年代末期以来，金融发展理论与国际贸易理论日渐融合，关于两者关系的研究成为当前一个快速成长的学术前沿。以前的研究比较多地集中于金融发展与货物贸易的研究，对于金融发展与服务贸易的互动关系研究，仅仅分析了长期均衡关系，并未分析两者的短期互动关系。本文以中国服务贸易1982—2007年的相关数据为样本，采用向量自回归（VAR）模型实证分析中国金融发展和服务贸易的短期与长期互动关系。

二、模型、指标选取以及数据来源

（一）VAR计量模型简介

希姆斯（Sims）1980年提出的向量自回归模型把系统中每一个内生变量作为系统中所有内生变量的滞后值的函数来构造模型，即每个被解释变量都对自身以及其他被解释变量的若干期滞后值进行回归。向量自回归模型$VAR(k)$的一般形式如下：

$$y_t = A_1 y_{t-1} + A_2 y_{t-2} + \cdots + A_k y_t - k + B x_t + \varepsilon_t \qquad t = 1, 2, \cdots, T$$

其中，y_t是n维内生变量向量，x_t是d维外生变量向量，k是滞后阶数，T是样本个数，$n \times n$维矩阵$\mathbf{A}_1$、$\cdots$、$\mathbf{A}_p$和$n \times d$维矩阵$\mathbf{B}$是要被估计的系数矩阵，ε_t是n维随机扰动向量，它们相互之间可以同期相关，但不与自己的滞后值相关及不与不等式右边的变量相关。在上式的基础上，本文采用时间序列数据LnFIR、LnEx和LnIm建立VAR模型。

（二）指标的确定和数据来源

1. 服务贸易规模指标的选取及数据

在以往的对外贸易研究中，较多的学者注重分析金融发展对货物商品贸易的研究，而对外贸易不仅包括商品贸易还包括服务贸易。鉴于相关数据的可获得性，本文采用服务贸易出口额和服务贸易进口额来衡量服务贸易发展规模。

本文服务贸易进出口额来源于世界贸易组织（WTO）国际贸易统计数据库（International Trade Statistics Database），由于 Ex 和 Im 是以美元计，因此将当年的服务贸易出口、进口额分别按当年人民币对美元平均汇率换算成以人民币为单位。

2. 金融发展水平指标的选取及数据

对于金融发展水平指标本文选用 Mckinnon（1973）所提出用货币存量与国内生产总值的比重来衡量一国的经济货币化程度，在实际的操作中，常简化为货币和准货币（M2）与国内生产总值之比，用 FIR 表示。这一指标可以近似地反应一国的金融发展水平。

本研究的样本期间为 1982—2007 年，M2 和国内生产总值（GDP）数据来源于《中国统计年鉴》《中国金融年鉴》《新中国五十年统计资料汇编》等资料。

本文为便于分析，对原时间序列数据进行对数化处理，取对数后一般会减弱数据的波动性，且不会改变原数据性质和相互关系，在某种程度上还能减弱甚至消除时间序列中的异方差。做各变量 LnFIR、LnEx 和 LnIm 的时序图（见图 1），从图中可以看出，LnFIR、LnEx 和 LnIm 存在明显的不平稳性，且数据随着时间的变化有增大的趋势。

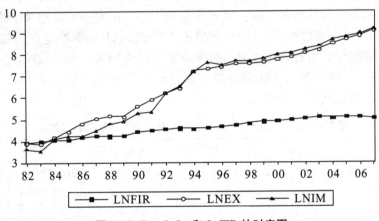

图 1　LnEx、LnIm 和 LnFIR 的时序图

三、中国金融发展与服务贸易的长期均衡关系

（一）数据平稳性检验

本文使用的是时间序列数据，在对时间序列进行分析时，传统上要求数据是平稳的，若数据不平稳则有可能会出现"伪回归"现象。现实经济中的时间序列一般是非平稳的，因此，在对各经济变量进行分析之前，需要对各经济变量序列的平稳性进行单位根检验，单位根检验的方法很多，如迪基—福勒（DF）方法、增广的迪基—福勒（ADF）方法、菲利普斯—配荣（PP）方法，本文采用 ADF 方法。检验结果如表 1。

表1　　　　　　　　　　　　各变量的 ADF 单位根检验结果

变量	检验形式 （c,t,k）	ADF 统计值	ADF 统计临界值 （5%显著性水平）	结论
LnEx	（c,t,2）	−1.459 977	−3.603 202	不平稳
LnIm	（c,t,2）	−1.306 421	−3.603 202	不平稳
LnFIR	（c,t,2）	−0.581 017	−3.603 202	不平稳
ΔLnEx	（c,N,0）	−4.962 964	−2.991 878	平稳
ΔLnIm	（c,N,0）	−5.510 856	−2.991 878	平稳
ΔLnFIR	（c,N,0）	−3.747 858	−2.991 878	平稳

注：①表中检验形式（c, t, k）分别表示单位根检验方程中包括常数项、时间趋势项和滞后差分阶数（由赤池信息准则 AIC 决定），N 表示无时间趋势项；②"Δ"表示变量的一阶差分。

由表1可知，在5%的显著水平上，LnEx、LnIm 和 LnFIR 的原序列都是非平稳的，一阶差分后的数据均为平稳时间序列，这说明它们均为一阶单整序列，为进一步进行协整分析提供了必要前提条件。

（二）确定模型的最优滞后期

多变量 VAR 模型的关键是选择系统内解释变量滞后期 K 的长度，而协整分析的结果对滞后期的选择也很敏感。如果滞后期太小，误差项的自相关会很严重，会导致参数估计的非一致性。但是滞后期越长，模型需估计的参数越多，自由度越少，这又会影响参数估计的有效性。为了选择合适的滞后期 K，考虑到样本容量，本文采用 LR、FPE、AIC、SC、HQ 等准则，通过软件处理结果如表2。从结果可以得出，本文选择的最优滞后期应为4。

表2　　　　　　变量 LnEx、LnIm 和 LnFIR 的 VAR 模型最优滞后期判断结果

Lag	LogL	LR	FPE	AIC	SC	HQ
0	−2.243 745	NA	0.000 323	0.476 704	0.625 483	0.511 752
1	64.008 19	108.412 3	1.80e−06	−4.728 017	−4.132 903	−4.587 826
2	69.504 02	7.494 317	2.61e−06	−4.409 456	−3.368 007	−4.164 122
3	90.024 64	22.386 13	1.06e−06	−5.456 786	−3.969 000	−5.106 308
4	112.318 4	18.240 32*	4.34e−07*	−6.665 306*	−4.731 185*	−6.209 686*

（三）验证 VAR 模型的稳定性

确定 VAR 模型的最优滞后期之后，要对模型的稳定性进行检验。对于滞后期数大于1的 VAR 模型可通过矩阵变换，改写成1阶分块矩阵的 VAR 模型形式，然后利用其特征方程的根判别其稳定性。如果被估计的 VAR 模型的特征方程的所有根的倒数都小于1，即位于单位圆内，则说明模型是稳定的；反之，则是不稳定的。根据检验结果（见图2）可知，所有特征根的倒数都在单位圆以内，故 VAR（4）模型是完全平稳的。所以最终给确定模型的最优滞后期数为4。

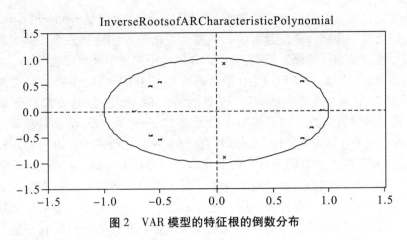

图2　VAR 模型的特征根的倒数分布

（四）协整分析

通过上文分析可知本文所建立的 VAR 模型是一个稳定的系统。对于稳定的VAR 模型系统存在一个或多个协整关系式。Johansen 检验可以判断协整方程的个数。本文选取序列无确定性序列线性趋势且有截距的 Johansen 协整检验结果如表3。从表3可知基于服务产业的中国金融发展与服务产业进出口之间有且只有一个协整方程。对应的协整关系为：$LnFIR = 0.21LnEx + 0.04LnIm$。

表3　　　　　　　　　　　　Johansen 协整检验结果

假设	特征根	迹统计量	5%临界值	P 值
None ＊	0.541 161	33.258 66	29.797 07	0.0192
At most 1	0.391 900	15.340 36	15.494 71	0.0527
At most 2	0.155 961	3.899 793	3.841 466	0.0483

由协整关系式可知，在长期关系中，服务贸易出口每增长 1%，将促进金融发展水平提高 0.21%。服务贸易进口每增长 1%，将促进金融发展水平提高 0.04%。这说明服务贸易进出口对金融发展都只有微弱的促进作用。这是由于我国目前服务贸易额较小，对金融发展所起的作用不显著。同时我国对外贸易在很长一段时间内都依附于国家计划调控，企业并没有进出口权利，更谈不上对金融的需求和发展。因此，现阶段我国服务贸易并没有较好地推动金融发展。

同时，金融发展水平每提高 1%，将促进服务贸易出口提高 4.76%，促进服务贸易进口提高 25%。这说明金融发展对服务贸易进出口有较强的促进作用。从金融发展水平（M2/GDP）来看，这是因为随着我国金融市场的发展和完善，使其具有资源配置的功能，能较好的调节资金流向，促进服务业的发展，进而促进服务贸易的发展。

四、中国金融发展与服务贸易的短期动态关系

（一）确立向量误差修正模型（VEC）

协整关系说明的是各变量之间长期的关系和趋势，要分析变量之间的短期动态

关系，一般需要引入向量误差修正模型（VEC）。VEC 模型是 Engle 和 Granger 将协整与误差修正模型相结合建立起来的。只要变量之间存在协整关系，就可以由自回归分布滞后模型导出误差修正模型。而 VAR 模型中的每个方程都是一个自回归分布滞后模型，因此，可认为 VEC 模型是含有协整约束的 VAR 模型。本文所建立的 VAR 模型滞后期为 4，对应的 VEC 模型的滞后期为 3，截距项和趋势项设置与 Johansen 检验的设置一致。VEC 模型结果见表 4。经检验 VEC 模型是稳定的。从表 4 的结果看：以 D（LNFIR）作为被解释变量的 VEC 方程来看，误差修正系数小于 0，符合反向修正机制，表明滞后 1 期的非均衡误差以 0.1% 的速度从非均衡状态向均衡状态调整。在短期内，金融发展水平滞后 1 期对服务贸易出口有略微显著的促进作用，对服务贸易进口有抑制作用，但是不显著。金融发展水平滞后 2 期对服务贸易进口的促进作用则相当显著（$t = 4.9857$），对服务贸易出口则有不显著的抑制作用。金融发展水平滞后 3 期对服务贸易出口的促进作用不显著，而对服务进口贸易则有较为显著的促进作用。而服务贸易出口滞后 1 到 3 期，对金融发展均只有微弱的抑制作用。服务贸易进口滞后 1 期，对金融发展有微弱的负效应，而滞后 2、3 期则对金融发展具有促进作用，但是不显著。

表 4   VEC 模型方程系数表

Error Correction:	D(LNFIR)	D(LNEX)	D(LNIM)
CointEq1	−0.103 916	0.512 763	1.405 976
	(0.105 67)	(0.225 66)	(0.184 66)
	[−0.983 44]	[2.272 26]	[7.613 87]
D(LNFIR(−1))	0.255 714	1.203 493	−0.501 273
	(0.310 52)	(0.663 16)	(0.542 66)
	[0.823 50]	[1.814 80]	[−0.923 73]
D(LNFIR(−2))	0.021 411	−0.169 998	3.138 817
	(0.360 25)	(0.769 36)	(0.629 56)
	[0.059 43]	[−0.220 96]	[4.985 70]
D(LNFIR(−3))	0.218 844	0.101 351	1.310 474
	(0.317 60)	(0.678 28)	(0.555 04)
	[0.689 05]	[0.149 42]	[2.361 04]
D(LNEX(−1))	−0.029 475	−0.313 613	−1.361 717
	(0.186 13)	(0.397 51)	(0.325 28)
	[−0.158 35]	[−0.788 95]	[−4.186 28]
D(LNEX(−2))	−0.034 179	−0.621 764	−0.631 434
	(0.097 33)	(0.207 86)	(0.170 09)
	[−0.351 17]	[−2.991 26]	[−3.712 31]

表4(续)

Error Correction：	D(LNFIR)	D(LNEX)	D(LNIM)
D(LNEX(−3))	−0.096 873 (0.117 94) [−0.821 40]	−0.154 984 (0.251 87) [−0.615 34]	−0.595 982 (0.206 10) [−2.891 65]
D(LNIM(−1))	−0.051 504 (0.104 36) [−0.493 53]	0.408 775 (0.222 87) [1.834 16]	0.610 604 (0.182 37) [3.348 12]
D(LNIM(−2))	0.031 834 (0.097 20) [0.327 50]	0.984 430 (0.207 59) [4.742 17]	1.304 699 (0.169 87) [7.680 49]
D(LNIM(−3))	0.064 160 (0.139 64) [0.459 48]	0.034 335 (0.298 21) [0.115 14]	1.158 083 (0.244 03) [4.745 73]
C	0.044 228 (0.039 59) [1.117 14]	0.060 986 (0.084 55) [0.721 29]	−0.137 227 (0.069 19) [−1.983 41]

注：(＊)里的数字是标准误差，[＊]里的数字是t统计量值。

（二）基于VAR模型的脉冲响应分析

脉冲响应函数是分析当一个随机误差项的冲击对系统的每个内生变量当期及其滞后期的动态影响。根据得到的VAR模型，基于脉冲响应函数分析方法，可以得到服务贸易进口份额、出口份额和金融发展水平之间的相互冲击动态响应路径。本文采用Cholesky分解方法得到脉冲响应。基于VAR（4）模型的脉冲响应函数的追踪期为10年。

（1）由图3可以看出，服务贸易出口额对金融发展水平一个标准差的冲击响应，当期显现出较高的负效应，在第2期上升为正值，到第6期达到最高值，从第6期开始下降，一直到第10期下降到接近0值。计算分析期内 $LnEx$ 的累计反应值可以发现，当期 $LnFIR$ 一个标准差冲击对 $LnEx$ 的累计反应为0.8，表明金融发展对服务贸易出口额长期有较强的正效应。

（2）由图4可以看出，在本期给金融发展水平一个标准差的冲击后，服务贸易进口额在当期出现负效应，但很快上升，到第4期就达到最高值。第5期稍微有所下降，第6期又上升，之后才下降，到第10期已经下降为负值。但是分析期内 $LnIm$ 的累计值接近1.0，这说明金融发展对服务贸易进口额长期有比对出口额还强的正效应。

（3）由图5可以看出，金融发展水平对服务贸易出口额一个标准差的冲击响应，当期没有反应，但是第2期就达到负的最大效应。接下来一直上升，到第5期时已上升到0值，之后继续上升，到第9期到达正的最大值，第10期又有所下降。计算分析期内 $LnFIR$ 的累计反应值为−0.02，这表明服务贸易出口对金融发展长期有微弱的负效应。

（4）由图6可以看出，在受到服务贸易进口一个标准差的冲击后，金融发展水平在分析期内波动性较大。当期没有反应，到第 3 期上升为正的最高点后开始下降，第 5 期后下降为最小值，之后又上升，到第 7 期后又上升为一个峰值，到第 9 期下降到波谷，第 10 期又稍微上升。计算分析期内 *LnFIR* 的累计反应值可以发现，当期 *LnIm* 一个标准差冲击对 *LnFIR* 的累计反应为 0.045，表明服务贸易进口对金融发展长期有微弱的正效应。

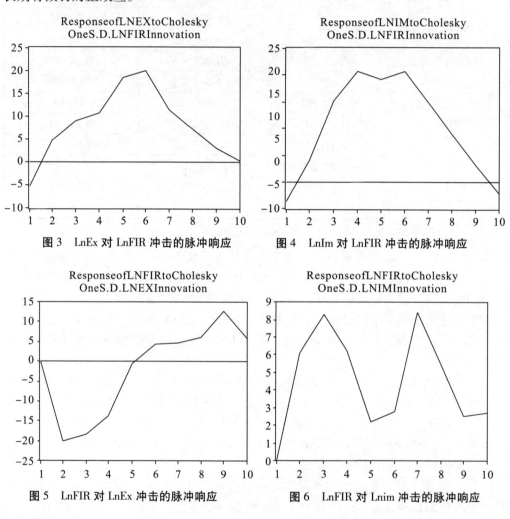

图3　LnEx 对 LnFIR 冲击的脉冲响应　　　　图4　LnIm 对 LnFIR 冲击的脉冲响应

图5　LnFIR 对 LnEx 冲击的脉冲响应　　　　图6　LnFIR 对 Lnim 冲击的脉冲响应

五、结论

本文以中国金融发展和服务贸易 1982—2007 年统计数据，运用 VAR 计量分析方法对金融发展与对外贸易的关系进行研究，得出以下结论：

（1）基于中国服务产业视角的金融发展水平与贸易规模之间存在着长期稳定的均衡关系。金融发对服务产业进出口贸易均有较强的促进作用，服务产业进出口贸易对金融发展具有微弱的促进作用。

（2）在短期内，金融发展水平与服务进出口贸易之间的互动关系则比较微弱。金融发展水平对服务进出口贸易均具有促进作用，但存在时滞效应。而服务出口贸易滞后 1 到 3 期对金融发展均只有微弱的抑制作用。服务进口贸易滞后 1 期对金融发展有微弱的负效应，而滞后 2、3 期则对金融发展具有促进作用，但是不显著。

因此，应加快金融业改革和发展的步伐，加大金融对服务进出口贸易的支持力度，进而促进服务型经济的发展。这对于我国转变经济增长方式，优化产业结构，增加就业，发挥我国人力资源优势等具有重大意义。

参考文献

［1］王志强，孙刚. 中国金融发展规模、结构、效率与经济增长关系的经验分析［J］. 管理世界，2003（7）.

［2］Eaton, J., Grossman, GM. Tariffs as Insurance：Optimal Commercial Policy When Domestic Markets Are Incomplete［J］. The Canadian Journal of Economics, 1985, 18（2）.

［3］Beck, T. Financial development and international trade：Is there a link?［J］. Journal of International Economics, 2002, 57（1）.

［4］Manova, K. Credit Constraints, Equity Market Liberalization and International Trade［J］. Journal of International Economic, 2008, 76（1）.

［5］Blackburn, K., Hung, V. T. Y. A Theory of Growth, Financial Development and Trade［J］. Econ-Omica, 1998, 65（257）.

［6］Aizenman, J. On the Hidden Links between Financial and Trade Opening［J］. Journal of International Money and Finance, 2008, 27（3）.

［7］孙兆斌. 金融发展与出口商品结构优化［J］. 国际贸易问题，2004（9）.

［8］齐俊妍. 金融发展与贸易结构——基于 HO 模型的扩展分析［J］. 国际贸易问题，2005（7）.

［9］梁莉. 金融中介与经济增长关系实证研究［J］. 金融理论与实践，2005（10）.

［10］沈能，刘凤朝. 金融因素对我国地区国际贸易发展差异的影响［J］. 现代财经，2006（7）.

［11］杨丹萍，毛江楠. 中国金融发展与对外贸易互动关系研究——基于中国纺织产业的 VAR 模型分析［J］. 国际贸易问题，2010（4）.

能源价格波动：
金融因素及其应对措施

贺　刚[①]

【西华大学经济与贸易学院　四川成都　610039】

[摘要] 本文基于能源价格波动的金融因素视角，分析能源期货市场中石油价格波动的金融属性对能源价格影响的传递方式，提出通过发挥能源期货市场主体功能、扩大能源期货交易品种范围以及优化能源期货市场发展环境等措施，以应对能源价格带来的影响。

[关键词] 能源价格波动　金融因素　能源商品　期货市场　发展环境

一、引言

由于能源价格运行涉及经济活动的多个方面，既关系到能源生产企业自身及其上下游工业企业利益，又关系到居民的社会福利和整个社会的经济发展安全，因此，经济活动对能源价格运行的敏感性极强。在市场经济条件下，能源价格直接反映着能源市场供给与需求的变化，并调节着供需双方的资源配置和生产经营活动。它是国家宏观调控和企业进行资源配置及经济决策的重要基础之一。在我国经济发展史上，还从未有过目前这种对能源价格运行给予高度关注的情形，除了由于能源在我国经济发展中的地位不断提高和矛盾日渐突出之外，能源价格的波动正受到供求、宏观调控、成本、金融操作、自然条件等多种复杂因素的冲击而不再像以前那样稳健运行。本文基于能源价格波动的金融因素视角，分析能源期货市场中石油价格波动的金融属性对能源价格影响的传递方式，并提出应对能源价格波动的应对措施。

① 贺刚，男，1971年12月生，四川资阳人，副教授，经济学博士，硕士生导师，西华大学区域社会经济研究所副所长，研究方向：宏观经济分析、区域经济学、投资理论与实践等。担任2007年度国家哲学社会科学基金重大招标课题"中国特色新型工业化道路研究"（07&ZD024）子课题负责人；2008年、2012年分别获得省部级科技进步奖和省哲学社会科学优秀成果奖各1项；近年来合作出版著作5部，并在《价格理论与实践》、《证券市场导报》等国内多家CSSCI期刊上发表论文数篇。

二、能源价格波动的金融因素

20世纪70年代的石油危机在给世界石油市场带来巨大冲击的同时，也为世界金融市场的发展提供了机遇——石油期货随即出现。1982年纽约商品交易所（NYMEX）推出的西德克萨斯中质原油（WTI）期货合约，与1988年英国国际交易所（IPE）推出的布伦特（BRENT）原油期货合约已成为全球原油现货贸易的重要定价依据。原油期货的成功，其基本功能是为世界各国提供一个有效规避和分散由石油引发风险的平台和手段，但同时，IPE的BRENT期货和NYMEX的WTI期货也造就了大批的跨市套利者，加剧了原油价格的波动风险。除石油期货之外，国际能源金融衍生品市场上还包括电力和天然气等产品，但与石油类期货相比，这些金融衍生品的交易规模还较小。

能源期货市场的出现使能源商品传统的战略物资特性和物质金融特性融合在一起，国际油价往往在石油期货交易中形成，石油市场与金融市场的高度整合，金融因素的影响成为石油价格波动的一个重要推动力，从而扩散到其他能源产品上。WTI原油期货的成功，除深化国际金融市场的业务创新之外，也使得石油定价的主导权重新回到美国。美元汇率波动对能源价格的影响主要表现在两个方面：

第一，在消费品属性下美元汇率变动对石油价格的影响。美元汇率的波动可通过对外直接投资渠道影响石油的开采和供给，进而对石油价格产生影响。[①]同时，作为石油标价货币，美元的价格变动也会影响到石油价格。美元贬值时，同样的石油价值就需要更多美元来标价，反之则更少。这就犹如用一把直尺在量一件物品的长度，当直尺刻度缩水时，所测量物品长度必然增加，反之则缩短。例如，国际市场上，当对美元需求增加时美元升值，则石油价格就应当下降；对石油的消费需求增加时，假定市场上只有用美元才能购得石油，对美元需求的增加就会导致美元升值。近年来，美元持续贬值，若扣除通货膨胀因素，国际油价每桶仅相当于20世纪80年代的40美元左右。

第二，在金融属性下美元汇率变动对石油价格的影响。假定把石油和美元都作为一种金融资产，人们（或国家）只能在这两种资产之间做选择性投资，则其选择结果取决于持有两种资产的收益大小或增值程度。当人们投资美元收益大于石油时，美元的价格上升就会导致石油价格下降；反之，美元价格就会下降而石油价格就会上升。假定人们是风险厌恶者，那么美元资产价格的波动就可能导致石油价格的波动，反之亦然。因此，当大量美元资产为了规避贬值风险而转入大宗商品市场寻求保值和投机时，资金因素就可能进一步刺激油价大幅上涨。[②]2007年美元指数从年初的83.4下跌到年末的76.7，跌幅超过9%，接近2003年以来的最大跌幅，同期美元兑欧元跌至记录低点，兑英镑则跌至26年低点，而这段时间，也正是国际油价

---

① 关于汇率波动对外国直接投资的影响机理，可参见：贺刚. 人民币汇率波动对外国直接投资的影响 [J]. 统计与决策，2006（7）.

② 加拿大能源研究所对此作过研究分析，高油价中有20%以上是投机因素造成的溢价。详见中国石油新闻网（http://news.cnpc.com.cn/system/2008/04/17/001170661.shtml）.

连破 70 美元、80 美元、90 美元和 100 美元四个关口的时期。

石油价格波动的金融属性通过与其他能源相关产品的替代作用而扩散，从而导致煤炭、电力、天然气等产品的价格波动。这种影响可能会随着美元的国际地位变化而发生改变，或在外部因素冲击下石油与美元的关系逐渐弱化。

三、应对能源价格波动，构建有效的能源商品期货市场

能源商品期货市场是 20 世纪中后期兴起的新事物，以石油、原油、天然气、煤炭等能源产品为基本标的，通过金融工具创新方式进行即期和远期交易的新型金融市场。以石油为核心产品的能源商品期货市场发展对于各国的能源安全、金融安全和政治安全具有重要的意义。它不但有利于国家对能源价格的宏观调控管理，而且有利于市场经济条件下的企业风险管理，其发展有利于控制能源价格风险。

（一）发挥能源期货市场主体功能

1. 融入能源期货市场发展，谋求世界能源定价权

国际能源期货市场的产生是伴随 20 世纪 70 年代的石油危机出现的。那场给世界经济带来巨大冲击的石油危机，也直接导致了石油期货市场的产生。1982 年纽约商品交易所（NYMEX）推出的世界上第一份西德克萨斯中质原油（WTI）期货合约，同 1981 年英国国际石油交易（IPE）所推出的英国布伦特（BRENT）原油和中东原油并称为全球三大基准原油，且 WTI 的价格已成为全球贸易现货交易的重要定价参考依据。此后，能源商品期货交易逐渐发展壮大，1989 年新加坡国际金融交易所（SIMEX）推出高硫燃料期货合约，1999 年日本开放石油市场之后也建立了石油期货交易所。

近几年，国际石油交易价格受纽约商品交易所和英国伦敦石油交易所两大交易市场的影响较大。例如，国际原油期货突破每桶 100 美元，上升至每桶 140 美元时，国际原油实物交易价格也突破每桶 100 美元，并持续攀升。东北亚地区由于没有建立起适应市场需求的发达的石油市场体系，游离于石油期货市场之外，因而缺乏价格参与权与制定权。美国能源信息署发布的《国际能源展望 2011》数据显示，2009 年中国已经超过美国，成为世界上的能源消费大国；到 2035 年，中国能源需求将比美国高出大约 68%。中国成为全球最大能源消费国，这也意味着中国未来将在越来越大的程度上决定全球如何使用能源。2009 年，我国石油对外依存度超过 50% 警戒线，作为能源消费大国，在国际油价大幅波动面前，却只能被动接受世界石油价格，市场赋予我们的应有权利——价格主导权，并没有得到体现。这导致我国能源利益受损。

因此，中国可以借鉴全球已经发展二三十年较为成熟的石油期货市场经验，逐步完善我国石油期货，将谋求价格主导权作为能源期货市场的一个目标。逐步改变我国企业被动接受世界石油价格的局面，使能源期货市场充分反映国内企业的需求状况。创造提高定价地位的条件，奠定成为亚洲能源定价中心的基础，谋求中国在国际能源市场体系中的定价权。

2. 运用价格发现和套期保值功能，规避、分散能源价格波动风险

能源期货市场同其他期货市场一样，众多市场参与者利用自己所掌握的市场信

息对未来国际市场上能源需求的供求关系和价格走势进行判断，并根据自身对能源的需求和价格承受力进行交易，从而形成能源期货交易价格。因此，期货市场的价格发现就成为其基本功能之一。

从理论上讲，国际上能源期货市场与现货市场的长期价格趋势是一致的，即期货市场通过价格发现功能为现货市场交易价格提供基准。但实际上，国际能源期货市场与现货市场在交易方式、结算方式、市场参与、国别主体等方面存在一定差异，使国际期货市场与现货市场存在非同步性，即国际能源期货市场的发现功能表现为期货价格在时间上领先于现货价格，期货价格对现货价格具有引导作用。宋玉华、林治乾（2007）利用误差修正模型对纽约期货交易所四种 WTI 期货价格与现货价格之间的动态关系进行实证研究，发现国际石油期货价格和现货价格之间存在长期稳定的关系，期货价格单方面引导现货价格且处于绝对的主导地位。这一结论也得到近年来石油期货价格与现货价格变动的较好证实。

同时，能源期货市场也具有套期保值功能。一般说来，具有自身开采、生产原油的公司，在国际上进出口原油，因此买进、卖出期货合约都是一种套期保值行为，且对市场的实际冲击不会很大，即所持有的国际期货实际头寸不会很大。由于我国能源企业，尤其是石油主体企业在石油勘探、开采和进口上处于垄断地位，国际油价波动带来的成本会便捷地向下游的石油加工、提炼等消费者进行转嫁，致使垄断的石油公司对石油价格的套期保值缺乏动力。

因此，为保障中国能源安全，降低国际能源价格波动，尤其是石油价格波动对中国经济造成的冲击，应当充分利用国际能源期货市场的价格发现和套期保值功能，鼓励企业积极参与能源期货市场交易，构建起规避、分散能源价格波动风险的中国能源期货市场交易平台。

（二）扩大能源期货交易品种范围

国际能源期货市场上，目前交易的品种主要有石油和天然气，其中以石油中的原油、成品油和燃料油等三种类型作为主要交易对象。从表 1 中可见，提供交易品种最多的是纽约商品交易所（NYMEX），多达 13 个交易品种，主要涉及原油、汽油、天然气、燃料油期货等；其次当属 ICE 欧洲期货交易分所提供的品种，包括布伦特原油期货、WTI 原油期货和柴油期货。从交易品种提供的数量多少可以看出国际能源期货市场的活跃程度以美国的 NYMEX 为最，具有较大的交易聚集效应。从能源期货的区位看，能源期货市场主要集中在北美、欧洲等地，美国的 NYMEX 和英国的 IPE 都是大型的石油期货交易场所，而亚太地区只有新加坡燃料油期货市场较具影响力，但其在世界石油期货交易中的地位仍较低。

表1 世界主要能源期货交易品种

序号	合约	序号	合约
1	轻质低硫原油期货，Nymex	11	原油期货，MCX
2	布伦特原油期货，ICE 欧洲期货交易分所	12	Henry Hub Penultimate 掉期，Nymex
3	WTI 原油期货，ICE 欧洲期货交易分所	13	燃料油期货，上海期货交易所
4	Henry Hub 天然气期货，Nymex	14	汽油期货，Tocom
5	天然气欧式期货期权，Nymex	15	原油欧式期货期权，Nymex
6	原油期货期权，Nymex	16	MiNY 原油期货，Nymex
7	Henry Hub 天然气掉期，Nymex	17	天然气期货期权，Nymex
8	柴油期货，ICE 欧洲期货交易分所	18	原油平均价期货期权，Nymex
9	纽约港 RBOB 汽油期货，Nymex	19	汽油期货，CCom
10	纽约港 2 号燃料油期货，Nymex	20	Panhandle Basis 掉期期货，Nymex

资料来源：《2008 年前 3 个月全球期货交易统计报告》，http://www.gutx.com/xinwen /FuturesResearch/ 989918_1.htm

中国的能源期货市场主要以石油为主，但石油期货市场的发展历史较短。自 1993 年中国原上海石油交易所推出石油期货交易后，其后发展的原北京石油交易所、原北京商品交易所等机构也相继推出石油交易期货。其推出的石油交易品种主要有大庆原油、90#汽油、0#柴油和250#燃料油等四种。但在 1995 年我国暂停了石油期货的发展，直到 2004 年，中国燃料油期货品种在上海交易所重新挂牌交易。与 1993 年相比，2004 年中国推出的石油交易品种仅是原油、成品油和燃料油三种主要类型中的一个类型属下的一个品种，作为建立中国石油期货市场的一个"试验场"具有其积极意义，但是要起到发挥期货市场的重要功能还远远不够。

中国作为亚太地区有重要影响的国家之一，能源消费在世界上处于大国地位，石油产量也名列世界前位。但是，与世界其他能源期货市场相比，能源期货品种过于单一，难以吸引更多的市场交易主体。因此，应该借鉴国外能源期货市场发展的经验和国内燃料油期货市场运行的经验，适时推出其他品种的能源期货，扩大能源期货交易的品种范围，提高中国能源期货交易市场的活力。

四、优化能源期货市场发展环境

中国能源期货的发展历史和经验事实表明，要构建起规避、分散能源价格波动风险的交易平台，具有能源定价权的能源期货交易市场，成为世界期货市场有影响力中的一员，仅仅依靠期货市场自身的发展还远远不够，还需优化能源期货市场发展的环境。

首先，要构建多元化的经营主体。我国能源市场，尤其是石油市场，形成了以中石油、中石化、中海油三足鼎立的市场主体地位，其垄断地位弱化了其他市场交易主体的地位。可适当考虑增加原油进口的经营主体，打破中国三大石油公司对石油经营的垄断权，提高能源市场的竞争活力。同时，考虑到能源期货市场的国际性特点，可考虑多重方式引入国外的期货交易主体，以规避国内能源经营主体的限制。例如，中国同香港地区共同建立能源期货交易市场。

其次，充分利用我国的外汇储备，完善外汇管理体制。我国有上万亿美元的外汇储备，在国际石油价格不断攀升、石油金融属性不断增强的条件下，我国可利用一部分外汇储备建立能源基金，用于能源期货市场的交易。同时，伴随能源期货市场投机资金的大量涌入和国内能源进口需求的增大，能源市场已经演变为一个资本竞争激烈的市场，可适当增加一定的外汇额度用于原油期货的结算，以扩大市场交易的规模和提高市场竞争的力度。

最后，加快能源价格的市场化进程，促进能源期货市场发展。能源价格市场化是一个趋势，虽然我国即将出台的能源法明确规定能源价格的市场形成机制，但由于考虑到能源价格波动给我国经济增长、物价水平、就业等方面带来的影响，能源价格的市场化进程往往让位于宏观经济发展，从而延缓能源价格的市场化改革。因此，在我国宏观经济运行良好的基础上，渐进放开成品油价格控制，使其能够真正反映市场的供求关系，从而建立起我国的成品油期货交易市场。

五、结论

总之，作为世界能源消费大国的成员之一，中国发展石油期货市场既面临着机遇，又面临着挑战。随着我国经济的进一步发展，建立起多品种的能源期货交易市场，对于中国谋求能源定价权的获得，以及为企业提供价格发现和套期保值的规避风险功能，为政府提供有效的能源价格调控信息，保障我国的能源安全具有积极意义。

参考文献

[1] 史丹. 当前能源价格改革的特点、难点与重点 [J]. 价格理论与实践，2013（1）：18-20.

[2] 刘世锦，曹小奇，张亮，李佐军. 推进我国能源价格改革面临的主要制约与对策建议 [J]. 发展研究，2013（1）：4-8.

[3] 王耀中，刘志中，夏飞. 石油价格与产出波动关系研究综述 [J]. 经济学动态，2005（8）.

[4] 林伯强. 中国电力发展：提高电价和限电的经济影响 [J]. 经济研究，2006（5）.

[5] 李月清. 石油金融属性在增强 [N]. 中国石化报，2008-05-15.

[6] 林琳. 石油期货价格与现货价格的关系研究——基于延期交割费的协整分析 [D]. 南京：南京理工大学，2006.

[7] 宋玉华，林治乾. 国际石油期货价格与现货价格动态关系的实证研究 [J]. 中国石油大学学报：社会科学版，2007（5）.

[8] 钱瑞梅. 能源金融衍生品市场的发展与风险特征研究 [J]. 特区经济，

2007 (5).

[9] Donald W. Jones and Paul N. Leiby, The Macroeconomic Impacts of Oil Price Shocks: A Review of Literature and Issues [R], Energy Division Oak Ridge National Laboratory, 1996 (1).

[10] Hui Guo and Kevin L. Kliesen. *Oil Price Volatility and U. S. Macroeconomic Activity* [J]. Federal Reserve Bank of St. Louis Review, 2005, 87 (6).

[11] John Asafu-Adjaye. *The relationship between energy consumption, energy prices and economic growth: time series evidence from Asian developing countries* [J]. Energy Economics, 2000 (22).

新型城镇化中的融资机制研究

贺 刚

【西华大学经济与贸易学院 四川成都 610039】

[摘要] 新型城镇化建设资金需求巨大，供求矛盾突出，现有融资机制难以满足城镇化发展的金融要求，必须创新融资机制，规范资金用途，提高金融资源配置效率，实现金融对新型城镇化发展的支撑功能。本文在分析新型城镇化融资需求的基础上，探讨了以政府融资为主导的传统融资体制存在的问题与潜在风险，提出构建以政府为引导、以市场为主导的融资机制，并以融资约束机制、资金退出机制、风险预警机制和利益协调机制作为其融资运营的实现路径，推动新型城镇化的可持续发展。

[关键词] 新型城镇化 融资需求 融资机制 风险预警机制 实现路径

一、引言

十八大报告指出：要坚持走中国特色新型城镇化道路，推动工业化和城镇化良性互动、城镇化和农业现代化相互协调。1978—2012年是我国城镇化快速发展的时期；2011年全国城镇化率达到51.27%，城市常住人口首次超过农村人口，是中国社会结构发生本质变化的时点。城镇化率过半，也意味着中国在向现代化进军的过程中树立了一个新的里程碑。在这个历史性时刻面前，新型城镇化要求在提高城市化率的同时提升城镇化的水平与质量，从而需要各级政府加大相关投资力度。但现实情况则是存在城镇化融资需求规模不断扩大与资金严重供给不足和地方政府隐形债务风险不断向显性债务风险不断扩大的双重矛盾。如何破解新型城镇化资金供求矛盾的重大问题，这就需要创新新型城镇化融资机制，达到构建资金来源畅通渠道、规范资金用途、实现产业升级发展、提高金融资源配置效率，从而实现金融对新型城镇化发展的支撑功能，助推新型城镇化的健康发展。

二、新型城镇化融资需求分析

毫无疑问，城镇化的发展助推了金融业的发展，产生了对金融资源的巨大需求；但同时，也应该注意到，当城镇化发展到一定阶段和水平之后，也急需金融资源服务于城镇化的建设与发展。因此，分析新型城镇化的融资需求，对于新型城镇化的融资机制将起到基础性的作用。

从新型城镇化建设对资金需求的载体看,主要表现在五个方面。一是城镇基础设施建设,提升城镇发展的硬实力。比如针对城镇不同类型和特点,分类指导,确定发展目标和建设重点。工业镇着重提高对工业园区的支撑和服务配套能力;商贸镇注重加强商业街区、集贸市场和仓储物流设施建设;旅游镇着重塑造风貌特色,完善提升服务接待能力。二是促进城镇经济发展的产业金融支撑。农业产业化发展需要金融支持,城镇化是农村剩余劳动力转移和增加非农收入的重要举措,而非农收入的主要来源就是城镇工业和服务业发的发展,产业的发展为劳动力转移提供就业岗位,同时避免城镇发展的空心化和非可持续化问题。三是农民向城镇居民转换所需要的金融需求,主要体现在满足新进入居民对就业、创业的金融需求;满足其消费信贷的需求。四是提供公共产品与服务,提高城镇人口生活水平。城镇化发展的实质就是要实现人的发展,促进人们生活方式的转化和生活质量的提高,就需要在教育、医疗、体育、卫生、社会保障等公共产品与服务上持续性的投资。五是城镇发展的生态化、智能化、集约化和信息化需要大量资金。城镇一体化的发展,可实现人与自然、人与社会和谐发展。

从新型城镇化过程中地方公共投资规模看,投资需求巨大,供求矛盾严重。据不少研究机构对城镇化过程中的地方公共投资规模预测,一般认为,城镇化率每上升1个百分点,地方政府公共投资需求将增加6个百分点。依此推算,仅"十二五"时期城镇化催生的地方政府公共投资规模就达30万亿元之多。[①] 如此大的资金需求,政府部门的财政收入与城镇化的资金需求来说,面临严重的资金短缺问题,单靠政府财政难以支撑,且还不包括对存量城镇公共投资的需求。

近年来,政府在提供城镇化资金需求主要靠土地出售作为投入,其他投入融资成本高昂,资金来源渠道单一,主要集中在信托和BT模式(建设—移交),有的甚至违规集资,地方债务风险加大。从中国审计署对36个地方政府2012年底所持债务的审计结果看,债务规模达3.85万亿元,其中九个省会城市的未偿债占其财政资源的比例超过100%,最高一个达189%。[②] 由此可见,对于新型城镇化的融资风险应当给予高度的关注。

三、目前新型城镇化融资机制存在的问题

伴随我国经济体制的改革,政府在根据《预算法》《担保法》和《贷款通则》有关规定,城镇化建设融资也经历了四个阶段的变化(见表1所示)。在避免法律、法规要求政府不得直接举债的条件下,在现实压力的情况下,政府"创新"融资渠道,经历了拨改贷、财政与金融、政府与市场相结合的三种主要融资方式时期,目前主要通过融资平台贷款等方式筹集发展资金。目前,以地方政府融资平台公司为主的融资模式和机制存在以下问题。一是在新型城镇化大力推进的情况下,单一的

---

① 纪志宏. 完善城镇化融资机制的改革视角 [J]. 中国金融,2013 (4):19-21.

② 中国地方债务知多少? [OL]. http://live.kankanews.com/it/2013-07-02/2015936.shtml

融资模式难以满足城镇化对资金的巨大需求。二是现在地方政府融资平台存在风险较大的风险隐患。三是债务偿还过度依赖土地收入，导致我国部分宏观调控的手段和政策失灵。四是融资渠道单一化和资金需求多元化之间存在结构性矛盾。

表1　　　　　　　　　1979年以来我国城镇化融资机制的变迁

时间	融资主体	融资方式	投资对象	融资模式	评价
1979—1984年	政府	财政拨款改为银行贷款	基本建设	一元融资模式	试点
1985—1989年	政府	拨改贷款，集资道路建设	基本建设、城镇化建设、交通集资	一元融资模式	全面推广
1990—1999年	政府	分税制改革和政策性银行，负债融资	城镇化，市政建设	双元：地方政府信用+银行贷款	财政和金融相结合
2000年以后	融资平台	地方融资平台公司，以土地收入作为重要的融资来源与保证	城镇化，基础设施投资	双元：地方政府+市场化	政府信用与市场化相结合，土地商品化

资料来源：根据相关资料整理，具体参见：纪志宏. 完善城镇化融资机制的改革视角［J］. 中国金融，2013（4）：19-21.

因此，在新的宏观经济背景下，必须创新新型城镇化的融资机制，破解城镇化资金供求矛盾、防范政府债务风险、促进城镇经济发展等主要问题，既要避免由债务风险带来的金融风险，又要防止融资不足影响城镇化的发展。

四、新型城镇化创新融资机制分析

从新型城镇化发展资金需求趋势看，未来相当长一段时间，资金供求矛盾凸显，传统的以政府为主导、市场为辅到的狭窄融资通道和机制难以满足实际需求资金需求，并且传统的融资机制存在供给不足和政府巨大债务风险问题。因此，有必要创新现有融资机制，将政府与市场融资有机结合，在城镇建设、经济发展（产业支撑）、劳动力转移、公共产品与服务等领域，分类区别，引入政府与市场资金，建立起以市场为主导的多元化、多层次、多主体融资机制，推进我国新型城镇化的健康发展，见图1所示。

政府引导机制是城镇化融资的重要方式和主要渠道之一。其主要表现在三个方面：一是这些产品投资规模大、投资周期长，其外部性明显，市场难以完成其融资需求，这就需要政府投资，而政府融资的资金主要形式则是税收，即需要建立税收融资支撑城镇化建设的长效机制，发挥其引导、指示、牵引功能，采取项目股东、股权多元化，达到其融资扩大的目的。二是以政府资产为基础，依托平台公司为载体的间接融资，主要是金融机构贷款，各类产业基金、信托资金等多种来源渠道。三是以市政债券为主的直接融资。改善现有政府过于单一化的融资结构，依托政府信用，可适当试点发行市政债券，筹集资金用于城市基础设施建设和公益项目，与贷款相比，成本较低，具有信用级别高、免交所得税、流动性强等特点，将传统间接融资和直接融资相结合。

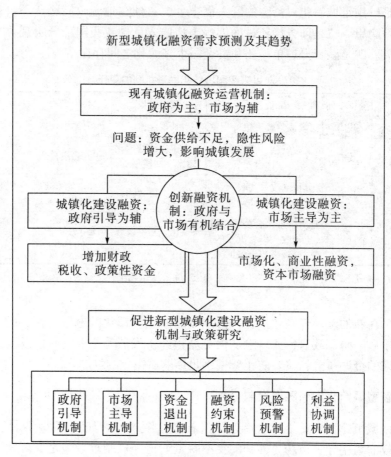

图 1　新型城镇化融资机制研究逻辑框架

市场主导机制是指要建立以市场化为主的多渠道融资机制。政府提供激发企业参与城镇化建设的市场化平台机制。一是公共属性较强的产品和服务，改变传统由政府直接投资转为政府购买方式，由市场化的企业参与竞争，投资生产、提供城镇化建设所需的产品和服务。二是城镇化建设开发中的具体项目属于商业运作的项目，就完全按照市场化、商业化的方式，完全通过市场化来构建多元化的融资渠道，让企业来承担投融资的风险和收益，不断扩大融资规模，满足城镇化建设资金的需求。三是充分利用现代资本市场，通过发行股票或债券进行融资，进行资本运作，通过兼并、收购、重组等方式，扩大运行规模，制定支撑城镇化进行中的产业发展和扶持政策。

资金退出机制和融资约束机制。资金退出机制是指在城镇化建设中采取的 BOT模式（即企业建设—转让政府—政府机构经营或投资人与政府机构经营）及其演变而成的 BTO（企业建设—转让政府—政府机构经营或投资人与政府机构经营）、BOO（建设—拥有—经营，企业建设并经营某项产业项目，但是并不将此基础产业项目移交给政府或政府机构）、BLT（企业建设—政府租赁—移交政府的模式）等。政府（或政府下属的公司）必须按约定总价（或完工后评估总价）分期偿还投资方的融资和建设费用，必须建立起投资者的有效资金退出机制。融资约束机制是指政府发行市政债券和依托融资平台公司，具有信用膨胀和债务规模不断扩大的天然缺陷，导致债务风险扩大，因此，有必要建立融资约束机制，通过一定经济指标静态或动态的规范政府融资规模，比如融资规模总量、增长速度与经济增长、财政收入的总量与速度挂钩，市政债券发行的时间周期、长短，以及政府与市场资金的结构等相匹配，以此避免政府融资规模的无限扩张，规避城镇化建设中的金融风险。

风险预警机制和利益协调机制。风险预警机制就是在城镇化融资行为中要对资金的来源、使用和收益等关键性指标设定风险值，以便进行融资风险控制。例如，城镇化建设中的资金结构风险，政府与市场占比比率，短期与长期资金风险，政府债务规模占GDP的规模；资金在基础设施建设、产业发展、公共产品与服务等中的使用风险；资金使用评价的经济风险和社会价值风险等。利益协调机制主要是为了协调政府与市场、国有企业与非国有企业、大型企业集团与中小型企业在城镇化建设中的利益博弈，充分发挥各自的比较优势与潜能，建立竞争与合作发展的长效机制。

五、结论

目前，我国新型城镇化建设正处于快速发展的阶段，现有的城镇化融资机制存在诸多问题，对城镇化建设的融资机制的研究有助于破解资金供求矛盾，防范债务风险和提高资金使用效率。传统的以政府为主导的融资机制需要向以市场化为主导的融资机制转变，充分发挥市场机制的作用，借鉴国内外城镇化的实践经验，结合我国城镇化的具体情况，创新融资机制，构建多渠道、层次、多主体、多方式的融资体系，其关键词是政府信用、市政债券、财政税收、市场主体、金融机构、融资平台、资本市场等，其目的是通过调整金融存量和增量支持城镇化的健康快速发展，提高城镇化建设的水平和质量。

参考文献

[1] 郭林. 创新城镇化融资机制 [J]. 中国金融, 2013 (9)：32-33.

[2] 纪志宏. 完善城镇化融资机制的改革视角 [J]. 中国金融, 2013 (4)：19-21.

[3] 付敏英, 汪波. 城镇化融资方案选择研究 [J]. 湖南大学学报：社会科学版, 2012 (11)：85-88.

[4] 马庆斌, 刘诚. 中国城镇化融资的现状与政策创新 [J]. 中国市场, 2012 (16)：34-40.

[5] 杨志勇. 我国城镇化融资方式分析 [J]. 中国金融, 2011 (19)：25-27.

[6] 余晨阳, 邓敏婕. 市政债券：城镇化融资的新渠道 [J]. 学术论坛, 2013 (3)：137-141.

金融成长周期理论背景下的
企业融资结构分析

刘　俊[①]

【西华大学经济与贸易学院　四川成都　610039】

[摘要] 企业由于所采取的融资方式不同，而形成不同的融资结构。一般来说，企业的融资方式可分为两类：一是通过留存收益和折旧而进行的内源融资；二是通过来自公司外部现金流的外源融资，如银行贷款、企业债券和发行股票。企业出于不同的目的和动机，会选择不同的融资方式，从而形成了不同的融资结构。本文结合金融成长周期理论，分析了我国企业在不同的金融成长周期阶段的融资特点，并对我国企业现阶段融资结构存在的问题提出建议。

[关键词] 成长周期　外源融资　内源融资　融资结构　原因

我国企业的改革和发展经历了漫长的过程，从整个历程来看，企业融资的支持在各个阶段对企业的发展都起到了重要的作用。我国企业的成长与发展离不开各种融资渠道提供的资金支持，但是与国外发达的市场经济相比，由于在中国没有形成相对健全的企业融资的市场环境，企业所面临的市场机制还不完善。企业不同的融资结构，带来不同的"财务杠杆利益"，产生不同的"避税盾"效应，但同时伴随着相应的经营风险、财务危机成本。对于我国企业而言，由于没有形成相对健全的企业融资的市场环境，企业所面临的市场机制还不完善。企业不同的融资结构，带来不同的"财务杠杆利益"，产生不同的"避税盾"效应，但同时伴随着相应的经营风险、财务危机成本。合理的融资结构将推进企业的发展，不合理的融资结构将导致企业破产清算，因此研究我国与国外企业融资结构的比较和产生差异的原因分析并提出建议，对我国企业的生存和发展具有非常重要的意义。

一、相关文献研究

企业的融资结构，又称资本结构，是从融资方式的角度对企业资金结构的划分，指在企业融资总额中内源性融资与外源性融资所占的比重。经过多年的发展，国外

---

① 刘俊，1979 年生，男，四川成都人，西华大学经贸学院副教授，研究生学历，研究方向：区域经济。

理论界对企业融资理论已经形成一个比较成熟的体系，比较一致的看法是：以 MM 理论为界，大体分为两个阶段，MM 理论之前的是早期资本结构理论，之后的被称为现代资本结构理论。1952 年美国经济学家大卫·杜兰特，在题为"企业负债及权益资金的成本：趋势和计量问题"的论文中，提出企业的资本结构是按照下列三种方法建立的，即净收入法、净营运收入法和传统法，这是早期的资本结构理论。

国内外学者对于企业融资结构做了大量的研究，如张维迎（1998）详细介绍了企业融资的激励、信号显示和控制模型；幸宇（2002）认为融资结构决定了企业治理结构的模式，进而影响公司的绩效；唐慧（2003）超对新疆上市企业融资结构进行了分析，发现该类公司融资顺序与优序理论相悖；夏晓辉、谭慧慧（2003）结合优序理论，实证研究中国上市公司的内源融资状况，指出应加强内源融资的比例；洪锡熙、沈艺峰（2005）对影响中国上市公司融资结构的各种因素进行了实证分析，结果表明，公司规模和盈利能力对融资结构的选择有显著影响，而企业权益、成长性和行业因素对其没有显著影响。

二、金融成长周期理论与我国企业的融资结构

20 世纪 70 年代，Weston 和 Brigham 根据企业不同成长阶段融资来源的变化提出了企业金融成长周期理论，该理论把企业的资本结构、销售额和利润等作为影响企业融资结构的主要因素，将企业金融生命周期划分为三个阶段，即初期、成熟期和衰退期。后来，根据实际情况的变化，Weston 和 Brigham 对该理论进行了扩展，把企业的金融生命周期分为六个阶段：创立期，成长阶段Ⅰ、成长阶段Ⅱ、成长阶段Ⅲ，成熟期和衰退期。该理论提出在企业各个阶段的融资来源为：①在创立期，融资来源主要是创业者的自有资金，资本化程度较低；②在成长阶段Ⅰ，融资来源主要是自有资金、留存利润、商业信贷、银行短期贷款及透支、租赁，但存在存货过多、流动性风险问题；③在成长阶段Ⅱ，除了有成长阶段Ⅰ的融资来源外，还有来自金融机构的长期融资，但存在一定的金融缺口；④在成长阶段Ⅲ，除了有成长阶段Ⅱ的融资来源外，还在证券市场上融资，但存在控制权分散问题；⑤在成熟期，则包括了以上的全部融资来源，但投资回报趋于平衡；⑥在衰退期，则是金融资源撤出，企业进行并购、股票回购及清盘等，投资回报开始下降。其后，美国经济学家 Udell（1998）对 Brigham 的企业金融成长周期理论进行了修订，把信息约束、企业规模和资金需要量等作为影响企业融资结构的基本因素来构建企业的融资模型，从而得出了企业融资结构的一般变化规律，即在企业成长的不同阶段，随着信息约束、企业规模和资金需要量等约束条件的变化，企业的融资结构也随之发生变化，处于早期成长阶段的企业，其外源融资的约束紧，融资渠道窄，企业主要依赖内源融资；而随着企业规模的扩大，可抵押资产的增加，资信程度的提高，企业的融资渠道不断扩大，获得的外源融资尤其是股权融资逐步上升。Berger（1998）等使用美国全国中小企业金融调查和美国联邦独立企业调查的数据，对美国中小企业的融资结构进行检验证实了该理论。

三、中国企业不同生命周期的融资结构分析

与发达国家相比较，我国企业的融资结构却是另一种情形：以外源融资为主。外源融资在企业融资结构中所占的比重高达80%以上，内源融资的比重不到20%，而那些未分配利润为负的上市公司几乎是完全依赖外源融资。

（一）初创期企业融资结构分析

初创期是企业资本扩张过程中经营风险最高的阶段，后续的每个阶段都取决于初创期的成功发展。高度的经营风险和初创期企业密切联系，难以通过融资管理来改变。不同行业、不同资产结构以及不同增长率的初创期企业，经营风险是不同的，但相比较而言，初创期的经营风险总是要高于成长期和成熟期。

除了企业的经营风险以外，初创期企业的信息风险是企业扩张阶段中最严重的，表现在：首先，初创期中小企业的财务信息不完善。初创期企业的人员一般比较少，组织机构简单，没有建立完善的财务制度，财务账目不健全，信息不透明程度非常高，在市场经济中普遍采用的降低信息风险的是审计制度，即聘请独立审计机构对其财务报表进行审计，但是审计费用对初创期企业而言是一笔不菲的负担，因此大多数初创期企业难以向外部投资者和债权人提供可信的和合格的财务信息。另外，企业创业时既无销售记录又无信用记录，是一个没有任何可供外界参考的信息的新企业，在产品进入市场以后其市场份额也还很低，社会知名度不高，市场前景还不明朗，这时候要让出资人清晰地了解并相信企业的情况非常困难。因此对投资人而言，因为无法了解被投资企业的信息，所以其投资就面临着高度的不确定性。

由于初创期较高的经营风险和信息风险，此时的企业不得不采取财务风险相对较低的融资结构，即以内源融资为主，非正式的外源融资为辅，非正规融资方式在此阶段往往发挥了非常重要的作用。

（二）成长期企业融资结构分析

企业初创期过后，随着企业在经营中逐渐发展壮大，有了一定的资产规模和经营业绩，为了寻求进一步的发展，保持这种快速发展的趋势，企业需要扩充和壮大自身，此时企业进入了成长期。经受了创业阶段的考验后，处在成长期的企业拥有了较为稳定的顾客和供应商以及较好的信用记录，影响成长阶段企业发展规律的各种不确定因素也大为减少，取得银行贷款和利用信用融资相对来说比较容易，因此，成长期的企业经营风险和信息风险有所降低。

此阶段内源融资仍然占据主要地位，私募资金、风险投资基金、共同基金等为企业提供了外部股权融资的渠道。债务融资方面，商业银行贷款、商业信用、非正规金融方式越来越发挥其重要的作用，企业也可以广泛了解创新金融工具，根据实际情况适当利用一些创新融资方式，如典当、租赁、保理、透支、票据贴现等。另外，企业还可以有非公开的债权融资方式，例如向特定对象募集资金。虽然随着成长期企业实力的增强，其外源融资需求增大，融资渠道也拓宽，但是企业自身积累仍然占据主要地位。再者，由于企业各方面状况的好转，可以充分利用可行的外源融资方式，为企业发展筹集资金。从我国目前情况来看，处于此阶段的企业仍然过

度依赖于内源融资，对外源融资利用不足，不敢大胆使用某些创新的融资方式，这可能是我国处于此阶段的企业资金短缺的一个重要原因。但此阶段是企业发展的关键阶段，因而发展要快中求稳，过高负债无疑会加大企业的财务风险，不利于企业的健康发展，所以企业一定要量力而行。

（三）成熟期企业融资结构分析

经历了高速增长以后，企业就会进入一个相对稳定的成熟期，在这个阶段技术成熟，产品被社会广泛熟知，销售额高，而且利润稳定，产生了大量正的现金流，财务状况良好，发展稳定，不需要再对原有产品进行大量资本投资，则企业会出现富余资金，企业的现金流量比较稳定，有了丰富的信贷记录，信息不对称程度大大降低，与银行的合作关系逐渐稳定。在这一阶段，债务融资和权益融资的方式大多可采用以充分满足企业发展对资本的需要，风险投资大多数会推出企业。

成熟期企业不仅有着充裕的现金流可以支持内部融资，而且还具备了公开募集资金的能力，国际上把一个企业成功上市作为企业成熟期到来的标志。当企业发展到成熟阶段时，资本总额已经大大扩张，其中自有资本的比重相对初创期和成长期更高，负债融资能力也必然会增强。成熟期低的经营风险和信息风险意味着企业可以采用比较高的债务比例融资，企业也已经有足够的资信吸引银行借款并进行其他债券融资。

四、我国企业融资结构治理效应分析与建议

前述相关的研究成果表明，现阶段我国中小企业的融资结构特点基本符合企业金融成长周期理论，但由于企业面临的融资环境与国外的中小企业有所不同，企业文化也与欧美国家存在差别，基于目前我国中小企业发展所处的特殊阶段，笔者认为，优化中小企业的融资结构应从以下几方面入手：

（一）确定合理的融资规模，权衡融资成本与融资收益

一方面，中小企业要根据经营活动的实际情况来确定自身资金的需要量，也就是在决定资金需求时要"量出为入"，基于合理的融资规模充分利用不同的融资渠道，组合不同的融资方式，以确定自身最优的融资结构；另一方面，处于创立期的中小企业信息不对称现象相当严重，使得其与外部资金持有者之间进行融资交易的效率相当低，企业更多地运用内源融资虽然不会使企业的控制权旁落于他人，但由于权益资本要求的报酬比较高，且无法产生抵税的作用，因此它的实际融资成本往往高于外源融资，尤其是债务融资。在企业内源融资不足、金融机构惜贷的情况下，企业应重视融资规模与投资需求的匹配，对融资成本与融资收益进行科学评估，重视资金的使用效率，杜绝"重融资，轻用资"的现象。

（二）谨慎运用债务融资

债务融资既可使企业的自有资本获得杠杆收益，又能产生抵税效应，但企业管理层与债权人之间存在利益不一致现象，双方博弈的结果就是签订债务契约。债务契约具有刚性约束作用，一旦企业无法适应外部经营环境的变化，外源融资中过多的负债会加重企业的利息负担，财务状况日趋恶化，企业就会面临破产。同时，企

业碰到报酬更高的投资机会时会受制于原有的资本结构而无法顺利融资。此外，逃债、躲债更会使企业面临巨大的道德风险，致使其融资环境进一步恶化。因此，中小企业必须要考虑自身抵御风险的能力，切不可以为金融机构贷款"多多益善"，而向扰乱金融秩序的非法地下钱庄借贷则更不足取。

（三）充分利用民间资本，大力发展风险投资

政府应积极引导这部分资金投向中小企业，一方面可以鼓励居民个人自主创业，增加就业机会；另一方面也可以促进中小企业投资主体多元化，为企业进行现代企业制度建设打下基础。风险投资是由职业金融家投入到有巨大竞争潜力的企业中的一种权益资本，它为中小企业迅速融资提供了条件，是处于创立期的中小企业的孵化器和助推器。风险投资有利于企业的股权结构趋于合理，防止"一股独大"，并能完善公司的治理结构，增强企业外源融资的能力。这种融资方式在发达国家已得到广泛的运用，虽然近年来我国有些中小企业获得风险投资的数量在增长，但有数据表明，目前在我国的国外风险投资与国内本土风险投资的投资额比例分别为89%、11%，我国的风险投资规模仅仅是美国的3%。因此，对中小企业而言，要积极利用风险投资来融通资金，促进企业的科技开发与创新，以提升企业的竞争力。

参考文献

[1] Aghionand Bolton, An Incomplete Contract Approach to Finance Contracting [J]. The Review of Economic Studies, 1992 (59)：473-494.

[2] Harris, M. and Raviv, A. Corporate Control Contests and Capital Structure [J]. The Journal of Finance, 1988 (20)：55-86.

[3] Grossman, S., andO. Hart. Corporate Financial Structure and ManagerialIncentives [J]. TheEconomicsofInformationandUncertainty, 1982 (12)：36-52.

[4] 刘淑莲. 企业融资方式结构与机制 [M]. 北京：中国财政经济出版社, 2002.

[5] 张维迎. 企业理论与中国企业改革 [M]. 北京：北京大学出版社, 1999.

[6] 郑荣鸣. 中外企业融资结构比较分析 [J]. 会计研究, 2004 (7).

[7] 孟祥英. 中小企业融资结构研究 [D]. 天津科技大学. 硕士毕业论文, 2006.

[8] 胡国柳, 廖进中. 论我国企业融资结构的优化 [J]. 湖南大学学报, 2010(9).

[9] 金树颖, 牛择贤, 孙玲. 沪深A股物流企业融资结构分析 [J]. 国际会议, 2011 (11).

[10] 王玉春, 周中胜. 试析我国上市公司资本结构的治理效应 [J]. 财贸研究, 2003 (6).

[11] 杨定华. 上市公司的融资结构与公司治理 [J]. 云南财贸学院学报：社会科学版, 2003 (3).

[12] 方承武, 章铁生. 融资结构与公司治理关联性 [J]. 经济理论与经济管理, 2004 (6).

[13] 于东智, 赵方程. 上市公司治理：实证分析及其化解思路 [J]. 山东社会科学, 2003 (1).

不确定收入和投资成本、
不对称信息和企业投融资战略

罗 涛①

【 西华大学经济与贸易学院 四川成都 610039 】

[摘要] 本文主要考察不确定性和不对称信息对企业投融资战略的影响,且在不确定性方面,允许收入和成本两个随机过程。本文的创新贡献在于,借助谈判势力的不同,将不对称信息博弈分为信息甄别博弈和信号传递博弈,并分别在两种博弈中详细探讨逆选择和道德风险问题对企业投融资战略的影响,从而,本文提供了完整的不确定性和不对称信息对企业投融资战略影响的结论。

[关键词] 信息甄别博弈 信号传递博弈 逆选择 道德风险

1. 引言

在真实世界中,企业的投融资决策是同时受到不确定性和不对称信息经济环境影响的。

在不确定性经济环境方面,实物期权文献最主要的贡献在于指出,当投资面临不确定性和不可逆性时,投资时机选择存在等待期权价值,仅当资产价值超过投资成本有较大的期权升水(option premium)时,企业才应投资(Morellec 和 Schurhoff,2011)。关于这种实物期权效应,Dixit 和 Pindyck(1994)对其进行了很好的分析和总结。

不过,在考虑投资所面临的不确定性时,很多经典实物期权文献仅考虑收入的不确定性。其实,投资成本也往往是不确定的,正如 Pindyck(1993)所说,投资成本有时比收入更不确定,特别是那些需较长时间建设才能完成的大型工程项目。在考虑投资面临两维的不确定性时,McDonald 和 Siegel(1986)首次假设工程价值和投资成本都服从几何布朗运动的情况下,研究和分析了不可逆投资项目的最优投资时机选择问题。之后,Willams(1991)认识到了实物期权执行决策中投资成本的重要性,他考虑了当开发成本和单位现金流都是不确定性情况下的最优房地产开发

---

① 罗涛,男,西华大学,经济与贸易学院,博士,研究方向:公司金融、实物期权和博弈论。

问题，并利用收入和成本的比率来作为开发商的期权执行决策的状态变量，而 Quigg（1993）在研究房地产开发商的最优投资时，也类似地考虑了两个都是随机过程的变量。再之后，Choi 和 Lee（2000）考虑到当不确定性同时来自于产品价格和投资成本时，分析了企业的投资和放弃投资决策，他们的模型包含了残值期权（Salvage Option）价值的影响，从而放弃投资期权价值的不确定性会复合影响投资决策。较近的相关文献便是 Wang 和 Zhou（2006），他们同时考虑了收入和成本的随机过程，并得到了垄断、双寡、多寡和完全竞争市场均衡实物期权执行模型的分析解结果。他们指出，如果建筑成本水平是驱使开发商执行建筑决策的重要因素时，只包括收入的不确定性的实物期权模型在面临真实世界的一些经济现象时，会给出与经济直觉相背离的解释，比如 Grenadier（1996）或 Bar-Ilan 和 Strange（1996）便给出了这样的令人疑惑的现象——面临房产需求和价格下降时的建筑繁荣。Grenadier（1996）利用优先抢占动机（Preemption）对该现象进行了理性解释，而 Bar-Ilan 和 Strange（1996）则依据期权执行者拥有放弃投资的选择权对该令人疑惑的现象进行了解释。其实，当同时考虑了收入和投资成本的不确定性后，可以更为合理地解释这一令人疑惑的现象，比如当房产需求和价格下降时，若投资成本也是下降的，或投资成本下降的速度快于需求和价格下降的速度时，建筑繁荣便出现了。当然，若同时考虑收入和投资成本的不确定性，还可以合理的解释另一个令人疑惑的现象——面临资产价格上升时的投资不足，其理由是，投资成本此时也是上升的，或投资成本上升的速度快于资产价格上升的速度，从而会出现投资不足。可见，同时考虑收入和投资成本的不确定性是非常必要和重要的。所以，本文在对不确定性经济环境进行模型构建时，也将同时考虑收入和投资成本的不确定性，并会积极吸收和借鉴上述文献的研究成果，与之有所拓展的是，我们还会考虑经济参与人之间的信息不对称对企业投融资决策的影响。

在不对称信息经济环境方面，Myers 和 Majluf（1984）首先指出了因隐藏信息所导致的逆选择（Adverse Selection）问题可以促使企业绕开有利的投资项目，从而，因信息不对称而导致的企业投融资决策偏离便成为了公司金融领域大量研究文献的主题。Grenadier（1999）为不对称信息下的实物期权博弈发展了一个均衡框架，他认为，经济参与人是通过其所观测到的期权执行战略而理性推断其他经济参与人的私有信息的。之后，Bernardo 和 Chowdhry（2002）考虑了不完全信息环境下的实物期权模型。Lambrecht 和 Perraudin（2003）在企业面临真实投资决策时，构建了包含不完全信息和优先抢占动机的均衡模型，在他们的模型中，每个企业只知道自己的投资成本，而不知道竞争者的投资成本。而 Shibata（2008）则通过拓展 Bernardo 和 Chowdhry（2002）的模型，考察了不完全信息环境下实物期权模型中利润不确定性的影响力。更重要的，公司金融领域里的大量文献将因不对称信息而产生的代理冲突包含在实物期权模型中。Bernardo 等（2001）在不对称信息和道德风险（Moral Hazard）下，考察了企业的最优资本分配决策。Bjerksund 和 Stensland（2000）和 Grenadier 和 Wang（2005）在雇主和经理存在不对称信息条件下，发展出了一个投资时机选择的实物期权模型，在这种情况下，雇主须设计出一个契约，从而能有效激励经理努力工作（解决因隐藏行动而产生的道德风险问题）和真实显示经理拥有的私有信息（解决因隐藏信息而产生的逆选择问题）。Grenadier 和 Wang（2005）的模型类似于 Bernardo 等（2001），有所不同的是，Grenadier 和 Wang（2005）考察的是企业的最优投资时机选择问题。Shibata（2009）通过增加审计技术而拓展了 Grenadier 和 Wang（2005）在不对称信息条件下的实物期权代理模型，并指出，有审计代理问题的投资触发点要大于完全信息第一最好（First-Best）投资触发点，但要小于无审计代理问题有投资效率损失的第二最好（Second-Best）投资触发点。这里的审计技术主要指的是惩罚措施，是对代理人背离委托人的目标的惩罚，而 Grenadier 和 Wang（2005）中的激励工资则是对代理人遵循委托人目标的奖励。Morellec 和 Schurhoff（2011）在企业内部人比企业外部人拥有更优越的关于企业增长前景的信息时，发展出了一个企业投融资决策的动态模型，并且指出，不对称信息会诱导拥有较好发展前景的企业加速投资，从而导致等待期权价值的大量减少。Grenadier 和 Malenko（2011）研究了不对称信息条件下的实物期权信号博弈，即期权的执行决策将私有信息传递到外界，而外界的信念会直接影响决策者的收入，并指出，如果期权执行决策者的收入随着外界对标的资产价值的信念而增加时，信号激励会促使决策者提前或加速执行期权，反之，信号激励会促使决策者推迟执行期权。更多因企业内部股东和外部投资者的利益冲突而产生的企业投融资决策偏离的研究文献，还包括 Hennessy 和 Whited（2007）、Sundaresan 和 Wang（2007）以及 Morellec 和 Schurhoff（2010）。所以，依据上述文献可见，在不确定性环境下，经济参与人间的不对称信息对企业的投融资决策是有重要影响的。因此，本文在模型构建时，将会考虑企业内部人和外部人之间的信息不对称，并会积极吸收和借鉴上述文献的研究成果，与之有所拓展的是，我们首次针对企业内部人和外部人在谈判势力（Bargaining Power）上的相对大小，将实物期权博弈分为信息甄别博弈（Screen Game）和信号传递博弈（Signaling Game），并且分别在这两种博弈中，单独和联合考虑逆选择问题和道德风险问题对企业最优投融资战略和均衡的影响。从而，这也就是本文在该领域理论研究上较突出的贡献和创新点。

特别的，我们的信息甄别模型类似于 Grenadier 和 Wang（2005），而信号传递模型类似于 Morellec 和 Schurhoff（2011），但我们在如下方面对这两篇文献具有拓展和创新：

（1）他们都只考虑了收入的不确定性，而我们则同时考虑了收入和投资成本的不确定性，即假设收入和投资成本服从两个相关的几何布朗运动；

（2）Grenadier 和 Wang（2005）只考虑信息甄别博弈，Morellec 和 Schurhoff（2011）则只考虑信号传递博弈，而我们则依据企业内部人和外部人在谈判势力上的相对大小，将这两种博弈内生统一在一个模型框架里；

（3）Morellec 和 Schurhoff（2011）在其信号传递博弈中，只考虑了因隐藏信息而产生的逆选择问题对企业投融资决策的影响，而我们在信号传递博弈中，增加考虑了因隐藏行动而产生的道德风险问题的影响力。从而，通过联合考虑信息甄别博弈和信号传递博弈，并分别在这两种博弈中，单独和联合考虑逆选择和道德风险的影响力，本文提供了完整的不确定性和不对称信息经济环境对企业最优投融资战略和均衡的影响。

另外，在机制设计方面，由 Hurwicz（1973）、Myerson（1979）和 Maskin（1999）等所开创的机制设计理论解决了经济参与人在信息不对称条件下，如何通过一个可实施的机制来实现一个社会最优目标的难题（他们三人也因在机制设计理论方面的奠基性贡献而获得 2007 年诺贝尔经济学奖）。机制设计也称逆博弈论，主要研究不对称信息博弈的解决方案，也即是通过激励代理人真实显示其私有信息而得到最优结果。更进一步的，由 Gibbard（1973）、Maskin 等（1979）、Myerson（1979）所提出的显示原理（Revelation Principle），我们可以知道，对于任给的贝叶斯纳什均衡，都存在有相同的均衡结果并且经济参与人真实显示其私有信息的相应的贝叶斯博弈。从而，机制设计者可将精力限定在经济人真实报告其私有信息的均衡结果。于是，基于机制设计和显示原理，委托人仅需考虑代理人真实显示其私有信息的博弈，从而，均衡最优结果的求解便很容易了。而本文主要研究的是不确定性和不对称信息对企业最优投融资战略和均衡的影响，故在信息甄别和信号传递经济参与人所拥有的私有信息时，所依据的理论基础便是上述文献的研究成果和理论结论。

于是，本文结构作如下安排：在接下来的部分，通过考虑收入和投资成本服从两个相关的几何布朗运动，构建完全信息条件下的一个基准实物期权模型，并得到企业有效率的第一最好的价值函数和触发鞍点比率（Trigger Hurdle Ratio）；在第 3 部分，在分离均衡存在时，分别在信息甄别博弈和信号传递博弈中考察逆选择和道德风险对最优投资时机选择和均衡的影响；在第 4 部分，在混合均衡存在时，研究了 Lemon 资本市场出现的可能性；在第 5 部分，我们考察了两种博弈中信息租金（Information Rent）的不同，得到了两种信息租金的表达式，并还研究了其他相关因素对分离和混合均衡的影响；而结论被安排在第 6 部分。

2. 完全信息基准实物期权模型

在这部分，作为一个研究基点，在不确定性和完全信息经济环境下，我们将研究企业的有效率的第一最好的投资期权价值函数及相应的触发鞍点比率。另外，我们在对不确定性而进行模型构建时，因不仅考虑到了收入的不确定性，而且还考虑到了投资成本的不确定性，故我们还将研究，在增加考虑了投资成本的不确定性后，企业的最优投融资战略的变化。

2.1 模型构建和假设

本文假设，企业须向外部投资者发行证券而为投资成本融资，即企业是面临融资约束的。

该假设是与投资实际相一致的，因在大多数情况下，企业都没有足够的自有资本或内部资本而满足投资成本支出，故企业须向外部投资者发行证券而融资。并且，方法上为了简化起见，我们不妨假设所有的投资成本支出都须向外部投资者发行证券而融资，企业的初始资本结构则全部是股权，即只拥有一单位（一百万股）数量的普通股。更进一步的，与 Myers 和 Majluf（1984）以及 Morellec 和 Schurhoff（2011）相一致，我们假定，企业在进行投融资决策时，是通过最大化其所有股票的内在价值而为老股东利益服务的，而当外部投资者拥有完全信息且发行证券为股票时，所有股票的价格等于股票的发行价。

另外，不失一般性，我们假定资本市场是有效率的，即在完全信息条件下，资本市场能为证券的发行价格正确定价，若发行证券为股票，则增长潜力高的企业的股票发行价格应更高。我们还假设，企业的内部人和外部人都是风险中性的，而每一个企业都拥有对投资项目的垄断权力，即在进行投融资时机和证券发行类型选择决策时，企业拥有自行处理权；并且，企业通过发行证券而为投资成本融资时，我们进一步假设内部股东是消极或不能认购所发行证券的，因此，证券只能为外部投资者所认购。当然，投资是不可逆的，且直接成本为 K_t，而当投资项目一旦完成，便会产生连续现金流 $D^i X_t$。特别的，我们还假设，每一个企业在投资后都有相同的不随时间变化的营运性成本支出 F。于是，企业 i 投资后的瞬时利润流为：

$$\pi^{it} = D^i X_t - K_t - F \tag{1}$$

其中，D^i 为瞬时收入中的确定性部分，代表企业 i 的增长潜力，可测度企业 i 的市场竞争力，也可作为企业 i 证券发行价格的代理变量，即 D^i 越高，企业 i 的市场竞争力越强，证券发行价格越高。特别的，在不对称信息条件下，D^i 为企业 i 内部人的私有信息，而外部人是不知道 D^i 真实值的。更进一步的，瞬时收入中的不确定性部分 X_t 和投资成本 K_t 都是不确定和随时间连续变化的，即服从两个相关的几何布朗运动：

$$\frac{\mathrm{d}X}{X} = \mu_X \mathrm{d}t + \sigma_X \mathrm{d}Z_X, \quad \frac{\mathrm{d}K}{K} = \mu_K \mathrm{d}t + \sigma_K \mathrm{d}Z_K \tag{2}$$

$$\mathrm{d}Z_X \sim N(0, \mathrm{d}t), \quad \mathrm{d}Z_K \sim N(0, \mathrm{d}t), \quad E(\mathrm{d}Z_X \mathrm{d}Z_K) = \rho \mathrm{d}t \tag{3}$$

其中，μ_X 和 σ_X 以及 μ_K 和 σ_K 是常数，分别表示单位时间收入 X_t 以及投资成本 K_t 条件期望的变化率和标准差，$\mathrm{d}t$ 和 $\mathrm{d}Z_X$ 或 $\mathrm{d}Z_K$ 分别表示时间增量和维纳增量，而 ρ 则为 $\mathrm{d}Z_X$ 和 $\mathrm{d}Z_K$ 的相关系数。假设 r 是无风险利率，故为保证模型结果的收敛性，有必要假定：

$$r > \mu_X, \quad r > \mu_K \tag{4}$$

2.2 第一最好投资期权价值函数和触发鞍点比率

因收入中的不确定性部分 X_t 和投资成本 K_t 服从两个相关的几何布朗运动，故在完全信息条件下，企业 i 有效率的第一最好投资期权价值函数 $V^i_{FB}(X, K)$ 为：

$$V^i_{FB}(X, K) = \sup_{t^i_{FB}} E_t \left[\int_{t^i_{FB}}^{\infty} \mathrm{e}^{-r(\tau-t)} (D^i X_\tau - K_\tau - F) \mathrm{d}\tau \right]$$

$$K b^i_{FB} \left(\frac{X}{K} \right)^\beta, \qquad \frac{X}{K} < \left(\frac{X}{K} \right)^i_{FB} \tag{5}$$

$$\frac{D^i X}{r - \mu_X} - \frac{K}{r - \mu_K} - \frac{F}{r}, \qquad \frac{X}{K} \geq \left(\frac{X}{K} \right)^i_{FB}$$

其中，$\left(\frac{X}{K} \right)^i_{FB}$ 为企业 i 的完全信息有效率的第一最好投资触发鞍点比率，而 t^i_{FB}

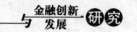

为相应的投资触发时点,并有: $t_{FB}^i = Inf\left\{t: \dfrac{X}{K} \geq \left(\dfrac{X}{K}\right)_{FB}^i\right\}$。从而,我们可得:

$$b_{FB}^i = \frac{1}{\beta}\left[\left(\frac{X}{K}\right)_{FB}^i\right]^{-(\beta-1)} \frac{D^i}{r - \mu_X}, \quad \left(\frac{X}{K}\right)_{FB}^i = \frac{\beta}{\beta - 1} \frac{r - \mu_X}{D^i}\left(\frac{1}{r - \mu_K} + \frac{F}{rK}\right) \quad (6)$$

$$\beta = \frac{a - b + \sqrt{(a-b)^2 + 4ac}}{2a} > 1, \quad a = \frac{1}{2}\sigma_X^2 - \rho\sigma_X\sigma_K + \frac{1}{2}\sigma_K^2, \quad b = \mu_X - \mu_K, \quad c = r - \mu_K \quad (7)$$

当 $\dfrac{X}{K} < \left(\dfrac{X}{K}\right)_{FB}^i$ 时,显然的,我们有:

$$V_{FB}^i(X, K) = K b_{FB}^i \left(\frac{X}{K}\right)^{\beta} = \frac{1}{\beta - 1}\left(\frac{K}{r - \mu_K} + \frac{F}{r}\right)\left[\frac{\left(\frac{X}{K}\right)}{\left(\frac{X}{K}\right)_{FB}^i}\right]^{\beta}$$

$$= \left[\frac{K D^i}{r - \mu_X}\left(\frac{X}{K}\right)_{FB}^i - \frac{K}{r - \mu_K} - \frac{F}{r}\right]\left[\frac{\left(\frac{X}{K}\right)}{\left(\frac{X}{K}\right)_{FB}^i}\right]^{\beta} \quad (8)$$

2.3 不确定收入和投资成本对企业投融资战略的影响

鉴于历史文献已有较详细的关于不确定收入对企业投融资战略影响的理论和实证研究,而本文同时考虑收入和投资成本的不确定性,故为突出显示增量研究优势,我们侧重考察,当增加考虑投资成本的不确定性后,企业投融资战略的变化。

2.3.1 企业最优投融资行为的变化

当只考虑收入的不确定性时,企业 i 是当收入 X_t 首次达到第一最好投资触发点 X_{FB}^i 时而立刻采取投资行动的,据 Dixit 和 Pindyck(1994),我们可得: $X_{FB}^i = \dfrac{\beta}{\beta - 1} \dfrac{r - \mu_X}{D^i}\left(K + \dfrac{F}{r}\right)$;而当同时考虑收入和投资成本的不确定性后,据上述(5)式可知,企业 i 是当收入—投资成本之比 $\dfrac{X}{K}$ 首次达到第一最好投资触发鞍点比率 $\left(\dfrac{X}{K}\right)_{FB}^i$ 时而立刻采取投资行动的。因 $\dfrac{X}{K}$ 代表投资回报率,反映宏观经济因素同时对收入和投资成本的复合随机冲击,所以,当增加考虑投资成本的不确定性后,企业的最优投融资行为由单纯仅关注收入状况变为关注投资回报率状况,从而应是更准确的刻画了企业的真实投融资行为和战略。更重要的,若只考虑收入的不确定性时,则不能解释上文所述两种令人疑惑的经济现象——面临房产需求和价格下降时的建筑繁荣(过度投资)和面临资产价格上升时的投资不足,而若同时考虑收入和投资成本的不确定性后,则可以合理地解释这两种现象。

2.3.2 企业最优投融资时间的变化

当同时考虑收入和投资成本的不确定性后,令 $\Delta_{FB}^i = E(t_{FB}^i - t_0)$ 为期望的从初始

时点 t_0 到企业 i 执行投资期权的投资时间（时点 t_0 相应的投资回报率为 $\left(\dfrac{X}{K}\right)_0 > 0$），

从而借鉴 Oksendal（1998），我们有：

$$\Delta_{FB}^i = \frac{\ln\left[\left(\dfrac{X}{K}\right)_{FB}^i\right] - \ln\left[\left(\dfrac{X}{K}\right)_0\right]}{\mu_X - \mu_K - \dfrac{1}{2}(\sigma_X^2 - \sigma_K^2)}$$

$$= \frac{\ln\left[\dfrac{\beta}{\beta-1}\dfrac{r-\mu_X}{D^i}\left(\dfrac{1}{r-\mu_K}+\dfrac{F}{rK}\right)\left(\dfrac{X}{K}\right)_0^{-1}\right]}{\mu_X - \mu_K - \dfrac{1}{2}\sigma_X^2 + \dfrac{1}{2}\sigma_K^2}\left(\mu_X - \mu_K - \dfrac{1}{2}\sigma_X^2 + \dfrac{1}{2}\sigma_K^2 > 0\right)$$

$$(9)$$

因 $\beta = \dfrac{a-b+\sqrt{(a-b)^2+4ac}}{2a} > 1$，其中 $a = \dfrac{1}{2}\sigma_X^2 - \rho\sigma_X\sigma_K + \dfrac{1}{2}\sigma_K^2$，$b =$

$\mu_X - \mu_K$，$c = r - \mu_K$，故显然有：$\dfrac{\partial a}{\partial\sigma_X} > 0$ 和 $\dfrac{\partial a}{\partial\sigma_K} > 0$；又因 $\dfrac{\partial\beta}{\partial a} < 0$，故有：$\dfrac{\partial\beta}{\partial\sigma_X} < 0$

和 $\dfrac{\partial\beta}{\partial\sigma_K} < 0$ $\qquad(10)$

所以，我们可得：

$$\frac{\partial\Delta_{FB}^i}{\partial\sigma_X} = \sigma_X\frac{\ln\left[\dfrac{\beta}{\beta-1}\dfrac{r-\mu_X}{D^i}\left(\dfrac{1}{r-\mu_K}+\dfrac{F}{rK}\right)\left(\dfrac{X}{K}\right)_0^{-1}\right]}{\left(\mu_X - \mu_K - \dfrac{1}{2}\sigma_X^2 + \dfrac{1}{2}\sigma_K^2\right)^2} + \frac{\left[-\dfrac{1}{\beta(\beta-1)}\right]\dfrac{\partial\beta}{\partial\sigma_X}}{\mu_X - \mu_K - \dfrac{1}{2}\sigma_X^2 + \dfrac{1}{2}\sigma_K^2}$$

$$(11)$$

由（10）式，因 $\dfrac{\partial\beta}{\partial\sigma_X} < 0$，我们有：

$$\frac{\partial\Delta_{FB}^i}{\partial\sigma_X} = A + B > 0 \qquad(12)$$

显然有：

$$A > 0 \text{ 和 } B > 0 \qquad(13)$$

$A > 0$ 的经济含义：当 σ_X（收入的不确定性）增加时，据 X 的几何布朗运动的性质可知，X 将会有更大的概率到达 X 的下界，从而使得投资回报率状况 $\dfrac{X}{K}$ 需花费更长的时间而到达第一最好投资触发鞍点比率 $\left(\dfrac{X}{K}\right)_{FB}^i$，所以，企业 i 会推迟投融资。

$B > 0$ 的经济含义：当 σ_X（收入的不确定性）增加时，企业 i 的第一最好投资触发鞍点比率 $\left(\dfrac{X}{K}\right)_{FB}^i$ 会增大，从而使投资效率状况 $\dfrac{X}{K}$ 需花费更长的时间而到达

$\left(\dfrac{X}{K}\right)^{i}_{FB}$，所以，企业 i 会推迟投融资。

$A > 0$ 和 $B > 0$ 的经济含义：当 σ_X（收入的不确定性）增加时，σ_X 对 $\left(\dfrac{X}{K}\right)^{i}_{FB}$ 的影响存在两个方向一致的作用力，即都是增大投资时间 Δ^{i}_{FB}。

$\dfrac{\partial \Delta^{i}_{FB}}{\partial \sigma_X} = A + B > 0$ 的经济含义：当 σ_X（收入的不确定性）增加时，企业 i 会推迟投融资，即投资时间 Δ^{i}_{FB} 正比于 σ_X（收入的不确定性），这与只考虑收入的不确定性的经典实物期权理论结论是一致的。

更重要的，我们还可得到：

$$\frac{\partial \Delta^{i}_{FB}}{\partial \sigma_K} = -\sigma_K \frac{\ln\left[\dfrac{\beta}{\beta-1}\dfrac{r-\mu_X}{D^i}\left(\dfrac{1}{r-\mu_K}+\dfrac{F}{rK}\right)\left(\dfrac{X}{K}\right)_0^{-1}\right]}{\left(\mu_X - \mu_K - \dfrac{1}{2}\sigma_X^2 + \dfrac{1}{2}\sigma_K^2\right)^2} +$$

$$\frac{\left[-\dfrac{1}{\beta(\beta-1)}\right]\dfrac{\partial \beta}{\partial \sigma_K}}{\mu_X - \mu_K - \dfrac{1}{2}\sigma_X^2 + \dfrac{1}{2}\sigma_K^2} = C + D \qquad (14)$$

显然有：

$C < 0$ 和 $D > 0$ $\qquad\qquad\qquad\qquad\qquad\qquad\qquad\qquad (15)$

$C < 0$ 的经济含义：当 σ_K（投资成本的不确定性）增加时，据 K 的几何布朗运动的性质可知，K 将会有更大的概率到达 K 的下界，从而使得投资效率状况 $\dfrac{X}{K}$ 仅需花费较短的时间便可到达第一最好投资触发鞍点比率 $\left(\dfrac{X}{K}\right)^{i}_{FB}$，所以，企业 i 会提前投融资。

$D > 0$ 的经济含义：当 σ_K（投资成本的不确定性）增加时，企业 i 的第一最好投资触发鞍点比率 $\left(\dfrac{X}{K}\right)^{i}_{FB}$ 会增大，从而使得投资回报率状况 $\dfrac{X}{K}$ 需花费更长的时间而到达 $\left(\dfrac{X}{K}\right)^{i}_{FB}$，所以，企业 i 会推迟投融资。

$C < 0$ 和 $D > 0$ 的经济含义：当 σ_K（投资成本的不确定性）增加时，σ_K 对 $\left(\dfrac{X}{K}\right)^{i}_{FB}$ 的影响存在两个方向相反的作用力，即一个是减小投资时间 Δ^{i}_{FB}，而另一个是增大投资时间 Δ^{i}_{FB}。

特别的，当 $\left(\dfrac{X}{K}\right)_0$（初始投资回报率状况）足够小或 μ_K（企业 i 投资成本的期望增长率）足够大时，我们会有：$|C| > D$，即 $\dfrac{\partial \Delta^{i}_{FB}}{\partial \sigma_K} = C + D < 0$，其经济含义为：在

满足企业 i 的初始投资效率状况足够小或投资成本的期望增长率足够大的条件下，则当 σ_K（投资成本的不确定性）增加时，企业 i 会提前投融资，即投资时间 Δ^{iF} 反比于 σ_K（投资成本的不确定性）。

$\dfrac{\partial \Delta^i_{FB}}{\partial \sigma_K} < 0$ 的另一种解释：因投资回报率状况 $\dfrac{X}{K}$ 是服从对数正态分布的，故其期望的连续复合增长率为：$\mu\left(\dfrac{X}{K}\right) = \mu_X - \mu_K - \dfrac{1}{2}\sigma_X^2 + \dfrac{1}{2}\sigma_K^2$，显然，$\mu\left(\dfrac{X}{K}\right)$ 与 σ_K（投资成本的不确定性）是成正比的，即当 σ_K 增加时，投资回报率状况 $\dfrac{X}{K}$ 只需花较少的时间便能到达第一最好投资鞍点比率 $\left(\dfrac{X}{K}\right)^i_{FB}$。也就是说，投资时间 Δ^i_{FB} 反比于 σ_K（投资成本的不确定性）。

因此，我们可得如下命题：

命题1：若收入和投资成本都是不确定的，在完全信息条件下，若企业的初始投资回报率状况足够小或投资成本的期望增长率足够大，则企业最优投资时间正比于收入的不确定性，而反比于投资成本的不确定性。

3. 不对称信息实物期权模型

在不对称信息条件下，企业的增长潜力为企业内部人的私有信息。因企业的增长潜力可代表企业的类型，故在企业外部人不知道企业类型的情形下，企业内部人和外部人间的博弈转换为不对称信息博弈，从而，企业的投融资战略也将不同于完全信息条件下的投融资战略。更进一步的，本文认为，企业外部人和内部人间的谈判势力将影响不对称信息博弈的类型，若企业外部人拥有全部谈判势力，不对称信息博弈为信息甄别博弈，若企业内部人拥有全部谈判势力，不对称信息博弈则为信号传递博弈。所以，同样是不对称信息博弈，但企业分别在信息甄别博弈和信号传递博弈中的投融资战略却有可能是不同的。以前文献对在信息甄别博弈和信号传递博弈中的企业投融资战略都是独立或分开进行研究的，而本文则首次据企业外部人和内部人间谈判势力的大小，将两种博弈内生统一在一个模型框架里，并分别在两种博弈中，单独和联合考虑逆选择问题和道德风险问题的影响力，从而，我们可以提供完整的不确定性和不对称信息经济环境对企业投融资战略影响的研究结论。

3.1　信息甄别博弈

企业外部人为大股东或控股股东时，则较之企业内部人，拥有更大的谈判势力。特别的，若企业内部人全部为经理人，而外部人全部为股东或投资者时，企业外部人则会拥有全部的谈判势力，此时的不对称信息博弈便为信息甄别博弈。而拥有私有信息的企业内部人虽然对投融资时机和证券发行类型有自行处理权，但因无谈判势力，从而只能被动接受企业外部人为甄别私有信息所给出的激励契约，于是，企业的投融资战略也将发生相应的变化。

因拥有全部谈判势力的企业外部人在购买企业股票时总是力求投资支出是有效

率的，故有必要设计出激励契约，以能真实甄别企业内部人的私有信息，即为高增长潜力企业的股票给出高价，而为低增长潜力企业的股票给出低价。进一步的，在不对称信息条件下，因企业内部人拥有信息优势，且企业内部人和外部人存在目标冲突（代理问题），从而企业外部人在设计激励契约以求真实甄别私有信息和使投资支出有效率时，有必要允许企业内部人获得信息租金和代理租金。

3.1.1 信息甄别博弈模型构建

由上文第（8）式，我们可知，当 $\frac{X}{K} < \left(\frac{X}{K}\right)^i_{FB}$ 时，有：

$$V^i_{FB}(X, K) = \left[\frac{\left(\frac{X}{K}\right)}{\left(\frac{X}{K}\right)^i_{FB}}\right]^\beta \left[\frac{K D^i}{r - \mu_X}\left(\frac{X}{K}\right)^i_{FB} - \frac{K}{r - \mu_K} - \frac{F}{r}\right]$$ ，不失一般性，不妨假

设市场上只存在 D^H 和 D^L 两种离散的企业类型，即 $D^i \in \{D^H, D^L\}$，并且，D^H 企业类型在市场中的存在概率为 P^H。因此，当 $\frac{X}{K} < \left(\frac{X}{K}\right)^i_{FB}$（$i \in \{H, L\}$）时，第一最好投资期权的市场价值为：

$$V^M_{FB}(X, K) = P^H \left[\frac{\left(\frac{X}{K}\right)}{\left(\frac{X}{K}\right)^H_{FB}}\right]^\beta \left[\frac{K D^H}{r - \mu_X}\left(\frac{X}{K}\right)^H_{FB} - \frac{K}{r - \mu_K} - \frac{F}{r}\right] +$$

$$(1 - P^H) \left[\frac{\left(\frac{X}{K}\right)}{\left(\frac{X}{K}\right)^L_{FB}}\right]^\beta \left[\frac{K D^L}{r - \mu_X}\left(\frac{X}{K}\right)^L_{FB} - \frac{K}{r - \mu_K} - \frac{F}{r}\right] \quad (16)$$

在不对称信息条件下，因企业内部人拥有信息优势以及企业内部人和外部人间存在代理问题，故而，企业外部人为真实甄别私有信息和使投资支出有效率，是须支付给内部人信息租金和代理租金的。由 Grenadier 和 Wang（2005），信息甄别博弈中的分离均衡总是占优于混合均衡的，因此，我们在下文将只研究分离均衡的情形，即 D^H 和 D^L 两种类型企业选择在不同的触发鞍点比率进行投资，或发行不同价格的证券而为投资成本融资。

企业外部人在 t_0 时点向内部人给出激励契约，并承诺当投资期权被执行时给出租金 R（包括信息租金和代理租金），从而，租金 R 的大小依赖于投资触发鞍点比率的高低，即：$R = R\left(\frac{X}{K}\right)$。不妨令企业外部人支付给内部人的租金分别为 R^H 和 R^L，其中，$R^H = R\left[\left(\frac{X}{K}\right)^H\right]$，$R^L = R\left[\left(\frac{X}{K}\right)^L\right]$，从而由显示原理，$D^H$ 和 D^L 两种类型企业的投资触发鞍点比率则分别为 $\left(\frac{X}{K}\right)^H$ 和 $\left(\frac{X}{K}\right)^L$。另外，因企业内部人全部为经理，而企业外部人全部为股东或投资者，从而，企业外部人和企业内部人的市场价值函数

分别为：

$$V^{Out}\left[\frac{X}{K};R^H,R^L,\left(\frac{X}{K}\right)^H,\left(\frac{X}{K}\right)^L\right]=P^H\left[\frac{\left(\frac{X}{K}\right)}{\left(\frac{X}{K}\right)^H}\right]^{\beta}\left[\frac{KD^H}{r-\mu_X}\left(\frac{X}{K}\right)^H-\frac{K}{r-\mu_K}-\frac{F}{r}-R^H\right]+$$

$$(1-P^H)\left[\frac{\left(\frac{X}{K}\right)}{\left(\frac{X}{K}\right)^L}\right]^{\beta}\left[\frac{KD^L}{r-\mu_X}\left(\frac{X}{K}\right)^L-\frac{K}{r-\mu_K}-\frac{F}{r}-R^L\right]$$

$$(17)$$

$$V^{In}\left[\frac{X}{K};R^H,R^L,\left(\frac{X}{K}\right)^H,\left(\frac{X}{K}\right)^L\right]=P^H\left[\frac{\left(\frac{X}{K}\right)}{\left(\frac{X}{K}\right)^H}\right]^{\beta}R^H+(1-P^H)\left[\frac{\left(\frac{X}{K}\right)}{\left(\frac{X}{K}\right)^L}\right]^{\beta}R^L \qquad (18)$$

与 Grenadier 和 Wang（2005）相一致，我们的信息甄别模型也同时存在着由隐藏信息而产生的逆选择问题和由隐藏行动而导致的道德风险问题。拥有全部谈判势力的企业外部人，作为股东或投资者，总是力求不仅投资支出是有效率的（真实甄别私有信息，增长潜力高的企业的股票给出高价，而增长潜力低的企业的股票给出低价），而且所购股票的企业内部人是努力工作的。因此，企业外部人的激励契约设计，是通过最优选择四个内生变量 R^H、R^L、$\left(\frac{X}{K}\right)^H$ 和 $\left(\frac{X}{K}\right)^L$，在满足有效解决逆选择问题和道德风险问题的条件之后，最大化自己的市场价值函数而得到的。所以，企业外部人的最优问题为：

$$\max_{R^H,R^L,\left(\frac{X}{K}\right)^H,\left(\frac{X}{K}\right)^L}V^{Out}\left[\frac{X}{K};R^H,R^L,\left(\frac{X}{K}\right)^H,\left(\frac{X}{K}\right)^L\right]$$

$$=P^H\left[\frac{\left(\frac{X}{K}\right)}{\left(\frac{X}{K}\right)^H}\right]^{\beta}\left[\frac{KD^H}{r-\mu_X}\left(\frac{X}{K}\right)^H-\frac{K}{r-\mu_K}-\frac{F}{r}-R^H\right]$$

$$+(1-P^H)\left[\frac{\left(\frac{X}{K}\right)}{\left(\frac{X}{K}\right)^L}\right]^{\beta}\left[\frac{KD^L}{r-\mu_X}\left(\frac{X}{K}\right)^L-\frac{K}{r-\mu_K}-\frac{F}{r}-R^L\right] \qquad (19)$$

令企业内部人因努力工作而产生的成本为 $g(e)$，借鉴 Grenadier 和 Wang（2005），我们假设，若企业内部人是努力工作的，则 D^H 企业类型在市场中的存在概率为较高的 P^H，否则，D^H 企业类型在市场中的存在概率便为较低的 P^L。所以，解决因隐藏行动而导致的道德风险问题的激励相容约束条件为：

$$P^H \left[\frac{\left(\frac{X}{K}\right)}{\left(\frac{X}{K}\right)^H}\right]^{\beta} R^H + (1 - P^H) \left[\frac{\left(\frac{X}{K}\right)}{\left(\frac{X}{K}\right)^L}\right]^{\beta} R^L - g(e) \geqslant$$

$$P^L \left[\frac{\left(\frac{X}{K}\right)}{\left(\frac{X}{K}\right)^H}\right]^{\beta} R^H + (1 - P^L) \left[\frac{\left(\frac{X}{K}\right)}{\left(\frac{X}{K}\right)^L}\right]^{\beta} R^L \qquad (20)$$

即：

$$\left[\frac{\left(\frac{X}{K}\right)}{\left(\frac{X}{K}\right)^H}\right]^{\beta} R^H - \left[\frac{\left(\frac{X}{K}\right)}{\left(\frac{X}{K}\right)^L}\right]^{\beta} R^L \geqslant \frac{g(e)}{P^H - P^L} \qquad (21)$$

显然，使得企业内部人努力工作的参与约束条件为：

$$P^H \left[\frac{\left(\frac{X}{K}\right)}{\left(\frac{X}{K}\right)^H}\right]^{\beta} R^H + (1 - P^H) \left[\frac{\left(\frac{X}{K}\right)}{\left(\frac{X}{K}\right)^L}\right]^{\beta} R^L - g(e) \geqslant 0 \qquad (22)$$

企业内部人类型包括有 D^H 和 D^L 两种，因此，解决因隐藏信息而产生的逆选择问题也相应包括如下两个激励相容约束条件：

$$\left[\frac{\left(\frac{X}{K}\right)}{\left(\frac{X}{K}\right)^H}\right]^{\beta} R^H \geqslant \left[\frac{\left(\frac{X}{K}\right)}{\left(\frac{X}{K}\right)^L}\right]^{\beta} \left[R^L + \frac{K(D^H - D^L)}{r - \mu_X}\left(\frac{X}{K}\right)^L\right] \qquad (23)$$

$$\left[\frac{\left(\frac{X}{K}\right)}{\left(\frac{X}{K}\right)^L}\right]^{\beta} R^L \geqslant \left[\frac{\left(\frac{X}{K}\right)}{\left(\frac{X}{K}\right)^H}\right]^{\beta} \left[R^H - \frac{K(D^H - D^L)}{r - \mu_X}\left(\frac{X}{K}\right)^H\right] \qquad (24)$$

（23）式左边表示的意思是：D^H 企业内部人类型通过选择在鞍点比率 $\left(\frac{X}{K}\right)^H$ 进行投融资而真实显示自己的私有信息，并且得到租金收益 R^H；其右边表示的意思是：D^H 企业内部人类型通过选择在鞍点比率 $\left(\frac{X}{K}\right)^L$ 进行投融资，即模仿 D^L 企业内部人类型的投融资行为而错误显示自己的私有信息，并且得到租金收益 R^L 和模仿收益 $\frac{K(D^H - D^L)}{r - \mu_X}\left(\frac{X}{K}\right)^L$。所以，整个（23）不等式保证了企业外部人能真实甄别 D^H 企业内部人类型的私有信息。同理，（24）不等式可保证企业外部人能真实甄别 D^L 企业内部人类型的私有信息。

另外，拥有信息优势的企业内部人所获租金收益应是非负的，否则，企业内部人完全可不接受企业外部人所给出的激励契约。于是，为保证企业内部人能接受激励契约，从而通过其投融资时机选择而真实甄别其私有信息，我们有如下的有限责任约束条件：

$$R^H \geq 0, \text{并且} R^L \geq 0 \tag{25}$$

3.1.2 信息甄别博弈模型结果

由(23)式，我们可得：$R^H \geq \left[\dfrac{\left(\frac{X}{K}\right)^H}{\left(\frac{X}{K}\right)^L}\right]^{\beta}\left[R^L + \dfrac{K(D^H - D^L)}{r - \mu_X}\left(\dfrac{X}{K}\right)^L\right]$，又据（25）

式有：$R^L \geq 0$，所以，我们有：$R^H \geq \left[\dfrac{\left(\frac{X}{K}\right)^H}{\left(\frac{X}{K}\right)^L}\right]^{\beta}\left[\dfrac{K(D^H - D^L)}{r - \mu_X}\left(\dfrac{X}{K}\right)^L\right] > 0$，因此，我

们只需考虑有限责任约束：$R^L \geq 0$。

另外，将(21)式代入(22)式可得：

$$\left[\dfrac{\left(\frac{X}{K}\right)}{\left(\frac{X}{K}\right)^H}\right]^{\beta} R^H + \dfrac{(1 - P^H)}{P^H}\left[\dfrac{\left(\frac{X}{K}\right)}{\left(\frac{X}{K}\right)^L}\right]^{\beta} R^L - \dfrac{g(e)}{P^H} \geq \dfrac{g(e)}{P^H - P^L} + \dfrac{1}{P^H}\left[\dfrac{\left(\frac{X}{K}\right)}{\left(\frac{X}{K}\right)^L}\right]^{\beta}$$

$R^L - \dfrac{g(e)}{P^H} > 0$，因而（22）不等式为松约束。

所以，对于（19）式的最优问题，我们只需考虑不等式约束（21）、（23）、（24）以及 $R^L \geq 0$，我们不妨令其相应的拉格朗日乘子为 $L_i \geq 0(i = 1, 2, 3, 4)$，从而依据 Kuhn-Tucker 条件可得如下关于四个内生变量最优值的结果（详细解答过程请见附录）：

$$\left[\left(\dfrac{X}{K}\right)^H\right]^* = \left(\dfrac{X}{K}\right)^H_{SB} = \dfrac{\beta}{\beta - 1}\dfrac{r - \mu_X}{D^H + L_3(D^H - D^L)}\left(\dfrac{1}{r - \mu_K} + \dfrac{F}{rK}\right) \leq \dfrac{\beta}{\beta - 1}$$

$$\dfrac{r - \mu_X}{D^H}\left(\dfrac{1}{r - \mu_K} + \dfrac{F}{rK}\right) = \left(\dfrac{X}{K}\right)^H_{FB} \tag{26}$$

$$\left[\left(\dfrac{X}{K}\right)^L\right]^* = \left(\dfrac{X}{K}\right)^L_{SB} = \dfrac{\beta}{\beta - 1}\dfrac{r - \mu_X}{D^L - L_2\dfrac{P^H}{(1 - P^H)}(D^H - D^L)}\left(\dfrac{1}{r - \mu_K} + \dfrac{F}{rK}\right) \geq \dfrac{\beta}{\beta - 1}$$

$$\dfrac{r - \mu_X}{D^L}\left(\dfrac{1}{r - \mu_K} + \dfrac{F}{rK}\right) = \left(\dfrac{X}{K}\right)^L_{FB} \tag{27}$$

$$(R^H)^* > 0, \ (R^L)^* = 0, L_1 + L_2 = 1 > 0, L_3 = 0, L_4 = \dfrac{1}{P^H}\left[\dfrac{\left(\frac{X}{K}\right)}{\left(\frac{X}{K}\right)^L}\right]^{\beta} > 0$$

$$\tag{28}$$

由（26）式可知 $\left(\dfrac{X}{K}\right)^H_{SB} \leqslant \left(\dfrac{X}{K}\right)^H_{FB}$，因 $\left(\dfrac{X}{K}\right)^H_{SB}$ 表示的是不对称信息条件下的 D^H 企业内部人类型的最优投资触发鞍点比率，即其有效率损失的第二最好投资鞍点比率，从而，这说明了，不对称信息条件下，D^H 企业内部人类型的最优投资时点或等同于或提前于完全信息条件下的最优投资时点。更进一步的，由（28）式可知 $L_3 = 0$，从而据（26）式，我们可得：

$$\left(\frac{X}{K}\right)^H_{SB} = \frac{\beta}{\beta - 1}\frac{r - \mu_X}{D^H}\left(\frac{1}{r - \mu_K} + \frac{F}{rK}\right) = \left(\frac{X}{K}\right)^H_{FB}$$，即 D^H 企业内部人类型的第二最

好投资鞍点比率与其第一最好投资鞍点比率是相同的，这说明了，D^H 企业内部人类型在不对称信息条件下的最优投资时点等同于其在完全信息条件下的最优投资时点。造成这一重要结果的核心原因是：因企业外部人拥有完全的谈判势力，故在有效解决逆选择问题和道德风险问题后，仍然可以使得 $(R^L)^* = 0 = Min(R^L)$，即拥有私有信息的 D^L 企业内部人只能获得零租金收益。因此，为了让 D^L 企业内部人接受零租金收益的激励契约，则须使得保证企业外部人能真实甄别 D^L 企业内部人类型的私有信息的（24）不等式为松约束，即有：

$$\left[\frac{\left(\dfrac{X}{K}\right)^L}{\left(\dfrac{X}{K}\right)^H}\right]^\beta R^L > \left[\frac{\left(\dfrac{X}{K}\right)}{\left(\dfrac{X}{K}\right)^H}\right]^\beta \left[R^H - \frac{K(D^H - D^L)}{r - \mu_X}\left(\frac{X}{K}\right)^H\right] \text{ 恒成立（或 } R^H <$$

$$\frac{K(D^H - D^L)}{r - \mu_X}\left(\frac{X}{K}\right)^H\text{）。} \text{于是，据互补松弛条件，我们可得：} L_3 = 0\text{，从而由（26）}$$

式，我们有：$\left(\dfrac{X}{K}\right)^H_{SB} = \dfrac{\beta}{\beta - 1}\dfrac{r - \mu_X}{D^H}\left(\dfrac{1}{r - \mu_K} + \dfrac{F}{rK}\right) = \left(\dfrac{X}{K}\right)^H_{FB}$，即在信息甄别博弈模型中，$D^H$ 企业内部人类型仍然选择在完全信息有效率的第一最好投资鞍点比率进行投融资。

由（27）式可知 $\left(\dfrac{X}{K}\right)^L_{SB} \geqslant \left(\dfrac{X}{K}\right)^L_{FB}$，这说明了，不对称信息条件下，$D^L$ 企业内部人类型的最优投资时点或等同于或延后于完全信息条件下的最优投资时点。更进一步的，因 $L_1 + L_2 = 1 > 0$ 以及 $L_1 \geqslant 0$ 和 $L_2 \geqslant 0$，故 L_1 和 L_2 不能同时为零，即逆选择问题和道德风险问题不可能同时消失，因此，我们在下文将分三种情况来单独和联合考虑逆选择问题和道德风险问题对 D^L 企业内部人类型投融资战略的影响力。

（1）只有逆选择问题时：

此种情形对应的不等式约束为：（21）不等式为松约束，而（23）不等式为紧约束，即 $L_1 = 0$ 和 $L_2 = 1 > 0$，于是，据（27）式，我们可得：

$$\left(\frac{X}{K}\right)^L_{SB1} = \frac{\beta}{\beta - 1}\frac{r - \mu_X}{D^L - \dfrac{P^H}{(1 - P^H)}(D^H - D^L)}\left(\frac{1}{r - \mu_K} + \frac{F}{rK}\right) >$$

$$\frac{\beta}{\beta - 1}\frac{r - \mu_X}{D^L}\left(\frac{1}{r - \mu_K} + \frac{F}{rK}\right) = \left(\frac{X}{K}\right)^L_{FB}$$，这说明 D^L 企业内部人类型的最优投资时点延后

于完全信息条件下的最优投资时点。另外，因（21）和（23）不等式分别为松和紧约束以及 $(R^L)^* = 0$，故我们有：

$$(R^H)^* = \left[\frac{\left(\frac{X}{K}\right)_{FB}^H}{\left(\frac{X}{K}\right)_{SB1}^L}\right]^\beta \frac{K(D^H - D^L)}{r - \mu_X}\left(\frac{X}{K}\right)_{SB1}^L, \frac{g(e)}{P^H - P^L} < \left[\frac{\left(\frac{X}{K}\right)^L}{\left(\frac{X}{K}\right)_{SB1}^L}\right]^\beta \frac{K(D^H - D^L)}{r - \mu_X}\left(\frac{X}{K}\right)_{SB1}^L$$

$$(29)$$

（2）只有道德风险问题时：

此种情形对应的不等式约束为：（21）不等式为紧约束，而（23）不等式为松约束，即 $L_1 = 1 > 0$ 和 $L_2 = 0$，于是，据（27）式，我们可得：

$\left(\frac{X}{K}\right)_{SB2}^L = \frac{\beta}{\beta - 1}\frac{r - \mu_X}{D^L}\left(\frac{1}{r - \mu_K} + \frac{F}{rK}\right) = \left(\frac{X}{K}\right)_{FB}^L$ ，这说明，D^L 企业内部人类型的最优投资时点等同于完全信息条件下的最优投资时点。同理，由（21）式和（23）式分别为紧和松约束以及 $L_3 = 0$

$\left(R^H < \frac{K(D^H - D^L)}{r - \mu_X}\left(\frac{X}{K}\right)^H\right)$，我们还可得到：

$$(R^H)^* = \left[\frac{\left(\frac{X}{K}\right)_{FB}^H}{\left(\frac{X}{K}\right)^L}\right]^\beta \frac{g(e)}{P^H - P^L}, \left[\frac{\left(\frac{X}{K}\right)^L}{\left(\frac{X}{K}\right)_{FB}^L}\right]^\beta \frac{K(D^H - D^L)}{r - \mu_X}\left(\frac{X}{K}\right)_{FB}^L < \frac{g(e)}{P^H - P^L} <$$

$$\left[\frac{\left(\frac{X}{K}\right)^L}{\left(\frac{X}{K}\right)_{FB}^H}\right]^\beta \frac{K(D^H - D^L)}{r - \mu_X}\left(\frac{X}{K}\right)_{FB}^H$$

$$(30)$$

（3）同时存在逆选择问题和道德风险问题时：

此种情形对应的不等式约束为：（21）不等式为紧约束，（23）不等式为紧约束，即 $0 < L_1 < 1$ 和 $0 < L_2 < 1$，于是，据（27）式，我们可得：

$\left(\frac{X}{K}\right)_{SB3}^L = \frac{\beta}{\beta - 1}\frac{r - \mu_X}{D^L - L_2\frac{P^H}{(1 - P^H)}(D^H - D^L)}\left(\frac{1}{r - \mu_K} + \frac{F}{rK}\right) > \frac{\beta}{\beta - 1}$

$\frac{r - \mu_X}{D^L}\left(\frac{1}{r - \mu_K} + \frac{F}{rK}\right) = \left(\frac{X}{K}\right)_{FB}^L$ ，从而据（29）和（30）式，我们有：$\left(\frac{X}{K}\right)_{FB}^L = \left(\frac{X}{K}\right)_{SB2}^L$

$< \left(\frac{X}{K}\right)_{SB3}^L < \left(\frac{X}{K}\right)_{SB1}^L$ ，这说明了：在此种情形下，D^L

企业内部人类型的最优投资时点延后于完全信息条件下的最优投资时点，但要提前于只存在逆选择问题时的最优投资时点。同理，据（21）式和（23）式不等式都为紧约束，我们有：

$$(R^H)^* = \left[\frac{\left(\frac{X}{K}\right)^H_{FB}}{\left(\frac{X}{K}\right)^L_{SB3}}\right]^{\beta} \frac{K(D^H - D^L)}{r - \mu_X}\left(\frac{X}{K}\right)^L_{SB3} = \left[\frac{\left(\frac{X}{K}\right)^H_{FB}}{\left(\frac{X}{K}\right)^L}\right]^{\beta} \frac{g(e)}{P^H - P^L} \qquad (31)$$

$$\left[\frac{\left(\frac{X}{K}\right)}{\left(\frac{X}{K}\right)^L_{SB1}}\right]^{\beta} \frac{K(D^H - D^L)}{r - \mu_X}\left(\frac{X}{K}\right)^L_{SB1} < \frac{g(e)}{P^H - P^L} < \left[\frac{\left(\frac{X}{K}\right)}{\left(\frac{X}{K}\right)^L_{FB}}\right]^{\beta} \frac{K(D^H - D^L)}{r - \mu_X}\left(\frac{X}{K}\right)^L_{FB}$$

$$\qquad (32)$$

特别的，因 $g(e)$ 的大小为企业内部人努力工作而付出的成本，即可表示道德风险问题的程度，故据(29)直到(32)式可知，当道德风险问题足够小时，便只存在逆选择问题，此时，D^L 企业内部人类型的最优投资时点延后于完全信息条件下的最优投资时点是最多的，即投资效率损失是最大的；随着道德风险问题程度的增加，D^L 企业内部人类型的最优投资时点延后于完全信息条件下的最优投资时点的程度减小了，即投资效率损失降低了；更重要的，当道德风险问题的程度足够大时，便不存在逆选择问题了，此时，D^L 企业内部人类型的最优投资时点等同于完全信息条件下的最优投资时点，即投资是有效率的。

所以，综上所述，我们可得如下命题：

命题2：在不对称信息博弈中的信息甄别博弈中，当分离均衡存在时，因为企业外部人拥有完全的谈判势力，从而使得 D^H 企业内部人类型仍然选择在完全信息有效率的第一最好投资鞍点比率进行投融资；逆选择问题降低 D^L 企业内部人类型的投资效率，道德风险问题则有助于提高其投资效率；当道德风险问题足够小时，只存在逆选择问题，此时，D^L 企业内部人类型的最优投资时点延后于完全信息条件下的最优投资时点，投资效率损失是最大的；当道德风险问题足够大时，逆选择问题也就消失了，此时，D^L 企业内部人类型的最优投资时点等同于完全信息条件下的最优投资时点，即投资是有效率的。

3.2 信号传递博弈

当企业内部人有大股东或控股股东而企业外部人为分散的小股东时，企业内部人便拥有更大的谈判势力。特别的，为在研究方法上简化起见，我们不妨假设企业内部人在此种情形下拥有完全的谈判势力，从而，此时的不对称信息博弈便为信号传递博弈。而企业外部人因无谈判势力且处于信息劣势，故只能被动接受企业内部人为信号传递私有信息所给出的契约，即企业外部人据企业内部人通过投融资时机选择而传递的信号进行股票认购投资而为企业的投资成本融资，于是，企业的投融资战略也将发生相应的变化。

另外，与信息甄别博弈中企业内部人仅获有信息租金和代理租金不同的是，企业内部人在信号传递博弈中因有控股股东，故在投融资行动做出前享有完整的股权价值，而在投融资行动做出后则享有股权被稀释后的股权价值。并且，由前文假设企业的投融资战略是为内部股东的最大利益服务的，故我们重点研究内部股东在企业的投融资行动做出前后的股权价值变化和相应的企业投融资战略。

3.2.1 信号传递的有效性

假设增长潜力为 D^i 的企业为投资成本融资而发行的股票数量为 N^i，因企业的初始资本结构为一单位的普通股，则该企业显然受到预算约束：

$$N^i\left[\frac{KD^i}{r-\mu_X}\left(\frac{X}{K}\right)^i_{sB}-\frac{F}{r}\right]=\frac{K}{r-\mu_K}(1+N^i) \tag{33}$$

其中 $\left(\dfrac{X}{K}\right)^i_{sB}$ 为增长潜力为 D^i 的企业在信号传递不对称信息博弈中的第二最好投资触发鞍点比率。于是，我们可得股票发行数量 N^i 和股权稀释率 $\dfrac{1}{1+N^i}$ 分别为：

$$N^i=\frac{\dfrac{K}{r-\mu_K}}{\dfrac{KD^i}{r-\mu_X}\left(\dfrac{X}{K}\right)^i_{sB}-\dfrac{F}{r}-\dfrac{K}{r-\mu_K}},\quad \frac{1}{1+N^i}=\frac{\dfrac{KD^i}{r-\mu_X}\left(\dfrac{X}{K}\right)^i_{sB}-\dfrac{F}{r}-\dfrac{K}{r-\mu_K}}{\dfrac{KD^L}{r-\mu_X}\left(\dfrac{X}{K}\right)^i_{sB}-\dfrac{F}{r}} \tag{34}$$

在完全信息条件下，企业外部人真实知道企业增长潜力的类型，故不同增长潜力的企业为投资成本融资所发行的股票能被市场公平或正确定价。然而，在信号传递不对称信息博弈中，企业外部人是不知道企业的增长潜力类型的，如果增长潜力为 D^H 的企业内部人类型的市场存在概率为 P^H，企业的增长潜力便被市场统一认定为 $D^P(=P^H D^H+(1-P^H)D^L)$，因显然有 $D^L<D^P<D^H$，故不同增长潜力的企业所发行的股票便不能被公平或正确定价。特别的，因增长潜力为 D^L 的企业所发行股票被高估，而增长潜力为 D^H 的企业所发行股票被低估，故增长潜力为 D^L 的企业由不对称信息而得到好处，增长潜力为 D^H 的企业则由不对称信息而受到伤害。

不过，因企业内部人拥有完全的谈判势力，故企业便有能力通过自己的投融资时机选择战略向企业外部人传递信号来真实显示自己的私有信息，即增长潜力的类型。显然，若不同的增长潜力类型是可被分离的，增长潜力为 D^H 的企业便有激励通过向增长潜力为 D^L 的企业施加模仿成本的投融资时机选择战略向企业外部人传递信号来真实显示自己的增长潜力的类型。由前文关于信息甄别博弈模型的结果，我们知道 $\left(\dfrac{X}{K}\right)^H_{SB}\leqslant\left(\dfrac{X}{K}\right)^H_{FB}$，即增长潜力为 D^H 的企业只有可能通过提前选择投资而向长潜力为 D^L 的企业施加模仿成本的，给定企业外部人对于企业增长潜力的信念为 D，增长潜力为 D^i 的企业第二最好投资触发鞍点比率为 $\left(\dfrac{X}{K}\right)^i_{sB}$，从而，若企业增长潜力是可被分离的或信号传递是有效的，据信息显示原理，则需满足如下单交叉条件（Single Crossing Condition）：

$$\frac{\partial\left[\dfrac{\mathrm{d}D}{\mathrm{d}\left(\dfrac{X}{K}\right)^i_{sB}}\dfrac{\left(\dfrac{X}{K}\right)^i_{sB}}{D}\right]}{\partial D^i}>0 \tag{35}$$

给定增长潜力为 D^i 的企业第二最好投资触发鞍点比率为 $\left(\dfrac{X}{K}\right)_{sB}^i$，若企业外部人对于企业增长潜力的信念为 D，则该企业的应发行股票数量和股权稀释率为：

$$N\left[\left(\frac{X}{K}\right)_{sB}^i,\ D\right] = \frac{\dfrac{K}{r-\mu_K}}{\dfrac{KD}{r-\mu_X}\left(\dfrac{X}{K}\right)_{sB}^i - \dfrac{F}{r} - \dfrac{K}{r-\mu_K}},\ \frac{1}{1+N\left[\left(\dfrac{X}{K}\right)_{sB}^i,\ D\right]}$$

$$= \frac{\dfrac{KD}{r-\mu_X}\left(\dfrac{X}{K}\right)_{sB}^i - \dfrac{F}{r} - \dfrac{K}{r-\mu_K}}{\dfrac{KD}{r-\mu_X}\left(\dfrac{X}{K}\right)_{sB}^i - \dfrac{F}{r}} \tag{36}$$

从而，我们可得企业外部人对于企业股权价值函数的信念为：

$$V_{SB}^i = V_{SB}^i\left[X,\ K;\ D^i,\ D,\ \left(\frac{X}{K}\right)_{sB}^i\right]$$

$$= \frac{\dfrac{KD^i}{r-\mu_X}\left(\dfrac{X}{K}\right)_{sB}^i - \dfrac{F}{r}}{1+N\left[\left(\dfrac{X}{K}\right)_{sB}^i,\ D\right]}\left[\frac{\left(\dfrac{X}{K}\right)}{\left(\dfrac{X}{K}\right)_{sB}^i}\right]^{\beta}$$

$$= \frac{\dfrac{KD^i}{r-\mu_X}\left(\dfrac{X}{K}\right)_{sB}^i - \dfrac{F}{r}}{\dfrac{KD}{r-\mu_X}\left(\dfrac{X}{K}\right)_{sB}^i - \dfrac{F}{r}}\left[\frac{KD}{r-\mu_X}\left(\dfrac{X}{K}\right)_{sB}^i - \dfrac{F}{r} - \dfrac{K}{r-\mu_K}\right]\left[\frac{\left(\dfrac{X}{K}\right)}{\left(\dfrac{X}{K}\right)_{sB}^i}\right]^{\beta} \tag{37}$$

于是，我们可得：

$$\frac{\mathrm{d}D}{\mathrm{d}\left(\dfrac{X}{K}\right)_{sB}^i}\frac{\left(\dfrac{X}{K}\right)_{sB}^i}{D} = -\frac{\dfrac{\partial V_{SB}^i}{\partial\left(\dfrac{X}{K}\right)_{sB}^i}}{\dfrac{\partial V_{SB}^i}{\partial D}}\frac{\left(\dfrac{X}{K}\right)_{sB}^i}{D}$$

$$= \frac{\dfrac{\dfrac{KD^i}{r-\mu_X}\left(\dfrac{X}{K}\right)_{sB}^i}{\dfrac{KD^i}{r-\mu_X}\left(\dfrac{X}{K}\right)_{sB}^i - \dfrac{F}{r}} - \beta}{\dfrac{\dfrac{KD}{r-\mu_X}\left(\dfrac{X}{K}\right)_{sB}^i}{\dfrac{KD}{r-\mu_X}\left(\dfrac{X}{K}\right)_{sB}^i - \dfrac{F}{r}} - \dfrac{\dfrac{KD}{r-\mu_X}\left(\dfrac{X}{K}\right)_{sB}^i}{\dfrac{KD}{r-\mu_X}\left(\dfrac{X}{K}\right)_{sB}^i - \dfrac{F}{r} - \dfrac{K}{r-\mu_K}}} - 1 \tag{38}$$

$$\frac{\partial\left[\dfrac{dD}{d\left(\dfrac{X}{K}\right)^{i}_{sB}}\dfrac{\left(\dfrac{X}{K}\right)^{i}_{sB}}{D}\right]}{\partial D^{i}}>0$$

由上述（38）式可知，当 $F>0$ 时，我们可得：上式 >0，这说明了，仅当营运成本严格为正时，企业增长潜力才是可被分离的或信号传递才是有效的。所以，我们在下文关于在分离均衡和混合均衡中讨论企业的投融资战略时，也都保持营运成本严格为正的假设。

3.2.2 企业在分离均衡中的投融资战略

由上面的分析可知，当营运成本严格为正时，企业增长潜力是可被分离的或信号传递是有效的，在该情形下，增长潜力 D^{H} 的企业为避免所发行股票被低估而受到伤害，便有激励向增长潜力为 D^{L} 的企业施加模仿成本的投融资时机选择战略向企业外部人传递信号来真实显示自己的增长潜力的类型，即通过提前选择投资（相对于第一最好投资触发鞍点比率）来获得公平或正确的股票发行价格。所以，我们在下面就将研究分离均衡存在的条件以及企业在分离均衡中的投融资战略。在分离均衡中，不同增长潜力的企业选择不同的投资触发鞍点比率进行投资且所发行的股票是被公平或正确定价的。因增长潜力为 D^{H} 的企业是通过提前选择投资而向增长潜力为 D^{L} 的企业施加模仿成本以达到与之分离的目的，故在较小的投资触发鞍点比率上，若这是一个分离均衡，则增长潜力为 D^{H} 的企业仍有利可图，而增长潜力为 D^{L} 的企业因无利可图则选择在自己的第一最好投资触发鞍点比率进行投融资，并且两种增长潜力类型的企业都无动力背离这一均衡。

对于任给的投资回报率 $\frac{X}{K}\leqslant\left(\frac{X}{K}\right)^{L}_{FB}$，因企业外部人不知道企业内部人增长潜力的类型，故增长潜力为 D^{L} 的企业有权选择模仿增长潜力为 D^{H} 的企业投融资战略，也有权选择在自己的第一最好投资触发鞍点比率 $\left(\frac{X}{K}\right)^{L}_{FB}$ 进行投融资。所以，如果投资回报率 $\frac{X}{K}$ 是一个分离均衡投资触发鞍点比率，则对增长潜力为 D^{L} 的企业来讲，有如下的激励相容条件：

$$\frac{\dfrac{KD^{L}}{r-\mu_{X}}\left(\dfrac{X}{K}\right)-\dfrac{F}{r}}{1+N\left(\dfrac{X}{K},D^{H}\right)}=\frac{\dfrac{KD^{L}}{r-\mu_{X}}\left(\dfrac{X}{K}\right)-\dfrac{F}{r}}{\dfrac{KD^{H}}{r-\mu_{X}}\left(\dfrac{X}{K}\right)-\dfrac{F}{r}}\left[\frac{KD^{H}}{r-\mu_{X}}\left(\frac{X}{K}\right)-\frac{F}{r}-\frac{K}{r-\mu_{K}}\right]$$

$$\leqslant\left[\frac{KD^{L}}{r-\mu_{X}}\left(\frac{X}{K}\right)^{L}_{FB}-\frac{F}{r}-\frac{K}{r-\mu_{K}}\right]\left[\frac{\left(\dfrac{X}{K}\right)}{\left(\dfrac{X}{K}\right)^{L}_{FB}}\right]^{\beta}\tag{39}$$

由上述（39）式，其左边为增长潜力为 D^{L} 的企业模仿增长潜力为 D^{H} 的企业的投融资战略而得到的价值函数，而其右边为增长潜力为 D^L 的企业的第一最好投资期权价值函数，故(39)式保证了增长潜力为 D^L 的企业无模仿动力而会选择在自己的第一最好投资触发鞍点比率 $\left(\dfrac{X}{K}\right)^L_{FB}$ 进行投融资，即投资回报率 $\dfrac{X}{K} \leqslant \left(\dfrac{X}{K}\right)^L_{FB}$ 是可能的分离均衡投资触发鞍点比率。

另外，若投资回报率 $\dfrac{X}{K} \leqslant \left(\dfrac{X}{K}\right)^L_{FB}$ 确实是一个分离均衡投资触发鞍点比率，则对增长潜力为 D^H 的企业来讲，如下的激励相容条件需满足：

$$\frac{KD^H}{r-\mu_X}\left(\frac{X}{K}\right) - \frac{F}{r} - \frac{K}{r-\mu_K} \geqslant \frac{\dfrac{KD^H}{r-\mu_X}\left(\dfrac{X}{K}\right)^L_{FB} - \dfrac{F}{r}}{1 + N\left[\left(\dfrac{X}{K}\right)^L_{FB}, D^L\right]}\left[\frac{\left(\dfrac{X}{K}\right)^L_{FB}}{\left(\dfrac{X}{K}\right)}\right]^{\beta}$$

$$= \frac{\dfrac{KD^H}{r-\mu_X}\left(\dfrac{X}{K}\right)^L_{FB} - \dfrac{F}{r}}{\dfrac{KD^L}{r-\mu_X}\left(\dfrac{X}{K}\right)^L_{FB} - \dfrac{F}{r}}\left[\frac{KD^L}{r-\mu_X}\left(\frac{X}{K}\right)^L_{FB} - \frac{F}{r} - \frac{K}{r-\mu_K}\right]\left[\frac{\left(\dfrac{X}{K}\right)^L_{FB}}{\left(\dfrac{X}{K}\right)}\right]^{\beta} \qquad (40)$$

由上述(40)式，其左边为增长潜力为 D^H 的企业在可能的分离均衡投资触发鞍点比率 $\dfrac{X}{K}$ 的价值函数，其右边为增长潜力为 D^H 的企业背离可能的分离均衡投资触发鞍点比率 $\dfrac{X}{K}$ 而模仿增长潜力为 D^L 的企业的投融资战略而得到的价值函数，故(40)式保证了增长潜力为 D^H 的企业无背离可能的分离均衡投资触发鞍点比率 $\dfrac{X}{K}$ 而模仿增长潜力为 D^L 的企业的投融资战略的动力。所以，若存在投资回报率 $\dfrac{X}{K} \leqslant \left(\dfrac{X}{K}\right)^L_{FB}$ 同时满足(39)和(40)式，则投资回报率 $\dfrac{X}{K}$ 便是我们所求的分离均衡投资触发鞍点比率。接下来，我们将进一步研究和讨论分离均衡投资触发鞍点比率 $\dfrac{X}{K}$ 的大小和相应的分离均衡存在的范围。

对于(39)式，在增长潜力为 D^H 的企业的零净现值（NPV＝0）投资鞍点比率上，即当投资回报率 $\dfrac{X}{K} = \left(\dfrac{X}{K}\right)^H_0 = \dfrac{r-\mu_X}{D^H}\left(\dfrac{1}{r-\mu_K} + \dfrac{F}{rK}\right)$ 时，因其左边为零，而其右边为正，故在此情形下，增长潜力为 D^L 的企业无模仿动力，从而最优选择在自己的第一最好投资鞍点比率 $\left(\dfrac{X}{K}\right)^L_{FB}$ 进行投融资；而当投资回报率 $\dfrac{X}{K} = \left(\dfrac{X}{K}\right)^L_{FB}$ 时，我们有：（39）左边－（39）右边 $= \dfrac{\dfrac{(D^H - D^L)X}{r-\mu_X}\dfrac{K}{r-\mu_K}}{\dfrac{D^H X}{r-\mu_X} - \dfrac{F}{r}} > 0$，故在此情形下，增长潜

力为 D^L 的企业的模仿动力为正，从而其最优策略便是模仿增长潜力为 D^H 的企业的投融资战略。所以，考虑到（39）式两边价值函数的严格单调性，这里存在唯一的 $\left(\dfrac{X}{K}\right)^* \in \left(\left(\dfrac{X}{K}\right)^H_0 , \left(\dfrac{X}{K}\right)^L_{FB}\right)$ ，使得当投资回报率 $\dfrac{X}{K} \leqslant \left(\dfrac{X}{K}\right)^*$ 时，增长潜力为 D^L 的企业都没有模仿动力，故不同增长潜力的企业便分离了，即增长潜力为 D^H 的企业选择 $\dfrac{X}{K} \leqslant \left(\dfrac{X}{K}\right)^*$ 投融资战略，而增长潜力为 D^L 的企业选择在自己的第一最好投资鞍点比率 $\left(\dfrac{X}{K}\right)^L_{FB}$ 进行投融资。因此，增长潜力为 D^H 的企业通过自己的投融资时机选择战略而向外部人传递有效信号后，达到与增长潜力为 D^L 的企业相分离的目的，从而可获得公平或正确的股票发行价格。

对于（40）式，不妨令存在 $\left(\dfrac{X}{K}\right)^{**}$ ，使得（40）式 = 0，因（40）式左边的价值函数是关于 $\dfrac{X}{K}$ 严格单增的，故而投资回报率 $\left(\dfrac{X}{K}\right)^{**}$ 便是使得增长潜力为 D^H 的企业不背离分离均衡的最小的投资鞍点比率。显然的，仅当 $\left(\dfrac{X}{K}\right)^{**} \leqslant \left(\dfrac{X}{K}\right)^*$ 时，增长潜力 D^H 的企业选择投融资战略 $\dfrac{X}{K} \in \left[\left(\dfrac{X}{K}\right)^{**} , \left(\dfrac{X}{K}\right)^*\right]$ ，而增长潜力为 D^L 的企业选择自己的第一最好投资鞍点比率 $\left(\dfrac{X}{K}\right)^L_{FB}$ 进行投融资才是一个分离均衡。更进一步的，给定企业外部人对企业内部人增长潜力的均衡信念为 $D\left(\dfrac{X}{K}\right)$ ，增长潜力 D^H 的企业选择投融资战略 $\dfrac{X}{K} \in \left[\dfrac{X}{K}(D) , \left(\dfrac{X}{K}\right)^*\right]$ ，而增长潜力为 D^L 的企业选择自己的第一最好投资鞍点比率 $\left(\dfrac{X}{K}\right)^L_{FB}$ 进行投融资便是一个完美贝叶斯纳什分离均衡（PBE），其中，$\dfrac{X}{K}(D) \in \left[\left(\dfrac{X}{K}\right)^{**} , \left(\dfrac{X}{K}\right)^*\right]$ 。

特别的，因 $\dfrac{X}{K} \in \left[\dfrac{X}{K}(D) , \left(\dfrac{X}{K}\right)^*\right]$ 是增长潜力为 D^H 的企业力求与增长潜力为 D^L 的企业相分离以向企业外部人传递有效信号而实施的投融资时机选择战略，故当 $\left(\dfrac{X}{K}\right)^* > \left(\dfrac{X}{K}\right)^H_{FB}$ 时，因 $\left(\dfrac{X}{K}\right)^H_{FB}$ 是增长潜力为 D^H 的企业的第一最好投资鞍点比率，增长潜力为 D^H 的企业真正实施的投融资战略便是 $\dfrac{X}{K} \in \left[\dfrac{X}{K}(D) , \left(\dfrac{X}{K}\right)^H_{FB}\right]$ 。而若 $\left(\dfrac{X}{K}\right)^* < \left(\dfrac{X}{K}\right)^H_{FB}$ ，则说明了在不对称信息条件下，增长潜力为 D^H 的企业相对于完

全信息第一最好投资触发时点提前了，投资效率损失也产生了。下面就探讨使得 $\left(\dfrac{X}{K}\right)^{*} < \left(\dfrac{X}{K}\right)^{H}_{FB}$ 而产生投资效率损失的原因。

由（39）式，我们有：

$$\frac{\dfrac{KD^{L}}{r-\mu_{X}}\left(\dfrac{X}{K}\right)^{H}_{FB}-\dfrac{F}{r}}{1+N\left(\dfrac{X}{K},D^{H}\right)}=\frac{\dfrac{KD^{L}}{r-\mu_{X}}\left(\dfrac{X}{K}\right)^{H}_{FB}-\dfrac{F}{r}}{\dfrac{KD^{H}}{r-\mu_{X}}\left(\dfrac{X}{K}\right)^{H}_{FB}-\dfrac{F}{r}}\left[\frac{KD^{H}}{r-\mu_{X}}\left(\dfrac{X}{K}\right)^{H}_{FB}-\dfrac{F}{r}-\dfrac{K}{r-\mu_{K}}\right]$$

$$\geqslant\left[\frac{KD^{L}}{r-\mu_{X}}\left(\dfrac{X}{K}\right)^{L}_{FB}-\dfrac{F}{r}-\dfrac{K}{r-\mu_{K}}\right]\left[\frac{\left(\dfrac{X}{K}\right)^{H}_{FB}}{\left(\dfrac{X}{K}\right)^{L}_{FB}}\right]^{\beta} \qquad (41)$$

由上式可知：（1）当 $\dfrac{D^{H}}{D^{L}}$ 要足够大时，（41）不等式才会被满足，即在信息传递博弈条件下，拥有信息优势的企业内部人类型间的差距足够大时，高增长潜力企业为达到与低增长潜力企业相分离而能得到公平和公正的股价，会相对自己第一最好投资触发时点而提前投资。

（2）当 F 越大时，（41）不等式越不易被满足，因 F 代表的是企业营运成本，内在包含了企业努力的成本，显然，当企业努力的成本增加，即道德风险问题增加时，高增长潜力企业越不会相对自己第一最好投资触发时点而提前投资。也就是说，因信息不对称而产生的道德风险问题有助于提高投资效率。

于是，我们有如下命题：

命题3：在不对称信息博弈中的信号传递博弈中，当分离均衡存在时，因为企业内部人拥有完全的谈判势力，从而使得 D^{L} 企业内部人类型仍然选择在完全信息有效率的第一最好投资鞍点比率进行投融资；逆选择问题降低 D^{H} 企业内部人类型的投资效率，道德风险问题则有助于提高其投资效率；当道德风险问题足够小时，只存在逆选择问题，此时，D^{H} 企业内部人类型的最优投资时点提前于完全信息条件下的最优投资时点，投资效率损失是最大的；当道德风险问题足够大时，逆选择问题也就消失了，此时，D^{H} 企业内部人类型的最优投资时点等同于完全信息条件下的最优投资时点，即投资是有效率的。

4. 结论

本文的信息甄别模型类似于 Grenadier 和 Wang（2005），而信号传递模型类似于 Morellec 和 Schurhoff（2011），但我们在如下方面具有拓展和创新：

（1）他们都只考虑了收入的不确定性，而我们则同时考虑了收入和投资成本的不确定性，这应更符合实际，从而能得到更丰富的和有意义的结论。

（2）Grenadier 和 Wang（2005）只考虑信息甄别博弈，Morellec 和 Schurhoff（2011）则只考虑信号传递博弈，而我们则依据企业内部人和外部人在谈判势力上的相对大小，将这两种博弈内生统一在一个模型框架里。

（3）通过联合考虑信息甄别博弈和信号传递博弈，并分别在这两种博弈中，单独和联合考虑逆选择和道德风险的影响力，本文提供了完整的不确定性和不对称信息经济环境对企业最优投融资战略和均衡的影响。

（4）对于企业的投融资战略，本文仅考虑了股票融资，后续文章还会继续探讨债权融资的情形。在信号传递博弈中，本文仅考虑了分离均衡，其实混合均衡也是存在的，此时企业内部人的类型将不能被信号有效传递，好企业所发行股票被低估，整个市场会逐渐成为柠檬市场。

参考文献

［1］Allan Gibbard. Manipulation of voting schemes：a general result. Econometica 41, 1973：587-601.

［2］Antonio E. Bernardo and Bhagwan Chowdhry. Resource, real options, and corporate strategy. Journal of Financial Economics 63, 2002：211-234.

［3］Bar－Ilan A, Strange WC. Investment lags. American Economic Review 86, 1996：611-622.

［4］Bernardo, Antonio, Hongbin Cai, and Jiang Luo. Capital budgeting and compensation with asymmetric information and moral hazard, Journal of Financial Economics 61, 2001：311-344.

［5］Bjerksund, P., Stensland, G.. A self-enforced dynamic contract for processing of natural resources. In：Brennan, M. J., Trigeorgis, L. (Eds.), Project Flexibility, Agency, and Competition. Oxford University Press, Oxford, 2000：109-127.

［6］Capozza DR, Li Y. The intensity and timing of investment：the case of land. American Economic Review 84, 1994：889-904.

［7］Dixit, A., Pindyck, R. Investment Under Uncertainty. Princeton University Press, Princeton, NJ, 1994.

［8］Eric Maskin. Nash Equilibrium and Welfare Optimality. The Review of Economic Studies 66, 1999：23-38.

［9］Grenadier, S. R. The strategic exercise of options：development cascades and overbuilding in real estate markets. Journal of Fiance 51, 1996：1653-1679.

［10］Grenadier, Steven R. Information revelation through option exercise, Review of Financial Studies 12, 1999：95-129.

［11］Grenadier, S. R. Option exercise games：an application to the equilibrium investment strategies of firms. Review of Financial Studies 15, 2002：691-721.

［12］Grenadier, S., Wang, N. Investment timing, agency, and informa－tion. Journal of Financial Economics 75, 2005：493-533.

［13］Grenadier, S., Malenko, A. A Bayesian Approach to Real Options：The Case of Distinguishing between Temporary and Permanent Shocks. The Journal of Finance 65,

2010: 1949-1986.

[14] Grenadier, S., Malenko, A. Real options signaling games with applications to corporate finance. Review of Financial Studies 24, 2011: 3993-4036.

[15] Harrison, J. M. Brownian Motion and Stochastic Flow Systems. Wiley, New York, 1985.

[16] Hennessy, C., Whited, T. How costly is external financing? Evidence from a structural estimation. Journal of Finance 62, 2007: 1705-1743.

[17] Ko Wang and Yuqing Zhou. Equilibrium real options exercise strategies with multiple players: the cae of real estate markets. Real Estate Economics 34, 2006: 1-49.

[18] Lambrecht, Bart M., and William Perraudin. Real options and preemption under incomplete information, Journal of Economic Dynamics and Control 27, 2003: 619-643.

[19] Leonid Hurwicz. The design of mechanisms for resource allocation. The American economic review 63, 1973: 1-30.

[20] McDonald, Robert, and David Siegel. The value of waiting to invest, Quarterly Journal of Economics 101, 1986: 707-728.

[21] Morellec, Erwan, and Norman Schürhoff. Corporate investment and financing under asymmetric information. Journal of Financial Economics 99, 2011: 262-288.

[22] Morellec, E., Schurhoff, N. Dynamic investment and financing under personal taxation. Review of Financial Studies 23, 2010: 101-146.

[23] Myers, S., Majluf, N. Corporate financing and investment decisions when firms have information that investors do not have. Journal of Financial Economics 13, 1984: 187-221.

[24] Oksendal, B. Stochastic Differential equations: an introduction with applications. Springer-Verlag: Heidelberg, Berlin, 1995.

[25] Partha Dasgupta, Peter Hammond, Eric Maskin. The implementation of social choice rules: some general results on incentive compatibility. The Review of Economic studies 46, 1979: 185-216.

[26] Pindyck, R. S. Invetments of uncertain cost. Journal of Financial Economics, 1993: 53-76.

[27] Quigg, L. Empirical testing of real option-pricing models. Journal of finance, 1993: 621-640.

[28] Roger B. Myerson. Incentive Compatibility and the Bargaining Problem. Econometrica 47, 1979: 61-73.

[29] Shibata, T. The impacts of uncertainties in the real options model under incomplete information. European Journal of Operational Research 187, 2008: 1368-1379.

[30] Shibata, T. Investment timing, asymmetric information, and audit structure: a real options framework, Journal of Economic Dynamics and Control 33, 2009: 903-921.

[31] Shibata, T., and M. Nishihara. Dynamic investment and capital structure under managershareholder conflict, Journal of Economic Dynamics and Control 34, 2010: 158-178.

[32] Sundaresan, S., Wang, N. Dynamic investment, capital structure, and debt overhang. Unpublished working paper, Columbia University, 2007.

[33] Williams, J. T. Real estate development as an option. The Journal of Real Estate Finance and Economics 4, 1991: 191-208.

[34] Williams, J. T. Equilibrium and options on real assets. Review of Financial Studies 6, 1993: 825-850.

[35] Yoon K. Choi and Seok Weon Lee. Investment and abandonment decisions with uncertain price and cost. Journal of Business Finance and Accounting, 2000.

基于精算定价视角下的
预定利率市场化影响探析[①]

——兼对《中国保监会关于普通型人身保险费率政策改革有关事项的通知》的解读

毛 茜 张 佩[②]

【西华大学经济与贸易学院 四川成都 610039】

[摘要] 自1999年起寿险产品预定利率受到严格监管。随着金融市场的不断完善，金融市场消费者日趋成熟，保险市场与国际化接轨日趋明显，寿险产品预定利率2.5%的上限已成为制约寿险行业发展的瓶颈问题。2013年8月5日《中国保监会关于普通型人身保险费率政策改革有关事项的通知》正式实施，标志着预定利率市场化正式展开。本文在介绍预定利率市场化的发展历史的基础之上，基于精算定价模型对预定利率与保费高低的机制进行数量模拟，并基于普通型寿险市场供需曲线模型，探讨了预定利率市场化之下供需双方的反应，并对相关监管政策进行评述，提出建议。

[关键词] 预定利率市场化 人寿保险 保险费率市场化 精算定价 偿付能力监管 市场化风险

一、我国预定利率监管政策简史

（一）自由选择预定利率阶段

1995年以前我国寿险公司产品定价的预定利率与央行基准利率挂钩。当时寿险公司主要经营的是传统寿险产品，然而寿险资金又集中投资于银行存款和政府债券。传统产品中预定利率的长期性和央行基准利率相对的易变性，必然构成了寿险产品定价中的不稳定因素。更进一步，由于该阶段资本市场的不成熟和保险市场的不完善，市场利率形成机制尚不成熟，预定利率的选择随着基准利率改变。基准利率的上扬和下调，寿险产品面临的潜在的利差损风险可想而知。

---

① 本文受西华大学科技与创业金融研究中心项目（JR201306）、四川省教育厅青年基金项目（W12212027）和西华大学校重点项目（ZW1121203）的资助。
② 毛茜，女，西华大学经济与贸易学院，助教，主要研究方向：保险经济和保险金融；张佩，女，西华大学经济与贸易学院，讲师，主要研究方向：保险与社会保障。

（二）管理起步阶段

由于 1996 年央行开始连续 7 次下调基准利率，使得寿险业投资回报每年都处于下降态势，保险公司利差损失惨重。鉴于此，1997 年中国人民银行下发了关于调整保险公司保费预定利率的紧急通知，将人寿保险业务的保费预定利率的上限调整为年复利 4%~6.5%，至此开始了对我国人寿保险的利率管制制度。

（三）严格管制阶段

随着之后央行基准利率再次下调，保险公司的利差损风险尚未得到有效控制。1999 年，保监会颁布精算规定，人寿保险产品的定价须以《中国生命表》为依据，且预定利率不得超过 2.5%。至此，我国进入寿险行业利率严格管制阶段，在随后的 14 年当中，无论基准利率是否上调，寿险产品定价预定利率始终保持 2.5% 的上限要求。谨慎的利率水平带来业务经营稳定性的同时，却以寿险产品逐渐失去吸引力为代价。2005 年央行基准利率上调，基本处于寿险产品预定利率之上。同时，随着我国保险业与国际保险业在规则上的逐步接轨，这种价格管制体制已难以维持。

（四）逐步市场化阶段

从 2005 到 2007 年，银行连续不断的加息和高涨的股市对保险业带来严重打击的同时，也催生了寿险行业的应对机制。一方面新型保险产品开始逐渐受到追捧，分红险占据销售额的大部分、投连险和万能险的再度推出，挤出了传统寿险产品的市场份额。因分红险等新型寿险产品所承载的保障功能不全面，该现象也限制了寿险行业实现保障功能的特殊社会作用。另一方面，利率吸引力的不足也在一定程度上刺激并推动了保险业费率市场化的改革。2007 年年初，河北、江苏和河南就在试行新的简易人身两全保险时率先突破了 2.5% 的利率限制；2008 年 6 月 20 日保监会发布的《天津滨海新区补充养老保险试点实施细则》规定，保险公司发行的补充养老保险产品的预定利率和最低保证利率应根据公司投资收益率审慎确定，但不再受制于 2.5% 的利率上限。2008 年 6 月 24 日，中国保监会又表示，对于农村小额人身险试点地区销售的小额保险产品，允许保险公司根据市场变化自行设定预定利率以增强保险公司在产品设计上的灵活性。所有这些表明，我国寿险业费率市场化改革已经起步[1]。

（五）传统寿险产品预定利率市场化阶段

2013 年 8 月 1 日，保监会出台《中国保监会关于普通型人身保险费率政策改革有关事项的通知》文件，新的费率政策从 8 月 5 日起正式实施，其中，包括"普通型人身保险预定利率由保险公司按照审慎原则自行决定"的规定。普通型人身保险即指相对于新型寿险产品的传统型寿险，因此，该文件的出台也标志着我国普通型人身保险费率政策改革正式启动。

二、对寿险产品纯保费的影响机制

（一）基于精算定价公式下预定利率对纯保费影响机制的解释

人寿保险的保费由纯保险费和附加保费两部分构成。以预定时间发生概率为基础进行精算分析所得出的保险费称为纯保险费，包括危险保费和储蓄保费。附加保费用于保险经营过程的一切费用开支。简而言之，纯保费用于"购买"投保人未来风险的赔付，而附加保费用于应对该产品经营过程中与销售、理赔等费用，与风险无关。预定利率是厘定纯保费必不可少的元素，其大小也必将影响保险产品定价高低。

投保一份人寿保险，投保人需支付的纯保费，必然是未来各年可能的赔付额折现到当前的值。这个操作必然包含两方面的努力，其一，在未来某年是否发生赔付，具有不确定性，所以需要运用那一年的险概率进行预估，获得期望赔付额。其二，在考虑货币时间价值的基础上，未来的支付体现在当前的价值必然需要通过一定利率折现，决定折现的利率则为寿险定价中的预定利率。

因此，在人寿保险合同的给付规则下，当前投保，在未来第 k 年末的支付 1 单位的保险金额，需为此支付的费以用符号 Z_k 表示，则：

$$Z_k = (1 + i)^{-(k+1)} {}_k|q_x \qquad (k = 0, 1\cdots n)$$

其中：i 为保险产品定价时的预定利率；

x 为投保人在投保时的年龄；

${}_k|q_x$ 为 x 岁的投保人在第 t 年死亡概率；

n 为保险期限。

该费用相当于以第 k 年的死亡概率计算的期望赔付额，并以预定利率 i 折现到投保当年。从公式可以清晰地看出，预定利率 i 越高，可使得投保人为第 k 年的或然赔付支付的纯保费越低。公式两边同取对数更能清晰表明影响作用的数量关系，即预定利率变化带来 $(1 + i)$ 上升一个百分点，将致使 Z_k 呈现 k 个百分点的下降，随着年份的增加，下降幅度越大。反之亦然。

显然，投保人通过寿险产品获得保险期限内未来所有年的期望赔付，也支付每年的相关风险费用 Z_k，因此，投保之初，需为此支付的所有费用为：

$$\sum_{k=0}^{n} Z_k = \sum_{k=0}^{n} (1 + i)^{-(k+1)} {}_k|q_x$$

保险学理论中，$\sum_{k=0}^{n} Z_k$ 称为趸缴纯保费。期缴纯保费也以相同的精算平衡原理厘定，其实质也是各年期望赔付额的折现，只是将趸缴纯保费在交费期各年平均分担，再同样考虑货币时间价值的因素，从而厘定而得。由此可知，在死亡概率一定的情况之下，预定利率的不同致使各年期望赔付的折现值不同，从而保单定价的纯保费随之改变。

（二）预定利率对纯保费变动的影响敏感性测试

我们以终身寿险为例来考察预定利率的变化带来的纯保费定价的变化情况。假设被保险人投保时 30 岁，男性，投保终身死亡保险，保险金额 10 000 元，采用《中国人寿保险业经验生命表（2000—2003）非养老金业务男表（CL1）》作为死亡率假设，则，采用不同的预定利率，纯保费定价结果测算如下表所示：

表1　　　　　　　　　　　不同预定利率下终生寿险纯保费情况　　　　　　　单位:% 元

预定利率	2.00%	2.50%	3.00%	3.50%	4.00%
趸缴纯保费	3978.13	3202.54	2593.17	2112.38	1731.41
十年期缴纯保费	436.15	358.59	296.45	246.49	206.15

从测算结果可见，当终身寿险产品定价时预定利率从之前管制的2.5%上升1个百分点，至3.5%，趸缴纯保费降低34.04%，十年期缴降低31.26%。若上升0.5个百分点，则趸缴纯保费降低19.03%，十年期缴降低17.33%。

三、保险市场供求双方的潜在反应及影响

（一）需求方的反应分析

1. 预定利率市场情况下，保费有降低趋势，引致需求增加

邓贝西和李蔚真（2010）考察了存款、股票等金融产品高利率的替代作用下以及保险市场预定利率监管过严的情况之下，人寿保险需求过低的情况，得出两方面结论。第一，监管过严情况下，预定利率被人为压低，均衡需求量低于放开预定利率可形成的均衡需求；第二，预定利率监管过严的情况下，均衡点保险费所对应的预定利率正好是监管利率的上限[1]。

基于此，预定利率有上行的压力，当预定利率放开，保险公司供给曲线必将右移，在需求曲线不变的情况之下，均衡点需求量增加，因价格管制而损失的消费者福利也将让渡于消费者。若再进一步考虑预定利率提高带来的金融产品间的替代效应，则需求曲线也将右移，均衡点需求量将更进一步增加。

2. 不同种类的产品因价格弹性不同而受到的影响不同

普通型寿险是保单签发时保险费和保单利益确定的人身保险。相对于分红险、万能险等新型寿险而言，普通型寿险一旦购买，投保方和保险人都不会改变保险责任，也不会更改保费的多少、缴纳的频率。寿险的长期性和交费的固定性特征，使得消费者选择寿险产品的初衷在于前期放置的家庭风险成本，其累积的情况，返还的多寡被视为其中较为次要的需求因素，同时，根据家庭的收入及其对应的所需的经济补偿程度，使得保障的增减存在刚性。因此，普通型寿险费率的降低而带来的需求的增加，还取决于消费者的需求弹性。对于刚性需求弹性的寿险产品，供给曲线的右移带来的成交量增长受到限制。

实践中发现，不同销售渠道的产品因功用不尽相同而需求的价格弹性不同。对比个人代理销售渠道和银行保险销售渠道的产品，前者重于保障而后者重于储蓄，因此，对于预定利率变化带来的价格变化，后者的需求变动更为敏感。基于供求曲线的分析也能得出同样结论。

从图1可以看出：两种寿险产品在预定利率最低限价基础上，均衡点需求量均为Q_0，两种产品分别面临两条需求曲线，其中价格弹性更小的需求曲线D_1更为陡峭，价格弹性更大产品的需求曲线D_2更平坦。当预定利率市场化放开之后，预定利率上升导致保险公司定价下降，供给曲线从S右移至S'。两种寿险产品分别达到新

的均衡点，其中价格弹性较小的 D_1 对应均衡需求量 Q_1，价格弹性较大的 D_2 对应均衡需求量 Q_2。由图可以看出，$Q_1 > Q_2$。

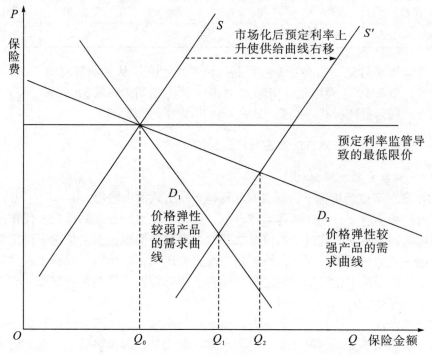

图 1　不同需求弹性的保险产品需求变动情况

此处保险费在其他条件不变的情况之下，只会随着预定利率的上升而下降，因此，也可得出结论：价格弹性大的寿险产品，意味着更强的利率敏感性。预定利率上升，寿险产品降价带来的需求量扩大的效应，对利率敏感型的产品更有作用。

（二）供给方潜在风险及其反应分析

预定利率上调，保险费率降低，保险公司盈利风险将增高。也正因盈利下降的警醒作用，保险费率不可能无休止的降低。

1. 保险公司面临预定利率上调的压力

寿险产品预定利率压低带来的保险产品竞争力不足的问题已经长期存在。图 2 对比了历年银行存款基准利率和长期寿险产品预定利率。可以发现，寿险产品预定利率长期处于存款基准利率以下，尤其在 2007—2008 年间，以及 2011 年后，随着银行利率的提升，寿险产品严格管制下 2.5% 的利率，寿险产品相比储蓄而言，吸引力极大下降。

从长期来看，1982—2013 年 30 年间一年期存款基准利率平均值 5.58%；五年期 7.29%；寿险产品平均预定利率仅 5.34%。长期的预定利率压低，引起的寿险产品保费处于高价的劣势地位，也严重影响寿险产品的市场销量。因此，市场压力和竞争环境下，在预定利率可调整的条件放开后，将引致保险公司调高预定利率。

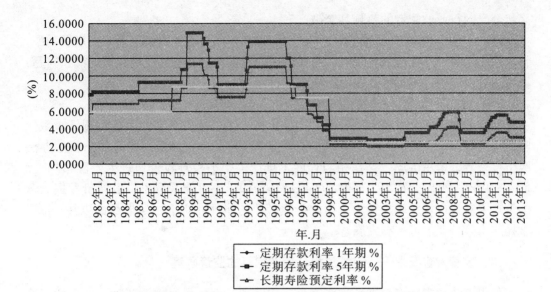

图2 1982年后金融机构存款基准利率与长期寿险预定利率对比图

图2中数据来源：同花顺iFinD；1999年之前的长期寿险预定利率来自于于俊、贾云才（1999）[2]，之后的数据取自相关精算规定中的2.5%。

2. 预定利率升高可能导致的经营风险

（1）寿险公司利润面临下降的风险

一方面预定利率市场化，与市场利率挂钩，保险公司面临预定利率上调的压力，使得传统寿险价格下降最终售出价格较低的产品，高市场利率时期为这种情况将会给保险公司带来极大的风险。这种盈利的下降因素主要来自于保险资金实际投资收益率与预定利率之间的差异缩小，保险理论称之为利差益的缩小，甚至预定利率高于投资利率，出现保险理论当中的利差损，即保险公司通过保险资金融通和投资的收益为负，损伤盈利。

来自权威渠道的一组数据显示：2008年至2012年，保险投资收益率分别为1.9%、6.4%、4.8%、3.5%和3.4%。这样的投资收益率低于社会平均收益水平，且大部分年度都低于五年期定存利率，也低于5.5%左右的寿险产品精算假设[3]。若以此投资收益率在寿险预定利率上行的情况下，必然给保险公司的利润带来威胁。

（2）寿险公司将面临偿付能力不足的风险

偿付能力即资产高于负债的差额，其中保险公司的资产来自于包括保费收入、投资收益、自有资产等途径，其中保费收入是保险公司资产的主要来源之一。保险公司的负债中各项准备金项目非常重要，它们是对未来保险赔付的预估。

由于传统寿险产品，预定利率在产品定价时一旦确定，将在未来的保险期间内不再改变。而对于负债的评估，尤其对寿险责任准备金的评估，必然受到公司本身的投资收益能力、当前市场利率等变动因素的影响，往往在以市场利率作为市场货币时间价值的参照和指引下进行的负债评估，利率的下调一般将导致寿险公司的负债规模在相当程度上的扩张，如果寿险公司没有充足的资产，影响到偿付能力，则必然会受到行业监管者的整顿甚至破产。

因此，预定利率市场化的条件下，以存款利率作为参考因素而确定的市场利率，将呈现出走高、变化性强等趋势，由此带来的过低保费和费率变更频繁的潜在问题，都将通过引起资产不足的问题而影响到偿付能力。

（3）可能导致寿险公司的非理性竞争

保险公司由于可以自行决定保险产品价格，为了抢占更多的市场份额，大型保险公司在雄厚资金的支持下，很可能采取提高预定利率，压低寿险产品价格的办法吸引投资者，抢占市场。这在相当程度上排斥了中小型寿险公司进入寿险市场[1]。而一些中小型寿险公司为了确保或争取市场份额，也可能采取不惜以低价亏损经营的策略来获得市场等风险行为。由此产生行业的非理性竞争，如果长此以往，将严重挫伤寿险行业的可持续发展。

四、监管配套要求——前端放松、后端缩紧的监管政策

如果寿险预定利率与市场利率完全挂钩联动，市场利率频繁变动，就会使寿险产品的价格或保额的计算变的极为复杂，这显然将不利于对寿险产品的监控和管理。而当寿险产品前端定价不易监控，则对预定利率实施市场化的传统寿险产品，将更需要"前端放松、后端缩紧"的监管政策。即放松前端定价的监管，缩紧寿险业务后端运营的偿付能力监管。

如前所述，确保寿险公司偿付能力的关键在于资本充足。理论界基本达成监管的实施方针，一是要做到对资本和盈余的有效监管，二是要加强对准备金的监管。

在《中国保监会关于普通型人身保险费率政策改革有关事项的通知》中，为保障改革顺利实施，与之相配套的监管政策也同时跟进，其中包括：

"2013年8月5日及以后签发的普通型人身保险保单法定评估利率为3.5%。"以3.5%的准备金评估利率作为评估利率上限。此规定意在规范定价时预定利率的确定。由于法定评估利率的限制，各家公司在定价时必须充分考虑投资支持和资本需求的因素，出于审慎原则，此次利率市场化并未像十年前从8.8%甚至更高的水平大落至2.5%，而是从低水平开始的温和、逐步上升，这一比较进一步印证了整个行业不会产生新的利差损[4]。同时，《通知》还规定："将偿付能力状况作为保险条款和保险费率审批、备案的重要依据，并根据预定利率是否高于规定的评估利率上限，分别采取审批、备案方式进行管理。"体现了盯紧偿付能力实现条款和费率的监管思想。

五、有效实施预定利率市场化的几点建议

（一）从寿险公司内部入手强化盈利能力

从长远来看，要从本质上规避预定利率市场化带来的各种风险，最关键的因素是提高寿险公司的盈利能力。从寿险业务盈利来源来看，盈利能力可以分为两个方面：寿险业务经营能力和保险资金运营能力。不断健全的业务经营能力；从产品销售端口到寿险服务端口都能树立值得消费者信赖的品牌，完善的从上到下的风险管

控制度将是未来寿险公司的核心竞争力，也是寿险公司盈利来源的根本保证；加强保险资金运营能力，尽快建立起科学的资产负债管理系统，对公司的资产和负债进行科学的匹配管理，以更好地规避利率风险[5]。

（二）引入行业参照利率机制，避免恶性竞争

金融市场利率市场化步伐正在迈开，利率放开后的参照机制逐步建立，以 SHIBOR 为指导的参照指标也在逐渐成熟和完善，以避免商业金融机构恶性竞争的状况，此种利率参照同样需要引入寿险行业，作为长期理财的金融产品之一，为预定利率引入参照机制，一定程度上将避免预定利率市场化带来的非理性竞争风险。

（三）基于投资渠道适当确定预定利率

卓志（2000）指出寿险公司的资金可以投资的渠道中，如银行存款、国债和金融债券等金融工具的利率或收益率均可能影响寿险经营的业务增长。当我国金融市场逐步健全，且寿险公司拥有较多的融资权时，银行存款利率仍作为寿险公司经营产品的预定利率的唯一的决定和参考，将使预定利率不能完全反映市场利率变动的真实情况[6]。因此，预定利率的决定应当以寿险公司保险资金主要投向的金融工具的利率或收益率为依据。当金融市场较完善时，预定利率的决定应当与长期利率政策相协调的市场利率挂钩。

（四）确定合理的产品定价和产品结构等营销策略

如文中所述，预定利率的上升引致的消费需求增加，对利率敏感型（价格敏感型）寿险产品更为突出。因此保险公司注意产品营销策略，合理运用利率市场化带来的契机，同时最大程度的规避相应风险。典型的利率敏感型产品，如银保产品，可以将银行存款利率作为参照进行定价，同时，因该类产品期限相对较短，利差风险也相对较小，因此，对银保产品预定利率随存款利率进行调整，能更好地发挥其储蓄替代及人身风险管理作用。

（五）完善行业自律机制

在预定利率的放宽和市场竞争的压力下，要维护好寿险行业的良性竞争，各寿险公司自觉的法律意识，自我约束必不可少。因此，行业自律机制在当前的预定利率市场化背景下尤为重要。一方面，定价部门的相关规范应尽快出台，加强精算部门、财务部门等工作的规范性；另一方面，销售一线的教育更必不可少，避免相互诋毁，夸大渲染产品的保值增值功能，误导欺诈客户、人为地搞恶性竞争等销售问题，以维护寿险行业的良好秩序。

参考文献

[1] 邓贝西，李蔚真，荣幸. 寿险预定利率市场化分析与建议 [J]. 中国保险，2010（4）：45-50.

[2] 于俊，贾云才. 浅析长期性人身保险预定利率的调整 [J]. 保险研究，1999（12）：16-18.

[3] 和讯网. 资产配置转向险资"股市依赖症"逐步缓解 [OL]. http://insurance.hexun.com/2013-08-07/156859927.html.

［4］李良温. 预定利率市场化必将促成寿险市场多赢局面［J］. 西部金融，2010（10）：3-6.

［5］魏华林，冯占军. 中国寿险业当前面临的利率困境及策略选择［J］. 经济评论，2005（04）：90-93.

［6］卓志. 人寿保险稳健经营的利率思考［J］. 华南金融研究，2000（4）：40-43.

［7］史国军，唐维明，曹天明. 放开预定利率对保险业影响的分析与思考［J］. 证券与保险，2011（2）：34-36.

［8］单鹏. 新一轮保险费率形成机制改革动向［OL］. http://insurance.hexun.com/2013-08-07/156877461.html，2013-08-07.

［9］李良温. 寿险预定利率市场化分析［J］. 保险研究，2010（9）：16-20.

［10］包琼. 关于拟放开预定利率对保险业影响的分析［J］. 西部金融，2011（8）：81-82.

［11］祖纪越. 寿险预定利率市场化问题研究［J］. 保险职业学院学报，2012（10）：32-33.

银行业外部风险传染的现状、特征及防范对策

宁国芳[①]

【 西华大学经济与贸易学院 四川成都 610039 】

[摘要] 近年来，随着金融"脱媒"趋势的加快和金融管制的放松，一方面，小额贷款公司、担保公司、典当行、投资理财咨询公司等影子银行蓬勃发展；另一方面，传统银行业为应对挑战，综合经营化步伐加快。这两方面的急剧变化，无疑增加了金融体系的脆弱性，外部风险的集聚和传染，大有"山雨欲来风满楼"的态势。如何有效防范银行业外部风险传染已成为监管当局和银行经营必须面临的新的重大课题。

[关键词] 风险传染 影子银行 代销金融产品 银行信用 "脱实向虚"

一、银行业外部风险传染的现状

目前，随着宏观经济环境的变化和金融业务复杂程度的上升，金融风险的传染性日益增强，其中外部风险对银行业的冲击也日益显现。

(一) 社会办金融风险转嫁

据日前央行公布的《中国金融稳定报告》（2013），截至 2012 年年末，全国共有小额贷款公司 6080 家，融资性担保公司 9071 家，典当行 6084 家。由于这些中介公司内部管理和外部监管薄弱，部分机构存在短期逐利行为，一些机构违规经营现象较为突出，甚至参与非法骗贷、非法集资，扰乱正常金融秩序，在个别地区形成了风险事件。如近年来，由于市场进入门槛低、监管缺失，一些地区投资理财咨询公司发展迅猛，仅四川省某欠发达地区就已有 33 家融资理财公司，存在较为严重的虚假宣传、变相融资、资金价格高进高出的现象。这些担保公司、典当行、投资理财咨询公司、房地产中介公司等机构，脱离主业从事民间借贷中介活动，加之本身与银行通常有合作关系，一旦出事就会想尽办法将损失转嫁给银行，同时，由于部分银行从业人员或退休员工对这些公司夸大的预期收益和承诺诱惑把持不住，以顾

---

① 宁国芳，女，西华大学经济与贸易学院，副教授，主要研究方向：金融理财、金融市场和货币政策。

问或员工的身份直接参与其中，甚至会通过自身关系介绍银行客户参与，更给予了此类机构转嫁风险的理由或借口。

（二）代销业务银行兜底风险

主要表现为代理保险、代理理财产品、同业代付、信托、票据等表外业务风险向表内转移。如在代理保险产品方面，夸大保险收益等误导销售、越权代理签名、客户领单未确认、冒领保单或出现"飞单"等，去年某知名银行与保险公司工作人员勾结引发的巨额假保单案件，出现的损失由银行部分兜底。又如，在代客理财方面，据相关部门统计，近三年以来，银行理财产品一路呈现爆发式的增长，2012年全年的发行量已经达到25万亿元，余额达到了7.6万亿元。在快速增长的同时，部分银行前期对产品风险评估、把关不严，在销售时存在"误导销售、不规范代销、信息披露不全、销售人员缺乏资质"等问题，代销的产品若出现兑付危机，将最终陷入"代销门"。国内媒体报道，不久前，华夏银行客户在其上海分行嘉定支行购买的中鼎财富系列私募产品到期无法兑付，更有甚者银行代销信托产品浮亏超50%。

（三）高利贷、非法集资风险传染

根据公安部发布的数据，过去几年我国非法集资案件平均每年在2000起左右，2012年上半年非法集资立案就超过5000起，是2011年全年的两倍之多。浙江省温州市、内蒙古自治区鄂尔多斯市、陕西省神木县等经济较发达地区，近年来已深受民间借贷、非法集资的危害，不仅造成了金融秩序的紊乱、而且造成了实体经济的严重下滑。当前，经济增速下行、银行信贷趋紧，一些民间借贷行为转为高利贷、非法集资的情况更为突出。最令人担忧的是，这些高利贷、非法集资或者与银行工作人员直接相关，或是套取了银行信用逐利，与银行信贷、票据、信用卡等业务相关。这些违法金融活动渗透和传导到银行体系，一旦资金链断裂将引发很严重的后果。

二、银行业外部风险传染的主要特征

当前银行业外部风险传染具有以下明显的特征：一是广泛性。银行业外部风险传染不仅来自于银行业内部日益膨胀的代理代销业务和表外业务，而且可能来自于银行业外部快速扩张且明显失控的影子银行。二是关联性。随着宏观经济环境变化和金融业务复杂程度上升，银行表内与表外业务之间，银行与证券、保险等不同金融行业之间，正规金融体系与民间融资市场之间的关联度上升，金融风险的传染性增强。同时，银行业同影子银行的业务、人员关联性较强。目前小贷公司、融资担保公司、投资理财咨询公司、典当行高管人员、信贷等关键岗位工作人员主要为银行退休人员、下岗分流人员，熟悉银行业务操作流程，对套取银行信用可谓存在"人熟路熟"的优势。三是隐蔽性。当前影子银行同正规银行在人员和业务方面存在千丝万缕的联系，但由于大量影子银行处于"地下"经营状态，经营信息透明度较低，正规银行业与影子银行间信息不对称现象十分严重，风险传染隐蔽性、突发性非常突出。同时银行在代理代销等业务中存在不同程度的隐形担保，如果银行对代理代销业务风险评估、把关不严，可能陷入"躺着也中枪"的尴尬境地。

三、外部风险传染防范对策与措施

中央经济工作会议强调："要高度重视财政金融领域存在的风险隐患，坚决守住不发生系统性和区域性金融风险的底线。"根据相关资料显示，外部风险通过各种渠道和方式向银行传递蔓延正呈现扩大趋势，部分地区因民间借贷形成的不良贷款占全部新增贷款的比例接近50%，因此，研究和采取有效对策与措施，防范外部风险向银行体系传染渗透具有十分重大的意义。

（一）控节奏，遏制影子银行泛滥势头

由于金融业在国民经济中的核心地位和内在脆弱性，国家对金融业必须有明确的发展战略和改革路径，不能放任不管，"走到哪里黑就在哪里歇"。因此，应当加强对影子银行的管控：一是明确监管部门。地方政府应明确金融办为小贷公司、典当行、担保机构、投资理财咨询公司的监管部门，对从事金融业务的小贷公司、典当行、担保机构、投资理财咨询公司实行严格的准入制度。二是建立监测统计制度。地方政府应加强对小贷公司、典当行、担保机构、投资理财咨询公司监测统计，促使上述中介公司有序健康发展，成为正规金融的有益补充。三是公安部门应加大对非法集资、高利贷的打击力度，维护正常的金融秩序。

（二）明标准，严格业务合作管理

银行业要严格执行和规范银行自身业务操作和管理行为。一是银行业机构应对小贷公司和融资性担保机构实行名单制管理。同时对入围机构进行动态管理，每年至少评估一次，评估的内容要把风险隐患作为主要评估指标，对存在违规行为和重大风险的合作机构建立及时退出机制。二是对有业务合作关系的小贷公司和融资性担保机构进行评级，评级应考虑但不限于注册资本、股权结构、公司治理、合规经营、财务状况、信用记录等因素。三是实行分级管理与授信。银行业机构应根据信用评级情况，实行分级授信，对授信额度实行动态管理。禁止银行业机构为影子银行放大杠杆提供融资。

（三）严监控，防止违规套取银行信用

严格银行信贷资金及各项涉及银行信用业务的监控，有效防止银行信用"脱实向虚"，直接或间接流向非法集资或高利贷。一是要规范银行业务操作流程和管理要求，重点是对有信贷关系的法人、个人客户，在尽职调查、要件审核、实地考察等方面达到制度规定的要求后，确保信贷业务及申请人的真实性。二是建立健全内部风险监控体系，落实对有合作协议的小贷公司、典当行、担保机构风险监控，强化对有贷款关系的法人、个人客户信贷资金流向监测，严防信贷资金流向民间融资和非法集资，禁止银行客户转借贷款资金。三是密切关注信贷客户动态信息，要通过多种手段，不定期地对中介公司、贷款客户进行不间断监控，定期进行风险评估和甄别，对于存在明显迹象或已查实参与民间融资的信贷客户，一律不得新增授信，并逐步收回贷款。

（四）筑防线，禁止员工参与非法集资

在筑好业务防火墙的同时，银行业一定要筑好人员防火墙，有效防止银行从业人员参与各类影子银行、民间融资与非法集资。一是建立完善员工行为管理办法、员工禁止性管理规定以及违规处罚管理办法，把员工行为约束在合理的范围内。同时要强化日常的行为教育和职业道德教育，加大对员工行为类风险的甄别和分析，努力实现员工行为规范"不想为、不敢为、不能为"。二是加大异常行为人员排查力度。在排查中，银行机构要通过采取走访、座谈、背靠背谈话、到监管及公检法等部门了解情况、家访、到工商局调查等多种方式，认真做到五个坚持：第一，坚持层层负责制。明确各层面管理人员、一般员工的排查职责和义务。第二，坚持全面督导检查。要统一安排，统一检查标准和检查方式以及评价检查效果标准，对机构网点检查督导面达到 100%。第三，要坚持外围走访。确定专人走访监管部门、执法部门以及相关职能部门，对有无员工违规参与民间融资和经商办企业情况进行咨询和查询，并重点对基层机构负责人、客户经理和特殊岗位人员进行核查。第四，坚持员工家访。通过形式多样的家属座谈、个别谈话、开展"家庭助廉"等活动，提高家访效果。第五，坚持与案防分析会、员工行为风险分析联席会等多种风险控制会议相结合进行排查。通过上述措施，重点对违规吸储、参加非法集资活动、介绍或发放高利贷、私自代客投资理财、利用客户和个人账户为他人过渡资金、借用银行客户或个人账户为他人过渡资金、自办或参与经营典当行小额贷款公司担保公司、向他人提供与自己经济实力不符的个人担保等问题进行排查。

（五）守底线，实施全面风险管理

中央经济工作会议强调"要高度重视财政金融领域存在的风险隐患，坚决守住不发生系统性和区域性金融风险的底线"。这也给银行机构提出了较高的要求，要实现这个目标，就必须做到：一是将上述外部风险纳入全面风险管理。应进一步明确风险监控主管部门，通过专门部门牵头进行外部风险信息的收集、分析、汇总，定期评估外部风险传染程度，提出工作措施和应对方式方法，定期向相关业务主管部门和管理人员报告，为管理者提供决策依据。二是完善机制，有效防范外部风险传染。从信息收集、风险评估、应对预案等方面制定全面的处置机制。力争达到应对潜在的外部风险因素及其影响进行提前研判分析，建立规范化的外部风险监测、处置流程，制定充分的应对预案，加强对分支机构风险处置工作指导，有效防范外部风险传染。三是信息共享，提升银行业机构防控外部风险传染能力。银行监管部门和银行业机构定期向地方政府金融办了解影子银行、民间融资、非法集资的信息。银行业机构要对外部风险信息及处置策略，按照监管要求规定，及时向当地监管部门报告。监管部门要加强对辖内银行业机构的监督检查和舆情监测，对重大外部风险事件及时进行提示，实现信息共享。

（六）重规范，审慎代理代销金融产品

各银行业机构应强化代理代销产品的内部管控。一是对已代理代销产品进行清理分类，并进行科学的风险评估，对高风险代理代销产品制定出切实可行的风险化解方案。二是审慎选择代理代销产品，前期应加强风险评估、把关工作。监管部门应加强代理代销产品的事前审查，做好风险预判和分析，严禁销售不符合监管要求的代理代销产品。三是切实加强对销售行为的管理、培训和督导，坚决纠正不持证上岗、客户选择不当、误导消费者等不当销售行为。四是严格执行银监会相关监管要求，严禁通过监管套利将表内风险转移至表外，坚决规范规避监管的行为。五是完善客户投诉处理机制和风险处置预案，做好销售网点的应急培训，坚决防范非正常集体退保、理财产品收益未达到预期的情况下出现的群体性事件及引发的声誉风险。

参考文献

[1] 中国人民银行金融稳定小组. 中国金融稳定报告 2013 [R]. 北京：中国金融出版社，2013.

[2] 郎咸平. 郎咸平说让人头痛的热点 [M]. 北京：东方出版社，2013.

[3] 郎咸平，孙晋. 中国经济到了最危险的边缘 [M]. 北京：东方出版社，2012.

从财务分析角度看企业融资健康度

——以通威公司为例[①]

王文君[②]

【 西华大学经济与贸易学院 四川成都 610039 】

[摘要] 从财务报表分析角度，主要采用对沃尔比重评分表进行评分比重修订，结合杜邦分析法对通威股份有限公司 2012 年度财务报告进行以偿债能力为主的企业融资健康度评价，并参照 2011 年、2010 年财务报告数据，用连环替代分析法进行深度解剖分析，再作专项的短期偿债能力分析，从而更为全面地反映公司融资健康度及发展情况，以供金融机构融资决策思考。

[关键词] 融资健康度 融资沃尔比重评分表 杜邦分析法 通威公司

资金问题在目前"钱荒"背景下成为很多企业的一大困扰。银行等金融机构向企业融资首先考虑到的问题是融资安全性，如何评价贷款安全性，金融机构采用的基本方法就是对企业的生产经营活动进行全面、详细的分析，再确定是否向企业提供融资。笔者尝试从财务分析角度评价与融资安全性直接相关的企业融资健康度，本文介绍一种评价企业融资健康度的方法，企业融资健康度高向其提供融资安全性就强。

一、企业融资健康度的含义

这里所指的企业融资健康度是指企业（资金需方）就融资事项接受金融机构（资金供方）专项检查，企业满足融资合格条件的程度。换言之，企业融资健康度就是金融机构在融资决策前对企业进行是否对其融资的专门检查时对企业的满意程度。从企业角度看，企业融资健康度不好，说明身体有"恙"，如果企业急需资金，就无法取得金融机构的资金支持。因此，对企业融资健康度的检查不仅是金融机构的需要，也是企业为了应对可能的融资请求必须提升其融资健康度的需要。通过融资健康度检查还可以发现企业的薄弱环节，为企业提升经营管理水平指明方向。

---

① 资助项目：四川省教育厅项目"对四川上市公司的财务评价及相关政策研究"（12SA246）。
② 王文君，1964 年生，男，西华大学经济与贸易学院，副教授，主要研究方向：财会管理和技术经济。

企业融资健康度检查与融资可行性分析有所不同，融资可行性分析重点是进行针对融资时的融资企业及其经营环境条件进行全面的效益与风险分析，以最终决策是否融资；而融资健康度检查往往是平时定期或不定期进行企业偿债能力为主的专项检查，只是判断在融资主要条件方面企业是否健康以及健康程度的结论即可，检查结果也仅是金融机构进行是否对企业融资决策参考的部分基础材料。如果企业的融资健康度不好，即使企业项目可行性报告写得再好，也是不能考虑向其融资的。

对企业融资健康度检查就需要一系列的量化指标，通过对财务数据进行财务分析最为可靠。融资健康度分析的总体思想是先进行基本的融资健康度检查，主要是以长期偿债能力分析为主，辅以运营能力、盈利能力和成长能力分析，说明企业融资的基本健康度情况；然后进行杜邦分析，以确定影响企业发展提升的关键因素，并对关键因素可能的变化进行企业、行业分析，以预测企业融资健康度发展趋势；最后进行专项的短期偿债能力分析，以即时信息检查近期财务风险，如果企业有短期融资需求，那么这项检查就是必需的。

因为上市公司财务数据经过会计师事务所审计而且向社会公开，其数据可靠且易于获得，因此本文以四川上市公司通威公司为例，从财务分析角度讨论企业的融资健康度。

二、对通威公司的融资健康度分析

（一）融资沃尔比重评分表及其应用

1. 沃尔比重评分法及融资沃尔评分表的设计

沃尔比重评分法即综合评分法，是以分析企业的偿债能力、获利能力、运营能力、成长能力为目的，将资产负债率等财务指标与标准比率进行比较，确定各项指标的得分及总体得分，从而对企业的财务综合水平做出评价。

借助沃尔评分法可以对企业的融资健康度进行初步判断，但需要对沃尔评分表进行重新设计。设计思想是突出金融机构融资所关心的偿债能力这类核心指标，大幅提高评分表中的偿债能力的计分权重，而且是以长期偿债能力分析为重心。既然是讨论健康度，肯定要看在一定时间段内较为稳定的指标，这就是以长期偿债能力分析指标为主的原因。短期偿债能力由于时效性太强，评价指标数值变化较大，不宜作为健康度检查指标，需要在融资前作即时的专门分析。另外，虽然与融资决策直接相关的指标是偿债能力分析，但其他财务评价指标无不直接或间接影响企业的偿债能力。如获利能力、运营能力与发展能力，最好的防守就是进攻，这些指标虽然不直接反映偿债能力，却从"进攻"角度，侧面、动态地说明了偿债能力。一个企业目前的偿债能力较差，说明静态分析指标有缺陷，但其盈利能力、运营能力与发展能力都很强，动态地看，该企业预期偿债能力一定会有大的提高，这就是评价偿债能力不能只看偿债能力指标的原因。因此将获利能力、运营能力与发展能力等指标作为是融资健康度检查的辅助指标是非常有必要的。当然，相比于一般的沃尔评分法，还需要相应地削减获利能力、运营能力、成长能力计分权重，以体现突出偿债能力为重点，兼顾全面评价指标的计分思想。重新设计后的沃尔评分表暂命名

为"融资沃尔比重评分表"。

因为是作融资健康度的专项分析，故本文仅选取资产负债率、已获利息倍数2个主要指标与净资产收益率等6个辅助财务指标作为考察对象。主要指标评分比重占60分，辅助指标评分比重仅占40分。据Wind数据，在剔除银行券商等金融类型企业后，2012年2170家非金融类上市公司资产负债率为59.95%，因此将融资沃尔评分表的资产负债率指标标准值设为60%，1/资产负债率指标标准也就变成167%；已获利息倍数国际上通常以3为标准，故该指标标准值设为3；A股上市公司在2012年的净资产收益率为6.42%，故该指标标准值设为7%；上证A股2012年总资产报酬率为6.23%，所以将该指标标准值设为7%。另外假定总资产周转率标准值设为2，流动资产周转率设为5，营业增长率设为10%，资本累积率设为15%。为防止某些指标得分过高或过低对总分影响过大，设定了相应的最低和最高分限值。分配的权重与指标标准值等数据详见通威公司融资沃尔比重评分表（表1、表2）。

表1　　　　　　　　　通威公司融资沃尔比重评分表（2012年）

选择的指标	分配的权重①	指标的标准值②	指标的实际值③	实际值④=①×③÷②	最低限值⑤	最高限值⑥	实际得分⑦
一、偿债能力指标	60			50.73			50.73
1. 1/资产负债率	30	167%	148.95%	26.81	18	60	26.81
2. 已获利息倍数	30	3	2.39	23.91	12	60	23.91
二、获利能力指标	20			15.01			15.01
1. 净资产收益率	10	7%	5.72%	8.17	5	20	8.17
2. 总资产报酬率	10	7%	4.78%	6.84	5	20	6.84
三、运营能力指标	10			14.59			14.59
1. 总资产周转率	5	2	3.17	7.93	3	10	7.93
2. 流动资产周转率	5	5	6.66	6.66	3	10	6.66
四、发展能力指标	10			9.25			11.14
1. 营业增长率	5	10%	16.29%	8.14	3	10	8.14
2. 资本累积率	5	15%	3.30%	1.10	3	10	3.00
五、综合得分	100			89.57			91.47

公式：各项评价指标的得分=各项指标的权重×指标的实际值÷标准值

综合得分=Σ各项评价指标的得分（在上下限范围内取值）

2. 融资沃尔比重评分表应用

根据通威公司2012年、2011年财务报表相关原始数据，笔者运用沃尔比重评分法计算编制2012年、2011年融资沃尔比重评分表，分别见表1、表2。为省篇幅，计算过程省略。

表2　　　　　　　　通威公司融资沃尔比重评分表（2011 年）

选择的指标	分配的权重①	指标的标准值②	指标的实际值③	实际值④=①×③÷②	最低限值⑤	最高限值⑥	实际得分⑦
一、偿债能力指标	60			48.74			48.74
1. 1/资产负债率	30	167%	157.40%	28.33	15	60	28.33
2. 已获利息倍数	30	3	2.04	20.41	15	60	20.41
二、获利能力指标	20			14.03			14.03
1. 净资产收益率	10	7%	4.96%	7.08	5	20	7.08
2. 总资产报酬率	10	7%	4.86%	6.95	5	20	6.95
三、运营能力指标	10			14.28			14.28
1. 总资产周转率	5	2	3.04	7.59	3	10	7.59
2. 流动资产周转率	5	5	6.69	6.69	3	10	6.69
四、发展能力指标	10			11.42			13.00
1. 营业增长率	5	10%	20.57%	10.29	3	10	10
2. 资本累积率	5	15%	3.39%	1.13	3	10	3.00
五、综合得分	100			88.46			90.04

　　表1与表2清楚表明，通威公司的融资沃尔比重评分综合得分连续两年均小于100，显示企业的融资健康度还不够高。但从2011 年的90.04 分小幅上升到2012 年的91.47 分，表明通威公司的融资健康度有一定的提升。从分项得分看，融资健康度的提高主要得益于融资沃尔比重评分表主要指标已获利息倍数，2012 年评分比2011 年提高有3.5 分，由2011 年的20.41 分提升至2012 年的23.91 分。获利能力和运营能力评分也有一定的提升。但发展能力评分略有下降，由13 分降为11.14 分。

　　如果通威公司等几家企业向同一金融机构提出融资要求，金融机构考虑向其中部分企业提供融资，就可用融资沃尔比重评分表评价综合得分的高低辅助选择。金融机构可以通过申请贷款企业的综合得分进行纵横向比较，为融资决策提供参考。

　　（二）杜邦分析法评价

　　杜邦分析法不仅可以揭示公司的净资产收益率的形成过程，还可以进一步揭示各影响因素对净资产收益率的影响程度，以便经营管理者从财务角度正视企业的进步与问题，至今大多数企业仍广泛采用这一方法进行财务经济活动分析。该法通过对各关键指标的变化趋势分析，提醒管理者注意对影响业绩的关键指标进行监控，也向融资机构揭示企业改善相关指标的可能与现实性。

　　1. 杜邦分析法基本评价

　　通威股份公布2012 年年报：归属于母公司所有者的净利润95 968 743.23 元，归属于母公司所有者的所有者权益1 479 602 438.84 元，由此计算出来的净资产收

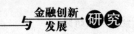

益率6.49%。考虑计算与分析的系统与简便性，以下采用合并会计报表的净利润与所有者权益等数据进行相关计算分析。

根据通威公司公开披露的2012年资产负债表、利润表（限于篇幅未列出相关会计报表），运用杜邦分析法原理，笔者计算结果见图1。

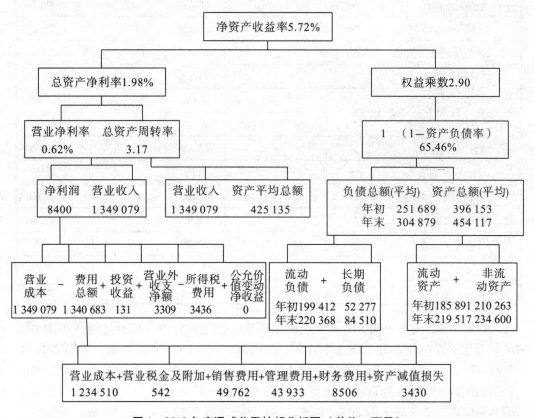

图1　2012年度通威公司杜邦分析图（单位：万元）

（原始数据来源：通威公司在上海证券交易所网站上公开披露的2012年财务报告）

从图1可看出，通威公司2012年净资产收益率为5.72%，经笔者同样的计算，2011年通威公司的净资产收益率为4.96%（计算过程略，下同），显示公司经营成果有一定提升。从图1还可看出2012年净资产收益率5.72%是总资产净利率1.98%与权益乘数2.90共同作用的结果。显然，通威公司总资产净利率相对偏低。

A股上市公司在2012年的净资产收益率进一步回落为6.42%。这一数据也意味着较2011年的9.8%进一步下滑。与此相反的是通威公司的净资产收益由2011年4.96%小幅上升为2012年的5.72%。从纵向看通威公司净资产收益率有所回升，相对下降大势而言是不错的结果。但比较2012年的净资产收益率，通威公司5.72%仍然低于A股上市公司平均水平6.42%，说明公司融资健康度有改善，但与平均水平相比还有差距，需要进一步提升才行。

2. 杜邦分析法进一步分析

净资产收益率是最重要且综合性最强的财务指标，需要对影响该指标的各个因素作进一步分析，根据分析结果确定公司以后年度提升业绩的着力点，更可以从此角度预判企业的融资健康度。比如，如果净资产收益率较高，仅仅是因为公司的权益乘数太低，影响了净资产收益率的进一步提高，那么只需要增加负债调节资本结构即可，这样分析结果就可以预判公司的融资健康度比较高。结合公司公开披露的2011 年财务报告，对 2012 年度的杜邦分析作进一步因素连环替代分析：

净资产收益率=营业净利率×总资产周转率×权益乘数

2011 年年度指标：0.61%×3.04×2.69＝4.96%　　　　　　　　　　①

第一次替代：0.62%×3.04×2.69＝5.08%　　　　　　　　　　　②

第二次替代：0.62%×3.17×2.69＝5.31%　　　　　　　　　　　③

第三次替代：0.62%×3.17×2.90＝5.72%　　　　　　　　　　　④

②－① = 5.08% － 4.96% = 0.12%　　　营业净利率上升的影响

③－② = 5.31% － 5.08% = 0.23%　　　总资产周转率上升的影响

④－③ = 5.72% － 5.31% = 0.41%　　　权益乘数上升的影响

连环替代分析结果显示，2012 年通威公司净收益 5.72%比 2011 年的 4.96%略有上升，营业净利率、总资产周转率和权益乘数三个因素都有正向带动作用，但带动作用均不太明显。带动净资产收益率上升的主要因素是权益乘数，由于权益乘数从 2.69 上升到 2.90 带来净资产收益率增加 0.41%；总资产周转率从 3.04 上升到 3.17 导致净资产收益率增加 0.23%；营业净利率从 0.61%略微上升到 0.62%也带来净资产收益率0.12%的上升，这是对公司净资产收益率上升贡献最小的因素，有较大的提升空间。

权益乘数是对公司净资产收益率上升贡献最大的因素，其计算基础数据资产负债率为 67.14%，高于 2011 年的 63.53%，表明了公司的财务融资能力上升空间已经不大，以后年度要依靠加大财务杠杆效应获取更高的净资产收益率将会使公司冒更大的风险。

截至 2012 年 12 月 31 日主要上市饲料公司资本结构比较如表 3：

表 3　　　　　　　　　　　　主要饲料上市公司资本结构比较表

公司	资产总计（亿元）	资产负债率（%）
正邦科技	44.67	69.61
通威股份	45.41	67.14
天邦股份	11.68	55.74
海大集团	61.39	50.50
正虹科技	9.12	49.65
新希望	246.99	41.34
唐人神	23.81	30.94
大北农	57.08	24.97
金新农	9.59	14.41

（资料来源：各公司在证券交易所网站的定期报告）

从表 3 看出，不仅通威公司资产负债率纵向比较有所升高，与行业内部分企业相比也处于较高水平。较高的资产负债率水平限制了公司未来融资空间，削弱了公司的举债能力，影响公司经营安全性。如果能适时调整较高的资产负债率可提高偿债能力，降低财务风险，有利于公司稳健经营，为公司未来持续稳定发展奠定基础。从上面分析可知，通威公司的融资健康度还有待进一步提高，而且提高融资健康度因为已有较高的资产负债率有一定的困难。

（三）从短期偿债能力角度看企业融资健康度

融资沃尔评分表重点分析评价了企业长期偿债能力，但对企业融资健康度分析还需要结合融资当时进行短期偿债能力分析。即使长期偿债能力没有问题，也可能遇到短期的财务风险，因此需要从短期偿债能力角度分析企业融资健康度。

1. 流动比率

表4　　　　　　　　　　　　流动比率计算表　　　　　　　　　金额单位：元

项　　目	期初数	期末数
流动资产	1 858 905 837.08	2 195 172 514.61
流动负债	1 994 115 743.91	2 203 683 946.29
流动比率	93.22%	99.61%

公式：流动比率=流动资产÷流动负债×100%

通威公司期初和期末的流动比率均未能一般公认标准200%，反映出通威公司具有较弱的短期偿债能力。虽然2012年流动比率99.61%比2011年流动比率93.22%略有提升，但进步不大。

2. 速动比率

表5　　　　　　　　　　　　速动比率计算表　　　　　　　　　金额单位：元

项　　目	期初数	期末数
流动资产	1 858 905 837.08	2 195 172 514.61
存　　货	948 954 277.54	944 211 834.11
预付账款	80 661 063.10	84 237 997.88
速动资产	829 290 496.44	1 166 722 682.62
流动负债	1 994 115 743.91	2 203 683 946.29
速动比率	41.59%	52.94%

公式：速动比率=速动资产÷流动负债×100%

分析表明通威公司期末的速动比率52.94%比期初41.59%有所上升，但通威公司速动比率远低于一般公认标准100%，公司的实际短期偿债能力并不理想，需采取措施加以扭转。显然，从短期偿债能力角度分析通威公司的融资健康度不高，进行短期融资有风险。

三、结语

从财务分析角度看企业融资健康度，主要是用融资沃尔比重评分表结合杜邦分析法、短期偿债能力专项分析，对企业财务数据进行以偿债能力为主、以获利能力等为辅的企业融资健康度评价。将相关评价数据与企业历史数据进行纵向对照，并与同行业其他企业进行横向比较，可以更为全面反映公司融资健康度及发展情况，以供金融机构融资决策参考。

通过上面的分析还可以看出，通威公司的融资健康度总体上属于一般，短期融资有一定风险。但近两年该公司融资健康度呈上升趋势，如果企业针对劣势指标做对应的改进工作，公司融资健康度会得到更好的提升。

参考文献

[1] 张敏. 2012 年 2170 家非金融上市公司负债总额超 14 万亿元 [N]. 证券日报，2013-04-25.

[2] 孙哲. 净资产收益率创七年新低，年报显示 A 股未现投资价值 [N]. 北京商报，2013-05-02.

[3] 周彪. 创业板将成为 A 股市场悬头利剑 [OL]. 新浪财经，2013-08-08.

[4] 王雨晴. 财务分析方法在实务中的运用——以某上市公司为例 [J]. 中国电子商务，2011（5）：231.

套期保值的正确理解与合理使用

伍 刚[①]

【 西华大学经济与贸易学院 四川成都 610039 】

[摘要] 在经济活动中，对于未来的不确定性，使用套期保值，可能是一种不错的选择。只有正确地理解套期保值，才可能合理使用套期保值。而套期保值成功的关键因素有两个：现货市场与期货市场的高度正相关和谨慎性原则。

[关键词] 套期保值 相关性 谨慎性

一、套期保值的正确理解

所谓套期保值（hedge）。它的基本做法就是买进或卖出与现货市场交易数量相当，但交易方向相反的期货合约，以期在未来某一时间通过卖出或买进相同的期货合约，对冲平仓，结清期货交易带来的盈利或亏损，以此来补偿或抵消现货市场价格变动所带来的实际价格风险或利益，使交易者的经济收益稳定在一定的水平。

我国《企业会计准则第 24 号——套期保值》则表述为：套期保值（以下简称套期），是指企业为规避外汇风险、利率风险、商品价格风险、股票价格风险、信用风险等，指定一项或一项以上套期工具，使套期工具的公允价值或现金流量变动，预期抵销被套期项目全部或部分公允价值或现金流量变动。

要正确理解套期保值（hedge）的有关概念和做法，就一定要注意将套期保值与投机套利（speculate）明确地加以区分：投机套利没有相对应的现货交易，而套期保值一定要有相对应的现货交易。套期保值是要为未来的现货交易保值，因此就要区分套期保值项目（hedging，即期货交易）和被套期保值项目（hedged，即现货交易）之间的关系。

套期保值方法的使用是基于经济学的两个基本原理：第一，期货价格与现货价格走势趋同。期货交易过程中期货价格与现货价格尽管变动幅度不会完全一致，但变动的趋势基本一致。即当特定商品的现货价格趋于上涨时，其期货价格也趋于上涨，反之亦然。这是因为期货市场与现货市场虽然是两个各自分开的不同市场，但对于特定的商品来说，其期货价格与现货价格主要的影响因素是相同的。这样，引

---

① 伍刚，男，西华大学经济与贸易学院，教授，主要研究方向：金融学和会计学。

起现货市场价格涨跌的因素，也同样会影响到期货市场价格同向的涨跌。套期保值者就可以通过在期货市场上做与现货市场相反的交易来达到保值的功能，使价格稳定在一个目标水平上；第二，期货价格收敛于现货价格。现货价格与期货价格不仅变动的趋势相同，而且，到合约期满时，两者将大致相等或合二为一。这是因为，期货价格包含有储藏该商品直至交割日为止的一切费用，这样，远期期货价格要比近期期货价格高。当期货合约接近于交割日时，储存费用会逐渐减少乃至完全消失，这时，两个价格的决定因素实际上已经几乎相同了，交割月份的期货价格与现货价格趋于一致。这就是期货市场与现货市场的市场走势趋同性原理。

二、存在的问题

在经济活动中，对于未来的不确定性，使用套期保值，可能是一种不错的选择。但是，期货市场并不等同于现货市场，它还会受一些其他因素的影响，如波动时间与波动幅度的差异、基差、质量标准差异、交易数量差异等等。因此，期货价格的波动时间与波动幅度不一定与现货价格完全一致，加之期货市场上有规定的交易单位，两个市场操作的数量往往不尽相等，这些就意味着套期保值者在冲销盈亏时，有可能获得额外的利润，也可能产生小额亏损。因此，我们在从事套期保值交易时，也要关注可能会影响套期保值效果的因素，使套期保值交易能达到满意的效果，能为企业的生产经营提供有效的服务。与此同时，要避免的是对套期保值方法的神秘化、甚至是错误的理解和使用。目前研究中存在的问题有以下几个方面：

（一）夸大了套期保值的作用

人们通常认为套期保值的作用有：①有效地规避风险。认为有效地规避风险是套期保值的本质，也是套期保值最重要的功能。其他的作用都是在此基础上展开的。②参与资源的配置。认为套期保值就是对价格机制的锁定利用，有利于资源的配置。③实现成本战略。认为成本战略，实质上就是对成本的锁定。④提升核心竞争力。认为套期保值给企业提供了锁定成本，降低风险的手段，所以套期保值是可以提升企业的核心竞争力的。还有人认为套期保值的作用有：①有利于企业的平稳经营。企业进行了套期保值操作之后，不再因为价格的不利波动影响到企业的生产经营计划，能够平稳经营。②有利于增强企业的竞争力。企业进行了套期保值操作之后，由于采购成本的降低可以给出相对有竞争力的价格给客户，一方面提高了产品的销售价格，另一方面也提高了企业的竞争力。③有利于增加企业的信誉。进行了期货套期保值操作的企业，可以在不利的价格走势中稳定的给客户提供产品，增加企业的信誉。

以上提出的套期保值的作用，不能说没有道理。但有一个前提条件：合理使用套期保值。如果在合理使用套期保值的前提条件下是可以发挥出这些作用的。但是，如果使用套期保值不当，不但不能起到上述的作用，还可能适得其反，影响企业的经营。所以说，不能夸大套期保值的作用。不能让人们误解为只要使用套期保值，就会有上述的作用。因为所谓的"套期保值"只是我们应对未来风险的方法之一，它并不能"包治百病"。如我们前面提到的：期货市场并不等同于现货市场，它还会受一些其他因素的影响，如与现货市场的波动时间与波动幅度的差异、基差、质量标准差异、交易数量差异，等等。而且，人们通常还忽略了一个使用"套期保值"的重要因素：预测、预期。不管是"买入套期保值"还是"卖出套期保值"，实际上都是建立在对未来的预测、预期上的。如果认为未来要"跌"，就会做"卖出套期保值"。如果认为未来要"涨"，就会做"买入套期保值"。但是，人们应该意识到：对未来进行预测、预期，其行为本身就意味着"风险"，因此，这种行为（套期保值）本身就有"不确定性"。"套期保值"的这一个特点，应该引起使用"套期保值"的人们的足够重视。

（二）"保值"的误区

"套期保值"中的"保值"的正确理解是：对已经存在的现货交易中的资产进行"保值"。而"保值"本身的含义是：既不增加也不减少，即人们通常所说的"锁定"。但是，在"套期保值"的实务中我们发现存在如下的误区：①认为"套期保值"可以精确地"保值"。显然，这是一种误解。我们前面已经提到"套期保值"会受到很多因素的影响，并且还有"不确定性"。"套期保值"的原理实质上是想把未来的"不确定性（即风险）"限定在一个很小的、可以被接受的范围内。通常情况下，在预测正确、计算准确的前提条件下，这个目的是可以达到的。而在这个"很小的、可以被接受的范围内"，可能出现"略有减少"、"略有增加"、"不变"等情况，而这就是"套期保值"中"保值"的实际含义。②"套期保值"就是"对冲交易"。甚至有人把"套期保值"又译作"对冲交易"。这是一种误解。"对冲交易"是指联系在一起的"买"、"卖"两种交易，并且这两种交易没有前后之别，也不强调一定要是现货交易与期货交易搭配。所以，"套期保值"同时又是一种"对冲交易"，但"对冲交易"不一定就是"套期保值"。因为"套期保值"做法中的"现货交易"在前，"期货交易"在后，并且一定要有"现货交易"。

三、合理使用套期保值

（一）套期保值典型案例分析

案例一　中国香港A公司20××年5月向美国B公司出售一批产品，货款为10万美元，约定3个月后付款。5月份成交时的即期汇率为1美元＝7.7港元，3个月期的远期汇率为1美元＝7.75港元。香港外汇咨询公司预测3个月后的即期汇率将为1美元＝7.8港元。但A公司出于谨慎性的考虑，决定采取卖出3个月期的远期合同进行套期保值。3个月后，8月份的即期汇率实际为1美元＝7.71港元。A公司套期保值成功。

分析：A公司在采取出售远期外汇合同的保值措施后，其货款10万美元的港元价值就固定为775 000港元，既不会增加，也不会减少，即这笔美元货款在今后3个月内不受汇率变动的影响。如果A公司不采取保值措施，其货款10万美元的港元价值就将为771 000港元。这是一个外币应收款应用远期外汇合同进行套期保值的典型案例。它的特点是已经存在一个现货交易，为了规避汇率风险，在远期市场上提前卖出美元，锁定其港币价值。但要注意的是合同的交割方式，如果是实物交割，且美元货款收款在远期合同交割之前，或远期汇率与即期汇率恰好相同的情况下对冲平仓，则10万美元的港元价值就将锁定为775 000港元。否则，比如交割方式是对冲平仓（这是通常的交割方式），远期汇率与即期汇率有差异等，都可能使10万美元货款的港元价值不能精确锁定为775 000港元。而这种情况却是常见的。

（二）现货市场与期货市场应高度正相关

从上面的典型案例我们看到：美元买卖的现货市场与期货市场高度正相关。同涨同跌的特点非常明显。而这是套期保值能否成功的关键。

案例二　中盛粮油工业控股有限公司（以下简称"中盛粮油"）是一家在香港上市的国内企业，主要业务是在国内从事食用油产品的分提、精炼、销售和贸易。2005年9月16日，公司中期业绩报告公布2005年1至6月总计亏损2.27亿港元，其中期货套期保值已实现亏损7490.3万港元。中盛粮油中期业绩巨额亏损主要产生于套期保值的失败。2005年年初，国内豆油价格相对国际豆油价格偏高，使豆油的进口贸易存在较高的利润，中盛粮油抓住这一商机从国际市场上大量集中采购毛豆油，采购数量约21万吨，为避免采购后豆油价格下跌的风险，中盛粮油利用美国芝加哥商品期货交易所（CBOT）豆油期货进行套期保值风险管理，具体操作模式为在国际上采购豆油后，同时在CBOT卖出相应数量的豆油期货合约进行套期保值。但自2005年2月中旬以来，由于国际商品指数基金大规模买入包括豆油在内的一篮子商品期货，导致CBOT豆油期货价格与国内成品大豆油价格变化高度相关性的特点被打破，出现国内成品大豆油价格持续下跌，而CBOT大豆油期货价格却持续上涨，两个市场豆油价格出现背离走势。国内一级豆油从2005年2月1日的6040元/吨下跌到6月30日的5330元/吨，跌幅为11.76%，而同期CBOT豆油期货价格从19.04美分/磅上涨到24.54美分/磅，涨幅为28.89%，国内和国外两个市场豆油价格变化趋势完全相反。这种价格背离走势使中盛粮油遭受双重亏损，在CBOT大量抛空的豆油期货合约因价格上涨而出现亏损，在国内现货市场上因豆油价格下跌而导致销售亏损和存货跌价亏损，套期保值失效。根据中盛粮油2005年中期报告，由于国内豆油价格持续下跌，导致现货经营毛亏损6092.1万港元，豆油库存及已承诺采购的跌价亏损7791.4万港元，而CBOT豆油期货价格上涨导致期货套期保值实现亏损7490.3万元，合计亏损21 373.8万港元。

分析：这是一个现货市场与期货市场完全没有高度正相关性的典型案例。在该案例中，现货市场与期货市场的走势完全背离，呈现出负相关，这是非常不幸的。中盛粮油这次的关键错误在于美国芝加哥商品交易所（CBOT）的芝加哥大豆和豆油期货合约上做错方向，而且加之国内精炼豆油价格也出现下挫导致亏损。正常情况下，国内精炼油的价格紧密跟随国际市场的大豆以及毛豆油价格。然而2005年，这种情况并未出现。尽管国内价格下跌导致利润降低，但是原材料期货价格却一路飙升。这一趋势始于2005年2月份，并且持续到6月份。中盛粮油提示已经在4月份将大部分套保部位砍仓，以防亏损进一步扩大。有期货人士分析指出，中盛这次判断错误，主要基于去年一年熊市后心态上比较看空，加上国内价格一直跌，由此认为国外市场也会跌，所以就在芝加哥期货交易所大量抛空。结果，国外豆油期货价格上涨，国内制成品价格却不涨，造成了进口成本、期货和销售成本的三方面亏损。

中盛粮油在公告中称，集团在采购大豆毛油后，可以在 CBOT 的大豆、大豆油期货合约中对冲，以减低集团的大豆油风险净额。在过去，中国国内的成品大豆油之现货价格与 CBOT 大豆油期货价格高度关联，因此，此类的对冲交易在过去已证明能有效地抑制原材料价格波动之风险，维持稳定的单吨毛利。

而 2005 年，国内成品大豆油的现货价格与国际大豆、大豆油期货价格背离严重，已成了国内榨油行业普遍面对的难关。

该案例暴露出的问题就是，国内没有豆油期货，本来企业应该在国内做卖出保值，却反而不得不在国外做卖出的投机。显然，中盛粮油这次亏损事件的关键在于国内缺乏相应的保值工具。

从中盛的公告可以看出，他们一直是将这个视为保值操作。只不过，因为 2005 年国内豆油走势和 CBOT 豆油期货背离了，中盛粮油是在用 CBOT 豆油期货在对国内豆油价格进行保值。不过，有市场分析人士就尖锐地指出："基本面不一样就会背离。本来就不是一个东西，背离不背离都是正常的，过去一致，那只能算是侥幸。"确实，CBOT 豆油本来是用来对进口豆油进行保值的。因为它反映的是国外的基本面，而国内没有豆油期货。过去国外豆油涨，国内豆油也涨，所以市场参与者普遍觉得两者具有极高关联度，并且就做一些两者间的套保，而这次中盛粮油的事发终于把这原本不应该联系在一起的品种的真实面目还原给市场。所以，不是中盛操作的问题，根本上是国内缺乏一个让企业锁定最终产品价格风险的期货合约，这才是中盛赔钱的关键。

（三）正确预测与谨慎性原则

从案例二我们还看到了正确预测的重要性。不管是买入套期保值还是卖出套期保值，都是建立在对期货市场未来走势的正确分析和预测基础之上的，否则，就可能做反了方向，适得其反，导致套期保值失败。但是，从套期保值的典型案例二我们还应该清楚地认识到：合理使用套期保值应该遵循的最基本的原则是谨慎性原则（又称为保守主义）。"保值"的含义就是"锁定"。"保值"的目的就是"锁定""保住"目前的价值（或价格）。因此，总结前面的分析我们可以得出一个重要的结论：要做到合理使用套期保值，使套期保值成功，关键的因素有两个：一是现货市场与期货市场应高度正相关；二是牢记谨慎性原则。更多的利益（利润）不要、不想、不贪，保持平常心，从"坏"的方面去套期保值，就一定能达到套期保值的目的。在这种思维下，预测的任务就轻松多了，反正始终从保守的、谨慎的方面去预测就行。这样一来，降低了预测的重要性，也就回避了预测行为本身所具有的"不确定性（风险）"，从而提高了套期保值成功的概率。

参考文献

[1] 财政部. 企业会计准则第 24 号——套期保值 [M]. 北京：经济科学出版社，2006.

[2] 曾秋根. 从中盛粮油巨亏看套期保值经营策略的风险 [J]. 交通财会,2006 (2).

[3] 华仁海. 期货市场套期保值理论述评 [J]. 经济学动态, 2002 (11).

[4] 毛道维. 套期保值与投机的组合投资理论和方法 [J]. 软科学, 2002 (6).

[5] 耿建新, 等. 高级会计学 [M]. 北京: 中国人民大学出版社, 2010.

[6] 杨有红. 高级财务会计 [M]. 北京: 中央广播电视大学出版社, 2002.

[7] 顾卫平. 外贸企业利用衍生产品套期保值方法讨论 [J]. 上海金融, 2007 (6).

人力资本与公司绩效：
我国保险公司的实证研究

姚寿福[①]

【 西华大学经济与贸易学院　四川成都　610039 】

[摘要] 我国保险业和保险公司经营目前正由追求保费收入阶段向追求保险经营效益阶段转型过程中。人力资本是促进转变的关键。通过人力资本衡量指标的设定及其与保险公司经营绩效之间关系的分析，发现目前我国保险公司中人力资本对绩效没有显著的影响。这说明我国保险公司仍处于以增加保费收入为主的阶段。因此需要提高人力资本的作用以加快保险公司发展方式的转变。

[关键词] 人力资本　公司绩效　保险业　经营模式　发展方式

一、引言

国家间的竞争、公司间的竞争归根结底是人才的竞争，人力资本是获得竞争优势的强有力保证。为了在日益激烈的国际竞争中获得优势地位，我国提出了"科教兴国"战略，企业经营不仅提倡"以人为本"的理念，争夺人才战也越演越烈，保险公司也不例外。我国自 1980 年恢复保险市场以来，在很长时间里走的是粗放式经营路线，经营模式以招聘大量学历层次低的保险营销员拉保费为主，这种经营模式促进我国保费收入的高速增长。根据国外保险市场发达国家或地区的经验，保险市场由形成到成熟一般需要经历三个阶段，即追求保费收入阶段、追求保险经营效益阶段和追求保险质量阶段。我国保险市场目前正处于第一阶段向第二阶段转型过程中。随着保险市场逐渐走向成熟，各保险公司对人才的渴求也更加强烈。在我国保险市场发展过程中，很多人认为保险公司保险收入的高增长、公司业绩的提升，靠的是低素质的营销员的巧舌利齿、人海战术和穷追猛打。为了验证这一说法，本文对保险公司的人力资本与绩效之间的关系进行分析，为保险监管部门完善行业管理和保险公司改善公司经营提供参考。

---

① 姚寿福，男，西华大学经济与贸易学院，教授，硕士研究生导师，主要研究方向：区域经济和产业经济。

二、人力资本与公司绩效：文献回顾

虽然最早的人力资本思想可以追溯到古希腊思想家柏拉图在《理想国》中论述的教育和训练的经济价值，但首次提出人力资本的概念并将其引入经济学分析框架的却是费雪，他在 1906 年发表的《资本的性质与收入》一文中首次提出人力资本的概念，并将其纳入经济分析的理论框架中。但人力资本理论的创立却始自 20 世纪 60 年代。诺贝尔经济学奖得主舒尔茨 1960 年在美国经济学年会上的演说中系统阐述了人力资本理论。舒尔茨指出"人的知识、能力、健康等人力资本的提高对经济增长的贡献远比物质、劳动力数量的增加重要得多"。他还进一步研究了人力资本形成方式与途径，并对教育投资的收益率以及教育对经济增长的贡献做了定量研究[1]。因此，舒尔茨被称为"人力资本之父"。此后，贝克尔、明赛尔、丹尼森等从不同的角度对人力资本进行了发展，使人力资本理论不断完善。贝克尔对家庭人力资本生产的规模、资产传递、资产选择与配合等进行了开创性研究[2]，还从微观分析角度分析了正规教育的成本收益问题，讨论了在职培训的意义，研究了人力资本与个人收入的关系。国外学者对人力资本与公司绩效虽然也有一些实证研究，但由于国情不同，研究的结论同我国的实际情况并不一定相吻合。

国内学者对人力资本水平与公司绩效之间关系的研究较少，多局限于理论探讨，实证检验的文献并不多。在研究方法上，国内关于人力资本的研究定性的较多，定量的较少。国外虽然在人力资本的评价上定量研究较多，但是人力资本对组织绩效影响的定量研究却比较少。国内的研究不少都是定性为主，所用的研究方法大多为案例分析，统计计量分析的较少，所得的结果缺乏说服力。而且国内目前对人力资本与公司绩效的实证研究主要是在对企业家人力资本与企业绩效的研究上；但企业人力资本不仅包括企业家人力资本，还应该包括企业广大员工所拥有的人力资本，因此只研究企业家人力资本对企业绩效的影响并不全面。姚艳虹、胡鹏（1998）介绍了人力资本形成及其测度方法的基础上，对人力资本存量、人力成本及人力损耗三个因素与企业效益之间的关系做了一些尝试性分析[3]。朱杏珍（2003）认为人力资本以其不同于物质资本的特性，成为决定企业绩效的关键因素[4]。李嘉明、黎富兵（2005）实证研究了我国上市公司企业人力资本与企业绩效的关系，认为对不同的行业来说，企业人力资本与企业绩效都具有正相关关系，但在同一行业内，拥有高人力资本存量的企业的业绩并不一定优于拥有低人力资本存量的企业业绩，不同的行业有不同的表现[5]。王怀明、吴佩远（2007）选取 IT 行业和纺织行业上市公司作为研究对象，采用线性回归和独立样本 T 检验的方法，对上市公司人力资本与公司绩效的关系进行实证分析，得到的结论是，上市公司人力资本与公司绩效正相关，拥有高人力资本存量的公司的绩效优于拥有低人力资本存量的公司的绩效[6]。冯丽霞、张琪（2007）采用多元回归分析方法研究人力资本与公司绩效的关系，结果表明员工高学历比例和员工专门技术人员比例，与企业绩效存在显著关系[7]。

对保险公司人力资本与绩效之间关系的研究比较少。杨波、李庆霞（2005）运用灰色关联度对中资财险公司的经营绩效进行了分析，结果表明各财险公司的绩效

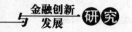

不同，但增长潜力大[8]。张邯玥、马广军和田高良（2007）选取了25家保险公司作为研究样本，探讨了影响我国保险公司绩效水平的因素，结果表明赔付率、经营区域、保费收入增长、公司规模等是影响我国保险公司绩效的重要因素[9]。李心愉、郁智慧（2011）以32个寿险公司1999—2006年的资产负债表和损益表为基础，运用主成分分析法得到了各个公司的绩效评分。然后以绩效评分为被解释变量，运用随机效应模型分析发现费用率、赔付率、投资资产比例和保费收入增长率对寿险公司绩效有显着的影响，而人力资本、保险公司规模和公司是否为中资公司对寿险公司绩效影响不显著[10]。王晓英、彭雪梅（2011）采用个体时点双固定效应回归模型考察了从2008年第一季度到2010年第三季度中国人寿和中国太保两家国有上市公司股权结构对经营绩效的影响，认为合理的股权结构有助于绩效的提升[11]。因此，对保险公司人力资本与绩效之间的关系需要加强研究，以便为保险公司的绩效提高和经营管理等提供参考。

三、我国保险公司人力资本与绩效实证分析

（一）我国保险业发展概况

自20世纪80年代初恢复保险业以来，我国保险业获得了高速发展。保险公司由初期的人保从1家发展到2011年的164家；原保费收入由1980年的4.6亿元发展到2012年的15 487.93亿元，增长3366.94倍，年均增长率高达27.9%，其中财产险占34.42%，人身险占65.58%；资产规模由1999年的2604.09亿元增长到2012年的7.35万亿元，增长28.2倍。外资保险机构由无到有，2012年已有47家。保险深度由1980年的0.1%提高到2010年为3.4%，2012年为3%，保险密度由1980年的0.47元/人提高到2010年为100美元/人，2012年进一步提高到182.2美元/人。

表1　　　　　　　　　2012年我国保险市场基本情况

	单位数	保费收入
中资财险	42	5462.73
外资财险	21	67.15
中资寿险	42	9482.53
外资寿险	26	4753.54
合计	131	15 487.93

资料来源：中国保监会网站.

（二）指标、数据选取与分析方法

1. 相关数据的来源及说明

本文分析的保险公司选取了财产保险和人寿保险两大业务、中资和外资两类性质的公司，以尽可能使样本能够反映总体的实际情况。在选取样本公司时，还考虑了时间上的连贯性，即样本公司都是成立了比较久的，由于保险公司从成立到盈利有一个过程，因此利润总额和净利润的数据以首次盈利为起始时间点。由于数据的可获得性，本文的计算时间为2011年。2011年的样本数有148家公司，利润总额

为负的公司多达 70 家，因此计算利润总额的影响因素时样本数为 78 家公司。计算数据来源于历年的中国保险统计年鉴。

2. 指标的选取

对保险公司来说，衡量绩效的指标有很多，如资产、所有者权益、保费收入、利润总额、净利润和投资收益等，考虑到数据的连贯性、可得性，而利润总额、净利润两者高度相关，因此选取保费收入、利润总额为绩效指标；保险公司的人力资本衡量指标也比较多，但很多方面在年鉴中没有统计，因此主要选取各公司本科及以上学历员工所占比例、中级及以上职称员工所占比例为人力资本衡量指标。根据人力资本理论，受教育水平是人力资本形成的主要途径，因此员工的受教育水平可以充分反映公司人力资本的整体素质；而中级及以上职称员工所占比例，则反映了公司员工中专门技术人员的比例，可以反映公司的创新能力和资金运用能力。

3. 我国保险公司人力资本变化情况

在保险业高度发展，我国大专院校也加快了保险专业人才的培养，保险公司的人力资本存量逐步增加。如中保人寿 1996 年本科及以上学历的职工仅占职工人数的 8.2%，到 2011 年该比例已达 87.6%。2011 年被评为 10 大财险公司和十大寿险公司的各公司人力资本存量与 2005 年的情况相比较，无论是财险还是寿险公司，2011 年本科及以上学历的职工人数有了很大增加，增长幅度最少的为大地财险，增幅为 30.89%，增长幅度最大的为人保财险，增幅为 9852.389%（见表 2 和表 3）。从表 2 和表 3 所反映的各公司人力资本存量的变化对绩效是否产生了影响，这种影响在统计上是否显著，需要进行分析与检验。

表2　　　　2011 年十大财险公司本科及以上学历职工人数与 2005 年比较　　单位：人；%

排名	公司名称	2011 年	2005 年	2011 年较 2005 年变化
1	人保财险	47 320	20 256	133.61
2	平安财险	—	—	—
3	太平洋财险	13611	4887	178.51
4	中华联合	7333	3306	121.81
5	大地财险	3636	2778	30.89
6	人寿财险	4321	—	
7	阳光财险	6507	515	1163.50
8	出口信用	1607	660	143.49
9	天安财险	6564	2664	146.40
10	安邦财险	6700	1553	331.42

资料来源：中国保险年鉴。

表3　　　　2011 年十大寿险公司本科及以上学历职工人数与 2005 年比较　　单位：人；%

排名	公司名称	2011 年	2005 年	2011 年较 2005 年变化
1	中国人寿	42 011	17 515	139.86
2	平安人寿	—	—	—

表3（续）

排名	公司名称	2011 年	2005 年	2011 年较 2005 年变化
3	新华人寿	26 666	3176	739.61
4	太平洋人寿	16 133	7067	128.29
5	泰康人寿	16 431	1645	898.85
6	人保寿险	14 630	147	9852.38
7	太平人寿	11 886	3872	206.97
8	生命人寿	5684	242	2248.76
9	阳光人寿	6482	—	—
10	人保健康	2080	251	728.69

资料来源：中国保险年鉴。

根据上述指标，可以对各指标之间的关系进行初步分析。通过计算得到各指标数据之间的相关系数矩阵（见表4）。营销员占比除与中级职称以上员工占比成负相关外，均为正相关关系，不过相关程度都较弱；本科及以上学历职工占比除与中级职称以上员工占比成正相关外，均为负相关关系；中级职称以上员工占比与保费收入、利润总额均为负相关；保费收入与利润总额具有很强的正相关关系。由此可以看出，保险公司的利润主要来自保费收入，营销员的多少对保费收入和利润总额影响明显，而人力资本存量对公司绩效没有多大关系。

表4　　　　　　　　　　2011 年各公司各指标之间的相关系数

	营销员占比	本科及以上学历职工占比	中级职称以上员工占比	保费收入	利润总额
营销员占比	1				
本科及以上学历职工占比	0.128	1			
中级职称以上员工占比	-0.068	0.274	1		
保费收入	0.049	-0.561	-0.339	1	
利润总额	0.053	-0.432	-0.352	0.832	1

4. 结果分析

根据人力资本理论，公司员工高学历比例、高职称人员比例应该与公司绩效成正相关关系，对保险公司来说是否如此，需要进行验证。根据分析的目的，构建以下三元线性模型来研究我国保险公司人力资本与公司绩效之间的关系：

$$Y = \beta_0 + \beta_1 X_1 + \beta_2 X_2 + \beta_3 X_3 + \mu$$

式中：Y 代表保费收入或利润总额；X_1 代表本科及以上学历员工所占比例、X_2 代表中级及以上职称员工所占比例；X_3 代表营销员占公司总人数的比例 β_0、β_1 和 β_3 为待估计参数；μ 为随机误差项。利用 Eviews6.0 进行回归分析后得到的结果见表5。从分析结果看，各回归方程均显著，只是拟合优度偏低；营销员占比高低对保险公司的保费收入、利润总额的影响均不显著；本科及以上学历职工占比或中级职称以上员工占比虽然对绩效有显著影响，但回归系数为负；各回归方程的常数项均显著，这表明在我国保险业处于垄断的大背景下，只要有条件开设保险公司就可以获得保费收入和利润。

表5　　　　　　　　2011年各公司人力资本与绩效回归分析结果

被解释变量	解释变量				R^2 ($\bar{R}^2$)	F 统计量
	常数项	营销员占比	本科及以上学历职工占比	中级职称以上员工占比		
保费收入的对数	6.9133 (21.556)	0.0005 (1.104)		−0.0292 (−2.354)	0.2174 (0.1956)	9.99
	8.264 (19.302)	0.0007 (1.724)	−0.030 (−4.630)		0.3135 (0.2945)	16.44
利润总额的对数	5.021 (9.479)	0.004 (1.474)		−0.043 (−2.601)	0.3960 (0.331)	6.11
	6.410 (9.801)	0.002 (1.470)	−0.043 (−3.597)		0.5030 (0.450)	9.44

注：括号内的数字为 t 统计量。

为了进一步分析人力资本存量对财险和寿险公司绩效的影响是否具有一致性，分别对财险公司和寿险公司进行回归分析。2011年，纳入统计的财险公司有28家，其中9家公司的利润总额为负，因此计算样本为19家公司。19家财险公司的各指标数据之间的相关系数与所有保险公司的计算结果类似，只是数值不一样，即财险公司的利润主要来自保费收入，人力资本存量对保费收入和利润总额没有多大关系。经过回归分析和检验可知，常数项均不显著；营销员占比和中级职称以上员工占比高低对财险公司的保费收入有显著影响，营销员占比提高1%，保费收入平均增加121.35亿元，中级职称以上员工占比提高对保费收入有负向影响；本科及以上学历职工占比对保费收入没有显著影响；营销员占比高低对财险公司的利润总额也有显著影响，营销员占比提高1%，平均使利润总额增加2.359亿元。因此总体来说，人力资本存量对财险公司的绩效没有显著影响（见表6）。

表6　　　　　　　　2011年财险公司人力资本与绩效回归分析结果

被解释变量	解释变量			R^2 ($\bar{R}^2$)	F 统计量
	营销员占比	本科及以上学历职工占比	中级职称以上员工占比		
保费收入	121.35 (7.637)		−87.344 (−3.160)	0.8343 (0.7976)	22.67
	109.378 (4.401)	−23.689 (−0.876)		0.6803 (0.6093)	9.58
利润总额	24.375 (1.446)	−13.416 (−0.635)		0.065 (−0.002)	6.11
	2.359 (3.037)		−1.617 (−1.173)	0.101 (−0.099)	0.50

注：括号内的数字为 t 统计量。

2011 年，纳入统计的财险公司有 39 家，其中 8 家公司的保费收入未统计，23 家公司的利润总额为负或未统计，因此计算样本为 31 家和 16 家公司。寿险公司的各指标数据之间的相关系数与所有保险公司的计算结果类似，不同的是寿险公司的利润与保费收入的相关系数更高，为 0.958，营销员的多少与绩效相关程度较高，本科及以上学历职工与利润有一定的关系。经过回归分析和检验可知，常数项均显著；营销员占比和本科及以上学历员工占比高低对寿险公司的保费收入有显著影响，营销员占比提高 1%，平均使保费收入增长 0.004%，但本科及以上学历职工占比提高对保费收入有负向影响；中级职称以上职工占比对保费收入没有显著影响；各种因素对寿险公司的利润总额均没有显著影响。因此总体来说，人力资本存量对寿险公司的绩效没有显著影响（见表 7）。

表 7 　　　　　　　　　　2011 年寿险公司人力资本与绩效回归分析结果

被解释变量	解释变量					
	常数项	营销员占比	本科及以上学历职工占比	中级职称以上员工占比	R^2（$\bar{R}^2$）	F 统计量
保费收入的对数	10.123 (14.87)	0.004 (2.29)	−0.008 (−4.42)	0.025 (0.999)	0.485 (0.423)	7.85
利润总额的对数	6.53 (5.74)	0.004 (1.13)	−0.043 (−1.49)	−0.017 (−0.49)	0.372 (0.201)	2.17

注：括号内的数字为 t 统计量。

四、结论与讨论

从实证分析结果看，我国保险公司的本科及以上学历职工占比、中级职称以上员工占比等人力资本指标对绩效的影响不大。无论是从总体上分析，还是对财险公司和寿险公司分别进行分析，常数项在统计上均显著，这可能与我国保险公司的垄断性经营有关，因为垄断的存在，公司不需要通过改善经营管理、雇佣高质量的员工和进行人力资本投资，就可以获得较好的收入，取得较好的业绩。对所统计的所有保险公司来说，营销员占比、本科及以上学历职工占比或中级职称以上员工占比对保险公司的保费收入、利润总额的影响均不显著；无论是财险公司还是寿险公司，营销员占比高低对保费收入都有显著影响，因为营销员多，就可以通过人海战术拥有更多的客户，从而获得更多的保费收入。从保险资金的投资收益指标也可以从另一个角度验证这一现象。对很多公司来说，基本没有投资收益。从实证分析中，还发现一个现象，即虽然采用的是截面数据，但存在比较严重的序列相关问题，这说明在获得保费收入、利润的过程中，各保险公司的经营行为具有某种一致性。从实际经营行为看，目前各保险公司基本一致，主要的经营模式是不断招聘营销员、培训、销售保险，而对售后服务、保费资金的运用等不够重视。这种竭泽而渔的经营模式已经呈现不可持续的征兆，也受到广大投保客户、业内外人士的批评。通过实证分析也说明了，我国保险业和保险公司仍然处于以追求保费收入为目标的阶段，转型还在进行之中。

我国保险业经过 30 多年的高速发展，目前的经营模式已显示出疲态，难以为继。保险公司要获得良好绩效，就必须转变发展方式。转变发展方式就是要使保险业发展和保险公司经营由追求保费收入向追求保险经营效益转变，以经营模式的转变提高绩效，这就需要保险公司不仅要重视保费收入，更要重视售后服务、保费资金的运用，提高投资收益，为客户创造更大的价值；这就需要保险公司重视人力资本及其对公司业绩的影响，通过增加高质量的人力资本存量，促进公司的可持续发展和绩效的可持续增加。

参考文献

[1] （美）西奥多·W. 舒尔茨. 论人力资本投资 [M]. 贾湛，施伟，译. 北京：华夏出版社，1990.

[2] （美）加里·S. 贝克尔. 家庭经济分析 [M]. 彭松建，译. 北京：华夏出版社，1987.

[3] 姚艳虹，胡鹏. 论人力资本与企业效益 [J]. 湖南大学学报：社会科学版，1998，12（4）：93-96.

[4] 朱杏珍. 人力资本与企业绩效 [J]. 广西社会科学，2003（1）：75-77.

[5] 李嘉明，黎富兵. 企业人力资本与企业绩效的实证分析 [J]. 市场与人口分析，2005（3）：29-36.

[6] 王怀明，吴佩远. 上市公司人力资本与公司绩效的实证分析 [J]. 价值工程，2007（8）：138-140.

[7] 冯丽霞，张琪. 人力资本与企业绩效关系的实证分析 [J]. 财会通讯：学术版，2007（2）：66-69.

[8] 杨波，李庆霞. 中资财产保险公司经营绩效的实证分析 [J]. 企业经济，2005（10）：116-117.

[9] 张邯玥，马广军，田高良. 我国保险公司绩效影响因素的实证研究 [J]. 当代经济科学，2007，19（3）：74-80，126.

[10] 李心愉，郁智慧. 我国寿险公司绩效影响因素实证研究 [J]. 商业研究，2011（11）：1-7.

[11] 王晓英，彭雪梅. 探析国有上市保险公司股权结构对经营绩效的影响 [C]. 中国会计学会 2011 学术年会论文集，2011.

我国货币发行量高速增长的
经济效应分析

陈涛　姚寿福[①]

【西华大学经济与贸易学院　四川成都　610039】

[摘要] 我国的货币发行量问题和 M2/GDP 比率高企现象一直受到学术界和政府有关部门的关注。通过对我国广义货币发行量、M2 增长率及 M2/GDP 比率与物价变动、经济增长率和经济总量（GDP）的实证研究，表明我国广义货币发行量、M2 增长率及高企的 M2/GDP 只会带来物价的上升和现价计算的 GDP 总量的增加，对真实的经济增长率没有作用，因此试图通过增加货币发行量来刺激经济有效增长的想法是错误的。

[关键词] 货币发行量　经济增长　CPI　M2/GDP　经济效应

一、引言

货币在现代经济中具有极其重要的作用。现代经济在本质上是货币信用经济或金融经济，货币的发行量及其流动引导着实物资源的流动，货币经济运行正常而有效，则实体经济的资金筹集、投融资和使用也会充分且有效，引导社会资源的合理配置，促进国民经济的良性循环和协同发展。货币发行量多少才合适目前还没有一个定论，一般通过 M2 与 GDP 之间的比较来分析货币发行量过多、不多或过少问题。在国际学术界一般用 M2/GDP 指标来衡量一国或地区经济的货币化程度，因为该指标反映了货币经济与实体经济之间的量化比例关系。从历史经验看，维持适当的 M2 与 GDP 的比例关系对一个经济体的稳定健康发展具有十分重要的意义。如果 M2/GDP 比率过大，说明在实体经济之外存在超额货币供给，若超发货币供给无法被实体经济所吸收，则会引起资产泡沫化和通货膨胀等问题；如果 M2/GDP 比率过小，则说明货币供给不能满足实体经济的需求，可能导致实体经济发展受阻，从而引发经济紧缩。因而，M2/GDP 比率指标成为一国或地区的货币当局提供适当的货

---

① 陈涛，女，西华大学经济与贸易学院硕士研究生；姚寿福，男，西华大学经济与贸易学院，教授，硕士研究生导师，主要研究方向：区域经济和产业经济。

币供给量、制定合理的货币政策的重要参考依据。由于 M2/GDP 比率指标对实体经济发展有着极为重要的参考价值，因此该问题一直是国内外学者关注的焦点之一。在我国，由于 M2/GDP 比率比其他国家或地区高很多，它一直成为国内学者研究的重要问题之一；随着我国 M2 过百万亿，我国货币发行量是否超发问题成为学术界、金融当局的热点话题，过多或不多的争论仍未结束。本文的目的在于通过我国的 M2 与 GDP、CPI 等数据的关系分析，揭示我国货币发行量高速增长的经济影响方式及其大小。

二、关于我国货币发行量争论的文献回顾

改革开放以来，我国广义货币一直呈现高速增长态势，由 1977 年的 858.4 亿元，增加到 2012 年的 97.42 万亿元，增长 1134.9 倍，年平均增长速度高达 30.57%。从广义货币增长率来看，最小增长率为 3.65%（1978 年），最高为 49.24%（1979 年），M2/GDP 的比率 1977 年为 26.81%，到 1993 年已达 101.13%，虽然此后的 2 年略有降低，但自 1996 年达到 106.88% 后一直走高，我国的 M2/GDP 不仅大大高于美国、英国、日本等主要发达国家，并大大超过与中国发展水平相近的发展中国家，如印度、墨西哥等，到 2012 年达到 187.60%，目前我国的 M2/GDP 更是已经超过 190%。从广义货币增长率与 GDP 增长率的比较看，广义货币增长率一直高于 GDP 增长率（见图 1）。因此，我国 M2/GDP 比率异常问题自 1996 年以来就一直受到学术界和政府的高度关注。从现有文献看，主要研究了以下几个问题：一是我国的 M2/GDP 比率为什么高；二是我国 M2/GDP 高比率的影响因素有哪些。对于我国的 M2/GDP 比率为什么高，谢平（1996）、易纲（1996）、郑小胡（2003）、赵留彦和王一鸣（2005）等认为 M2/GDP 比率高是因为我国经济货币化提高的结果，但事实是我国的经济货币化程度并没有美国高，美国 2011 年的 M2/GDP 为 88.08%。刘民志（2001）、余永定（2002）认为我国 M2/GDP 比率高是因为资本市场不发达的结果。对于影响我国 M2/GDP 高比率的因素，吴建军（2004）认为我国 M2/GDP 过高的原因在于收入分配差距大所导致的货币流通速度下降；董承章，余小华和李大伟（2003）及林梅华和张苗苗（2006）对我国 M2/GDP 的影响因素进行了实证分析，认为我国 M2/GDP 畸高的原因是金融市场不完善，总储蓄率高居不下，广义货币流通速度急剧下降以及国家债务负担沉重等。伍志文（2003）认为 M2/GDP 高是金融资产膨胀的结果；谢平和张怀清（2007）认为我国 M2/GDP 高是融资结构不合理、金融机构不良贷款高所致。吴建军（2007）运用 IS-LM 模型分析了我国 M2/GDP 高是由于收入分配、投资和金融等体制因素所致。至于我国广义货币发行量及其增长率过高、M2/GDP 过高对经济的影响方面的研究较少。秦朵（1997）的研究证明我国货币需求具有较大的稳定性，是推动经济增长和通货膨胀的前导因素；韩平，李斌和崔永（2005）的研究认为我国 M2/GDP 会出现先上升后趋缓最后趋于稳定的状态，其偏离动态增长路径才会带来通货膨胀。因此，我国需要加强对这方面的研究，以便对我国 M2/GDP 比率过高的隐患预先作出判断。

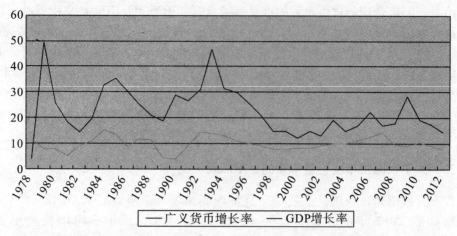

图1　1978—2012年我国广义货币增长率与GDP增长率变化

三、我国货币发行量与经济增长和物价变动关系

（一）指标选取与数据说明

在测定我国货币发行量的经济效应分析时，主要分析货币发行量与经济增长和物价变化的关系，因此选取的指标为广义货币发行量（M2）、广义货币发行量的增长率（M2Z）、广义货币发行量与GDP的比率（M2/GDP，以MGDP表示）和经济增长（GDP）、经济增长率（GDPZ）、消费者物价指数（CPI）。所用的数据来自中国统计年鉴、中国金融统计年鉴和中国人民银行网页，其中M2、GDP为现价绝对数，其他数据为指数。数据的样本区间为1977—2012年，其中经济增长率和M2增长率为1978—2012年。所采用的分析方法为协整分析，以判断货币发行量快速增长对经济增长和物价的效应，分析软件为Eviews5.0。

（二）指标数据的描述统计分析

根据分析所选取的指标和数据，通过计算可得到各指标数据之间的相关矩阵表（见表1）。从计算结果可以看出，M2与GDP、M2/GDP高度相关，相关系数分别为0.9961和0.8424，但与广义货币增长率、经济增长率和CPI为弱负相关；广义货币增长率与经济增长率和CPI相关程度较高，分别为0.3972和0.5156，而与GDP和M2/GDP比率为负相关；M2/GDP比率与GDP的相关系数为0.8644，呈高度相关，但与CPI负相关；GDP与CPI也呈负相关，与GDP增长率呈弱正相关；GDP增长率与CPI、M2/GDP比率呈弱正相关。这表明，M2的增加（也意味着M2/GDP比率的提高）对增加GDP的绝对值起重要作用，广义货币增长率的提高对提高GDP增长率和推升CPI有明显的作用。

表1　　M2、M2Z、M2/GDP 与 GDP、GDPZ 和 CPI 之间的相关系数矩阵

	M2	M2Z	GDP	GDPZ	CPI	MGDP
M2	1					
M2Z	−0.341	1				

表1（续）

	M2	M2Z	GDP	GDPZ	CPI	MGDP
GDP	0.9961	−0.3634	1			
GDPZ	−0.0218	0.3972	0.0007	1		
CPI	−0.3373	0.5156	−0.3501	0.2541	1	
MGDP	0.8424	−0.472	0.8644	0.0375	−0.5976	1

（三）指标序列的单位根检验

由于时间序列数据具有随时间推移而增长的趋势，因此为避免伪回归问题，需要进行数据的平稳性检验。采用 ADF 方法对各序列的平稳性检验结果见表2。根据时间序列分析的协整理论，两个变量序列之间在同阶平稳序列时则存在协整关系。由此可知，在5%的显著性水平下，M2 与 GDP 之间存在协整关系，M2Z、MGDP 与 LGDP、GDPZ 之间存在协整关系；在10%的显著性水平下，M2Z 与 CPI 应该存在协整关系。

表2　　M2、M2Z、M2/GDP 与 GDP、GDPZ 和 CPI 序列的平稳性检验结果

变量	C，P，T	5%显著性	10%显著性	ADF 统计量	AIC 值	判断
M2	0，2，0	−1.9521	−1.6214	−1.985 738	21.864 37	二阶平稳
M2Z	0，1，0	−1.9517	−1.6213	−5.037 008	6.691 617	一阶平稳
M2Z	C，1，0	−2.9527	−2.6148	−2.904 059	6.675 622	平稳
MGDP	0，1，0	−1.9514	−1.6211	−3.129 719	6.903 672	一阶平稳
GDPZ	C 2 0	−2.9527	−2.6148	−3.644 651	4.509 964	一阶平稳
CPI	0，1，0	−1.9559	−1.6231	−2.857 954	5.999 926	平稳
GDP	0，1，0	−1.9517	−1.6213	−7.890 425	20.809 98	二阶平稳
LGDP	C，1，0	−2.9527	−2.6148	−3.359 064	−3.264 910	一阶平稳

注：C，P，T 分别为截距项、滞后期和趋势项；滞后阶数以 AIC 值最小确定。LGDP 为 GDP 的对数值。

（四）序列的协整关系检验

由于检验的是两个变量的协整关系，由此采用 EG 方法检验。各变量之间建立的模型、检验的残差序列和结论见表3。根据 EG 检验方法和检验结果可知，GDP 与 M2 之间、GDPZ 与 M2Z 之间、CPI 与 M2Z 之间和 GDPZ 与 MGDP 之间均存在协整关系，即它们之间存在长期稳定的关系。

表3　　　　　　　　各变量之间的协整关系检验结果

模型	GDP＝C1+C2＊M2+e1	GDPZ＝C3+C4＊M2Z+e2	CPI＝C5+C6＊M2Z+e3	GDPZ＝C7+C8＊MGDP+e4
	e1 序列	e2 序列	e3 序列	e4 序列
ADF	−1.781 656	−4.264 732	−4.607 723	−4.138 759
5%	−1.9510	−1.9514	−1.9559	−1.9510

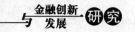

表3(续)

模型	GDP=C1+C2*M2+e1	GDPZ=C3+C4*M2Z+e2	CPI=C5+C6*M2Z+e3	GDPZ=C7+C8*MGDP+e4
10%	-1.6209	-1.6211	-1.6231	-1.6209
结论	平稳	平稳	平稳	平稳

（五）格兰杰因果关系检验

为了从数据的角度分析变量之间的影响关系，即判断是单向影响还是双向影响，就需要进行格兰杰因果关系检验，检验结果见表4。从检验结果看，M2增长率是引起CPI变动的格兰杰原因；GDP与M2之间具有双向影响，即彼此为对方的格兰杰原因；GDPZ与M2Z之间、GDPZ与MGDP之间均非对方的格兰杰原因，即它们之间不存在格兰杰因果关系。

表4　　　　　　　　　　　各变量之间的格兰杰因果关系检验结果

检验变量	原假设	滞后期	F统计量	P值	结论
CPI 与 M2Z	M2Z 非 CPI 的格兰杰原因	4	18.0165	0.000 032	拒绝
	CPI 非 M2Z 的格兰杰原因		1.29794	0.321 41	不拒绝
GDP 与 M2	M2 非 GDP 的格兰杰原因	11	45.6522	0.061 22	拒绝
	GDP 非 M2 的格兰杰原因		64.3357	0.015 40	拒绝
GDPZ 与 M2Z	GDPZ 非 M2Z 的格兰杰原因	11	1.50111	0.568 29	不拒绝
	M2Z 非 GDPZ 的格兰杰原因		0.66535	0.754 19	不拒绝
GDPZ 与 MGDP	GDPZ 非 MGDP 的格兰杰原因	11	1.87005	0.399 70	不拒绝
	MGDP 非 GDPZ 的格兰杰原因		2.48000	0.322 35	不拒绝

（六）协整模型的确立与结果解释

通过协整分析，可以建立 CPI 与 M2Z、GDPZ 与 MGDP、GDPZ 与 M2Z、GDP 与 M2 之间的长期稳定关系模型和短期关系模型，见式（1）到式（8）。

$$CPI_t = -7.745 + 0.7022CPI_{t-1} + 0.5555M2Z_{t-1} - 0.5416CPI_{t-2} \quad (1)$$
$$(-5.604) \quad (7.802) \quad (8.036) \quad (-6.172)$$

$R^2 = 0.9045 \quad D.W = 2.4921$

$$\Delta CPI_t = 0.6829\Delta CPI_{t-1} + 0.6002\Delta M2Z_{t-1} - 0.5621\Delta CPI_{t-2} - 1.3898ECM_{t-1} \quad (2)$$
$$(9.4007) \quad (11.2127) \quad (-9.4147) \quad (-7.6538)$$

$R^2 = 0.9233 \quad D.W = 1.9680$

$$GDPZ_t = 5.875 - 0.093MGDP_t + 0.442GDPZ_{t-1} + 0.094MGDP_{t-1} \quad (3)$$
$$(3.232) \quad (-1.318) \quad (2.824) \quad (1.318)$$

$R^2 = 0.275 \quad D.W = 1.513$

$$\Delta GDPZ_t = 0.025 + 0.533\Delta GDPZ_{t-1} + 0.103\Delta GDPZ_{t-2} + 0.088\Delta MGDP_{t-1} \quad (4)$$
$$(0.041) \quad (2.987) \quad (0.614) \quad (1.326)$$

$$- 0.087\Delta MGDP_{t-2} - 0.714ECM_{t-1}$$
$$(-1.279) \qquad (-3.643)$$

$$GDPZ_t = 6.199 - 0.106M2Z_t + 0.669GDPZ_{t-1} + 0.017M2Z_{t-1} \qquad (5)$$
$$(3.699) \quad (1.762) \qquad (4.145) \qquad (0.314)$$
$$- 0.437GDPZ_{t-2} - 0.056M2Z_{t-2}$$
$$(-2.736) \qquad (-1.410)$$

$$R^2 = 0.540 \quad D.W = 1.941$$

$$\Delta GDPZt = 0.08\Delta M2Z_t + 0.63\Delta GDPZ_{t-1} + 0.05\Delta M2Z_{t-1} - 0.51\Delta GDPZ_{t-2} \qquad (6)$$
$$(1.32) \qquad (2.89) \qquad (0.99) \qquad (-3.64)$$
$$- 0.08\Delta M2Z_{t-2} - 0.94ECM_{t-1}$$
$$(-2.07) \qquad (-3.31)$$

$$R^2 = 0.555 \quad D.W = 1.941$$

$$GDP_t = 2.526GDP_{t-1} + 1.049M2_{t-1} - 2.901GDP_{t-2} - 1.80M2_{t-2} + 1.634GDP_{t-3}$$
$$(13.867) \qquad (10.041) \qquad (-8.366) \qquad (-8.187) \qquad (8.474)$$
$$+ 0.573M2_{t-3}$$
$$(3.950) \qquad\qquad\qquad\qquad\qquad\qquad\qquad\qquad (7)$$

$$R^2 = 0.999 \quad D.W = 2.024$$

$$\Delta GDP_t = 2818.28 + 1.447\Delta GDP_{t-1} + 1.077\Delta M2_{t-1} - 1.533\Delta GDP_{t-2} \qquad (8)$$
$$(2.436) \qquad (4.558) \qquad (7.049) \qquad (-5.413)$$
$$- 0.772\Delta M2_{t-2} - 0.024ECM_{t-1}$$
$$(-3.647) \qquad (-0.067)$$

$$R^2 = 0.952 \quad D.W = 1.510$$

从式（1）可知，从长期看，滞后一期的 M2 增长率对 CPI 有显著影响，M2 增长率提高 1%可使 CPI 平均增长 0.56%；从式（2）的短期影响看也一样，滞后一期的 M2 增长率提高 1%可使 CPI 平均增长 0.6%；但修正系数也较大，为-1.39，且显著，也就是说如果 CPI 上涨过快，央行会采取紧缩的货币政策，从严控制货币投放。从式（3）和式（4）可知，无论在长期还是在短期，M2/GDP 比率的提高对 GDP 增长率的影响在统计上均不显著，因此增加货币发行量不会带来真实的经济增长。从式（5）和式（6）看，M2 的快速增长对 GDP 增长率在长期没有显著影响，但从短期看，M2 增长率对 GDP 增长率在滞后 2 期有负的影响，不过影响不大，修正系数为-0.94 且显著，因此纠错能力较强。从式（7）和式（8）看，增加货币发行量对现价 GDP 总量有显著影响，这种影响都发生在滞后 1 期之后，而对当期的 GDP 总量没有影响，其中的原因是增加货币发行会提高商品价格，从而提高现价计算的 GDP 总量。

四、结论与讨论

对我国广义货币发行量、M2 增长率及 M2/GDP 与物价变动、经济增长率和经济总量（GDP）的实证研究表明，广义货币发行量、M2 增长率及高企的 M2/GDP

只会带来物价的上升和现价计算的 GDP 总量的增加，对真实的经济增长率没有刺激作用，这也表明试图通过增加货币发行量来刺激经济有效增长的想法是值得商榷的，这也是货币学派的货币非中性的观点。从近几年的经济运行来看，我国的 M2 存量日益增多，但经济增长速度和效率却难见起色，相反物价却虚高难降，也是对本文研究结论的最好脚注。要有效地控制物价的过快上涨并使物价保持稳定，就需要控制货币的过多发行。

对经济增长来说，靠增发货币来刺激，无疑是饮鸩止渴，因为只会引发严重的通货膨胀。即使增发货币可以提高 GDP 的名义增长率和现价价值总量，但这仅仅是表象而已，与真实的经济增长和物质财富的增加毫无关系。对我国目前来说，有一个观点是要通过所谓的新型城镇化来刺激经济增长，其实这在我国不是新事物，但这种经济增长方式是不可持续的。通过城镇化刺激经济增长就需要增加货币供给，除此之外并无他法。这种经济增长观点其实是建立在对城镇化与经济增长关系的错误认识上的。从国外发达国家或地区的经验看，城镇化应该是经济增长的结果，而不是原因。对我国来说，要刺激经济增长，需要做的是通过制度设计和制度创新，激励科技创新，把经济增长建立在由科学基础研究而带来的技术进步的基础之上。除此，别无他法。

参考文献

［1］谢平，俞乔. 中国经济市场化过程中的货币总量控制［J］. 金融研究，1996（1）：3-10.

［2］易纲. 中国金融资产结构分析及政策含义［J］. 经济研究，1996（12）：26-33.

［3］郑小胡. 中国"超额货币"成因的综合分析［J］. 上海金融，2003（9）：16-18.

［4］赵留彦，王一鸣. 中国货币流通速度下降的影响因素：一个新的分析视角［J］. 中国社会科学，2005（4）：17-28，205.

［5］刘民志. 中国的 M2/GDP（1980—2000）：趋势、水平和影响因素［J］. 经济研究，2001（2）：3-12.

［6］余永定. M2/GDP 的动态增长路径［J］. 世界经济，2002（12）：3-13

［7］吴建军. 我国 M2/GDP 过高的原因：基于收入分配差距的分析［J］. 经济学家，2004（1）：85-88.

［8］董承章，余小华，李大伟. 对中国 M2 GDP 影响因素的实证分析［J］. 中央财经大学学报，2003（9）：38-42.

［9］林梅华，张苗苗. 我国 M2/GDP 过高影响因素的实证分析［J］. 广西财经学院学报，2006，19（2）：78-81.

［10］伍志文. "中国之谜"原因新解：金融资产膨胀假说［J］. 财经科学，2003（1）：24-31.

［11］谢平，张怀清. 融资结构、不良资产与中国 M2/GDP［J］. 经济研究，

2007（2）：27-37.

　　[12] 吴建军. 中国 M2/GDP 过高——基于 IS-LM 模型的分析 [J]. 金融研究，2007（5）：40-48.

　　[13] 秦朵. 改革以来的货币需求关系 [J]. 经济研究，1997（10）：16-25.

　　[14] 韩平，李斌，崔永. 我国 M2/GDP 的动态增长路径、货币供应量与政策选择 [J]. 经济研究，2005（10）：37-47.

资本区域流动特点及均衡分析

义旭东[①]

【 西华大学经济与贸易学院　　四川成都　　610039 】

[摘要] 资本价格的动态变化主要由资本流动过程中出现的稀缺规律与集聚经济支配，两规律共同作用形成的资本供给与资本需求，从而决定其动态均衡。资本区域流动形成了资本价格的动态变化，资本价格的动态变化也影响着资本区域流动，两者互为因果。在现实中，资本流动的初期，流动的结果是不断加大区域之间在人均收入和经济增长方面的发展差距。

[关键词] 资本流动　稀缺规律　集聚规律　动态均衡

一、资本概念的界定

在经济学和区域经济研究中，资本要素占有中心位置，因为资本形成被视为经济增长的发动机，而且资本的空间分布决定了工作岗位的供给，从而也影响着迁移结构。资本有两种存在形式：实物形式的资本和货币形式的资本。实物资本是生产出来的生产资料，如厂房、机器设备等。货币资本是为转为实物资本所准备的资金。资本流动从时间角度看可以分为长期资本流动与短期资本流动；从流动方向看，可分为资本流入与资本流出；从投资角度看，可分为直接投资和间接投资。

对于特定经济区域而言，资本形成有两个途径，即区域储蓄转化为投资和区外资本净流入，资本地域空间分布是不均衡的，存在着资本相对密集区和资本相对不足区，资本剩余与资本不足都会损害资本使用效率。区域资本的流动是生产要素区域流动的重要部分，与区域经济发展呈现出密切的关系。

二、影响资本价格变化的因素分析

通常，要素流动首先影响的是区域要素禀赋或区域要素密度的变化，来自两个方向：一是流入导致要素密度增加，二是流入导致要素密度减少。由此，区域要素密度的变化会伴随着两种效应，即边际产量递减规律和集聚报酬递增规律，两种规

---

① 义旭东，男，1971年5月生，四川德阳人，经济学博士，西华大学经济与贸易学院副教授，研究方向为区域金融。

律同时作用形成区域要素价格发生新的动态变化。

（一）资本流动中的边际递减规律

边际产量递减规律是现代经济学中较经典的、普遍的规律。即在生产技术没有发生重大变化的情况下，在短期中可以把生产要素分为固定生产要素和可变生产要素。当固定生产要素不变而可变生产要素增加时，产量的变动分为三个阶段。起初随着可变生产要素增加，由于固定生产要素得到充分利用，边际产量（即增加的产量）递增，总产量以递增的速度增加。然后，随着固定生产要素接近于充分利用，可变生产要素增加引起的产量的增加仍可以是正数，但增长率递减，这时总产量仍在增加，但速度是递减的。最后，当生产要素得到充分利用时，可变生产要素的增加反而会使边际产量小于零，总产量绝对减少。

在资本流动过程中，假设其他因素不变，仅仅从资本流入与流出导致的稀缺与充裕交替变化时，资本的边际产量递减规律是客观存在的。即在其他因素不变的前提下（技术不变、其他要素不流动、要素呈均质），要素流动注入（如城市）将导致因可变要素变得充裕而边际产量递减，要素流出（如乡村）将因可变要素稀缺而边际产量递增。

（二）资本流动中的报酬递增规律

要素流动过程中，要素报酬递增也是一个普遍规律，因为各要素数量增加会产生集聚经济、规模经济和外部经济，各要素之间的合作、竞争、相互学习的关系使要素报酬递增成为主要表现形式。

区域经济学认为集聚效果产生经济集聚，集聚效果是指在社会经济活动中，有关生产和服务职能在地域上集中产生的经济和社会效果，都强调规模经济以及外部经济是实现的基本途径。集聚经济或集聚效果通过规模经济与外部经济产生了集聚，集聚经济包括企业规模经济、产业规模扩大以及地方规模的形成。资本集聚导致要素报酬递增并不是加速递增，而是呈递减的速度增加，即斜率递减的一条向上的抛物线。

三、资本价格的动态均衡模型

要素价格的动态变化，主要影响因素为流入与流出导致要素密度的变化，由此而带来要素价格的动态变化。我们假定要素是均质的，其他条件不变，仅考虑因要素流入与流出导致的要素价格发生的动态变化。首先，根据要素的边际报酬递减规律，以资本流动为例，若资本从 A 区流入 B 区，A 区将因资本流出而导致稀缺，不考虑其他因素，仅仅考虑稀缺的原因，要素流出将引起 A 区资本边际报酬递增，从而资本价格上升，而 B 区因资本流入而导致边际报酬递减，引起资本价格下降。如图 1 的 C 曲线所示，资本价格随着数量的增加呈下降的趋势。

另一方面，资本的流动最终产生要素的空间集聚，在某一地区的集聚又强化了该地区的区位优势，从而进一步吸引资本集聚。资本空间集聚产生的直接原因是要素获取规模经济以及外部经济从而实现利润最大化原则，即要素集聚产生了集聚经济。资本集聚体现报酬递增规律，即要素价格随着要素的集聚而上升，随着要素的扩散而下降的特点。如图 1 的 D 曲线所示，资本价格将随着数量的增加而呈上升的趋势，与要素的稀缺规律恰恰相反。将两条曲线反映在同一坐标中，体现出开始集聚规律导致要素价格迅速增加，而稀缺规律导致要素价格较慢下降，最终要素价格呈上升趋势。随着要素数量的上升，曲线 A 呈斜率递减式上升，而曲线 B 呈斜率递增式下降，导致曲线 E 逐步上升，最后到达最高点后下降。从图上可知，资本价格在流入区达到最高点并开始呈下降趋势，往往需要较长的过程。

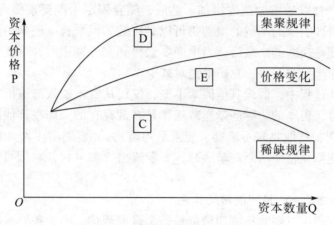

图 1　流入区资本价格动态变化趋势

四、资本流动的区域特点

资本流动具有显著的区域特点，流动的强度与规模都是由区域的各种经济社会条件、投资环境和企业发展等区域性因素决定的。在市场经济条件下，区域资本要素流动有利于生产要素地域空间配置的调整与改进，提高资本利用效率，对区域经济运行产生重要影响。

（一）资本流动是由区域资本的供求决定的

在区域经济运行过程中，没有足够、持续的资本供给，既不可能形成新的经济增长点，也不可能实现区域经济持续稳定发展。在没有外来资本流入的情况下，特定区域的资本供给取决于本区域的储蓄能力和居民的储蓄倾向，而储蓄能力直接与区域国民收入水平相关。一个区域在资本供给不足，而本区域储蓄率的提高又已经达到某种界限时，需要从外界输入资本，资本流动既是联系各区域的重要渠道，也能够为区域带来净收益。当存在区际资本流动时，一个地区通过资本流动就可以平抑消费水平在不同时期的波动，在经济不景气时，该地区可以借入资金，而在经济高涨时借出资金，从而使消费水平保持在一定水平。

（二）资本总是遵循向优势区位流动的原则

一个区域要吸引外部资本流入，就必须保证由外部流入的资本在流入地区能够得到相对流出地区高的利润。但是，由于交易成本和风险的存在，如果利润的差别在投资者看来不足以补偿交易成本和风险的话，资本就不会从利润率较低的地区流向较高的地区，对投资者而言，收益的增加或风险的降低都会使他享有更高的效用水平。区域间资本流动的原因比较复杂，不仅在不同时期有不同的原因，而且就是在同一时期，不同资金跨区域流动的原因也不一样。

从经济方面讲，区域资本流动的原因在于追逐经济收益的最大化和分散风险。一方面，区域间利率差异引起资本区际流动，资本从利率低的区域流向利率高的区域，直到利差消失为止。对由于利差引起的资本国际间流动，除利率的差别外，通常还要考虑汇率的变动。当获得的利差不足以弥补由于汇率变动而导致的汇兑损失时，通常不会发生纯粹由于利差原因而发生的资本国际流动。另一方面，分散货币和投资风险的要求，加大了资本的区域间特别是国际间流动。一些保值性资本的流动通常与资本的安全得不到保证以及资本的价值得不到稳定有关。区域资本流动不仅具有内在的经济动因，一些非经济因素对区域资本流动也产生影响。资本流动对区域劳动力要素流动与知识技术要素流动具有诱导性作用。

五、资本流动对区域经济的影响

资本从区域1流向区域2，导致区域2资本存量增加，区域1资本存量减少，因而两个区域的生产潜力也随之增大或减小。在新古典模型建立的假定条件下，目标区域的扩张效应正好等于来源区域的收缩效应，实现了新的均衡。其前提条件是，区域之间资本流动的结果是目标区域利润率下降，来源区域利润率提高。这一结果同极化理论的观点是相矛盾的。实际发生的情况是，如果迁移到区域2的企业实现了聚集优势，就必须考虑到资本流入的目标区域利润率会提高，并因此提高了该区域的投资吸引力。所观察到的企业行为强化了这种一旦进入便不断累积的发展过程，例如企业本身在预期利润低的情况下，其投资决策就会有利于发达区域（中心），而避开落后区域（边缘）。结果是进一步加大了区域之间在人均收入和经济增长方面的发展差距。

研究中人们更深入地认识到，资本要素流动的作用不仅取决于资本流动的量，而且取决于资本的使用。除了数量之外，还应看到资本流动质的状况。在投资评价中，除了要考虑与投资额度相关的投资的就业效应、区域内形成的前向联系效应和后向联系效应之外，还应考虑由于企业迁移所引起的社会成本和环境负担。

参考文献

[1] 朱希伟. 偏好、技术与工业化 [J]. 经济研究，2004（11）：96-100.

[2] 杜肯堂，戴士根. 区域经济管理学 [M]. 北京：高等教育出版社，2004：50-53.

[3] 郝寿义，安虎森. 区域经济学 [M]. 北京：经济科学出版社，1999：25-31.

[4] 梁小民. 微观经济学 [M]. 北京：中国社会科学出版社，2001：63-65.

略论区域金融生态环境的优化

曾建民 罗 丹①

【 西华大学经济与贸易学院 四川成都 610039 】

[摘要] 金融生态环境理论超越了人们传统上仅仅将金融视为"工具"的理论，而区域金融生态环境理论则进一步考虑到各地区经济发展的模式和路径的不同，以及区位、市场发育、资源禀赋、人文传统等方面的差异，更具体地分析特定理论、政策和措施对特定区域或领域的特定意义。当前优化我国区域金融生态环境的主要方面：一是加大对中小企业的支持力度；二是积极开展农村金融；三是积极开展信用体系建设；四是加快金融领域的制度建设。

[关键词] 区域 金融生态环境 优化

一、问题的提出

周小川（2004）在国内金融领域最早引入生态概念、并强调用生态学方法研究金融问题。所谓金融生态环境是指金融系统和与之相联系的其他系统构成的生态链。具体是指由企业、政府、社团、居民、国外机构等构成的金融产品和服务的消费者。以及金融主体、金融载体、金融客体在其中生成、运行和发展的经济、政治、社会、文化、习俗等制度和传统环境。[1]很显然，金融生态环境理论的视野远远大于人们传统上仅仅将金融视为"工具"的视角，由于金融系统自身的复杂性以及它与环境系统之间多种多样的相互作用，使得由此而产生的问题越来越严重。例如对金融危机的防范问题，每次危机过后，人们都会改进监管规则，强化金融监管体系的功能，但仍然难以防范新的金融危机。

随着学者们的进一步研究，金融生态环境理论逐步丰富，并改变了人们对金融的认识角度和方法。易宪容（2004）把金融生态环境与金融生态系统相等同，认为金融生态系统是整个金融市场赖以生存的环境。[2]徐诺金（2005）认为金融生态系统是各金融组织通过分工合作所形成的具有一定结构特征，执行一定功能的动态平衡系统。[3]萧安富、徐言斐（2005）则将金融生态划分成宏观与微观两个层次：宏

---

① 曾建民，男，四川成都人，西华大学教授，硕士生导师，研究方向：宏观经济、旅游经济；罗丹，女，四川崇州人，西华大学旅游管理专业硕士研究生，研究方向：旅游经济管理、旅游电子商务。

观层次包含国民产出、居民收入等经济因素以及国家法律等制度因素；微观层次包含信用制度、银行业产权结构等。[4] 徐小林（2005）指出，区域金融生态是指和金融机构实现利润密切相关的政策环境、经济环境、信用环境、法律环境等，各种因素相互依赖、相互作用，形成一个有机整体。他还认为资本回报率是衡量金融生态环境优劣的核心指标。[5] 从国内学者们已有的研究来看，更多的是对国内整体金融生态环境的分析，而较忽略对区域金融生态环境的研究。

然而事实上，由于我国各区域经济发展的不平衡，各地区经济发展的模式和路径的不同，以及区位、市场发育、资源禀赋、人文传统等方面的差异，从而导致我国各区域金融生态环境存在的巨大差异。张军洲（1995）对区域金融的划分为我们的分析提供了很好的借鉴。他将区域金融划分为五类：一是与经济区相关的区域金融；二是按借贷资金运行的区域化联系程度划分的区域金融；三是按照金融市场的密集程度划分的区域金融；四是按照金融现代化程度划分的现代金融区和传统金融区；五是按照金融功能区划分的综合金融区和专业金融区。[6] 本文下面的分析将专注于当前最突出的问题而选择重点区域进行探讨。

二、当前优化我国区域金融生态环境的主要路径

由上可知，由于金融自身的复杂性，金融所处环境的复杂性，以及金融与所处环境的相互关系的复杂性和动态性，决定了优化我国区域金融生态环境应该有许多方面，然而从当前我国的实际状况来看，优化区域金融生态环境主要应为以下这些方面：

1. 加大对中小企业的金融支持力度

中小企业融资难一直是国际企业界一个较为普遍的难题，而在我国，由于全球经济下滑导致出口下降、金融管理体制的僵化以及中小企业自身的原因等，使得这个问题还要严重一些。据统计，我国金融机构为中小企业提供贷款只占贷款总额的15%左右，许多中小企业靠自有资金维持生产周转，而出口不畅，则直接导致中小企业的库存增长较快，资金积压上升，此外生产要素成本、财务成本不断上涨，使利润不断缩水甚至亏损，已成为我国中小企业界一个严峻的现实，尤其是在以中小企业为主、以出口为导向的沿海地区，中小企业的生存尤为艰难。当前我国中小企业面临的最大问题是资金困境。这里撇开国际因素，单就国内金融环境而言，由于融资渠道缺乏，没有高风险的债券市场，加之融资工具极少，企业只能依靠单一的银行贷款渠道。另一方面，由于众多的中小企业质量良莠不齐，信息的严重不对称，社会诚信体系的缺失，金融监管的不足等因素影响，加大了中小企业资金的困难。

因此，加大对中小企业的金融支持，改善并优化区域金融生态环境就显得更加重要而又迫切，尤其是中小企业集中的地区，例如广东省，中小企业占了企业总数的99%以上，改善和优化工作显得更有意义。改善并优化区域金融生态环境，一是要加快创业板的发展，使更多的中小企业能由此筹集资金，并加快中小债券市场的发展，提高中小企业的融资效率；二是借鉴德国、日本和韩国的经验，运用政策性银行对中小企业提供金融支持，让那些按商业信贷原则得不到贷款的企业获得贷款，

103

帮他们渡过难关；三是积极发展担保公司，使之成为银—企合作的桥梁，为中小企业提供信用保证和融资担保服务。

2. 积极开展农村金融

我国农业的显著特征是生产规模大、生产效率低、农产品的优质品少、农业机械化、自动化装备水平低、农田基本建设历史欠账严重，农业基本上还是靠天吃饭。造成上述问题的原因是多方面的，然而农村、农民、农业资金紧缺却是一个及其重要的原因，这在四川、河南、山东等农业大省显得更为突出。造成"三农"资金紧缺的原因也是多方面的，然而从金融服务的角度看，主要在于：农村金融机构仅有农村信用合作社、邮政储蓄银行等少量机构，而且服务功能单一；贷款门槛较高，小微企业和一般农户难以满足其贷款要求；一些原有的金融机构撤出农村流向城市，以至出现金融服务的空白地带；农村金融从业人员的整体素质不高等等。这诸多因素影响了农民积极融资发展农业生产的热情。因此，加大对农业的金融支持，优化农村金融生态环境，对于我国农业的发展，尤其是对农业大省具有重大的意义。

当前，首先是要大力将各地商业银行引入农村，并运用政策性银行加大对农村服务的力度，积极发展合作性质的金融机构，为农民提供多种融资渠道；发展小额信贷产品和服务，除开展信用贷款、政策性贷款、小微企业贷款和联保贷款外，开发多种类型的农业保险，建立并完善农产品期货市场，开发适合于农民的多种理财产品。其次，为了加大对农业的支持力度，将小额贷款公司区分为"商业型"小额贷款公司和"公益型"小额贷款公司，目前主要由一些民营企业家牵头成立的小额贷款公司运作较成功，但他们的贷款对象主要是中小企业，而对农业的支持力度不够，因此，应成立专门以"三农"作为贷款对象的"公益型"小额贷款公司，作为国家政策性银行在农村的一种补充，当然，国家对此类公司机构与制度设计应有政策性倾斜。再次，目前我国农村融资需求强烈与资金短缺的矛盾，说到底是农民的有效担保物不足。因此，近几年来各地陆续在开展"农村土地承包经营权融资担保"和"林权融资担保"试点，这些试点都取得了一些成效，但由于与现行的一些法律如《物权法》相矛盾，所以这些试点难以在全国实行。因此，在继续进行试点的同时，还应对相关的法律法规进行完善。

3. 积极开展信用体系建设

"信用"是维系商品经济运行的基本原则，其基础是"诚信"，涉及道德、文化等层面，其本质是一种契约关系，涉及法律、管理等层面，其完善和精细化管理又涉及现代信息技术、网络技术等技术层面。因此很明显，信用体系建设是一个系统工程。从1989年起，我国围绕信用体系建设开展了一系列工作。首先是成立了信用调查机构和企业咨询策划机构；从1995年起，随着经济的快速发展和买方市场的初步形成，银行信用和商业信用的不断扩大，对企业信用调查的需求增大，国内出现了新的民营征信企业，外资征信和信用评级企业也不断进入国内市场；从2000年至今，随着我国经济不断融入世界经济，居民信贷消费增加，社会信贷规模的进一步扩大，但同时，各类失信行为也大量增加，这就加大了整个社会对信用体系建设的紧迫感。

我国信用体系的建设从内容来看应为三大系列。一是金融类信用体系的建设，即以金融主管部门为主导、以金融机构为主要用户、以授信申请人为主要征信对象、以信用信息在金融领域内互联互通、以共同防范金融交易风险为目的的系统。二是商业类信用体系的建设，即以行业协会及会员为主导，以政府、企业和个人为主要用户，以企业和个人为主要征信对象、以信用信息在商业领域内互联互通，以共同防范商业交易风险为目的的系统。三是行政管理类信用体系的建设，即以政府部门为主导，以政府及职能部门为主要用户，以企业和个人为主要征信对象，以信用信息在政府及各职能部门之间互联互通，以政府有效实施行政监管为目的的系统。[7]

但从目前来看，国家层面的信用体系建设方案尚未出台，而我国各地区的经济、社会发展又极不平衡，各地信用体系建设的基础也极不相同。因此，各地应该根据本地的经济与社会发展状况和已有的信用体系建设基础，积极探索适合本地区实际情况的信用体系建设，不断摸索，大胆实践，为全国性的信用体系建设积累经验。但一般而言，应该先从大城市做起，中小城市和农村循序跟进；先从经济发达地区做起，经济欠发达和落后地区循序跟进；先从基础好、条件好的领域做起，其他领域循序跟进。

4. 加快金融领域的制度建设是根本

改革开放以来，为了适应我国的经济体制改革和多种所有制形式并存以及经济的多元化、多层次发展，银行业也进行了相应的改革。但因制度准备不充分，原有的金融宏观制度结构并没有大的改观，中央银行虽已独立，但其"独立性"表现得并不充分；而商业银行的行为不规范使得金融市场上"市场失灵"的情况屡屡发生。因此，通过制度建设来规范金融机构的行为和金融活动的基本规则，提高金融活动的效率也就成为必然选择。第一，是要明晰金融企业的产权关系，这是其进行正常运作的前提。为了使明确了产权关系的金融企业获得法律与市场保障，还必须建立健全相关的经济与金融法规，建立区域性的金融产权交易市场。第二，建立合理的区域金融产业结构。可使一部分国家风险转化为社会风险，满足人们安全与逐利的不同需求，提高金融机构抗风险的弹性。为此，应建立多元化的金融产业主体，建立以中小金融机构为主体的产业自治体系，建立非银行金融机构，完善并优化农村金融产业结构，并适时稳妥地引进外资金融机构。第三，建立规范的区域金融市场体系。建立、完善、优化货币市场、资本市场、外汇市场、黄金市场、金融衍生品市场等，健全价格机制和市场运行机制，维护合法公平的市场竞争秩序。并适时实现区域金融市场的对外开放。第四，建立市场化的利率运行机制。使利率真正成为调节和配置金融资源的有力杠杆。第五，建立高效的金融监管体系。金融监管的目的是提高金融产业的运行效率、降低金融风险，保持金融产业的稳定；同时，要尽可能提高监管的效率，降低金融监管成本。为此，应把内部监管和外部监管结合起来；建立并完善对金融风险的预警、防范、处理和补救制度

同样，由于我国各地区的经济、社会发展极不平衡，各地金融业的发展水平差异也很大，因此金融领域的制度建设也很难做到全国"一刀切"。因此，应因地制宜，在各地现有的基础上实施金融业的制度建设。

总之，优化区域金融生态环境是一个系统工程，既要求从整个国家的层面进行法律、法规和制度的建设、完善，又要求根据我国各个区域的经济、政治、文化、社会发展的具体情况，积极地在理论和实践上进行大胆的探索，最终是要使金融业在我国经济与社会的发展中起到应有的重要作用。

参考文献

[1] 周小川. 完善法律制度 改善金融生态 [N]. 金融时报, 2004-12-07.

[2] 易宪容. 利率市场化的金融生态问题 [OL]. 中国金融网, 2004-11-24.

[3] 徐诺金. 论我国金融生态问题 [J]. 金融研究, 2005 (2).

[4] 萧安富, 徐言斐. 金融生态与资金配置效率的一个微观解释 [J]. 金融研究, 2005 (6).

[5] 徐小林. 区域金融生态环境评价方法 [J]. 金融研究, 2005 (12).

[6] 张军洲. 中国区域金融分析 [M]. 北京. 中国经济出版社, 1995.

[7] 吴京妹. 未来中国征信：三大数据体系 [J]. 征信, 2013 (1).

【第二篇】

金融法律研究

JINRONG FALÜ YANJIU

我国农村合作金融的立法构建探析

彭 景①

【 西华大学经济与贸易学院 四川成都 610039 】

[摘要] 从 1951 年全国各地组建农村信用社以来，农村合作金融机构就成为我国农村金融的主体力量，但迄今都没有一部起标杆性作用的独立的规范性法律。在当代大陆法系国家法律法典化步伐越来越快的趋势下，中国应该遵循国际惯例坚持立法先行、依法改革的战略，制定自己的农村合作金融法，明确其基本原则以及法律属性，从立法层面上引导和规范农村金融改革。

[关键词] 农村合作金融 立法模式 法律属性 法人治理

我国农村合作金融机构是居于国有商业银行和股份制商业银行之后的第三大类金融机构。合作金融组织能够促进农村资源的合理布局，切实增加农村的有效金融供给。但是由于合作金融法规的缺失，致使合作金融组织在性质、地位、设立、经营、监管、清算重组及财税货币政策等方面的规定非常粗略，未能获得相应的法律地位，因此急需国家在法律层面上确立农村合作金融机构的市场经济主体地位，从而保障其健康和可持续发展。

一、关于我国农村合作金融的立法

我国农村合作金融机构是建立在合作制基础上的、面向农村和农民提供金融服务的金融组织，农村信用社是其主力军，同时还包括农村合作银行、村镇银行、农民资金互助社等新型农村金融机构。目前，我国没有专门的农村合作金融法律，而对农村合作金融机构的规范与制约多是通过各种规范性文件来实现的。相关法律规制具体可以分为以下几类：

（一）农村合作金融法律

农村合作金融的法律在合作金融法律规范体系中具有最高的效力。我国对合作金融的法律规定散见在《中华人民共和国中国人民银行法》《中华人民共和国商业银行法》《中华人民共和国银行业监督管理法》等金融法律中，这样的规范对于农村合作金融机构这一特定对象来说显得过于简单，缺乏可操作性。农村合作金融法

---

① 彭景，女，西华大学经济与贸易学院，讲师，主要研究方向：经济法。

的缺失是合作金融法律体系存在的最大问题，它使得农村合作金融缺少完整统一的法律规范。

（二）农村合作金融的行政性政策性文件

纵观我国农村信用社的历次改革，行政性的政策文件是改革的主要推动力。专门针对农村信用社改革制定的具有较大影响的政策文件诸如《国务院关于农村金融体制改革的决定》（1996）、《农村信用合作社管理规定》（1997）、《关于进一步加强农村信用合作社改革整顿规范管理工作的意见》（1998）、《深化农村信用社改革试点方案》（2003）等。但这些行政性文件随意性较大，权威性、规范性、持久性与历史延续性远为不足，农村信用社经营中的合法权益难以得到切实有效的保障。

随着农村信用社改革的深化，2003年银监会发布了《关于农村信用社以县（市）为单位统一法人工作的指导意见》，《农村合作银行管理暂行规定》《农村商业银行管理暂行规定》，2007年又发布了《农村信用社农户联保贷款指引》，《农村信用社监管内部评级指引（试行）》以及《农村资金互助社管理暂行规定》等一系列规定，对农村合作金融组织进一步加以规范。虽然这类规范数量相对较多，但主要存在两方面的缺陷：一是效力等级不高；二是大部分规范是为解决改革中的问题或信用社某一方面的问题的规定，政策性强，稳定性差。

（三）农村合作金融组织自律性规范

农村合作金融组织自律性规范是指由合作金融业社团组织，制定的约束其会员的带有自治法性质的规定，如中国农村信用协会（筹办）公布的《信用合作协会章程》。

二、国外农村合作金融立法的启示

德国是合作金融的发源地，其合作金融的立法也较早，美国、日本等国也对合作金融比较重视，其立法相对比较发达。通过对这些国家的合作金融立法的考察，可以得出一些经验，以期对我国的合作金融立法有所启示。

（一）合作金融立法不是一蹴而就的

各国的农村合作金融立法基本都是先进行相关专门立法，待条件成熟后再发展相对统一的立法。比如：德国于1949年颁布《德意志合作银行法》，1976年修改为《德国合作银行法》，这对德国合作银行体系的发展起到了积极作用；美国在1933年通过了《农业信贷法》，之后到1987年通过的《农业信贷法修正案》，美国先后通过了近十个相关法案；日本颁布了一系列涉及农协金融的专项法律法规，农协金融不仅接受《农业协同组合法》《农林金库法》《农协财务处理基准令》等，而且还必须接受比较完备的金融法律的规范。

（二）政府扶持合作金融的义务法定化

美国、德国、日本的农村合作金融立法中有一个显著的共同点，即这些国家的农村合作金融业，在成长发展的过程中，都得到了政府在税收与资金上的大力扶持，并且将这种扶持以法律形式作为政府的法定责任固定下来，以确保政府支持合作金融法制化。美国的信用社以法案形式获准免税待遇至今已有半个多世纪，加上其在资金、利率等方面可享受优惠于一般商业银行的政策，因而信用社获益匪浅；而德国的农村合作金融内生发展比较早，很少受资金约束，因此国家扶持相对较少；德国政府对合作金融的税收是有目的分阶段在不同时期采取不同的税收优惠利率；日本的农村合作金融体系建立之初得到了政府的大力支持，具有很强的官办色彩。可见，这些国家在农村合作金融面临资金约束时都提供了积极的政策上和资金上的扶持，并且将这种扶持是通过明确的立法固定下来，从而使政府对合作金融的支持法制化，这对保障合作金融的长期稳健发展起到了重要作用。

（三）国家对农村合作金融的优惠与扶持是全方位的

美、德、日三国政府对农村合作金融的扶植优惠都不是单打一的，而是同时采取税收、财政、金融和其他政策等多项措施，目的在于加强对资金流向的多元化引导，解决融资问题，增强农村合作金融的资金实力。同时政府还必须从自身的地位和职能出发，为农村合作金融组织协调好各方面的法律关系，从而创造一个整体的法律保障环境促进合作金融的发展。

三、农村合作金融立法的建议

（一）立法模式选择

目前，我国学者关于农村合作金融立法的模式有以下几种意见：第一，循序渐进型。部分学者认为我国目前农村合作金融立法的立法环境还不够成熟，需要分阶段实施，由国务院先制定"农村合作金融条例"，条件成熟后再上升为基本法律。第二，地方先行型。持这种意见的学者主张地方先立法，等条件成熟后再统一立法。省级联社作为地方性的省属金融企业，可以向地方人大建议立法。如果各省都制定地方性合作金融法律，就会引起全国人大的重视。第三，一步到位型。即认为应该直接制定"农村合作金融法"。

以上三种模式各有优劣，但根据国外立法经验和我国的具体情况来看，第一种模式比较可行。如果按第二种模式先由各省、市自行制定地方性法规，首先容易造成各地地方性法规不统一，对整个农村金融来说，不利于形成规模经济，立法成本也较高，其次法律效力也不高。第三种模式则需要具备比较成熟的立法条件，目前尚不具备这样的环境。根据国外的经验和我国的具体情况来看，可以对农村信用合作社与农村合作银行分别立法，因为两者据以存在的理念和原则不同。前者是纯粹的合作经济组织，坚持合作制的基本原则和具体做法，一般规模较小、业务量较少，组织机构相对简单，适用于农村经济薄弱且较为分散的欠发达地区。后者则吸收了股份制的一些理念和做法，属股份合作制经济的范畴，并且由于其规模和业务量达到了一定程度，内部组织机构比较健全，股东人数较多，因而适用于农村商品经济较为发达、人均经济占有量较高的地区。因此，可以先分别立法，制定"农村信用合作社法"和"农村合作银行法"，待时机成熟后再制定统一的"农村合作金融法"。

（二）立法基本原则

第一，我国"农村合作金融法"应充分体现国际合作联盟已经确立的合作制的

7项原则和主要精神：社员入股、社员民主管理、主要为入股能够使社员服务，为"三农"服务，实行自主经营、独立核算、自负盈亏、自担风险。第二，应借鉴国外的经验，体现政府扶持的原则，以法律的形式明确规定对农村合作金融的优惠政策。我国农村合作金融承担着服务"三农"，支持农村经济发展的重任，其资金投向风险较高，因此应享受一定的优惠政策，在法律上明确规定农村合作金融能够享有的资金、税收、技术、教育等方面的支持。

（三）立法内容要点

1. 明确法律属性和地位

我国"农村合作金融法"必须明确农村信用社与农村合作银行的法律属性，将其性质、地位、组织形式、法人治理结构、经营原则、业务范围、服务对象、行为规范、权利义务和社会各方面的民事法律关系以及市场准入和市场退出机制等均以法律的形式固定下来。同时明确合作制是合作金融的基本组织制度，合作金融同商业性金融、政策性金融一样，是我国银行体系重要的组成部分，是农村金融的主体，具有独立的法人地位，即以其全部法人财产独立承担民事责任。

2. 明确经营原则

从早期信用合作的基本目的和原则来看，农村信用社是一种互助互利的金融组织，其宗旨是维护社员的经济利益，向社员提供各种类型的金融服务，一般只在社员之间进行交易，不对非合作社员提供互助合作，不以追求利润最大化为经营目标。但是当代各种类型的农村合作金融组织大都坚持对内注重服务、对外注重盈利的原则，在坚持向社员提供服务的同时，开始出现注重盈利的倾向，而且这种倾向越来越明显。在进行农村合作金融立法的时候，应强调在保障其可持续发展的基础上，农村合作金融机构不应以盈利性为主要目标，其承担着服务"三农"的重任，因而应以互利性、安全性、流动性为目标，采取自愿入股、自主经营、民主管理、自担风险的经营理念，依法开展业务，不受任何单位和个人的干涉。

3. 明确产权制度

农村合作金融可根据各地不同的经济发展水平需要，实行不同的产权制度。从存量和增量两方面来考虑：存量合作金融可以按照股权结构多样化、投资主体多元化的原则，根据不同的地区情况，因地制宜地选择多元化的产权制度：股份合作制能够实现追求一定盈利和为社员服务并举，顺应了合作金融与农村经济发展的需求，对我国经济欠发达地区而言是一种可行的金融制度安排。增量农村合作金融机构，应按合作制构建，合作制本身就是农村合作金融的产权制度。

4. 明确市场准入与退出机制

在农村合作金融的立法中还应明确农村合作金融组织的市场准入和市场退出机制。市场准入机制中明确各级农村信用社、农村合作银行设立的基本条件、资本充足率、实收资本金、各级管理人员和从业人员的任职资格等。市场退出机制中明确合作金融机构退出的法定条件并明确关闭清算过程中常遇到的诸多法律问题。

5. 明确监督管理机制

根据国外合作金融的经验来看，比较成功的管理机制是内部民主管理、外部监督管理和行业自律管理三方有机结合的方式。其中内部民主管理是行业自律管理和监督管理赖以生存的基础，而行业自律管理则是理顺合作金融组织之间各种关系的关键。我国可以借鉴这一监管模式，参照现代法人治理结构，成立社员代表大会，实行民主管理。社员代表大会名额按资格股、非员工投资股、员工投资股各占总股本的比例分配，资格股社员代表由资格股股东民主选举产生，原则上实行"一人一票制"。除了社会代表大会，还要成立理事会、监事会，为了使法人治理结构真正发挥作用，在立法中还应明确"三会"的人员组成、活动规则、各自职能、议事程序等内容，形成决策、执行与监督相互制衡的机制，防止内部人控制。在监督管理上，监管部门应把合作金融机构视同其他金融机构一样来管理，而不具体干预其经营活动，使其真正成为自主经营的独立法人。由于农村合作金融机构具有点多面广、防范风险能力弱的特点，监管部门应从机构设置、人员配备、规章制度的制定等方面加强监管，对高风险机构进行跟踪监控，从而防范和化解金融风险。

6. 明确税收优惠与政策支持

国外合作金融发展中的一个普遍做法就是对农村合作金融予以优惠和扶持。我国也不例外。在农村合作金融立法中可以从以下三个方面着手：一是明确享受税收方面的优惠。如对农村信用社的营业税率应该按其投向农业的同等比例减征，并免征所得税；对确定为贫困县地区的农村信用社免征营业税，以提高其资本充足率，增强其自我发展能力。二是中央银行可对其实行特殊金融政策。如对农村信用合作社的定期存款部分，因其派生力度十分有限，可免缴准备金或降低准备率，以促进其资金运用。此外还应给予资金、信息、技术方面的支持。三是采取多种方式解决农村合作金融机构资金来源有限问题。如规定政府部门扶助弱小经济的资金应通过农村信用社发放，鼓励政策性银行与农村信用合作社建立委托代理关系等。

参考文献

[1] 刘沫茹，刘国有. 我国农村合作金融立法问题探析 [J]. 学术交流，2011 (6).

[2] 王晓红. 农村合作金融立法保护研究 [J]. 华北金融，2009 (5).

[3] 徐瑜青. 农村合作银行经营管理全解析——以浙江省部分农合行为例 [J]. 中国农村信用合作，2009 (7).

[4] 张晨光. 重构我国农村合作金融的立法设想 [J]. 高等函授学报：哲学社会科学版，2009 (10).

[5] 刘军阳. 农村合作金融立法有关问题研究 [J]. 河南公安高等专科学校学报，2007 (6).

金融服务消费者权益保护的法制建设研究

王伦强[①]

【 西华大学经济与贸易学院　　四川成都　　610039 】

[摘要] 近年来在我国金融服务大发展，因缺少金融消费者权益保护机制，金融消费者权益受到侵害的现象也层出不穷。鉴于在金融业深化发展的趋势下，金融服务、金融商品和金融服务消费者的特殊性，有必要借鉴他国经验，尽快从金融立法的角度加强金融服务消费者权益保护法律规范的建设，促进金融服务行业健康发展。

[关键词] 金融服务消费者　金融监管立法　法制建设对策

一、金融服务消费者的法律内涵

（一）法律对金融服务消费者的概念界定

我国现行的全部立法中，尚无"金融服务消费者"这个法律概念。主流的观点认为基于金融服务购买者是消费者的一种类型，是消费者概念在金融领域延伸的认识，援引《消费者权益保护法》第二条对消费者的定义，认为可将"金融服务消费者"界定为为满足个人或家庭的生活需要而购买、使用金融机构提供的商品或接受金融机构提供的服务的个人投资者。尽管目前我国多数学者认为金融消费者仅指自然人，不包括单位或者团体，体现的是对金融产品和金融服务供需关系这一特定经济关系中弱者的特殊保护；但在金融交易活动中，因金融商品和服务专业化、技术化的特性，面对由金融精英组成的金融产品和服务提供商，在接受金融服务或购买金融产品时，不仅是自然人，甚至法人或者其他组织也不一定具备专业知识，作为需求一方，信息不对称的弱势地位在交易中十分明显。因此，基于公平交易和诚实信用的原则，应可以将个人、法人或其他组织都纳入金融消费者概念，但限定为"不具备金融专业知识，在交易中处于弱势地位"，由法院或专门的裁决机构进行认

---

① 王伦强，1967 年生，男，西华大学经济与贸易学院，副教授，兼职执业律师，主要研究方向：金融投资和产业经济。

定，从而将投资银行或其他专业投资机构排除在外。

金融服务消费者通常被简称为金融消费者。纵观金融业发达的国家的有关立法，对"金融消费者"的界定有多种情况：如 2006 年 4 月 1 日实施的日本《金融商品交易法》规定，"本法保护的对象为资讯弱势的一方当事人，即在金融商品交易之际，相对于金融机构的专业知识，一般无论是自然人或法人，基本上属于资讯弱势一方当事人"。因此该法适用之对象，不仅限于自然人的金融消费者，即使是法人，只要具备金融专业知识，均属于该法的保护范围。美国 1999 年 11 月的《金融服务现代化法》则将"消费者"界定为主要为个人、家人或家庭需要从金融机构获取金融产品、金融服务的个人或其法定代理人。有些判例法国家或地区则没有明确的金融消费者定义，涉及银行和客户之间有关金融产品的交易时，主要通过"注意义务"以及合同法律制度等对客户进行保护。

（二）金融服务消费者的权利范围

根据前述的推断，根据《消费者权益保护法》的立法逻辑，金融消费者权利同样是指由《消费者权益保护法》所确认的，消费者在金融消费时所能够做出或者不做出的一定行为，以及要求金融产品与服务提供者相应做出或者不做出一定行为的许可和保障，它也是金融服务消费者权利的重要组成部分。尽管这一界定还未包括金融消费者根据其他法律规范应享有的权利，但同样可以明确金融消费者权利的本质和范围。主要内容应包括如下：

安全保障权。金融消费者在购买、使用金融商品或接受金融服务时享有人身、财产不受损害的权利，包括人身安全和财产安全保障两个方面，因此金融机构必须采取一定的措施维护金融消费场所和消费者资金的安全。这种义务既可能是基于合同，也可能基于法律的明确规定甚至基于诚实信用原则而产生。

知情权。金融消费者享有知悉其购买、使用的金融商品或者接受的金融服务的真实情况的权利。金融市场的产品或服务体现为合约形式，因技术化、专业化的特性以及监管合规的要求，使得产品合约存在明显的信息不对称现象，金融消费者很难正确理解损益风险、费用及利润结构、提前退出的惩罚机制及税收负担等这些涉及其权利义务关系的根本性问题。因此，金融消费者应享有及时获取与金融消费有关的、真实、准确、全面信息的权利。

隐私权。金融消费者享有私人生活状况与私人信息依法受到保护，不被他人骚扰非法知悉、利用或公开的人格权。金融经营者未经消费者同意不得非法披露、利用其掌握的消费者私人信息。

自由选择权。金融消费者有权对金融商品或服务进行比较、鉴别并自主选择提供金融商品或服务的经营者、金融商品类型或金融服务方式。

公平交易权。金融消费者有权按照公平、平等的原则与经营者形成合同等法律关系，获取公平交易条件，有权拒绝经营者的强制交易行为。金融经营者不得利用格式合同、免责条款等方式免除其责任、加重对方责任、排除对方主要权利。

受教育权。金融消费者享有获得有关金融商品或服务、自身消费权益保护途径等方面的知识的权利。

结社权。金融消费者享有依法成立维护自身合法权益的社会团体，对金融经营者的行为及金融消费者权益保护工作进行监督的权利。

损害赔偿权。金融消费者因购买、使用商品或者接受服务受到人身、财产损害的，享有依法获得赔偿的权利。

二、我国目前的金融消费者权益保护的现状

综观我国的金融法律法规范，不难看出，我国现行金融法律制度，包括基本立法和监管规范的落脚点仍然放在国家对金融机构和金融市场的监管方面，立法的主要出发点还停留在如何加强对金融机构进行外部监管机制和内部治理结构规范以维护金融秩序以促进经济发展，而作为金融产品和服务最终用户的消费者权益保护问题尚未得到立法的应有重视。我国《商业银行法》《信托法》《证券法》《保险法》等金融立法中虽然也在其立法宗旨中写入保护投资人、存款人等金融消费者利益的内容，但是真正规定消费者权利、具有可诉性和可操作性的民事规则在具体的法律法规条文中却十分少见，这使得保护金融消费者权益没有依据，一旦发生纠纷，法院或仲裁机构缺乏裁判的依据。

另一方面，随着我国经济的快速的发展与金融制度改革的逐步推进，金融商品与服务日益向个人生活渗透和扩展。近年来，金融放松管制与业务交叉经营使得金融商品和服务种类呈现爆发性的增长态势，从而给消费者带来更多的选择机会。但是诸如保险公司的投资连接保险、券商推出的认股权证以及银行理财产品、信托产品等新型商品较之储蓄、保险、股票等传统金融商品而言，在结构上更为复杂、风险更大。消费者如果看不懂这些商品内在结构"产品说明"或受到销售者误导，极容易使其权益受到侵害。特别是在经济和行业发生波动时，基于产业或行业资金利用而设计的各种金融产品就会出现违约，美国次贷危机的影响下，我国不仅在香港地区爆发了"迷你债券"风波等公众投资人大规模受害事件，国内频繁发生银行个人理财产品零收益事件等投资纠纷，金融消费者权益受到侵害的问题日益突显。

三、推动我国金融消费者权益保护的法制建设对策

（一）借鉴国外金融消费者权益保护的法制经验

在几年前那场金融危机后，主要西方国家和地区针对金融危机暴露出的只关注金融经营者利益，而忽视对消费者权益保护的现实，进行了反思与改革，将金融消费者保护纳入其监管立法框架，并逐渐建立比较完善的金融消费者保护监管框架体系。

1. 立法明确对金融消费者权益的保护

2009 年 6 月，美国立法当局发布了 Financial Regulatory Reform-A New Foundation：Rebuilding Financial Supervision and Regulation（《金融监管改革——新基础：重建金融监管》）；2010 年 7 月，美国颁布《多德—弗兰克华尔街改革和消费者金融保护法案》，成立了独立运作的金融消费者保护局，作为金融消费者保护专门机构，从事公平借贷监督执法、金融教育、消费者咨询等工作。我国香港地区 2009 年 9 月发布

Consultation Paper on the Proposals to Enhance Protection for the Investing Public（《建议加强消费者保障措施的咨询文件》），提出在产品销售、中介人操守、售后冷静期和相关申诉制度安排等方面加强消费者保护的相关要求。

英国于 2010 年 4 月通过了 Financial ServiceAct 2010（《金融服务法案 2010》），赋予金融服务局更为广泛的规则制定权，并要求其加强对金融机构的行为监管，以打击少数金融机构侵害消费者权利的行为。英国金融服务局设立了消费者关系协调部，从事消费者保护工作，成立金融申诉专门服务机构处理消费者投诉；2010 年 4 月，英国当局设置了独立于金融服务局的消费者金融教育机构专司消费者教育工作；同时，成立代表金融消费者利益的独立机构金融服务消费者小组，对金融服务局进行监督并提出意见。

2. 普遍将金融消费者权益保护纳入金融监管框架

英国金融服务局将"公平对待消费者计划"纳入其评估体系，从消费者市场信心、劣质服务发生率等方面，评价银行执行公平原则的情况，处罚、起诉甚至关闭不达标银行，并及时披露受罚机构及缘由。美国货币监理署和联邦存款保险公司根据本国国情，重点检查评价基于种族、性别、家庭状况等因素的歧视行为，通过开展成对测试、投诉测试等多种方式判断银行执行公平原则情况，对发现的问题除要求金融机构纠正外，还可责令其向消费者补偿。

3. 强调消费者教育的重要性，在监管体制内外共同保护消费者

经合组织（Organization for EconomicCo-operation and Development，OECD）在其发布的《有关金融消费者教育问题的若干建议》（Recommendationon Principles and Good Practices for Financial Education and Awareness）中，对成员国和非成员国的金融机构在金融消费者教育工作方面提出若干原则和具体建议。该原则强调金融教育应被纳入金融监管及政府管理框架，并成为机构监管及消费者保护的重要组成部分；同时，指出金融教育不可替代金融监管，应由专业机构、学校教育等多方开展金融消费者教育活动，监管机构主要发挥原则指导、部门协调作用，而由教育者保护专门机构具体开展消费者教育活动。

（二）在立法上应坚持对金融消费者进行倾斜保护和全面保护的原则

1. 金融监管立法应当加强对金融消费者进行倾斜保护

金融市场上信息不对称的客观存在，加之金融商品的特殊性使得金融消费者与金融机构之间无法形成公平交易，从而要求金融立法伸出援助之手，给予消费者应有的倾斜保护：即通过加重金融机构对消费者的法定义务和民事责任、赋予参与金融活动的个人相应的消费者权利等方式来矫正交易双方的力量差距。但是，现行的金融管制立法往往从金融行政监管的需求、而非消费者的交易需求出发来设定金融机构的义务和责任，从而无法真正贯彻对消费者倾斜保护理念。金融机构的信息披露规则忽视了消费者的交易需求。金融监管机构获得信息是为了全面和正确把握金融机构的真实情况，并在此基础上制定具体的规章制度和执行其行政监管职能。而监管者与金融机构无论是在专业知识水平、实践经验等各方面都是旗鼓相当。因此，如果信息披露的制度服务于金融监管需求，那么相应的规则就只需要保证信息本身

的真实、准确、完整等质量要素。但是，金融商品是看不见摸不着的服务性商品，金融机构的口头和书面说明是消费者了解商品性状和作出交易判断的主要依据。又"由于服务合同中的给付行为——提供服务行为本身就是由合同条款所规定，消费者要理解这些条款并就此做出正确的交易判断，显然要比对有形商品的质量、性能等情况加以识别要难得多。"所以，法律对金融领域经营者向消费者履行的说明义务应当提出更高的要求。金融机构除了要保证信息自身质量之外，还必须关注消费者对信息的接受和掌握能力。也即，除了要求所提供的信息必须真实、准确、完整和具有及时性以外，金融机构向消费者进行说明时还应当满足诸如针对性、适合性、可理解性等更高的信息披露要求。金融管制立法往往缺少金融机构对消费者的民事损害赔偿责任的内容。"无救济、无权利"，对金融消费者的倾斜保护应当包含金融机构民事责任的规则。如果没有关于民事责任的规定，金融机构即便存在违法行为、侵害了消费者权益也不需要向投资者承担任何法定的民事责任，因此无法有效防止金融机构的欺骗性交易行为。而且，倾斜保护原则还要求金融机构承担更多的程序性义务。金融消费者与金融机构在信息上的严重不对称使得前者在主张金融机构的民事责任时往往面临举证困难和败诉风险，法律对金融消费者的倾斜保护也变得徒有虚名。因此，简化金融机构民事责任的构成要件、减轻消费者举证责任应当是金融消费者民事保护制度的特别要求。

2. 金融监管立法应当贯彻对消费者权益全面保护原则

在金融分业界限日益被打破、金融创新活动频繁的当代，放松金融管制的措施将会产生大量立法空白和立法冲突。而对于金融消费者来说，不可能要求他们对这些调整金融机构业务行为的差异性规范有全面的了解和正确的把握，以判断金融机构的行为是否存在违规或欺诈，更不可能假设他们能够依据这些纷繁复杂的规章制度来主张自己的权利。因此，即使金融管制立法开始关注金融消费者权益保护的问题，但是如果这种保护存在漏洞，也会令整个金融大厦瞬间倒塌。对此，美国的次级抵押贷款危机无异于一个生动的注脚。这就要求金融管制法对于消费者的保护能够全面覆盖所有金融市场活动，除了对于已有的金融商品和服务有所规范，还有必要对将来可能出现的新型金融商品和服务给予原则性和概括性的规定，防止金融消费者在遭受侵害后处于无法可依的境地。

（三）构建我国金融消费者保护机制的思路

1. 将金融消费者权益保护明确列为金融监管目标

2008年金融危机爆发后，无论是英国的单一监管模式、澳大利亚的"双峰"监管模式还是美国的"双层多头"的监管模式，在继续强调维护货币与金融体系稳定，促进金融机构审慎经营的同时，均将金融消费者保护列入监管目标。在我国现行的分业经营、分业监管、一行三会的金融监管体制下，应正确看待金融产业发展和消费者保护的关系，通过培育公平健康的市场环境来保障金融消费者的根本权利。银监会提出的"要通过审慎有效的监管，保护广大存款人和消费者的利益"，证监会提出的"保护投资者的利益，是我们工作的重中之重"从一定意义上可以说定下了金融消费者保护的基调。这些思路应该明确在监管的法制规范中体现出来。

2. 以综合立法模式保护金融消费者

英国、澳大利亚和美国对金融产品和服务均采用综合立法模式，将金融消费者保护纳入其中。目前，"金融消费者"甚至"消费者"概念均未被我国《商业银行法》《证券法》和《保险法》等金融领域的部门法采用。2006 年 12 月 11 日正式施行的《商业银行金融创新指引》才首次使用了"金融消费者"概念。因此，首先要将"金融消费者"作为法律概念正式提出并加以专门规定，作为构建金融消费者保护机制的逻辑起点。在立法模式选择上，目前的权宜之计是可以利用修订《消费者权益保护法》的机会，扩大消费者的概念及该法的适用范围。从长远看，针对我国金融法律制度中消费者保护的缺失状态，我国应遵循对金融消费者的倾斜保护和全面保护原则进行综合立法。在内容上要尽可能涵盖金融消费者的基本权利，同时要考虑权益保护的可操作性。

3. 应设置金融消费者保护的专门机构

迄今为止，在我国金融体系的机构设置上，尚无任何一家监管机构或组织明确承担和履行金融消费者保护职责。在出现投诉的情况下，主要由消费者协会和金融监管机构内部纠纷解决机制承担，有时候甚至由工商行政管理部门调查处理。由于缺乏专业知识或透明度而无法进行有效保护。考虑到金融分业经营仍是主流业态，建议先在中国人民银行或其他金融监管部门内部增设金融消费者保护局，在经费预算、组织机构等方面保持相对独立性，专司金融消费者保护职责。

4. 强调开展金融教育和认知活动

金融市场创新和产品的复杂性正在将更多的风险转移给金融消费者，提高消费者的金融素质和信用意识已成为金融变革背景下重要的政策目标。有效的金融教育和认知活动能帮助消费者了解金融风险和产品，从而使他们根据自身状况作出合理的决策。这也更有利于促进金融机构行为的高效、透明和有竞争性，受过良好金融知识教育的公众就可以避免误导。受过良好金融教育的公民也可以通过自身的决策成为审慎监管的隐性补充。因此，要制订金融消费者教育活动规划，甚至要将其上升为国家金融发展的战略高度。在政府推动的基础上，动员消费者组织、金融机构、行业自律组织、新闻媒体等在内的社会力量，通过学校金融教育、金融普及教育、培训项目评估和金融素质水平测试等方式开展金融教育，特别应该强调，金融机构在提供服务前，应该把教育放在首位。

5. 建立全社会金融消费者投诉机制

目前，我国尚没有真实的金融消费者投诉机制。可借鉴美国金融消费者免费投诉热线方式，在明确投诉受理范围、受理部门和调查期限的基础上，开通金融消费者投诉热线或建立投诉网站，破解消费者投诉"少门"甚至"无门"的难题，同时保证对投诉的受理、调查、处理进展和反馈各环节的信息披露以实现公开透明度。金融监管部门也可以牵头建立我国金融消费者投诉数据库，从相对比较集中的投诉中分析监管漏洞，从而完善金融监管规则的制定。此外，还可以定期评估投诉处理部门的工作绩效，通过投诉处理评价机制提高工作成效。

6. 建立高效的消费者争议处理机制

相关制度建立应在消费者保护领域重视纠纷处理的效率性和经济性，监管机构应当积极推动协商、调解或仲裁等较灵活的非诉讼争议解决方式的制度化，以降低诉讼成本，及时救济金融消费者的合法权益。具体操作可借鉴英国、澳大利亚金融申诉专员服务公司的做法，建立独立于金融机构和消费者的第三方机构，作为替代性的争议解决制度。同时设计符合我国国情的争议处理程序及详细的信息披露制度，从而使纠纷处理更具中立性。

参考文献

[1] 何颖. 日本金融制度改革的新趋势：加强金融消费者立法保护 [J]. 上海法学研究，2010 (3).

[2] 高盛美国经济研究团队. 美国房地产市场违约情况研究报告——次级抵押贷款衰退和房产市场 [M]. 2007.

[3] 何颖. 金融消费者刍议 [J]. 金融法苑，2008 (3)：16-34.

[4] 罗斌. 美国现行法对掠夺性放贷的规制及其局限性 [J]. 金融法苑，2009 (2).

[5] 张严方. 消费者保护法研究 [M]. 北京：法律出版社，2003.

[6] 汤欣. 证券市场虚假陈述民事责任制度评析——兼论证券法上的一般性反欺诈条款 [M]. 第3卷. 北京：法律出版社，2003.

进口押汇的法律关系及银行的风险防范

袁春梅①

【西华大学经济与贸易学院　四川成都　610039】

[**摘要**] 本文将进口押汇业务中，银行与进口商之间的法律关系分为两个阶段来分析。开证行把单据交给进口商前，银行对单据拥有的是质押权，而开证行把单据交给进口商后，质押权也就丧失了，债权债务关系依旧存在，虽然开证行拥有进口商出具的信托收据，但双方的信托关系是否成立存在争论，开证行能否依靠信托收据享有优先受偿权只能依靠进口商是否具有自律性，因此开证行面临着较大的风险。为了防范风险，在进口押汇的操作过程中，开证行应与进口商通过事先约定来防范进口押汇业务本身的法律风险，同时应加强审查评估和管理以防范进口商的信用风险，以避免出现"货财两空"的后果。

[**关键词**] 进口押汇　抵押与质押　信托收据 信用风险

一、什么是进口押汇

（一）进口押汇的概念

目前对进口押汇的理解不一，与之对应的是银行界和理论界概念上的多样化。一般认为，押汇是以信用证项下单据和货物为担保进行外汇融资的简称。进口押汇是指开证行在给予开证申请人减免保证金的情况下，开立信用证，在所提示单据与信用证严格相符或虽有不符点但开证行及客户双方均同意接受的情况下开证行对外付款。但是开证申请人由于资金短缺或暂时的资金周转困难，无法向开证行付款赎单，便向开证行申请进口押汇，经开证行批准后，开证行把信用证项下的单据以信托收据或者其他方式交给开证申请人，开证申请人在规定的期限（最长不超过 180 天）内向开证行偿还贷款本金及利息的业务。因此，信用证项下进口押汇业务实质上是一项特殊形式的国际贸易进口短期融资活动，是开证行对开证申请人（进口商）的一种短期信用。

---

① 袁春梅，女，西华大学经济与贸易学院，副教授，主要研究方向：国际经济与贸易。

（二）进口押汇的性质

1. 进口押汇是一种附有特殊担保机制的融资法律关系

将信用证下的单据及货物设定为"押"，无论是质押、抵押，都是开证申请人向开证行申请办理进口押汇业务的前提条件。

2. 进口押汇是一种内含信托关系的融资法律关系

银行在进口押汇业务中先行对受益人付款后，为了让进口商能够按时还款，银行通常将单据交付给进口商，进口商向银行出具信托收据取得单据据以提货。银行作为委托人，进口商作为受托人的身份为银行的利益占有和处分货物，双方实为信托法律关系。

二、进口押汇中开证行与进口商的法律关系

进口押汇是从实务中发展演变出来的，虽然进口押汇同时包含了担保和信托的法律关系，但在我国担保法和信托法等的相关原则却不能完全解释进口押汇的相关问题，在实际判例中存在诸多困惑和争议。押汇业务中商业银行对货物的单据与货物的权利如何，进口押汇中常用的信托收据是否有效法律暂未作出明文规定。因此，必须理清进口押汇中商业银行与进口商之间的法律关系。

（一）转移单据前开证行与进口商的法律关系

进口押汇业务操作中，进口商向银行提交进口押汇申请，银行先行付款，在全套单据尚未由银行交给进口商之前，银行对单据及单据代表的货物享有何种权利，由此决定的银行与进口商之间的法律关系，历来存在较大争议。

1. 抵押担保下的债权债务关系

该观点认为，银行在进口押汇中的基础权利是一种抵押权，进口商以所进口货物向银行进行抵押以取得短期融资。在实务操作中，中国建设银行、中国农业银行等一些银行将进口押汇定性为抵押贷款。

2. 质押担保下的债权债务关系

该观点认为，开证行对单证享有质押权。开证行在向受益人偿付款项之后，为了能从进口商处及时获得偿付，通常会规定以提单等货物单据作质押，在进口商不付款交单时，开证行可依法处理信用证项下的货物。

以上两种观点争论的焦点在于银行对单据拥有的是抵押权还是质押权。按照我国担保法，抵押与质押的区别在于以下几点：①抵押的标的物通常为不动产、特别动产（车、船等）；质押则以动产为主。②抵押要登记才生效，质押则只需占有就可以。③抵押只有单纯的担保效力，而质押中质权人既支配质物，又能体现留置效力。④抵押权的实现主要通过向法院申请拍卖，而质押则多直接变卖。根据以上区别，不难看出银行对单据拥有的是质押权。首先，单据代表的货物显然是动产，其次，银行对单据占有无需登记，也无法登记，再次，银行对单据具有支配权，如果是进口人指示提单，在进口人申请进口押汇时，银行应该要求进口人背书转让给银行，此后如果进口商不按期赎单，银行可以将提单继续背书给任何人，如果是银行指示提单，银行也可以把提单背书给任何人。最后，银行可以通过变卖提单下的货

物抵偿进口商的贷款。

以上纯粹从理论上分析了银行对单据享有质押权，但在实务中，由于此时质押物的特殊性决定了银行对质押物的具体支配权发生了改变，银行并非等到贷款到期进口商不还款赎单才行使支配权，原因有四：一是进口货物需要即时进行销售或者加工，否则货物将可能面临风险或产生新的费用，前者如货物变质腐烂、市场价格下跌等，后者如由于不按时提货而产生港口滞留费、储蓄费等。二是由于进口商对进口货物的销售、加工渠道及行情早已清楚，银行把货物转交给进口商而不是其他人更有利于货物的顺利销售和加工。三是进口商把货物即时销售和加工收回货款后便有利于贷款能够得到按期偿还。四是按担保法有关原则，质押权中的处分权应该在债权到期后才产生，在进口商还款到期日前，银行不能把提单转让交给第三人提货。正是基于这四方面的原因，银行与进口商出于双方共同利益，由进口商出具信托收据，银行把提单交给进口商据以提货。

（二）转移单据后开证行与进口商的法律关系

以上分析可知，开证行同意在办理进口押汇业务以后开证行不得不将信用证项下单据交付给进口押汇申请人。银行为了确保自己的质权不被中断，在把单据交给进口商时，要求进口商出具信托收据。银行委托进口商处理单据项下的货物，以便进口商及时归还银行所对外支付的款项。进口商以银行受托人的身份处分货物。根据《最高法院关于适用〈中华人民共和国担保法〉若干问题的解释》规定："出质人代质权人占有质物的，质押合同不生效。"也就是说，开证行把单据交给进口商后就不再对单据及其代表的货物享有质权。

而且，即便是开证行把单据交给进口商后仍然对单据及其代表的货物享有质权，关于质权是否可以作为信托关系的基础也存在不确定性。《信托法》第2条规定：信托是指委托人基于对受托人的信任，将其财产委托给受托人，由受托人按照委托人的意愿并以自己的名义，为受益人的利益或特定目的，进行管理或者处分的行为。同时规定，设立信托必须有确定的信托财产，且该财产必须为委托人合法所有（本法所称财产包括合法的财产权利）。这些规定使信托关系有了合法依据，但是对"受托财产权利"没有明确定性。英国和我国香港地区的信托关系是以银行享有质权为前提设立的，但是我国没有明确的法律规定质押权可以作为信托关系的基础。

由此来看，开证行把单据交给进口商后，丧失了对单据占有，之前享有的质押权也就丧失了，质押法律关系随之不再存在，而债权债务关系依旧存在。虽然开证行拥有进口商出具的信托收据，但双方的信托关系是否成立存在争论。开证行能否依靠信托收据享有优先受偿权恐怕只能依靠进口商是否具有自律性。开证行面临的风险由此可想而知。

三、进口押汇中银行的风险防范

我国金融立法滞后于业务发展，商业银行的部分高级管理人员对国际贸易融资业务缺乏了解，也无经验，对国际贸易融资业务的风险性认识较为肤浅，甚至错误地认为国际贸易融资不需要动用实际资金，只需出借单据或开出信用证就可以从客户赚取手续费和融资利息，是零风险业务。

进口押汇作为开证行对进口商的一种短期融资方式，在开证行和开征申请人之间产生的只是一种建立在开证申请人的信用的基础上的债权债务关系。假如开征申请人违反诚信原则，拿到单据后拒不付款，开证行的权利将难以得到保障。因此，在进口押汇的操作过程中，开证行应当合理谨慎地审查和监督开征申请人的财务、信用等情况，以避免出现"货财两空"的后果。

（一）事先约定防范进口押汇业务本身的法律风险

由于信用证项下进口押汇业务在我国起步较晚而发展较快，我国关于信用证项下进口押汇业务的法律、法规还不够健全，存在许多的不足和漏洞。这就要求开证行在办理进口押汇业务之前，必须要对我国相关的法律、法规进行相应的了解和熟悉，避免因为有关法律的冲突和矛盾或者进口押汇申请人利用现行法律的漏洞，而使开证行遭受不必要的损失。

虽然从我国现行法律法规来看，进口押汇中银行的利益得不到保障，银行存在巨大的风险，但是进口押汇作为国际贸易融资的主要方式之一，银行不能因此拒绝办理进口押汇业务，这既不利于银行提高经营效益，也不利于企业进出口业务的开展。根据合同法的基本原则，有约定的，按照约定；没有约定的，按照法定。因此，银行在办理进口押汇业务时，可与进口商签订协议，约定银行对进口押汇信用证项下的货物享有质权，在银行将该信用证项下的货物单据交给进口商的情况下，不能视为债权人银行放弃物的担保，银行仍然对单据及货物享有质权，并且约定银行用质权为基础与进口商建立信托关系，银行可以凭进口商出具的信托收据为由对单据下的货物享有优先受偿权。

银行还可要求进口商提供第三人的担保。虽然《最高法院关于适用〈中华人民共和国担保法〉若干问题的解释》规定："质权人将质物返还于出质人后，以其质权对抗第三人的，人民法院不予支持"。由此可看出，开证行将单据交给进口商后即造成开证行无法以享有质权为由对抗第三人。但是只要银行、进口商和担保人共同约定在银行将该信用证项下的货物单据交给进口商的情况下，担保人依然对进口商的还款承担连带责任，担保人担保进口商将货物加工或销售之后立即偿还银行的本金、利息和相关费用，在进口商不能偿还押汇款项的情况下，先有担保人偿还，担保人偿还之后，债权人银行放弃质权，保证人有权处分押汇单据项下的货物。另外，还可以要求第三人提供物的担保，根据《担保法》的司法解释，同一债权，既有保证又有第三人提供物的担保的，如提供了抵押物等，则不受物保优于人保的限制，债权人可以有选择地请求保证人承担保证责任或处分第三人提供的担保物。需要注意的是，如果第三人担保是在进口押汇申请人申请开证时提供的，开证行在办理进口押汇业务时应该取得其书面同意，以确保第三人对变更后的债务承担担保责任。

（二）加强审查评估和管理以防范进口企业信用风险

首先，开证行应该严格审查进口押汇申请人的资信状况和履约还款能力。进口押汇申请人的还款履约能力和业务经营能力是信用证项下进口押汇业务企业风险的主要来源，开证行应该深刻地认识到信用证项下进口押汇业务最根本的风险是进口押汇申请人的信用风险。严格审查开证申请人的资信状况是控制进口押汇业务固有缺陷的最有效的方法，开证行应该运用好这一措施来防止进口押汇业务的企业风险。

在实践中，有些进口押汇申请人为了骗取银行资金，与担保人恶意串通。开证行应该多加注意关联公司之间一些关于进口押汇的业务，现在，许多集团公司都成立了用于规避风险的子公司，这些子公司主要帮助集团公司办理进口业务，这种子公司存在一个共同的特点就是：资金小，高负债经营。一旦进口业务出现问题，集团公司可以放弃此子公司，将其损失降到最低。因此，开证行应该多加注意这类公司战略对进口押汇业务风险的影响，在办理信用证项下进口押汇业务之前，对企业的资信状况加以严格的审查。

其次，开证行应该在办理进口押汇之前，谨慎地评估进口货物的市场风险。进口押汇的市场风险主要表现为货物市场价格下跌的风险和汇率变动的风险。对于货物市场价格下跌的风险，开证行应该在办理该批货物的进口押汇之前，谨慎的对市场动态进行调查，拒绝给没来将要贬值的货物提供进口融资。从而规避了进口押汇申请人因为货物亏损而无力偿还贷款使开证行蒙受损失。对于用外币归还垫款的进口押汇业务，开证行可能会面临外币贬值的汇率风险。开证行为了规避这一风险，可以在外汇远期市场上做相应的套期保值的业务，以避免外汇汇率的市场波动给开证行带来损失。

最后，开证行应该加强进口押汇业务放汇后的管理。开证行的有关部门应该随时跟踪了解进口押汇申请人的财务、经营状况以及该信用证项下货物的销售状况、国际国内的市场信息等。如果发现进口押汇业务有何异常情况，及时采取防范、补救等措施，避免开证行遭受任何损失或者使开证行的损失降到最低程度。

参考文献

[1] 尹航. 进口押汇贸易融资的法律风险与防范 [J]. 前沿，2011 (19).

[2] 张岳令. 进口押汇项下的信托收据与让与担保问题探析 [J]. 农村金融研究，2012 (8).

[3] 梁选冬. 浅谈进口押汇中开证行和开征申请人之间的法律关系 [J]. 法制与经济，2012 (3).

[4] 李平. 信用证下进口押汇及海外代付在贸易企业应用的思考 [J]. 冶金财会，2012 (9).

美国中小企业的融资渠道
——JOBS 法案及启示

谭 阳 郑兴渝①

【 西华大学经济与贸易学院 四川成都 610039 】

[摘要] 中小企业融资难，是全世界不论发达经济体还是新兴经济体普遍遭遇的难题。2012 年 4 月 5 日，美国总统奥巴马签署颁布了新创意公司快速启动 (JOBS) 法案，该法案要解决的核心问题就是，中小企业如何通过证券市场和民间资本融资渠道获得充分的资金来源。本文介绍了美国中小企业的融资渠道，JOBS 法案以及可能对美国中小企业的影响，特别是众筹投资这一新体系，希望对我国资本市场，特别是解决中小企业融资难问题有所启示和借鉴。

[关键词] 中小企业 融资 JOBS 法案 众筹投资

一、中小企业概述

中小企业（Small and Medium Enterprises）是指相对于相同行业其他企业的生产规模较小的企业。一般来说，大、中、小企业的划分是通过企业的资本金额、销售额和雇佣人数等指标进行的。不同国家、不同经济发展阶段、不同行业对其界定的标准也不尽相同。

中小企业的经营特点首先表现为生产规模的中等或微小，较少的投资就能启动运营，且建设的周期短，收效快。其次，组织结构通常较简单，经营决策快，对市场变化的适应性较强。再有，可以满足消费者的个性化需求，填补一些大型企业单一的、大批量生产的缺陷。最后，中小企业往往是成长最快的科技创新力量，比如国外的 Facebook、Google 等企业就是从小企业发展起来的。

许多人往往会被像可口可乐、通用电气、微软、苹果等美国的大企业吸引，觉得它们推动了美国整个经济的发展。其实不然，还有很多的中小企业，撑起了美国经济的另一半天，是美国成为经济强国的源泉之一。资料显示，在美国有中小企业

---

① 谭阳，1989 年生，女，SJU Haub 商学院 2012 级金融计划与服务硕士研究生；郑兴渝，1963 年生，女，硕士，西华大学经济与贸易学院副教授，研究方向是宏微观经济分析、企业管理。

2000 多万家，占据了企业总数的 99%，贡献了 GDP 的 40%，提供了 75% 的新就业岗位。[1]

在中国，截至 2012 年底，中小企业占企业总数的比例达到了 99%，最终产品和服务的价值占 GDP 的 60%，上缴税收占国家税收总额的 50%，提供了 80% 左右的城镇就业岗位，完成了 75% 以上的企业技术创新。[2] 这些数据充分说明了中小企业的重要性，它们快速、健康的发展，是保证本国经济可持续快速增长的重要基础。

然而，中小企业融资在我国正遭遇越来越严重的挑战。从 2008 年金融危机以来，国内就有数万家中小企业倒闭，而且这种情形还在不断发生。最近人民币也在不断升值，劳动力、原材料、土地和资源环境成本不断攀升，处于产业链低端的中小企业越来越难做。从短期看，失业率急速上升，造成一定的就业问题；从长期来看，这对中国经济的健康稳定发展会造成很大的阻碍。

二、美国中小企业的主要融资方式和障碍

（一）融资方式

美国中小企业主要的融资方式分为两大类：内源融资和外源融资。前者是指中小企业通过自身经营从而积累一定的资金。这要求企业自身要具备一定的资本，且需要不断地提高积累能力，以适应企业发展和市场变化的需要。然而，内源融资毕竟十分有限且缓慢，对于企业短期急需资金的情况也无法满足。所以另一类外源融资显得格外重要。在美国，中小企业的外源融资渠道主要有以下七种方式：①通过证券市场和柜台交易市场直接融资。其优势是使自己企业的规模、财务指标、信息披露、公司治理等达到准入市场的标准，即中小企业通过对自己规范化的完善，进而获得大量投资者的关注和投资。②向美国小企业管理局贷款。美国小企业管理局（Small Business Administration，SBA）始建于 1953 年，是鼓励小企业和企业家们进行创业的部门。它有两种类型的贷款可以帮助贷款人获得创业所需的资金：一类是 7（a）贷款。其优势是 SBA 对贷款进行担保，担保额度根据具体而定，基本是担保贷款的 75% 及以上，但不会是全额担保。获得 SBA 担保的企业，也更容易获得银行的贷款。另一类是 504 贷款，其提供长期、固定利率的抵押融资，以帮助小企业的收购或资产改造。[3] ③向亲友借款。其优势是在创业初期，向亲友借款比向银行借款容易，且一般来说，亲友都不会要很高的利息，这样可以有效降低中小企业的创业成本。④房产贷款。房产贷款的最大优势就是获取贷款容易，当然，如果生意失败的话，连自己的房子都会搭进去，因此房产贷款的风险很大。⑤商业信用卡。当企业急需资金且不是很多的情况下，可以使用信用卡支付，从而获得短期的融资。⑥天使投资人（Angel Investors）。他是指富裕的个人，他们为处于创业初期、甚至是创意期的创业者提供最初的资金支持，以帮助企业启动并快速成长。而且，天使投资人对高风险、高收益的新兴企业会投资很大的一笔资金（通常大于 200 万美元）。⑦战略投资者。它是指一家大企业，识别有前途的企业，并按一定比例买下对方的企业。比如苹果公司在 iPhone 4S 上的 Siri 应用程序，就是苹果公司的一个战略投资。

（二）中小企业融资的障碍

一个企业从创始到成功，过程也许是漫长的，并且还充满着许多障碍。也就是

说即使你有一个伟大的经营理念，没有筹集到足够的资金，也难以成功。对于中小企业来说，融资的难度就更大了。其原因可能是不完整的金融产品和服务，银行和中小企业双方的信息不对称，企业无法提供足够的抵押品，或企业经营的是高回报高风险的行业等而导致了融资失败。与大企业相比，中小企业的经济增长模式、盈利具有很大的波动性，且成活率低。所以，银行如果打算发放贷款给中小企业，也会使用比大企业高的利率，以弥补一定的投资风险；而中小企业又往往无法支付这部分利息而不得不放弃了贷款。

在2008年年底，美国陷入了严重的金融危机，企业产出和就业的数字急剧下滑。美联储将联邦基金利率降至接近为零，且持续至今。各大银行、金融机构也格外谨慎的投资，对中小企业的支持力度就大不如前了。中小企业所依赖的规模较小的银行也往往不愿放贷，并且提高了贷款标准。因为很多中小企业都是使用房产贷款，而此时房地产的价值却在飞速下滑。更糟糕的是，美国许多小型银行即使谨慎再谨慎了，也还是不能避免破产，这又使得中小企业获取贷款的渠道变得更窄，获取贷款的难度变得更大。

三、美国解决中小企业融资难的积极应对措施

（一）JOBS法案产生的原因

2012年4月5日，美国总统奥巴马签署了"新创意公司快速启动法案"（Jump-start Our Business Startups Act，简称JOBS法案）。该法案旨在通过降低企业筹资的限制，扩宽融资渠道，简化符合IPO发行企业发行的程序，降低成本和复杂性，增加公众认知度，从而鼓励和支持中小型企业的发展，增加更多的就业岗位。

2011年，美国小企业管理局（SBA）前往全国各地考察和访问快速增长的企业，从而了解到帮助这些快速发展的小企业，需要简化一些程序。同时，SBA还了解到，许多小企业都在为筹资而苦恼，不单单贷款这一方面，还有很多想通过股本融资等其他融资方式的小企业也遇到困难。例如，在JOBS法案之前，一个小小的咖啡店想要通过特许经营的方式进行发展被限制，因为特许经营只在认可投资者（accredited investor，也称合格投资者，是指符合一定条件并可对市场进行判断，能对私人有限合伙公司投资的投资者；也是在证券退出市场时接受所发行证券让渡的人或公司）或天使投资人的权利范围内，因此极大地减缓了小企业的发展速度。

美国总统奥巴马一直认为，小企业和新型企业是推动经济复苏和创造就业机会的基石。在过去的15年里，有64%的工作岗位由小企业创造的。这就是为什么他提出了一系列具体建议，并将这些建议变成法案的主要原因，其最终目的是实现经济的快速增长以及增加就业岗位。

（二）JOBS法案的具体内容

JOBS法案主要旨在改善两个方面：一是降低了企业筹资的限制，简化了筹资手续，二是使广大美国公民能够投资私人企业。

企业家们通过JOBS法案将获得的优势主要表现为：①向更多的员工售出股份。在JOBS法案之前，企业家们想通过分配股权给员工的方式筹集资金，但名额被限

制在了 500 人，需向美国证券交易委员会（SEC）进行注册，并承担相应的信息披露义务。而 JOBS 法案将股东数增加为 2000 人。②可以宣传企业正在进行筹集资金的消息。在之前，非上市公司进行筹资的宣传是被禁止的，然而美国证券交易委员会（SEC）已经意识到，随着互联网的普及和如今的科技技术，投资者们可以在投资之前对投资企业做更多的了解，因此放松了私募企业在网上小额融资宣传的限制。③可以筹集大量资本。此前，私营企业每年筹资高达 500 万美元的股权投资，就需要在 SEC 注册。现在，JOBS 法案认为高成本的行业需要更多的资本，所以将限额提高到 5000 万美元。④可以通过众筹投资（Crowdfunding，是通过互联网，融集众多个人的小额投资，来赞助一个项目或企业的做法）的方式筹资。在之前，众筹投资只是被视为一种筹资的形式，若用于商业用途，则被视为非法。而 JOBS 法案明确允许认可投资者合法的进行众筹投资。其中规定包括：第一，网络平台募资每年不超过 100 万美元。第二，单一投资者金额上限：年收入或净资产低于 10 万美元者，可投资金额为 2000 美元或净资产的 5%（取两者的最大额）；年收入或净资产高于 10 万美元者，可投资年收入或净资产的 10%。[4]

如今，JOBS 法案签署的最大收益者之一 Kickstarter 公司，就是众筹投资类型的公司。Kickstarter 网站成立于 2009 年，已成功募集资金多达 6.66 亿美元（此数据在不断更新中）。[5] Kickstarter 为电影、游戏、音乐、艺术和设计等创意领域大大小小的项目，提供一个展示的平台，让其他人对自己喜爱的方案进行"投资"。Kickstarter 的投资者更像是慈善者，不需要还款，大多是收到股权等回报。

（三）JOBS 法案签署后的影响

因为 JOBS 法案减少了企业筹资的限制，不可避免地增加了投资风险，为企业掩盖信息，绕过政府监管提供了更大可能。据《彭博商业周刊》（Bloomberg Businessweek）的报道，美国证券交易委员会并没能在 270 天的期限内，将各项细节规定制定出来，还有很多问题没有能解决，主要有以下七点：

问题一，众筹投资中介如何运作。这里的运作包括中介机构如何融资，如何投资，如何使投资者明白存在的风险，有哪些限制，哪些做法是违法的等细节都有待监管部门给出规定。而与此同时，潜在的众筹投资平台已经迫不及待了。美国证券交易委员会（SEC）官网上写到，即使你现在通过了（SEC）部门的审核并注册成功，但在证券交易委员会颁布完整的细节规则前，是不具备合法运营资格的。

问题二，如何避免以及防范恶意操作。由于众筹投资是基于股权的新体系，证券监管官员和风险资本家们都是前所未见，因此都对可能出现的欺诈活动或非法平台表示忧虑。"我每天都在跟骗子和小偷打交道。如果你认为他们不会利用众筹诈骗投资者，那你真是疯了。"阿肯色州证券专员、北美证券管理者协会（NASAA）会长希思·阿巴舒尔表示。[6]

问题三，州监管部门的职责有哪些。因为州监管部门是由美国证券交易委员会（SEC）监管的，他们如何帮助 SEC 从合法融资方式中检测出非法融资行为？因为 JOBS 法案免除了从 1983 年开始实行的非上市企业通过私募方式募集资金时不得公开宣传的限制，但要求参与其中的投资人均为认可投资人，同时，此类募集将不会因为公开宣传而被视为公开募集。这无疑将州监管部门的工作复杂化了。

问题四，什么时候详细规则生效。很多众筹投资（CROWDFUNGING）企业担心这些法规细则要等到 2014 年才能完成。因为美国证券交易委员会在努力解决法院对成本效应分析等更加严格的要求，从而减缓了所有的进度。

问题五，众筹投资的诚信问题。因为如果投资者在众人筹资中很快损失了自己的钱，他们会感到被欺骗了，同时这个行业的发展也将受到严重的伤害。毕竟众人筹资是将不成熟的发行人和不专业的投资者联系在了一起，不能对此状况表示乐观。

问题六，众筹投资的筹资成本高问题。根据福布斯网上公布的众筹投资公司的筹资成本包括：法律背景调查、第三方会计评估和所有相关法律协议方面的费用。对于少于 50 万美元的筹资，将花费高达 1.25 万美元；对于 50 万美元以上的筹资，将额外花费 2.5 万美元的审计费用。[7]

问题七，IPO 市场上市公司数目的下滑。根据 The Atlantic 网站 2013 年 4 月 5 日的报道显示，JOBS 法律的目的是鼓励小型企业走向市场，但这一年的数据显示，IPOs 下降了 21%。[8] 但这有可能不是 JOBS 法律引起的原因，有可能是企业开始转向在低成本的社会化媒体上经营，比如通过亚马逊、雅虎、Facebook 上的虚拟店面。

四、美国 JOBS 法案的启示

中小企业的发展，是一国经济增长、促进就业和推动创新的根本。美国颁布JOBS 法案，旨在优化新兴企业的发展环境，解决中小企业融资难问题。这的确值得中国借鉴。

首先，根据世界银行《DOING BUSINESS 2013》数据显示，美国创办一个企业只需 6 个程序，花 6 天的时间；而中国，则需要 13 个程序，长达 33 天的时间。[9] 也就是说，我国的程序简化程度还不够，其中还有许多规定需要进行改进。同时，繁琐耗时耗力的融资手续，会使无数有意融资的中小企业望而却步。

其次，我国缺乏与中小企业相匹配的专业中小金融机构和专门为中小企业融资服务的政策性银行，而美国有小企业管理局来帮助管理以及担保贷款，还有当地小型银行提供融资渠道。关于美国小企业管理局这一机构的设置，以及为小企业提供担保的方式非常值得我国学习。

最为不足之处在于我国为中小企业提供的直接融资渠道不成熟，且我国《公司法》规定有限责任公司发行债券其净资产不得少于 6000 万元，股份有限公司净资产不得少于 3000 万元[10]，这些条件限制了中小企业通过发行债券融资的空间。而同样的渠道却为美国中小企业资金运转提供了有利保证。美国采用的是证券发行注册制，证券法对证券发行条件往往不直接作出明确规定。在《证券发行与承诺》中写到："一个公司上市，无须证券交易委员会或任何其他联邦管理机构的批准。任何公司，不论它有多大或多小，无论它是否盈利，不论它重要或不重要，均可上市，只要全面披露证券交易委员会要求的资料，当然，还要有一旦获得此种资料便要购买它的股份的人。"简言之，在美国是市场而不是管理者决定什么样的公司可上市。申请发行者必须提供发行者本身及与证券发行相关的一切信息，并对该信息的真实性、全面性、准确性、及时性承担法律责任。同时假设所有投资者都有依据公开信息做出正确投资判断的能力。如果投资者自愿上当，法律也不予干预或纠偏，因为甘愿受损被视作投资者的权利。然而，事实是大多数投资者很难具备充分的证券投资知识与经验；有许多投资者根本不可能或无机会获得该信息；加上发行人故意夸大证券价值、或规避潜在的不利因素，都可能使投资者受损。所以，从投资安全角度看，公开原则并不能完全保护投资者利益。这也是 JOBS 法案颁布一年了，细则还未出台的主要原因。中国实现的是证券发行核准制，为了保护证券投资者（以广泛存在各种非专业投资者作为其假定前提）的合法利益，证券监管机构对证券发行人的资格及其所发行证券作出审查和决定，以减少劣质证券的存在。然而，执行的结果并不理想。

最后，关于众筹投资这条创新的渠道，为我国解决中小企业融资问题、资本流向等问题提供了新的思路，让我国大量的民间资金能积极地、合法合规地、多元化地流动，解决中小型企业，特别是高新技术公司的融资和扩张的需求。

综上所述，在 JOBS 法案发布后，虽然没有如预期一样增加中小企业上市的数量，并且由于监管的能力、强度与新模式不太匹配，证券交易监管会（SEC）对实施 JOBS 法规的很多具体规则还没能完成，但不可否认，JOBS 法规改变了许多游戏规则，且众筹投资的优势十分明显，比如每年向无数投资者募资最大额 100 万美元，这笔资金对新兴成长型企业非常有用。中国的未来也需要一个符合自身情况的 JOBS 法案，以解决民间融资多投资难、小微企业多融资难的"两多两难"问题。

参考文献

[1] 叶文添. 美国中小企业融资启示 [N]. 中国经营报，2012-11-12，http://news.cb.com.cn/business_13_7041_1.html

[2] 新华 08 网. 央行：将加大中小企业融资扶持力度 [EB/OL]. http://news.xinhua08.com/a/20130329/1145634.shtml? f=arelated，2013-03-29

[3] National Spring 2013 resource guide [EB/OL]. www.sba.gov

[4] Jenny. What does the new crowdfunding law say [EB/OL]. http://www.cuttingedgecapital.com/what-does-the-new-crowdfunding-law-say/，2012-04-02

[5] Kickstarter [EB/OL]. http://www.kickstarter.com/hello? ref=nav

[6] Kurt Wagner. 众筹投资 5 大军规 [EB/OL]. http://www.fortunechina.com/investing/c/2013-03/01/content_146685_2.htm，2013-03-01

[7] David Drake, Soho Loft. What Entrepreneurs Need To Know About Equity Crowdfunding [EB/OL]. http://www.forbes.com/sites/groupthink/2013/02/28/what-entrepreneurs-need-to-know-about-equity-crowdfunding/

[8] Seward, Zachary M. The JOBS Act Turns 1—and It's an Utter Failure. [EB/OL]. The Atlantic. http://www.theatlantic.com/business/archive/2013/04/the-jobs-act-turns-1-and-its-an-utter-failure/274732/，2013-04-05

[9] Doing Business. Doing Business 2013 reform simulator [DB/OL]. http://www.doingbusiness.org/reforms/reform-simulator

[10] 姚振华. 中小企业发展困境及对策研究 [EB/OL]. http://www.china-esc.org.cn/news.asp? id=577.

论民营银行市场准入的
法律法规约束

朱怀庆①

【 西华大学经济与贸易学院　四川成都　610039 】

[摘要] 本文主要梳理了民间资本兴办民营银行的法律法规，结果表明在法律法规方面，民间资本兴办民营银行没有任何障碍，只是在审批环节监管层出于各种考虑才使得真正的民营银行难以产生。随着国际、国内经济形势的变化以及新一轮金融改革的开展，民间资本期盼了十几年的民营银行梦即将实现。

[关键词] 民营银行　市场准入　法律法规　约束

一、引言

继 2013 年 6 月 20 日国务院常务会议提出"探索设立民营银行"之后，国务院办公厅于 7 月 5 日下发了《关于金融支持经济结构调整和转型升级的指导意见》（下称"金融'国十条'"），明确提出"扩大民间资本进入金融业"，"尝试由民间资本发起设立自担风险的民营银行、金融租赁公司和消费金融公司等金融机构"。

金融"国十条"出台后，民间资本兴办民营银行顿时成为金融改革进入深水区的最热门话题之一，人们苦苦等待多年的民营银行终于开闸，众多企业积极表态将参与发起各地的"首家"民营银行。然而，有专家表示现在民间资本参股银行，主要的难点有两个：一个是政府的审批细则还没有出台，具体怎么申报，有什么申报条件，通过什么程序都不清楚；第二个就是如何防范风险。关于如何防范风险，银监会主席尚福林在年中工作会上，首次对外披露了设立民营金融机构的基本要求。据上海证券报报道，这一基本要求是：自担风险民营金融机构的要义在于发起人承诺风险兜底，避免经营失败损害存款人、债权人和纳税人利益。

有学者认为，这个要求是对"自担风险"的进一步解读。但从这一基本要求尚无法推测出银监会对于民营银行等机构的进入门槛会如何确定。如是，本文拟分析民营银行准入监管的法律法规约束问题。

---

① 朱怀庆，男，西华大学经济与贸易学院，副教授，主要研究方向：金融理论与实践。

二、对民营银行需要设一定的准入门槛

在新办民营银行的准入监管中，设立较高的进入门槛应该说是有意义的。[1] 由于较高的进入门槛可以提高银行业的特许经营权价值（Franchise Value），这就使得新办的民营银行有动力成为一个长期经营者，而不愿意因失去特许经营权而退出市场为代价去冒过大的风险。正如卡普里奥和萨默斯（1993）以及赫尔曼、穆尔多克和斯蒂格利茨等所指出的：最高利率限制和进入限制创造了租金，使得银行的经营特许证对该证的持有人来说更有价值，正是失去这一有价值的经营特许证的风险使得银行成为更稳定的金融机构，有动力监督贷款公司，管理贷款组合的风险。如果一项改革，例如金融自由化导致了银行业的过度竞争、利润的下降，那么特许权价值就会丧失，从而扭曲风险激励制度。除非在改革中恰当加强审慎监管，并对激励制度做出重新安排，否则，特许权价值的降低就有可能导致金融体系更加脆弱化。[2] 在这方面，俄罗斯金融自由化失败的经验值得我们认真吸取教训。

一般说来，用以衡量银行特许权价值的基本指标主要有：资本充足率（权益的账面价值/总资产）、流动性（流动资产/总资产）、存款占全部负债的份额、银行集中度（前 n 家最大银行的资产/全部银行资产）和外国银行的占有率（外国银行的资产/全部银行资产）。由于较高的市场集中度和较低的外国银行占有率意味着国内银行有更大的垄断力量，因而具有较高的特许权价值。

三、早期法规对民营银行准入的约束

所谓民营银行就是"自有资产、自主经营、自享利润"的银行（曾康霖，2003）。或按邱兆祥教授的定义："民营银行是指同时具备下列条件的商业银行：①资本金主要来自民间；②由民间资本控股经营；③人事任免权真正属于股东大会及董事会"（邱兆祥，2000）。

对于民营银行的产生和发展来说，在中国是由国家的现行法律制度和经济政策共同约束的。实际上国家的经济政策或偏好对民营银行的产生具有更强的约束力。因为，即使在法律建立起来的情况下，也往往通过法律赋予国家相关职能部门以审批权（即部门规章），这恰好是民间资本难以进入银行业的要害所在。

从法律上来说，民营银行的准入是没有任何障碍的，但是，国家的经济政策也是国家调控国民经济的重要手段，而国家的经济政策在对新设民营银行的审批上是非常谨慎的，以至于至今没有批准一家真正意义上的民营银行，[3] 从这里也充分体

---

[1]　较高的进入门槛只针对新办民营银行。对于民间资本改造现有的地方城市商业银行和信用社而进入银行业来说，由于对其改造本身就花费了巨大的改造成本，即通常所说的"壳资源"的代价，这已经就是一种较高的进入门槛了。

[2]　Hellmann, Thomas, Kevin Murdock, and Joseph Stiglitz, 1994, Addressing moral Hazard in Baking: Deposit Rate control VS. Capital Raqrirents, mimeo, Stand ford university.

[3]　民间资本占有 70% 股份的民生银行和民间资本占有 85% 的浙商银行虽然绝大部分股本为民间所有，但它们不符合民营银行的定义，可以说是民有国营的银行。

现了国家经济政策对调控经济生活的巨大作用。国家的经济政策历来就是不允许私人兴办银行的，虽然国家法律对民间资本兴办银行没有歧视性条款，而在审批的过程中却有歧视性政策。

我国 1995 年颁布实施的《商业银行法》，对银行的准入限制体现在下列条款中：

第十一条　设立商业银行，应当经中国人民银行审查批准。

未经中国人民银行批准，任何单位和个人不得从事吸收公众存款等商业银行业务，任何单位不得在名称中使用"银行"字样。

第十二条　设立商业银行，应当具备下列条件：

（一）有符合本法和《中华人民共和国公司法》规定的章程；

（二）有符合本法规定的注册资本最低限额；

（三）有具备任职专业知识和业务工作经验的董事长（行长）、总经理和其他高级管理人员；

（四）有健全的组织机构和管理制度；

（五）有符合要求的营业场所、安全防范措施和与业务有关的其他设施。

中国人民银行审查设立申请时，应当考虑经济发展的需要和银行业竞争的状况。

第十三条　设立商业银行的注册资本最低限额为十亿元人民币。城市合作商业银行的注册资本最低限额为一亿元人民币，农村合作商业银行的注册资本最低限额为五千万元人民币。注册资本应当是实缴资本。

从法律的角度来看，这几例条款并没有显示出对民间资本设立银行有任何限制。然而，实际情况却是民间资本虽然具有进入银行领域的强烈愿望，但民营银行至今仍未获得批准设立。也许一个重要原因在于《商业银行法》第十二条的一句话："中国人民银行审查设立申请时，应当考虑经济发展的需要和银行业竞争的状况。"这非常值得认真思考。何种经济发展的状况才可以新设民营银行？银行业的竞争在何种状况下才可以允许民营银行设立？而这些需要和状况的出现根据什么标准来判断？是由市场来决定还是由行政来决定？

中国新设银行实行的是审批制，在此制度下，政府必然会根据其偏好和对经济形式的判断做出是否批准的决策。这种情况往往体现在审批部门的规章制度上。长期以来，中国实行的是计划经济模式，是强政府、弱市场的格局。在传统体制下，银行业始终被当作国有经济的专属领地，在理论上认为银行作为国民经济的命脉只能牢牢地掌握在国家（政府）的手中，任何国有经济以外的其他经济成分进入这一领域都会被认为将损害社会的整体利益而被禁止。因此，在传统体制下，银行业是垄断程度最高、最不按经济规律办事的一个经营部门，银行业被当作一个关系国计民生的特殊行业只能保持适度竞争防止过度竞争。即使在改革开放数年后的 1995 年制定的《商业银行法》仍然体现了这一思路。

根据制度经济学的理论，制度选择和制度变革是人们的一种行为，即制度行为。生活在同一制度安排和制度结构中的人们由于在制度选择和制度变革中处于不同的地位起着不同的作用，具有不同的行为，扮演不同的角色。这种行为和角色大致分为两类：一部分人或利益集团在制度选择和制度变革中处于主动地位，称为制度的决定者；另一部分人或利益集团在制度选择和制度变革中处于被动地位，起着从属的作用，称为制度的接受者。同时，任何一项制度安排和制度选择都不是随意决定的，而是人们依据费用——效益分析进行权衡的结果，制度变迁也是如此。法律制度的供给是政府以及相关的利益集团。政府在提供法律制度的时候必然会进行成本收益的权衡。

在改革开放的前期，国家控制金融的收益是大于成本的。在这种情况下，制度供给者自然不会允许民间资本参与金融资源的利用和分配。然而从1992年开始，国家控制金融的成本大于其收益（张杰，1997），同时，民间资本越来越成为国民经济的重要力量。这时的制度从均衡到非均衡，内生出制度变迁的现实需求。

四、当前法规对民营银行准入的约束

影响制度变迁的因素尽管十分繁杂，但基本上可以概括为三大类：经济因素、政治因素和意识形态因素（张曙光，1992）。从经济因素来说，国家控制金融的成本（维持现行制度的成本）大于其收益和民营经济的日益扩张（相应的是国有经济的收缩），产生了制度接受者对新制度的需求和制度提供者对新制度的供给动力。从政治因素来说，民营经济的发展对社会的稳定起着决定性的作用，这有助于国家追求政治利益最大化。从意识形态的因素来说，人们逐步认识到不能机械地理解经典作家关于国家必须控制银行的论述；国家控制金融的正确方式应该体现在其控制力上，[①] 而不是体现在全部实行国家所有制上。

正是这些影响制度变迁的各种因素的促进，在2003年12月27日第十届全国人民代表大会常务委员会第六次会议上通过了《关于修改〈中华人民共和国商业银行法〉的决定》修正案）并已在2004年2月1日施行。修订过的《商业银行法》将第十二条的"中国人民银行审查设立申请时，应当考虑经济发展的需要和银行业竞争的状况。"改为"设立商业银行，还应当符合其他审慎性条件"。

审慎性条件的内涵是什么呢？银监会将"审慎"的要求具体细化为六个方面：

一是新设银行法人机构应在公司治理结构方面有所创新；

二是必须能控制住关联交易和关联贷款风险；

三是政府不干预银行的日常经营；

四是银行发起人股东中应当包括合格的境外战略投资者；

五是银行应建立自我约束、自我激励的人事管理制度，拥有高素质的专业人才；

六是银行应具备有效的资本约束、资产负债比例管理约束和风险管理约束机制。

由上述来看，对民营银行的准入不仅在法律上没有障碍，从国家的经济政策来说，也体现了解禁民营银行准入的迹象。然而，弹指一挥间，近十年时间过去了，民营银行仍处于难产的状态。

---

① 比如实行强有力的监管、政策的引导和调控。

五、结语

近十年来，中国金融领域经历了全球金融风暴、流动性泛滥、钱荒等一系列事件，特别是民间融资多次发生高息揽储和跑路潮事件以及产业空心化等问题。如何疏导民间资金的流动，如何让地下金融走上地面，让这些资金合法化并向实体经济流动成为监管层迫切需要解决的问题。特别是在新一轮金融改革的大背景下，监管层已透露出允许民间资本控股经营民营银行的信息，最终停滞了十几年的兴办民营银行再一次点燃了民间资本的热情。

参考文献

［1］朱怀庆，兰虹. 中国经济市场化进程中的民营银行问题研究［M］. 北京：经济日报出版社，2007.

［2］徐滇庆. 金融改革路在何方——民营银行200问［M］. 北京：北京大学出版社，2002.

［3］曾康霖. 民营银行：敏感而需要讨论的金融热点话题［J］. 财经论丛，2003（1）.

［4］邱兆祥. 发展民营银行是市场经济的需求［N］. 金融时报，2000-12-09.

［5］朱怀庆，丁力. 论民营银行的市场准入监管策略［J］. 广西农村金融研究，2005（4）.

［6］侯美丽. 民营银行破冰 梦想能否照进现实［N］. 中国经济时报，2013-07-25.

［7］积极推进中国银行业转型发展——尚福林在2013年陆家嘴论坛上的讲话［EB/OL］. http://wallstreetcn.com/node/48512.

证券电子商务的若干法律问题研究

卓武扬 周鑫睿 甘 璐①

【西华大学经济与贸易学院 四川成都 610039】

[摘要] 面对迅速发展的证券电子商务，法律应作出什么样的态度已成为直接促进或制约证券电子商务进一步发展的关键因素之一。在对当前我国证券电子商务存在的问题进行较为系统地梳理的前提下，本文从网上证券发行、网上证券交易、证券电子商务监管及其他法律问题等几个方面，提出一些值得重点关注和思考的法律问题。

[关键词] 互联网 证券交易 电子商务 法律问题

一、引言

证券电子商务是证券行业以互联网络为媒介为客户提供的一种全新商业服务，它是一种信息无偿、交易有偿的网络服务，它是运用最先进的信息与网络技术对券商原有业务体系中的各类资源及业务流程进行重组，使用户与内部工作人员通过互联网就可开展业务与提供服务。证券市场是一个快速多变、充满生机的市场，在证券市场发展过程中，证券电子商务建设起到了积极的推动作用。一方面，证券市场品种的创新、交易结算的变革，源源不断地为证券电子商务化建设提出新的需求和课题；另一方面，证券电子商务化建设又为证券市场的发展创新提供了系统和网络方面的支持，两者在相互依存、相互促进的过程中得到了快速发展。目前互联网电子商务是国际上最通行最安全最便宜的证券交易方式，带来证券市场革命性的变革，既能极大地促进证券市场的发展，同时也存在诸多亟待规范和解决的问题。尤其是需要关注证券电子商务的基本法律问题，在立法完善和法律规制方面加以研究和解决，使证券电子商务在法律规范下良性运转，进而促进证券市场的健康快速发展。

一般而言，证券电子商务包括网上证券发行、网上证券交易、电子支付和电子

---

① 卓武扬，1975 年生，男，四川泸州人。经济学博士，金融学、商法学博士后，现为西华大学教授，主要研究方向为金融制度、金融法律及法律经济分析。

周鑫睿，1990 年生，女，四川眉山人，西华大学经济与贸易学院 2013 级公司金融专业硕士研究生。

甘璐，1989 年生，女，四川西昌人，西华大学经济与贸易学院 2013 级公司金融专业硕士研究生。

信息服务等几方面内容，各个方面均涉及立法完善、依法监管等问题。下文就网上证券发行、网上证券交易、证券电子商务监管和法律责任等方面探讨其中值得重点关注和思考的一些问题。

二、网上证券发行的法律问题

网上证券发行是由证券发行者借助互联网络发行证券进行融资，通过主承销商与投资者之间进行的交易活动，网上路演已成为现今网上证券发行的一个重要方面。证券发行者通过互联网所发行的是电子证券，这就存在一个电子证券的法律地位问题。电子证券是完全以电子数据形式存在于证券发行人、证券中介机构、证券中央登记和结算机构的计算机终端内，相比于凭证式证券，其存在形式是电子化的、无纸化的。证券市场的实践说明，电子证券的存在形式的不同，并没有阻碍电子证券与凭证式证券一样，实践证明投资者证券权益的功能。投资者在中介机构内的证券账户上所记录的电子簿记记录，已经被证券市场接纳为证明其证券所有者地位的依据。与证券市场对电子证券地位的认同相比，证券法律制度对电子证券的法律地位没有作出明确的回应。为避免因此而产生的法律风险，避免因证券法律制度的不明确而使证券投资者产生担忧疑惑，国家的证券立法应对此进行完善。我国证券法律制度有必要对电子数据形式存在的电子证券的法律地位予以确认，明确其同样是证明证券上权益的凭证，其所有者与凭证式证券所有者享有同等的证券上权益。这是网上证券发行得以广泛发展的基本制度保障。

与电子证券法律地位相对应的是，电子簿记记录的法律效力需要在证券法律制度上予以明确。对网上发行的电子证券而言，电子证券对应的证券账户上的电子簿记记录是证明电子证券所有者权益的凭证。因此，证券电子簿记记录是关乎电子证券所有权归属状态的重要法律文件。电子簿记记录是证明电子证券权属状态的唯一依据吗？或者说，判断电子证券的权属状态时是否只能以电子簿记记录为唯一准绳？对此问题，学术界存在不同的认识。有学者认为不应一概否认未在簿记中登记的证券权益，应该通过法律规则明确规定簿记登记的权益与未进行簿记登记的权益之间的效力确认规则。另有学者认为这不恰当，会引发电子簿记记录的信任危机。[1] 因为电子簿记记录具有记载证券权益变动的功用，带有公示的效力。如果允许未经登记的证券权属变动与电子簿记记录对抗，会引发电子簿记记录丧失公信力的后果，而这对于确保交易证券的权属状态确定化，保障交易安全、迅捷是非常不利的。因而，在我国证券立法中应明确规定电子簿记记录是证明电子证券权属状态的唯一依据。

完善网上证券发行的法律制度，还包括网上发行方式、发行信息披露、网上路演、网上募集资金和信息安全等方面法律规定的完善。

三、网上证券交易的法律问题

网上证券交易是指投资者利用互联网网络资源，获取即时的证券价格信息，通过互联网委托下单实现实时交易。网上证券交易首先涉及投资者的身份确认。随着网上证券交易的快速发展，身份识别与认证越来越成为一个关键问题。我国《网上证券委托管理暂行办法》规定，网上委托系统中有关数据安全、身份识别等关键技术产品，要通过国家权威机构的安全性测评。对信息安全产品的管理，国家有关机构已颁布了相应的法律法规，证券行业须严格遵守。然而，目前的身份识别与认证管理是结果管理型的，忽视了对证券电子商务过程中的研究。法律的盲点在于证券电子商务过程中应该有哪些身份，要分层次地进行身份识别与认证的管理，并界定相应的认证机构的层次性。[2]另外，与身份识别、认证的相关责任的明确界定及违规裁决，特别是安全责任的划分，各主体的权利和义务也需要相应的配套法规。

与传统证券交易一样，网上证券交易有着较为重要的合同法律关系；而与传统证券交易不同的是，网上证券交易的合同法律关系更为复杂：它使证券市场有着更广泛的参与者或关系人，从而形成错综复杂的合同网络。网上证券交易的市场参与者是指参与网上证券交易流程所涉及的所有各方当事人，包括交易双方、各自的代理商（证券经纪商）、与券商合作的互联网服务提供商、提供银证转账业务的商业银行、提供交易场所的证券交易所、为网上证券交易系统提供通讯服务的电信公司、提供通讯和数据传输服务的卫星通讯公司、提供动力和能源的电力公司、提供系统运作所需软件的开发商、系统机器设备的硬件制造商。[3]这些主体在交易的不同阶段组成了错综复杂的合同关系，而每一层关系都可能对网上证券交易产生影响。在这些合同关系中，有一个问题值得注意：合同格式条款及其法律效力问题。从合同的种类而言，网上证券交易的参与者之间可能有包括证券委托买卖、供电服务、通讯线路租赁等众多合同。这些合同大多数是标准文本的格式合同，所以涉及格式合同免责条款的法律问题。对这些格式合同，应注重适用《合同法》对其责任条款法律效力的规范。

在网上证券交易中，还涉及交易系统的法律性质和准入资格问题。在美国，互联网电子交易系统逐渐取代传统经纪人、券商和实物交易所的功能。我们是否将网上证券交易系统视为证券经纪人、券商或交易所的延伸，进行相应的登记注册和审批核准？进一步说，是否允许非证券交易经纪商，例如IT企业涉足网上证券交易，让证券投资者在类似于淘宝一样的证券交易平台上直接买卖证券，并交付清算，这其中有一个保护投资者利益、实施证券业监管与降低交易成本提升市场效率、促进证券市场发展的立法平衡问题。

四、证券电子商务监管

计算机电子技术的迅猛发展，为证券交易活动的参与者提供了巨大便利，却使证券市场监管者面临不少新的法律问题。电子化交易不仅涉及监管机构监管职能范围和风险防范问题，甚至事关证券市场安全和秩序的根本问题。与传统交易方式相比，电子化交易由于融入信息化的高新技术，单从技术层面上就产生了更大的不确定性和风险性，而由技术创新引发的金融创新也会产生更大的金融风险。因此，控制风险、保障安全是证券电子商务发展的基础性问题，而这必然对监管提出较高的要求。证券电子商务监管涉及市场准入、竞争和信息披露等方面的法律事项。首先，为保证证券电子商务的安全，立法需设置市场准入的条件并由监管机构监督落实，这些条件至少应包括以下几方面：第一，必要的设施和技术条件。证券电子商务不仅要求券商备有主机、后台数据库、应用服务器、报价服务器等设施，而且要有隔离网上交易系统和其他业务系统、识别投资者身份、加密传送、实时监控和防范非法访问等技术。为了有效保护投资者的利益，上述关键技术设施应通过国家权威机构的安全性测评。第二，完善的业务工作程序。券商应就投资者开立账户、签订委托合同、下达交易指令、资金划拨等工作程序作出详细规定。这些规定既要体现以对交易安全的维护，又要利于提高券商的经营效率。第三，健全的内部管理制度。由于证券电子商务具有开放性、流动性的特点，极小的疏忽都可能造成巨大的系统性风险，因此，证券公司必须具备健全的内部管理制度。立法应对证券公司的技术与系统安全管理、交易数据管理、服务管理、相关岗位与人员管理等作出具体要求。以上标准和条件，在立法作出规定后，由证券电子商务的监管机构负责监督落实。其次，证券电子商务的竞争需要监管机构规范。一是电子化证券交易与传统交易的竞争，电子化交易系统与传统交易所之间的竞争，需要作出监管的法律规定。二是券商产品和服务的差异化竞争。随着证券市场的进一步发展，券商之间的竞争不再是以往佣金折扣争夺客户的低质状态，而是以优质化、创新化、差异化的产品和服务来取得竞争的优势。在这个过程中，难免会出现券商竞争的不规范甚至混乱无序，一些竞争行为逾越法律许可、触及监管边界等情况，这就要求法律明确界定监管机构对券商竞争的监管职责、范围和权限。三是佣金制度改革。佣金自由化是市场化的重要体现，它有助于证券电子商务的迅速发展。通过实施电子商务，券商的成本有了不同程度的降低，这是佣金自由化的基础之一。但是佣金自由化并不等于放松对佣金的监管，恰恰相反，科学合理的佣金制度可以促进证券电子商务发展，佣金制度的改革和实施更应是证券电子商务监管的关键内容。此外，证券电子商务监管还有一个重要内容是电子信息披露，即对网上证券发行、网上证券交易等环节电子信息披露的监管。这需要完善相应的立法并由监管机构实施，包括以下方面：其一，明确券商应向投资者披露的内容和标准。除传统交易应披露的内容外，证券电子商务还应披露电子化交易的风险揭示、方法与手段、可能出现的问题及其处置办法，以及对券商向投资者传递电子信息的技术性标准作出规定。其二，加强对披露网站的监管。可对披露网站实行许可制度，或设立统一披露信息的权威网站，并加强对网站内容的监管，重点主要包括券商的网上投资咨询是否违背有关投资咨询方面的法规，网站中是否有虚假的、误导性的信息内容。

五、证券电子商务风险承担与法律责任

网上证券交易与传统证券交易的不同之处，不仅是不同的交易方式和载体，更在于网上证券交易有着较大的技术风险、操作风险、信息失真的风险以及第三人侵权的风险。要促进证券电子商务的发展，就必须建立公平的风险承担规则，尽量消除投资者参与证券电子商务的担忧和疑虑。公平的风险承担规则，应该分别从证券电子商务的技术风险、操作风险、信息失真风险和第三人侵权风险等方面分别着手进行立法完善和监管落实。以其最具特征性的技术风险为例，证券电子商务技术风险承担的具体规则包括：①可控性规则：风险分配给较有能力控制风险的一方；②可预见性规则：风险分配给较有经验或能够预见风险的一方；③效率规则：当事人均无法预见和控制风险时，风险分配给能够有效率地处置风险的一方；④经济能力规则：当事人均无法预见和控制风险，且风险由任何一方承担均不符合效率规则时，由经济能力较强的一方承担风险。[4]在这样的规则界定下，证券电子商务的技术风险就可以较为公平有效地进行分配，并由风险承担者担负相应的法律责任。例如网络券商的设备故障、交易系统故障、感染计算机病毒、网上黑客的攻击、电子故障等原因导致投资者的委托指令无法被执行的风险，由网络券商承担，其立法理由是可控性规则，即网络券商能够通过设备完善和技术措施防止这些问题。投资者自己的电脑感染病毒或被黑客非法入侵的风险，由投资者承担，立法理由是可预见性和可控制性，即投资者应采取措施预防和控制自己的电脑发生风险。这些风险发生后造成损失的，则由相应的风险承担者担负相应的法律责任。

六、其他法律问题

关于证券电子商务还有其他方面的法律问题，例如支付结算，主要是关于银证统一结算的问题。银证统一结算在技术上虽然可行，但在法律上还是应该设置制度障碍，主要理由是需要隔离证券和银行的风险。中国金融的现实要求不应过于超前地进行金融深化，更应防范金融业务交叉融合所带来的风险，因此，为了隔离证券交易和商业银行业务的风险，还应从制度上要求银行和证券各自的技术系统应当独立，保持银证转账的支付方式，现目前不宜实行银证统一结算。此外，还有管辖权、个人信用、隐私保护等，在中国证券电子商务的发展中都是一些需要关注和研究，并从法律角度加以解决的问题。

证券电子商务在高速发展中尚存在诸多问题，特别是其中的法律问题更亟待研究解决，因为良好的法律环境是证券市场健康发展的基本保障。以上仅是提出一些值得重点关注和思考的问题，而深入地研究这些问题，找到相应的解决办法和对策，则是我们需要进一步为之努力的任务。

参考文献

[1] 王静. 电子证券的基本法律问题 [J]. 首都师范大学学报：社会科学版，2006 (5).

[2] 唐光海，曾慧. 电子商务下证券发展中存在的司法问题及其监管对策 [J]. 科技信息，2006 (1).

[3] 郑顺炎. 证券电子交易的合同法律问题——证券电子化交易的法律问题 [J]. 金融法苑，2001 (10).

[4] 崔聪聪，巩姗姗. 论网络证券交易技术风险承担规则 [J]. 广西政法管理干部学院学报，2007 (1).

[5] 袁翔珠. 我国证券电子商务的法律问题探析 [J]. 北京邮电大学学报：社

会科学版，2002（7）.

[6] 史红玉. 从立法上完善网络证券交易的风险承担 [J]. 北方经贸，2007（11）.

[7] 张丽琴，文杰. 完善我国网上证券交易立法的思考 [J]. 甘肃理论学刊，2003（5）.

[8] 刘喆. 我国网上证券交易立法研究 [D]. 北京：北京交通大学硕士学位论文，2008.

金融制度研究

JINRONG ZHIDU YANJIU

境内上市公司现金分红制度的完善

凌廷友[①]

【 西华大学经济与贸易学院 四川成都 610039 】

[摘要] 随着一系列规范和鼓励上市公司现金分红政策的发布和实施，中国上市公司分红水平稳步提高，多项指标接近国际平均水平。但中国上市公司持续、稳定和透明的分红机制尚未完全建立。监管部门的一系列强化上市公司现金分红的政策，对于我国股票市场虽有一定的必要性，但其弊端也不容忽视。因此论文建议在尊重上市公司分红自主权基础上，以提高投资者收益为最终目标，完善上市公司分红机制建设。

[关键词] 上市公司 现金 红利 投资

上市公司持续稳定的分红是投资者获得回报的重要途径，是增强股票市场长期投资吸引力的必要条件，也是资本市场平稳运行的重要基石。特别是在当前股市低迷的情况下，上市公司持续稳定的分红可以成为提高股市吸引力的一项重要措施。近年来，虽然我国境内上市公司的总体现金分红状况有了很大提高，但上市公司现金分红政策的透明度、稳定性和持续性仍然需要进一步加强，应在尊重上市公司分红自治权的基础上完善现金分红制度，提高上市公司市场价值和投资回报水平。

一、上市公司现金分红的状况

近年来，随着监管部门一系列规范、引导和鼓励上市公司现金分红政策的发布和实施，中国上市公司分红水平稳步提高，上市公司的分红公司占比、分红总额、分红比例、股息率、分红持续性和透明度等多项指标都有了较大改善，基本接近国外成熟市场的平均水平，上市公司的长期投资价值逐步凸显。

（一）分红上市公司所占比例较高

2001 年以来，年度分红公司占所有上市公司的比例由原来的 30% 左右提高到2011 年的 68%。从 2009、2010 和 2011 这三年的数据看，实施现金分红的上市公司家数分别为 1006、1321 和 1613 家，占上市公司总数的比例分别为 55%、61% 和68%，不仅明显高于韩国、中国香港地区、新加坡、中国台湾地区等新兴市场，也

---

① 凌廷友，男，西华大学经济与贸易学院副教授，主要研究方向：金融投资和国际贸易。

高于美国、英国、德国等欧美成熟市场（表1）。

表1　　　　　　　　　2008—2011年上市公司分红概况

年度	分红公司占比（%）	分红金额（亿元）	分红比例（%）
2008	52	3423	41.69
2009	55	3890	35.85
2010	61	5006	30.09
2011	68	5983	31.31

资料来源：中国证监会网站 http://www.csrc.gov.cn/pub/newsite

（二）上市公司分红总额稳定增长

近年来我国上市公司的现金分红金额呈稳步提高态势。2012年中国境内上市公司实际现金分红近6000亿元，较2011年增长约20%，与前几年一样保持了较快的增长速度。

（三）上市公司分红比例合理稳定

近年上市公司分配利润占总利润的比率保持在30%~40%的水平，不仅高于韩国、中国香港地区、新加坡等新兴市场，还高于美国、德国等成熟市场，与英国、日本等市场基本持平。

（四）股息率水平与成熟市场基本持平

2012年沪深300指数公司的股息率达2.66%，而标普500指数为2.24%，反映出我国大型上市公司特别是蓝筹公司股息率已经高于新兴市场和部分成熟市场，与市场规模相近的美国、英国等成熟市场相比大致持平。

（五）分红集中化趋势明显

现金分红的集中度反映了现金红利的来源分布状况，集中度较高的股市，现金分红主要来源于少数上市公司。中国股市的红利集中化趋势比较明显，分红最多的50家公司的分红金额占全部上市公司分红额的比重接近甚至超过80%，分红最多的前100家公司的分红金额占比则超过了八成。红利集中化反映了公司盈利集中化的趋势，但与欧美国家不同的是，我国股市的红利集中化主要是由于大型商业银行、保险公司以及中石化、中石油等一批中字头中央企业的集中上市所导致的。这些大型金融机构和央企不仅盈利额较大，而且其国有大股东往往有硬性的现金分红的要求，从而使得这些上市公司成为股市利润和现金红利的主要贡献者。当然，随着我国主要的大型金融机构和央企的集中上市基本完成，股市现金分红集中度有可能在未来一个时期内会保持相对稳定。

（六）上市公司透明、持续、稳定的分红机制初步形成

截至2011年，我国境内上市公司连续5年以上进行现金分红的公司为占全部上市公司的比例超过30%，连续10年以上进行现金分红的公司超过10%，分红持续性优于韩国、中国香港地区、新加坡、中国台湾地区等新兴市场，接近于美国、德国、英国和日本等成熟市场水平。上市公司透明、持续、稳定的分红机制初具雏形，

良好的红利分配有望成为上市公司投资价值的重要组成部分和投资者获取投资收益的重要源泉。

二、上市公司现金分红存在的问题

（一）分红与融资不匹配

据有关资料显示，从1990年年末到2010年年末20年间，上市公司从市场获得的融资总额高达4.3万亿元，但同期现金分红总额却只有1.8万亿元。2001年至2010年的10年间，虽然境内上市公司分红总额增加了10.62倍，但同期未分配利润总额却增加了62.42倍。此外，截至2010年末，上市时间超过5年且5年内从未分红的上市公司已高达414家，而超过10年没有对投资者进行过分红的上市公司也达到了近百家。

（二）分红占利润比有下降趋势

从2008年以来，上市公司现金分红金额总量持续增长，但分红金额占当年实现利润的比例却从2008年最高的42%下降到2011年的31%，出现了明显的下降趋势。

（三）为了融资突击分红

为了满足监管规定或者为了维护原有股东利益，上市公司在融资前突击分红的现象在中国资本市场普遍存在。根据相关政策，"最近三年以现金方式累计分配的利润不少于最近三年实现的年均可分配利润的百分之三十"成为公开发行股票的必备条件。于是，连续多年未分红或分红较少的股份公司不得不在上市之前大规模突击分红，以获得融资的资格。但是，上市前大规模现金分红的结果是，原有股东获得了红利的独享。虽然从理论上讲，如果公司在上市前过度分红，其新股发行价格就会做出相应反应，市场可以通过自身力量对公司分红行为进行约束。但是，在中国现形的新股发行体制下，显然市场自身的约束力量还是远远不够的。

同理，公司上市后，监管部门也将公司分红与再融资相挂钩。但一些上市公司并没有稳定的分红记录，为了获得再融资资格和增加融资金额而突击分红送股，相继实施两个方向相反的行为，分红动机明显异化。

（四）上市后短期内过度分红

有些上市公司，特别是个人实质控股的一些中小上市公司，在高价发行新股上市后不久就进行大规模的分红派现。结果，初始成本很低的原有股东通过分红大量收回投资和获得现金流量，实际上是一种变相的套现行为，这种分红并不利于公司的长远发展和新的中小股东的利益。

（五）上市公司分红机制不完善

为了维持股价的相对稳定，保证投资者利益，上市公司应该维持稳定的股利支付水平。但是，我国上市公司股利政策总体上缺乏连续性，表现为频繁变动股利支付水平和股利支付的具体方式，上市公司还没有完全建立透明的股利政策和长期的分红措施，相当数量的上市公司分红不连续、不稳定。以沪市为例，截至2011年底，连续三年分配现金红利的公司有347家，仅占上市满三年企业的40%；沪市有20家上市时间超过十年的公司从未发放过现金红利。

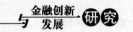

（六）实物分红引发争议

除了现金分红之外，以品尝、试用为名义的实物分红也越来越多，黑芝麻乳、龟苓膏、安全套、纪念版钢琴等也成为有关上市公司现金分红的替代品，这引发了市场争议。

三、现金分红监管政策的问题

上市公司是资本市场发展的基石。随着上市公司的成长和发展，给予投资者合理的投资回报，为投资者提供分享经济增长成果的机会，是上市公司应尽的责任和义务。现金分红是实现投资回报的重要形式，更是培育资本市场长期投资理念，增强资本市场活力和吸引力的重要途径。为进一步增强上市公司现金分红的透明度，便于投资者形成稳定的回报预期，证券监管部门采取了一系列的政策措施。较新的规定是，2008年中国证监会发布《关于上市公司现金分红若干规定的决定》，进一步细化了分红政策要求，明确把"最近三年以现金方式累计分配的利润不少于最近三年实现的年均可分配利润的30%"作为上市公司再融资的条件之一。2012年证监会发布《关于进一步落实上市公司现金分红有关事项的通知》，要求上市公司进一步强化回报股东的意识，制订明确的分红规划，完善利润分配事项的决策程序和机制。

为贯彻落实证监会《关于进一步落实上市公司现金分红有关事项的通知》的要求，引导和规范上市公司现金分红，促进证券市场健康发展，2013年1月，上交所发布实施《上海证券交易所上市公司现金分红指引》，力图引导和推动上市公司建立持续、稳定、科学和透明的现金分红机制的基本理念。特别是，指引设置了现金分红水平的衡量基准，将30%和50%分别作为平均分红水平和高分红水平的衡量基准。在此基础上，针对具体执行过程中可能存在的不同情形，分别规定了相应的约束性措施和鼓励性措施。

近年来，证监会和交易所相继出台的一系列"半强制"的现金分红政策及规定，对于股东回报意识淡薄的我国股票市场而言，虽然十分必要，但强化分红政策的局限性也不容忽视。

（一）分红政策影响了企业的自主权

从短期来看，监管机构出台的半强制现金分红政策确实在一定程度上有助于提高投资者回报，起到稳定股市的作用。但从长期来看，这种对所有上市公司一视同仁的半强制现金分红政策没有考虑到不同上市公司不同发展阶段的不同情况，也有干预上市公司经营管理决策自主权的嫌疑。上市公司的股利政策本来是其公司价值管理的组成部分，如果公司对净利润的运用不能够提高公司整体价值，那么就应当将多余的现金分派给股东，由股东来自由支配。目前，无论是理论上还是实践上都不能给出一个适用于所有类型上市公司的最优股利分配标准。因此在理想状态下，即不存在代理问题的话，分散决策是制定上市公司股利政策的最佳选择[1]。

（二）分红政策未能明显提高投资收益

最为关键的是，从投资者和市场反应来看，大家并不领情。虽然分红较多的蓝筹类上市公司价格波动幅度较小，但其股票价格普遍并没有较好的表现，持续分红的上市公司股价表现并未明显优于其他公司[2]。由于现金分红对投资者的投资收益提高并没有明显的帮助，因而投资者对上市公司极为有限的现金分红也并不太关注。

（三）分红政策容易造成浪费和损失

由于强调将分红与融资相挂钩，容易导致上市公司为了融资而不得不分红。理论上，从融资方式的优劣排序来看，内源融资优于债务融资，而债务融资又优于权益融资，企业融资一般会遵循内源融资、债务融资、权益融资这样一种先后顺序[3]。利用利润进行内源融资本是成本最低的融资首选，但在现行的将融资与分红挂钩的政策下，有融资需求的公司不得不放弃低成本的内源融资，先发放一定数量的现金红利，得到融资机会后再发行股票，以高成本融入大量资金。这本就是一个自相矛盾的做法，会带来税金、费用、时间和信心等多方面的无谓损失。

（四）红利所得税较高

2013年我国开始实施上市公司股息红利差别化个人所得税，个人从公开发行和转让市场取得的上市公司股票，持股期限在1个月以内（含1个月）的，其股息红利所按20%缴纳所得税；持股期限在1个月以上至1年（含1年）的，按10%缴纳所得税；持股期限超过1年的，按5%缴纳所得税。与之前统一按10%缴纳红利所得税的政策相比，新的政策并没有减轻红利所得税负，甚至可以说是加大了税负，实际上更不利于现金分红政策的推开。

四、完善上市公司现金分红制度的建议

上市公司给投资者以合理的投资回报，与投资者共享经济增长的成果，是其应尽的责任和义务。但是，制定分红政策属于公司自治范畴，监管部门不应、也不可能进行深入的干预。当然，由于代理问题的存在，为了防止控股股东和内部人通过制定利己主义的股利政策侵占少数股东的权益，进行现金分红制度的完善也有必要。但是，在完善上市公司分红制度时，要注意尊重上市公司的自主选择，要重视以保护投资者权益和提高投资者收益为最终目标。

（一）强化上市公司分红政策的信息披露

现金分红政策是投资者赖以进行投资决策的重要依据，上市公司在定期报告中明确披露有关现金分红政策的详细信息，同时明确在分红比例不达标、分红政策前后不连贯或无法给予投资者明确预期等情况下的信息披露要求。

（二）规范上市公司的分红决策程序

上市公司分红决策程序，是投资者表达和维护其合法利益的重要环节。强化上市公司现金分红决策的规范性，引入中小投资者对上市公司现金分红决策的外部约束机制，为中小投资者特别是机构投资者参与公司利润分配的决策过程，提供切实可行的路径。

（三）加强上市公司分红政策的外部监督

鼓励具有专业能力且客观公允的社会第三方对公司各年度的分红能力和水平予以评价和披露。交易所发布现金分红年度研究和评价报告，积极营造正确认识公司分红能力和水平的舆论氛围。监管部门在再融资、股权激励和并购重组等方面，建立分道审核机制，把上市公司分红政策的透明度、持续性和稳定性作为重要考量因素，鼓励上市公司建立透明、持续、稳定的现金回报机制。

（四）建立上市公司股价与分红挂钩的机制

将上市公司股价与现金分红挂钩，以在一定程度上弥补市场大幅调整给投资者带来的损失。在当前股市低迷时期，有一大批业绩稳定增长的蓝筹公司，股价表现不好，但市盈率仅有 5~10 倍，从而具备了持续、大额现金分红的条件。鼓励这类上市公司，在公司股价年度跌幅超过一定幅度（如 20% 或 30%）时，公司承诺按照当年利润的较高比例向所有股东派发现金红利，以弥补投资者持有股票的市值损失，稳定投资者的心态，激发市场的投资热情。

（五）降低现金分红税负

税收政策是影响上市公司分红决策的重要因素。现金分红的税负过重，投资者和公司都会倾向于不分红或者少分红。当前，上市公司现金分红后投资者需缴纳 5%、10% 或 20% 的红利所得税，致使持有股份流动性比较强的中小投资者对上市公司的现金分红并不太认同，公司现金分红往往不会对股价产生正面影响。为鼓励上市公司增加现金分红，应该进一步发挥股市税收政策的调节作用，将股息红利个人所得税率统一降低到 5% 或者予以免除；也可以考虑设立一定的红利税起征点，给中小投资者一定的税收优惠，使投资者充分分享经济增长的成果。

（六）支持股票回购替代现金分红

在目前的政策环境下，上市公司现金分红要承担较高的税费成本，而在市场低迷时期现金分红对股价的提升却帮助甚微，投资者并没有从分红当中得到投资收益方面的好处。上市公司使用股票回购来支付股利是现金分红的一种替代方法，可以降低上市公司分红的成本，特别重要的是，从以往的市场反应来看，股票回购可以明显刺激股价上涨，提高股东的投资收益。特别是一批低市盈率、高净资产的上市公司，完全有能力、有条件进行股票回购。将股票回购视作现金分红予以支持，待将来市场好转，优先安排回购公司进行必要的再融资，可以更好地保护投资者利益，稳定证券市场价格。

参考文献

［1］李常青，魏志华，吴世农. 半强制分红政策的市场反应研究［J］. 经济研究，2010（3）：144-155.

［2］吕长江，许静静. 基于股利变更公告的股利信号效应研究［J］. 南开管理评论，2010（2）：90-96.

［3］Myers, S. C. and N. S. Majluf. Corporate Financing and Investment Decisions When Firms Have Information the Investors Do Not Have［J］. Journal of Financial Economics，1984（13）：187-221.

存款保险制度的国际比较
及对中国的启示

刘　俊[①]

【西华大学经济与贸易学院　四川成都　610039】

[摘要] 存款保险制度一直是金融创新领域研究的重点，存款保险制度将为利率市场化创造更好的条件，我国经济的快速发展迫切需要中国尽快推出存款保险制度，本文在分析了中国存款制度面临的困境的而基础上，借鉴了美国和德国的存款保险制度，希望对中国的存款保险制度构建有一定借鉴意义。

[关键词] 存款保险　制度　启示

2013 年 7 月 19 日，中国央行宣布，自 2013 年 7 月 20 日起全面放开金融机构贷款利率管制。贷款利率放开标志着中国利率市场化改革最容易的部分已经完成，改革正式进入深水区。相比于贷款利率放松管制，存款利率的放开更为关键，其也是判断利率市场化完成与否的标志。目前我国正按照原定的设想的计划在推行利率市场的改革，其中，放开存款利率管制是利率市场化改革进程中最为关键、风险最大的阶段，需要根据各项基础条件的成熟程度分步实施、有序推进。央行称，从中国的金融基础设施来看，存款保险制度、金融市场退出机制等配套机制尚未建立。其中，存款保险制度将为利率市场化创造更好的条件，而我国的存款保险制度快要出台了。实际上早在 2012 年 7 月 16 日，人民银行在其发布的《2012 年金融稳定报告》中称，我国推出存款保险制度的时机已经基本成熟。

一、存款保险制度的含义及分类

存款保险制度一种金融保障制度，是指由符合条件的各类存款性金融机构集中起来建立一个保险机构，各存款机构作为投保人按一定存款比例向其缴纳保险费，建立存款保险准备金，当成员机构发生经营危机或面临破产倒闭时，存款保险机构向其提供财务救助或直接向存款人支付部分或全部存款，从而保护存款人利益，维护银行信用，稳定金融秩序的一种制度。目前国际上通行的理论是把存款保险分为

---

① 刘俊，1979 年生，男，四川成都人，西华大学经济与贸易学院教师，副教授，研究方向：区域经济。

隐性（implicit）存款保险和显性（explicit）存款保险两种。隐性的存款保险制度多见于发展中国家或者国有银行占主导的银行体系中，指国家没有对存款保险作出制度安排，但在银行倒闭时，政府会采取某种形式保护存款人的利益，因而形成了公众对存款保护的预期。显性的存款保险制度是指国家以法律的形式对存款保险的要素机构设置以及有问题机构的处置等问题作出明确规定。显性存款保险制度的优势在于，明确银行倒闭时存款人的赔付额度，稳定存款人的信心；建立专业化机构，以明确的方式迅速、有效地处置有问题银行，节约处置成本；事先进行基金积累，以用于赔付存款人和处置银行；增强银行体系的市场约束，明确银行倒闭时各方责任。

鉴于 FDIC 对稳定美国金融体系和保护存款人利益等方面的明显成效，尤其是20 世纪 80 年代以来，世界上相继发生了一系列银行危机与货币危机，促使许多国家政府在借鉴国外存款保险制度的基础上，结合本国实际，着手建立或改善已有的存款保险制度。尤其是近年来，显性的存款保险在全球获得了快速发展，全球共有78 个经济体建立了各种形式的存款保险制度，尽管其建立的时间各不相同，但在法律上或者监管中对存款保护进行了明确规定的已有 74 个经济体（即建立了显性的存款保险制度）。有人甚至将存款保险制度的建立看作是真正意义上的现代金融体系不可或缺的组成部分。事实上，过去的 30 年里建立显性存款保险制度的国家和地区数量增长了 6 倍多，由 1974 年的 12 个增加到 2003 年的 74 个。建立一个显性的存款保险体系已经成为专家们给发展中国家和地区提出的金融结构改革建议的一个主要特点（加西亚，2003）。而且国家层面上的强制性保险已成为一种主流。几乎所有的国家从一开始就建立了国家层面上的存款保险。而且，无论发达国家还是发展中国家，强制要求所有存款机构全部加入保险体系的越来越多并成为主流形式。

二、存款保险制度的功能

（一）保护存款人的利益，提高社会公众对银行体系的信心

如果建立了存款保险制度，当实行该制度的银行资金周转不灵或破产倒闭而不能支付存款人的存款时，按照保险合同条款，投保银行可从存款保险机构那里获取赔偿或取得资金援助，或被接收、兼并，存款人的存款损失就会降低到尽可能小的程度，有效保护了存款人的利益。存款保险制度虽然是一种事后补救措施，但它的作用却在事前也有体现，当公众知道银行已实行了该制度，即使银行真的出现问题时，也会得到相应的赔偿，这从心理上给了他们以安全感，从而可有效降低那种极富传染性的恐慌感，进而减少了对银行体系的挤兑。

（二）可有效提高金融体系的稳定性，维持正常的金融秩序

由于存款保险机构负有对有问题银行承担保证支付的责任，它必然会对投保银行的日常经营活动进行一定的监督，管理，从中发现隐患所在，及时提出建议和警告，以确保各银行都会稳健经营，这实际上增加了一道金融安全网。同时由于这一制度对公众心理所产生的积极作用，也可有效防止银行挤兑风潮的发生和蔓延，从而促进了金融体系的稳定。

（三）促进银行业适度竞争，为公众提供质优价廉的服务

大银行由于其规模和实力往往在吸收存款方面处于优势，而中小银行则处于劣势地位，这就容易形成大银行垄断经营的局面。而垄断是不利于消费者利益的，社会公众获得的利益就会小于完全竞争状态下的利益。存款保险制度是保护中小银行，促进公平竞争的有效方法之一。它可使存款者形成一种共识，将存款无论存入大银行还是小银行，该制度对其保护程度都是相同的，因此提供服务的优劣，将成为客户选择存款银行的主要因素。

（四）有助于社会稳定

存款保险机构可通过对有问题银行提供担保、补贴或融资支持等方式对其进行挽救，或促使其被实力较强的银行兼并，减少社会震荡，有助于社会的安定。

三、存款保险制度建立的国际背景比较

存款保险制度在世界上并不陌生，国外已经远远走在前面，目前世界上已有很多个国家和地区建立了存款保险制度，但是根据他们建立的背景来看，只有两种情况，一是危机背景型存款保险制度，二是正常背景型存款保险制度。危机背景型存款保险制度是受到国内或国外重大事件的影响的基础上，本国金融体系发生动荡，银行业经营出现危机后才建立起来的存款保险制度。这一类型以美国为代表，20 世纪 30 年代，美国受世界经济大萧条的影响，美国银行体系受到极大冲击，个别银行发生挤兑事件，最终变成银行危机，1933 年美国通过《1933 年银行法》，还有泰国、英国等国家也是属于发生危机时建立存款保险制度的国家。后者是指一国或一地区经济发展形势相对稳定该国借鉴其他国家存款保险制度的经验教训，结合本国实际情况建立起来的存款保险制度，以防止银行挤兑现象的发生，维护金融体系的稳定。这一类型以加拿大为代表，它是在本国经济发展强势，没有银行挤兑现象，国内金融体系相对稳定的情况下实施的。中国需要在金融系统尤其是银行业没有出现问题的情况下尽快实施存款保险制度，比如近期的地方政府债务问题的频现，呼唤中国存款保险制度的尽快推出。

（一）美国存款保险制度

美国是世界上最早建立存款保险制度的国家。在 1930 年代的经济大萧条中，全美有 9755 家银行倒闭，存款人损失约 14 亿美元，美国金融体系遭受重创。为了应对危机，1933 年，美国联邦存款保险公司（FDIC）成立了，1934 年，建立联邦储蓄信贷保险公司，负责向储蓄信贷协会提供存款保险。FDIC 是一个独立的联邦政府机构，直接向美国国会负责，并接受美国会计总署的审计。其首要职能是存款保险，为全美 9900 多家独立注册的银行和储蓄信贷机构的 8 种存款账户提供限额 10 万美元的保险，全美约有 97% 的银行存款人的存款接受 FDIC 的保险。其次是银行监管职能，直接监管 5616 家非美联储成员的州注册银行和储蓄信贷机构。最后是处置倒闭存款机构的职能。当存款机构资不抵债、不能支付到期债务或其资本充足率低于2% 时，该存款机构的注册管理机关将对其作出正式关闭决定并通知 FDIC。值得注意的是，FDIC 只对银行存款人提供保险保护，不保护非存款债权人或倒闭银行股东

的利益；只对支票账户、储蓄账户、存单、退休金账户等银行存款账户进行保险，对共同基金投资、股票、债券、国库券等其他投资产品不予保险。在 FDIC 保险的金融机构，存款人的储蓄、支票以及其他存款账户合并在一起，保险的最高额度达到 10 万美元。由于美国的存款保险制度比较健全和完善，尽管时常发生金融破产倒闭案，但在存款保险制度的有效保护下，存款人的合法权益都得到了应有的保护，金融企业也和其他企业一样做到自生自灭，没有发生金融风波和引发社会动荡，保持了良好的金融秩序。

（二）德国的存款保险制度

德国金融体系特点包括：德国商业银行为全能银行；三大商业银行即德意志银行、德斯德纳银行和科玛兹银行占主导地位；商业银行与企业关系密切，银行参股企业并对经营有影响力。由此形成了三大体系分立、行业协会主导的独特存款保险制度。三大银行体系分别建立存款保险制度。德国存款保险制度非常独特，由非官方自愿存款保险体系和政府强制性存款保险体系构成。前者是指由德国国内三大银行集团根据各自的需要在 1974 年以后建立的三个独立运作体系，后者则是适应欧盟在 1994 年实施的成员国均要建立强制性存款保险制度规定要求而于 1998 年 8 月建立起来的。德国的非官方存款保险制度是在不同银行集团内引入银行间自愿存款保险的基础上形成的。早在 20 世纪初，德国三大银行集团就已经分别成立了德国银行联邦协会、德国储蓄银行联邦协会、德国城乡合作银行联邦协会，一方面为了保护成员银行和存款人的利益，另一方面也希望在货币、信贷和资本市场等有关业务上与金融管理当局起到沟通桥梁作用。三个协会形成三个保护体系，各自相对独立，各银行机构自愿参加。行业协会主导非官方存款保险制度。德国的存款保险体系分四部分组成，即商业银行保护系统、储蓄银行保护系统、信用合作银行保护系统以及官方建立的强制银行保护系统。尽管从 20 世纪 50 年代开始德国就出现了一些地区性存款保险组织，但直到 1974 年郝斯塔特银行倒闭后德国才建起了现行的自愿存款保险制度，并在此基础上还建立了流动性联合银行（LCB），以便向有清偿力但暂时缺乏流动性的银行提供流动性支持。1998 年，为了适应欧盟存款保险指引和欧盟投资人补偿指引要求，德国才颁布实施了存款担保和投资人补偿法，开始在原有存款保险之外建立了一个新的制度，从此结束了非官方制度一统天下的局面。对于那些没有加入存款保险机制的金融机构，将受到 1998 年成立的德国银行赔偿机构有限公司的保护。根据法律和按照 1994 年欧盟原则条例设定的最低标准，该机构对每个存款户存款的 90% 给予保护，但每个存款户的最高保障额为 2 万欧元。

四、我国存款保险制度的困境

长期以来，我国虽然没有建立显性的存款保险制度，但政府一直实行的是隐性的存款保险制度。也就是说，任何金融机构出现风险，最终都要政府埋单。这种隐性存款保险制度甚至还覆盖到证券、信托等各个非银行金融领域。无论是剥离四大银行的不良资产，还是向它们注资，或是向被关闭金融机构提供再贷款偿还私人债务，都可看作是政府为国民提供了一种变相的"存款保险服务"。与美国普遍采用的显性存款保险制度不同的是，这种存款保险制度几乎覆盖了所有数额的银行存款，而且"保费"是从纳税人那里筹集来的。这种隐性存款保险制度的最大缺陷是，它强化了金融企业的"道德风险"动机——无论是小额存款人还是大额存款人在选择开户银行时都不会关注它们的风险状况，从而导致存款人"用脚投票"的机制失灵；并且单一的"零费率制"也使得各银行不用为它们的过度冒险行为而支付额外成本。概括起来讲，就是隐性的存款保险制度隔断了各银行资金运用收益和资金筹集成本之间的制衡关系。

可见，政府存款保险制度是造成我国银行业，尤其是四大商业银行的高额不良贷款的一个非常重要的原因。更为严重的是，因"道德风险"问题而形成的不良贷款存量又必须依靠"政府存款保险制度"自身不断向银行注资来解决，从而使政府实施这项制度的成本越来越高。实行存款保险制度后，政府将不再为银行的存款风险埋单，而是要有存款保险公司、银行和存款人承担。怎样建立我国的存款保险制度，美国存款保险制度给了我们重要的启示。当务之急要完成的是，组织有关专家制定《银行存款保险法》，依法构建我国的存款保险机构。实际上，我们会发现没有一个国家在制定存款保险制度时完全照搬照抄别国，都是根据本国经济发展情况、银行业经营特点和基本国情来设计的。如果盲目设计存款保险制度不仅不会起到预想的效果，而且会起到截然相反的效果，阻碍经济的发展。

五、结论

我国在设计存款保险制度时，除吸收国外存款保险制度的有利的因素外，还要注重结合本国的国情，充分考虑国内银行业经营状况与社会大众的承受能力，建立适合我国国情、促进本国经济发展的存款保险制度。

参考文献

［1］Allen Franklin and Douglas Gale. Optimal Banking Crises ［M］. Journal of Finance, 1998（4）：22-27.

［2］Bryant, J. A Model of Reserves, Bank Runs and Deposit Insurance ［J］. Journal of Banking and Finance, 1980（4）：77-79.

［3］CullR., L. Senbet and M. Sorge. Options, Futures & Other Derivatives ［J］. Prentice-Hall, Upper Saddle River, N. Y., 2005（4）：98-101.

［4］Diamond, D. W., Dybvig , P. H. . Bank runs, deposit insurance, and liquidity. Journal of Political Economy ［M］1983（91）：401-419.

［5］David C. Wheelock, Subal C. Kumbhakar. Which Banks Choose Deposit Insurance? Evidence of Adverse Selection and Moral harzard. In a Voluntary Insurance System ［J］. Journal of Monetary, Credit, Banking. 1995（30）：186-201.

［6］曹晓兰. 论存款保险制度下的风险防范 ［J］. 保险研究，2009（12）：67-70.

［7］戴晓凤，尹伯成. 论存款保险制度与银行的道德风险 ［J］. 世界经济，

2001 (11)：79-82.

　　[8] 丁宇飞. 最后贷款人制度与存款保险制度的协同分析 [J]. 金融与经济,
2010 (6)：23-25.

　　[9] 陆桂娟. 存款保险的经济学分析 [J]. 金融研究, 2006 (5)：37-40.

　　[10] 黄有土. 美国联邦储备制度 [M]. 厦门：厦门大学出版社, 1991.

中国各土地制度经济效率：
比较与选择[①]

龙云安[②]

【 西华大学经济与贸易学院　四川成都　610039 】

[摘要] 土地成为可以流动的市场要素时，自由市场机制开始发挥作用，土地的产权结构完全由交易费用和制度总盈余的高低决定。通过最优所有权结构理论分析，并考察自耕农、佃农和农业雇工的制度最终收益，按照土地经营规模的最优化、生产技术水平、土地资源的富裕度、市场化状况等来选择地权结构，结果自主耕作的农户制其实是一种效率低下的制度形式。通过统计方法检验农产品市场化程度、土地经营规模、运输成本以及土地经营分散程度对土地租赁制效率的影响。通过统计和比较中国近代自主耕作户和土地租赁户的生产规模、利润收益等指标，土地租赁制的优势十分显著，土地租赁制使土地的资产和生产要素功能分离开来，并且土地产权规模并不影响和制约土地的经营规模，反而对耕者进行优化选择。

[关键词] 土地租佃制　自主耕作农户　租佃农　经济效率

一、介绍

主流经济学一直认为自耕农的经济效率和公平程度都比土地租赁制经济优越得多。古典经济学家穆勒通过对英国爱尔兰农业的观察，认为自耕农是最有效率的土地制度，如果由大地主控制着土地，而由租佃农来租种地主的土地，由于地主的剥削，则租佃农的收益甚微，并且经济效率也十分低下。穆勒指出，如果在显著的规模经济条件下，自耕农就是最不利的农业制度。与此同时，法国古典经济学家西斯蒙第（1964）也十分推崇自耕农制度，认为：在自耕农的地方，人们保证可以得到

---

① ［基金项目］四川省软科学资助项目，编号：2010zr0141；国家社科基金一般项目，编号：07BJY081。

② 龙云安，1965年生，男，经济学博士，西华大学经济贸易学院副教授，国际职业培训师，研究方向：世界经济、科技管理、跨国公司、公司金融等。

幸福和道德，生活舒适、安全、对未来的信心。[①]

中国人长期追求"平均地权""耕者有其田"的理想，这为近代中国的土地制度奠定了理论基础。学术界一致认为：农民的最佳保障是"耕者有其田"，佃农是不得已而为之，对社会造成不稳定，而且还认为自主耕作的经济发达程度是中国社会兴衰的衡量尺度；自主耕作的农户由于没有地租负担，只是国家赋役，这比佃农的地租负担轻得多，因而生产积极性较高，生产经营的自由度和灵活性大，极利改进和提高农业生产技术；中国近代经济落后的根本原因是地主对佃农的剥削。由于农村土地流转制度尚未形成，农民担心租种土地得不到保障，因此畏惧土地租赁制的全面实施。然而，在中国经济史上，土地租佃制起着十分重要的作用，在很多经济发达的地区成为主要土地经营形式，而且一直与自耕农同时存在。从李德英（2006）、珀金斯（1969）、John R. Shepherd（1988）的研究文献来看，近代中国租佃率在区域上的差别很大，在经济发达地区以及商业活动区的经济活动大大活跃于相对落后地区，特别在经济繁荣期这种还呈现出一种上升的趋势。

本次研究从中国近代经济史上土地租佃制兴盛到当前我国土地制度实践及其经济效率的探讨和验证，应用经济学基本原理，依据企业最优所有权结构理论研究土地产权结构的选择，在对土地资源的投入产出回报率、土地资源的规模对土地价格以及以价格为基础的租佃率的潜在影响进行的实证的研究，在实证研究的基础上，详细的分析了租佃制的经济形式和自农耕经济形式在生产经营上的效率指标。研究结果表明实行土地租佃制其效率大大优于自耕农，研究中还深入解释和论证了土地租赁制在当今中国土地制度中的优势和前景。

二、研究方法

为了使本次研究具有坚实的理论基础，研究成果具有学术生命力，在研究过程中收集了大量详实的一手资料，并采用成熟的研究方法进行系列的科学论证。

首先，文献分析法。为了达到研究目的，围绕本研究课题，通过查阅图书馆文献、专业期刊、中国科研期刊网等途径，搜集了各种与本研究有关的文献资料，通过梳理、整理、筛选等方式对相关文献进行深度加工，去粗取精。集中研究了该学术领域最前沿的理论研究成果，及土地制度发展和沿革。

其次，实地调研论证，结合实证研究，对目前国内典型地区农业土地不同制度下的实践考察；并对租赁制、自耕农等实践案例进行蹲点、走访，获得最具说服力的资料，通过数理统计方法，运用层次分析方法，对搜集资料和问卷调查数据进行统计处理和模型分析，得出结论。在问卷调查中，通过样本设置、问卷设计，向四川和江苏450多个典型农户和乡镇发放了500多调查问卷，并组织回收。

同时，应用制度经济学的基本原理和企业产权理论，研究不同产权结构下的资

[①] 西斯蒙第（1964）提到："自耕农在所有的耕作者当中获得的土地产品最多，因为他对未来盘算得最多，经验最丰富……与此同时，在实行自耕农制度的地方，土地比任何其他地方养活的人口都多，而土地的肥力却不会耗竭。最后，在所有的耕作者当中，自耕农给予工商业的刺激最大，因为自耕农最富裕。"

源配置效率，以及最优产权结构选择，租佃农耕企业的效率。

三、农耕企业产权结构的制度经济学解释

交易费用是土地制度选择的依据，这是制度经济学的基本解释。美籍华人经济学家张五常（1969）、Joseph Stiglitz（1974）、彭美玉（2004）等从不同角度的研究，但研究结果却十分相似：如果没有交易成本，自主耕作农户、分成小面积出租或者按照规定期限定租等各种形式的契约安排所带来的资源配置效率是相同的。按照这种思路出发，如果在实际中存在交易成本，但在交易的效率、产品函数以及价格要素和风险的规避性等不确定性因素的作用下，会出现不同的优化合约安排结果。

同时，现代企业产权制度，以企业经营利益最大化为核心，以交易费用理论为基础，研究了现代企业在多样化的产权结构形式条件下，怎样合理地优化配置企业资源，提高工作效率以及如何形成稳定、最优化的产权结构，本次研究将企业最优所有权结构理论应用到租佃农耕企业的研究中。

每个农耕企业在差异化的产权结构下，在经济关系上，地主和佃农间的关系也有显著的差别。德姆塞茨（1999）通过对企业所有权结构的影响因素研究，得到了对农耕企业所有权结构的几个影响因素，其中以下三个最为重要：

（一）农耕企业价值最大化时的土地规模

在经济的总体规模达到了一定的效益基础上，总生产成本的减少却导致了该规模条件下经济经营的管理成本的上升，则需要通过两者权衡，选择成本最小的最优土地经营规模。土地的最优经营规模越大，独立的单个农户试图经营整个农耕企业的难度越大。因而，土地租佃制便成为最优选择。

（二）有效的农耕企业管理

如果农耕企业管理更加有效，进而产生潜在利润，即农耕企业所有者便会通过提高管理效率获得经济收益的最大化；

（三）以政府的管制和系统性的政策干预为基础的土地制度

国外著名经济学家哈特，在1995年从经济制度的安排总盈余的角度出发，以最优所有权为对象，研究如何选择企业的最优所有权结构，在均衡状态下，必然选择总盈余最高时的所有权结构。根据哈特的理论观点，将不同的农耕企业进行假设，用A1、A2代表两个农耕用户，并假设有以下三种资源：劳动力资源（a1）、土地控制权（a2）和土地所有权（a3）。

在开始阶段的分配情况如下：

1. 雇用工人

A1同时拥有a1、a2两种资源，A2只拥有资源a3，农户A1需要雇佣农户A2，其雇佣成本为w。

那么土地的投资者只能有地主一人，假设A1对土地的投资是$i0$，收入是

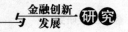

$R(i0)$，交易成本是 $T0$[①]。则农户 A1 的报酬为 $R(i0)-w-i0$。假设农户 A2 的劳动支出为 $C0$，那么农户 A2 的报酬则为 $w-C0$。这时农户 A1 和农户 A2 的总盈余是

$$S_0 = R_{(i0)} - w - i0 - S_0 + w - C_0 = R_{(i0)} - i0 - T_0 - C_0$$

2. 租赁

如果农户 A1 拥有资源 a1，农户 A2 拥有资源 a2 和 a3，那么 A1 为地主，A2 是租佃农，A2 购买资源 a2 的成本是 P。而租佃按照盈余分配的不同可分为定额租（事前盈余分配）和分成租（事后盈余分配）。在分成租形式下，其比率为 t，此时 A1 和 A2 均可以根据自己的意愿投资土地，现在假设 A1 的土地投资为 $i1$，在投资上的交易成本为 $T1$，那么根据投资数额可计算出土地的总收益是 $R(i1+e1)$，则 A1 的事后报酬为 $t \cdot R(i1+e1)+P-i1-T1$；假设 A2 的土地投资量设为 $e1$，劳动成本为 $C1$，同样可计算出 A2 的事后报酬为

$$(1-t) \cdot R(i1+e1) - P - e1 - C1$$

M1 和 M2 的总盈余为：

$$S1 = R(i1+e1) - i1 - e1 - T1 - C1$$

根据以上的分析，地主和租佃农可以根据自身的策略优化各自的投资模式，当土地自由交易情形下，地主和租佃农都能够以自己的意愿协调行动，而他们的共同利益是在 $T0$ 时期的交易关系总盈余净现值最大化。但在事先不能确定最大化的投资总盈余净现值情形下，双方却可以按意愿选取净现值最大化的任一 (i, e) 组合，并通过 $T0$ 时期总的一次性转移，对所增加的盈余重新分配，从而提高双方的福利。

其次，事前盈余分配，地租的固定现值 R。此时只有租佃农户投资于土地，而土地所有者的交易成本是 $S2$，A2 的土地投资为 $e2$，土地的总收益是 $R(e2)$，A2 的劳动成本是 $C1$，则 A1 的事后报酬为 $R-T2$，A2 的事后报酬为：

$$R(e2) - e2 - C2 - R$$

A1 和 A2 的总盈余是：

$$S2 = R(e2) - e2 - T2 - C2$$

3. 自耕农

农户 A2 拥有资源 a1、a2、a3，即 A2 从地主手中购得土地，购买 a1 和 a2 的支付成本是 P'，其交易成本是 $T3$。A2 的土地投资是 $e3$，土地的总收益是 $R(e3)$，A2 的劳动成本是 $C3$。农户 A1 和 A2 两者的总盈余是：

$$S3 = R(e3) - e3 - C3 - P' + P' = R(e3) - e3 - T3 - C3$$

最优土地制度的选择取决于地主和农民投资土地 i 和 e 的意愿，所得回报是 R，地主的生产管理成本以及与佃农或雇佣工人之间的交易成本 T，和耕种土地所需要的劳动力成本 C 的相对大小。

由于交易成本的增加是随地主面临的风险而上升，所以 $T0>T1>T2>T3$，当土地所有权结构没有变化的时候，土地最优经营规模会因为地主的管理成本增加而扩大，

---

① 交易成本（transaction cost）包括：寻找费用（search cost），又称信息费用（information cost）；协商费用（negotiation cost）；监督费用（supervision cost）等。交易费用不仅指金钱上的耗费，而且包括时间及精力的耗费。

或因为土地交易成本增加而扩大。所以，交易成本就成为土地规模 A、地主管理成本 B、土地市场活跃度 C 的函数，即 $y=f(A, B, C)$。

由于土地经营规模（A）差异、地理因素（G）、技术水平（L）、农产品的流通和交易的难易程度（F）会改变收益函数 $R(i, e)$。交易成本的存在促进了耕种该土地的技术水平提高，土地的收益函数也将改变，交易双方的总盈余也将提高。如果某种土地制度及其他条件一定时，农户会自行选择当期投资量，使其利益最大化，即由 i 和 e 产生内生效应，$R=R(A, L, G, F)$。

如果劳动力的成本受到劳动的最大收益率的影响，那么现假设在从事一非农业产业的劳动力最大的边际报酬是 U，则 $C=C(U)$。从而，最优地权结构 Z 可简单认为取决于 A, D, M, L, G, F, U。

由此可见，条件不同，就会出现不同的最优地权结构，而且自主耕作农户制并不一定是最优的制度选择。本次研究中我们通过利用详实、丰富的历史统计资料，对农产品的市场流通与交易的难易以及土地规模与规模如何影响区域土地的所有权结构关系进行了研究，等等。

四、土地所有权和经营权结构选择

（一）土地所有权和经营权选择的依据：投资土地收益率

由于土地投资的回报率相对较低，因此土地投资风险较小。但是作为固定资产的土地资产具有不易被盗取，产权易于保障的特点，而且作为一种特殊的稀缺资源，土地价格总是持续增长，相对稳定的农产品需求态势，商业资本和游动资本逐渐趋向于收益稳定的土地投资。

外地人对土地的投资数量决定近代中国不同地域的租佃率（珀金斯，1969）。中国各省在 20 世纪 30 年代，所有出租的土地中，地主拥有的土地约 3/4，投资土地的资金主要来自农业以外的收入。所以，对一定地区的土地投资有决定性的要素有：该地区非农业的发展状况；投资土地的回报率。刘大均于 1938 年调查吴兴县的租佃率情况时，发现各地方的土地投资收益差异，租佃制越发达的地区，土地投资越活跃，而在土地贫瘠、地处偏远的吴兴县袁家汇地区，即使有充足的地块田产，也无人愿意去购买，自主耕作农户在吴兴各地占主要比例，收益土地投资少（刘大均，1938）。

土地投资收益率的高低，主要取决于土地市场的整体发展态势和土地资源的生产收入水平。对于交通便捷有利的区域，土地市场发展也相对发达，农产品市场化商品化的程度也较高。1977 年，赵冈对区域的土地资源市场研究，得出土地租佃制度的基础是一定程度的土地市场发育。这主要是土地所有者通过土地交易获得交易收入，实现收入多元化，从而满足多样化需求，只有在这种情况下，租佃制度才能不断发展壮大，提高土地的平均产出率。而对民国时期成都平原各县区域的实际土地租佃现象的研究，发现土地租赁制在土地肥沃、离城市较近的地区越普遍，而在偏远地区租佃农的数量却较少（李德英，2006）。夏明方（2000）在研究中也发现土地租赁制与该地区的生态环境密切相关。优质地源的土地投资收益率更高，土地的租赁制就越普遍，相反，在偏远贫瘠地区则主要是自主耕作的农户。

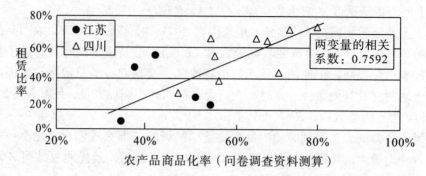

图1 2005—2011年，四川、江苏的10个县租佃率与农产品商品化程度的关系

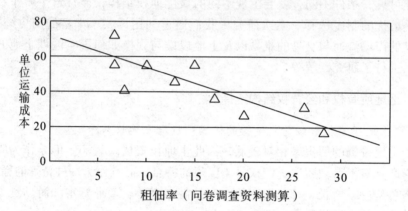

图2 江苏农产品运输成本与租佃率关系

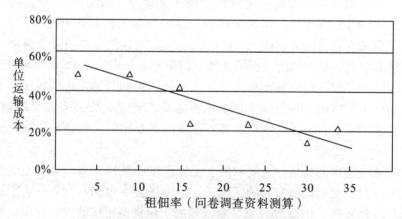

图3 四川农产品运输成本与租佃率关系

（二）土地所有权规模和经营规模决定因素：土地租佃率

一般情况下，租佃比率的计算是由土地资源的经营规模与该土地的归属所有权大小共同决定的，比如，现有一农场区域，在该区域平均每个地主所占有的土地产权的面积（Fr）较为分散，农业企业的平均经营规模为 F，若 $Fr>F$，出租的土地面积占总土地面积的比率为（$Fr-F$）/Fr；若 $Fr<F$，则出租的土地面积占总土地面积

的比率为（$F-Fr$）/A。

对20世纪30年代中国16个省的租佃率与地权规模关系的研究，发现当时的土地租佃率与农户平均地权面积呈负相关（见图4，图5）。而当时中国南方省区人口密集，人均土地少，土地所有权相对集中，土地租赁比率与户均地权面积更是负相关。

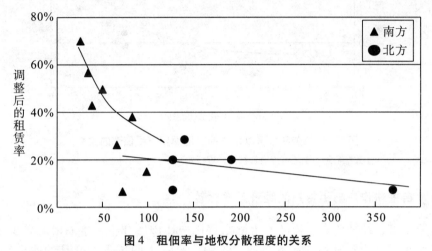

图4　租佃率与地权分散程度的关系

（数据来源：民国统计提要数据，1936）

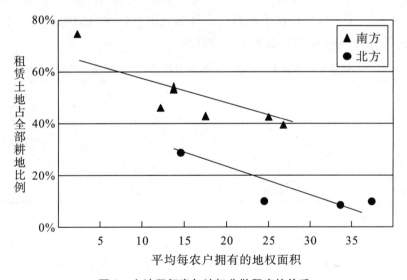

图5　土地租佃率与地权分散程度的关系

（数据来源：土地调查报告纲要，1937）

近代中国地权分配比农业企业规模更加分散。从当时中国典型的农作物小麦与水稻种植为例，在以小麦种植为主的经营区域和以水稻种植为主经营区域在经营规模相同的情况下，他们的租佃比例分别同单位面积的劳动力经营成正相关关系，而在小麦种植区域这种正相关的程度更为明显（见图6），表达式（7）也正反映了这一规律。

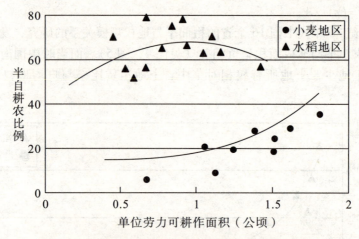

图6　单位劳动力可以耕作的土地面积与租佃率的关系

（数据来源：土地调查报告纲要，1937）

五、自主耕作户与租赁户的经济效率比较

一般来讲，经济较发达地区的土地租赁比率比山区和较为落后的地区要高，租赁制相对来说也比较发达。在下面的表1中，显示出四川省大邑县的四个地区中，韩镇的自耕农比例在四个区域最高，可以判断出该区域的农家经济最为落后；而安仁则为最发达地区，其自耕农比例最低，可以显示出该区域的租赁制度最为发达，90%都是以租佃制为基础的佃农和半自耕农。

表1　　　　大邑县4乡镇自主耕作农户、半自主耕作农户、租佃农的比例

地区	自耕农比例	半自耕农比例	佃农比例
安仁	8.72%	82.56%	10.81%
董场	33.64%	58.88%	8.34%
菜场	55.56%	40.43%	4.31%
韩镇	58.38%	35.53%	5.52%

数据来源：问卷调查获取

又如四川双流县的金花镇是经济最发达区域，该镇的农产品单位面积的平均产量最高，多数农户过上了富裕安康的生活。同时，其土地租赁比例也是全县最高的，半自主耕作农户和租佃农户的比例为55%，远高于其他的乡镇。四川新都斑竹园镇在该县是农业生产效率最高的，半自主耕作农户和租佃农户的比例为84.82%，远远高于其他乡镇。

从近代中国的租赁史料考察，土地租佃制经营比自耕农的优势更加明显。

（一）土地的经营规模与劳动力考察

卜凯在1936年统计出其在1921—1925年期间，中国在7省内不同地区的15个县所统计出的2866农场数据，在此基础上，其对农场的土地租赁种类、土地资源的

农场规模、土地价格及经营的收入和土地经营的平均家庭劳动率等指标进行的调查研究。根据半自耕农户、自耕农户和租赁户这三类土地生产经营模式下的土地经营规模及该规模下的平均家庭劳动率，对每个县被统计调查的农场数量进行加权计算，在对比中国北部 7 县以及中东部 8 县的数据后得出表 2 所显示的结果。

表 2　　　　　　　　自耕农、半自耕农、佃农劳动力与土地的经营规模比较

	全国 15 县平均			中国北部 7 县			中国中东部 8 县		
	自耕农	半自耕农	佃农	自耕农	半自耕农	佃农	自耕农	半自耕农	佃农
家庭大小	4.29	4.62	4.31	4.39	4.58	5.69	4.28	4.53	3.87
土地规模	40.03	34.96	61.83	44.79	40.96	129.85	33.32	27.89	29.31
人均土地占有	24.98	25.87	35.06	29.33	29.52	64.19	19.58	22.54	21.09

数据来源：《中国农家经济》数据

在上表 2 中，"土地规模"表示为农户农场耕地以及其他归属于农场主的所有土地面积，"家庭大小"即实际的家庭统计人口，"人均占有量"即为总面积下的人均单位面积。这样将生产要素的数量标准化，便于比较和分析。从全国来看，自耕农、半自耕农、佃农的家庭劳动力数量基本相同，北方土地租赁户的家庭劳动力最多，而我国南方地区则以半自耕农的家庭劳动力为主，在单位面积的数据上，南方自耕农单位面积的劳动力效率同北方相比，均是最低的。近代中国的华北地区，租佃农耕种的土地面积和作物面积也同样比自耕农和半自耕农多（史建云，1998）。同时，在 1937 年卜凯在华北地区对不同类别的农户耕地面积统计上也得到佃农类的经营面积比自耕农多，前者大于后者。

（二）不同土地经营制度下的收入与利润分析

我们以家庭数为权数，将自耕农、佃农以及半自耕农的相关收入和剩余利润的有关数据进行加权平均计算，经过计算，结果显示出了在经营效率上佃农最高，半自耕农和自耕农的经营效率最差。佃农的土地利润收入和亩产作物纯利也远高于其他二者。有统计数据显示，在山西省五台山县所盛行一种叫做"帮工佃种法"的经营制度，在这种制度下，佃农每亩田地净利润可到达 392.91 元，而自耕农则获取的利润较少，仅为每亩 103.15 元，从而可以从经营的净利润数字上分析出，佃农是自耕农收入的三倍以上，同时，在工作效率上佃农也高于自耕农。

同样，对近代在对成都平原的佃农收入及利润与自耕农的相比较后，若将自耕农农业投资利息记为支出，那么租佃农的利润远远多于自耕农的利润。据统计成都平原十县租佃农的平均的农业经营利润为 927 元，自耕农为 639 元。即使没有土地的耕田户拥有较多的资本，但租地收益也比买地经营的收入多得多。

从中国近代农业制度所经历的历史史料来看，农民更愿意把有限的收入用于租佃更多的土地来经营，并不是自己购买土地。在中国东北拜泉和榆树两县，1946 年间实际调查，贫农租佃的土地远不如富农和中农租佃的土地面积。实际上，自有土地越多，家庭越富裕，土地租佃的数量也是越来越多。在拜泉县中农比贫农租佃土

地更多。而榆树县富农比中农租佃的土地多①。实践证明，租佃土地经营比自主耕作土地要优得多，家庭收入越是增加，买地并非最优方式，其实选择租赁土地经营更优。河南省 1933 年调查数据显示，对辉县的 4 个村的富农进行抽样调查，结果有 48.6% 是租地经营，其中贫农 35.6%，中农只有 15.9%。而对许县的 5 个村进行调查，富农租地经营也占 30.4%，中农 15.4% 和贫农 26.7%。

六、土地租佃制的制度优势分析

（一）土地租佃制的分离效应：土地资产功能和生产要素功能相分离，使土地资产最优化

一般来讲，实现土地租佃制、土地交易多样化，则生产要素组合更加自由化，资源配置更为灵活。从清代四川巴县当地并佃回的契约案例可以看出，有一位名叫曹正隆的农民，1814 年 2 月将土地当给自己的堂兄曹正廷，获得 102 两当价银，同时，曹正隆又从堂兄那里租回这块土地来耕种，他支付给堂兄年地租 5 钱银。这样，土地这一生产要素的资产功能分离出来了。也就是曹正隆采用土地抵押，取得了抵押贷款，年利息约 0.5%，再通过租赁方式租得土地继续耕种。这种通过土地抵押贷款支付的利息远远低于无抵押的高利贷借款利息。

土地可以租佃，则农民不需要花大量的钱去购买土地，使农民获得土地经营的方式增多，从而降低了农民获得土地耕种的准入门槛；而且资金投入与抽取非常自如，不需要像地主那样卖掉土地才能换回现金。当然，拥有土地的地主和租佃农户要素禀赋各有千秋。租佃农比地主的劳动和组织生产能力更强，但是购买土地和其他生产工具的资金却不足，地主资本充裕，而自主耕作农户则既要管理资本又要亲自参加劳动，可是，采用土地租赁制租后，租佃农则可以和地主之间进行形式多样的合作，扬其所长，避其所短。所以，实行土地租佃制使农民获得耕种的土地容易起来，并且不需要太多的投资来经营土地，而同时地主也增强了土地投资的利益冲动。

（二）土地租赁制的经济学效应：土地经营规模趋于最优化

土地租佃制在增加经营的灵活性的同时，也带来了生产经营的生产规模的优化选择，比如在农耕生产力和生产技术较低的欧洲中世纪，许多规模很大的农地产权单位的生产效率远不如小农场高。他们在租佃制度下便把规模大的田产分解为多个小规模的农场，再租赁给众多佃农经营。在中国近代农业所有权规模因为膨胀的人口压力和人均土地的稀缺以及我国传统的自居自给的农耕生产方水平的提高，科技创新逐渐成为现代农业的重要动力，农业生产成本越来越低，而且由于信息技术的应用和推广，导致土地所有权细化分散与此同时，最优化的规模式土地经营主要取决于生产成本和经营的交易成本，一定程度上，经营规模的扩大能够降低生产经营成本，但同时，经营规模越大，则需要更多复杂的契约来约束土地交易、雇工、生产方式，所以，这就导致了在实际的经营中的交易成本的上升。一般而言，只要能

---

① "富农"包括原资料中的"富农"和"富佃农"，"中农"包括"富裕中农"和"中农"。

够保证在生产成本的花费同交易成本的花费之和最小，则可视此种情况下的生产经营为最优。随着农业现代化代服务业的发展，获取信息和监督管理成本日益降低，最优化的农业经营规模也随之逐渐扩大。若最优化条件下的土地经营规模相比于该土地的所有权规模大，便会使得土地租佃制更加灵活，那些自己拥有较少土地的地主可以利用制度上的灵活性将自己的归属土地出租给工作效率高、经营能力强的佃农，让这些佃农不断扩大经营规模，形成一定的农场，最大化的采用最新生产技术，全面提高经营的生产力。同时，也将要认识到土地产权的影响机制是不同于土地经营的影响机制的，这两种机制的有效结合能够突破土地产权的机制限制，土地租赁制可以将产权和经营权的制约减弱到最低程度，不断提高土地经营的生产效率。

七、总结

在完全市场状态下，土地可以自由交易，最优的地权结构是制度的总盈余最大。然而，土地交易成本的高低、土地收益函数的优劣和土地经营成本的大小有决定了制度总盈余的多少。由于土地这一特殊的投资品，地理位置不同、环境的优劣，其收益完全不同。因此，土地制度的选择也就出现多元化，在特定条件下自耕农、雇佣劳工制、定额租佃制和分成租佃制均可找到合适的存在理由，但总的来讲，租赁制是最优的。

通过实证研究，土地制度的选择主要依赖于土地投资回报率和土地所有权规模及经营规模。一般来讲，土地回报率越高，投资者在土地上的兴趣和偏好也就越高，投资的冲动型也就越强，这样带动了租佃率的增加；而且，农产品的商品化属性特征越明显土地的租佃率也越高，同时，租佃率也随运输成本的高低而变化。实践也证明，土地产权规模和土地经营规模也与租佃率密切相关。分别对中国南方地区和北方地区进行比较研究，发现地权平均规模与租佃率负相关，而单位劳动力经营的土地规模与租佃率正相关。而且，通过比较近代中国不同地区的土地租赁制与自耕农的经济效率，发现土地租佃制是一种最优的土地制度形式，均优于自耕农、半自耕农、地主等。通过分析典型地区自耕农及佃农的自有劳力数量、土地经营规模以及土地经营利润，发现佃农家庭更大、利润更高，而且有很多富农都是租赁土地的半自耕农或佃农。

研究中清晰地看到，土地租赁制是最优的制度形式，其适应性也是最强的，具有普遍推广性。因为，土地租佃制能够很好地将土地在投资上和生产要素上的功能分离开，这样便能够配置不同要素禀赋者在优势资源土地租佃制促进了地权规模和经营规模的最优化。土地产权的归属总面积同在土地经营上的有效经营面积的不同决定机制，带来了在地权所有制约的情形下也能够保持一定规模的经营面积。物竞天择的特殊功能，更是让最优秀的耕者与优势资源结合起来，实现制度最优化。

参考文献

[1] 姚洋. 中国农地制度：一个分析的框架 [J]. 中国社会科学，2000（2）：54-65.

[2] 迟福林. 走入21世纪的中国农村土地制度改革 [M]. 北京：中国经济出版社，2000.

[3] 曹广忠，袁飞，陶然. 土地财政、产业结构演变与税收超常规增长——中国"税收增长之谜"的一个分析视角 [J]. 中国工业经济，2007（12）：13-21.

[4] 黄季焜，陶然，徐志刚，刘明兴. 制度变迁和可持续发展：30年中国农业与农村（中国改革30年研究丛书）[M]. 上海：格致出版社，上海人民出版社，2008.

[5] 黄小虎. 当前土地问题的深层次原因 [J]. 经济瞭望，2007（2）：46-48.

[6] 林毅夫，蔡昉，李周. 中国的奇迹：发展战略与经济改革 [M]. 上海：上海人民出版社，1999.

[7] 陶然，陆曦，苏福兵，汪晖. 地区竞争格局演变下的中国转轨：财政激励和发展模式反思 [J]. 经济研究，2009（7）：21-34.

[8] 陶然，徐志刚. 城市化、农地制度与社会保障——一个转轨中发展的大国视角与政策选择 [J]. 经济研究，2005（12）：45-56.

[9] 陶然，汪晖. 以系统性改革渐进式实现城乡一体化 [J]. 领导者，2008（12）：60-70.

[10] 中国土地问题课题组-城市化背景下土地产权的实施和保护 [R]，天则经济研究所，2007.

[11] 汪晖，陶然. 论土地发展权转移与交易的"浙江模式"制度起源、操作模式及其重要含义 [J]. 管理世界，2009（9）：39-52.

[12] 薛志伟. 警惕浪费土地的四种现象 [N]. 经济日报，2006-06-28.

[13] 张五常. 中国的经济制度 [M]. 北京：中信出版社，2009.

澳大利亚碳定价制度分析
及对我国的启示[①]

陆 雨[②]

【 西华大学经济与贸易学院 四川成都 610039 】

[摘要] 澳大利亚碳定价机制的立法别于欧盟等国的碳税方案，是具有自己特点的独特的模式。该模式在碳价机制、相关政策协调考虑、配套方案的系统实施、政策稳定性和协作机制上对我国碳税制度具有一定的借鉴意义。

[关键词] 澳大利亚 碳定价机制 启示

一、研究的背景及意义

据近年来国际能源署公布的数据，澳大利亚因燃料产生的二氧化碳排放占全球碳排放的比例为 1.3% 左右，列全球第 12 位。与一些碳排放大国相比，澳大利亚的碳排放总量不算太大，但是人均碳排量却是全球最大的。2011 年 11 月 8 日澳大利亚参议院通过了清洁能源法案。其核心内容就是碳定价机制的立法，并以此为基础对澳大利亚未来清洁能源的发展进行了规划。2012 年 7 月，该法案正式实施，澳大利亚也成为继欧盟之后全面推行碳价格机制的第二大经济体，到 2003 年 7 月，该方案已正式实施 1 年。

为应对全球环境变化，控制温室气体排放，自 1990 年碳税政策在芬兰创始以来，得到了欧盟的大力推行，先后在芬兰、瑞典、丹麦、荷兰等欧盟国家以及加拿大魁北克省和不列颠哥伦比亚省等地得到运用，距今已有 20 年的时间。但目前为止，碳税在全球范围内的实践依然有限，很少有制造业大国实行整套的碳税规则。首先，施行碳税的欧盟个别国家和加拿大部分地区在世界能源和碳交易领域的影响是有限的，而澳大利亚是世界能源大国和经济大国，其碳价格方案对世界能源开发和交易影响较大；其次，澳大利亚碳定价的相关制度与欧盟等国的立法方案也有很

---

① 本文系西华大学澳大利亚研究中心支持项目"中澳矿业管理及税费制度比较分析"（编号：A1321211）的部分研究成果。

② 陆雨，女，西华大学经济与贸易学院，副教授，主要研究方向：区域经济及金融。

大的区别，澳大利亚通过《清洁能源法案》提出碳定价的规则，而欧盟各国多以与资源税、环境税相联系的税制安排来实现。再次，近年来我国与澳大利亚的能源交易，能源投资十分活跃，其方案实施以来对我国的影响也不容小视。最后，我国正在积极参与世界碳税活动的实践，特别是今年以来，2013 年 3 月 27 日国家发改委副主任解振华与澳大利亚气候变化、工业和创新事务部部长格雷格. 康贝特在澳大利亚部长级对话会上对两国的碳市场问题进行了磋商，双方同意在建设碳市场领域加强合作。澳大利亚碳价格立法的实施进程和动向值得我们关注。

二、澳大利亚碳价格机制是不是"税"

根据国内学界的研究，目前，对碳税已经有比较明确的定义。碳税（carbon tax）是针对二氧化碳排放课征的税制，碳税以环境保护为目的，通过对燃煤和石油下游的汽油、航空燃油、天然气等化石燃料产品，按其燃烧后二氧化碳排放量或者碳含量的比例进行征税以实现减少化石燃料消耗和二氧化碳排放。[①]碳税具有特别目的调节税和间接税的特点。

从已经实施碳税政策的欧盟各国的实践来看，其作为与资源税、环境税相联系的税制安排的特点非常明确。芬兰是第一个开征碳税的国家，最初，除电力部门外根据含碳量作为计税基础，碳税的征收范围为所有的矿物燃料，税率设计为较低的从量税。1994 年芬兰进行了重新调整，增加了能源税并实施碳税与能源税作为混合税进行征收，1997 年 1 月，芬兰又回到了纯碳税的征收方式。荷兰 1988 年通过立法开始征收环境税，1990 年出台碳税，并将其作为环境税的一个税目，1992 年荷兰环境税增加了能源税税目，与碳税以各占 50% 的比例进行征收。瑞典于 1991 年的整体税制改革中通过立法确立碳税，征税对象为所有的化石燃料。丹麦的碳税立法在1991 年通过并于 1992 年 5 月生效，并于 1996 开征了二氧化硫税和能源税，与碳税共同作为丹麦一揽子税收计划的一部分。综上所述，目前欧盟各国上对碳税征收上存在三种方式：一是以化石燃料的含碳量作为计税依据，在现行资源税和消费税基础上进行加征；二是在资源税消费税和环境税之外单独开征碳税；三是将碳税作为环境税的一个税目征收。

2012 年 7 月，澳大利亚清洁能源法案正式实施以来，国内对澳大利亚碳价格方案大多也冠以"澳大利亚碳税"的提法。但澳大利亚出台的碳价格政策却并不同于欧盟等国明确征收的碳税。从法律规则来看，澳大利亚对碳排放的企业征收的碳排放费用是通过《清洁能源法案》（The Clear Energy Acts 2011）的相关规则来进行的，并非是通过明确的税收如能源税或单独的碳税等税收法规。从法规具体内容上看，其核心是碳定价机制及其配套措施以及与清洁能源发展。政府根据该法案对全国二氧化碳排放总量 60% 以上的能源、交通、工业和矿业等经济部门征收二氧化碳排放费用，并在 2015 年形成温室气体总量控制和排放交易机制。该碳价计划中引入了一系列补偿计划：在家庭层面，政府将固定碳价一半以上的收入，通过增加补贴

---

① 盛立中. 碳税猜想［J］. Environment，2010（1）.

和减税等方式，为 90% 受影响家庭提供补偿；在企业层面，排放密集型出口型行业在碳税实施第一年，将享受碳价支出约 95% 的补贴，非排放密集型出口企业，也能在第一年内获得 66% 的补贴。此外，澳政府还设立了投资额达 12 亿澳元的"清洁技术方案"、投资额达 13 亿澳元的"煤矿工业就业计划"、投资额达 32 亿澳元的可再生能源促进项目，为食品、钢铁、煤矿等工业部门提供补偿，帮助其引进技术，提高能效，推动可再生能源发展。从具体的征收方法上来看，该方案对该国 500 家大型企业排放的二氧化碳，征收每吨 23 澳元（约合人民币 150 元）的固定碳价并以每年 2.5% 幅度增长。根据针对各国应对气候变化的政策工具分析来看，一种是传统的命令控制型手段（Commond-and-Control Regulation），另一种是基于总量控制的市场手段（排污权交易，Cap-and-Trade），最后一种是基于价格控制的税收手段或排污收费（Tax-or Price-based Regimes）。澳大利亚的方案更接近于第三种中的排污收费方式。澳大利亚官方也坚持该法案是一个对温室气体排放定价的一种许可费制度而不是税。从征收程序上，澳大利亚官方要求企业和商界通过国家绿色建筑和能源报告机制公布自己的碳排放作为污染收费的根据。每年年底，污染大户向清洁能源监管局上报碳排放数量，如果有超出免费排放额以上的排放，则需要按标准向清洁能源监管局付费而并非向税务部门交税。

由此可见严格来说，澳大利亚的碳排放收费安排并非一般意义上的碳税。但是，澳大利亚的碳排放收费制度的安排又在考虑平衡对各方利益的影响和征收手段上与该国的一些税务规定有千丝万缕的联系。对于使用能源的比较分散的个体，如载重货车，为体现节能减排要求，间接实现碳排放费用的征收，载重货车燃油税在实施碳税后，退税额度从 18 澳分/升（约合人民币 1.13 元/升）下调为 12 澳分/升（约合人民币 0.75 元/升），即相当于多征收了 6 澳分/升（约合人民币 0.38 元/升）的碳税。为避免征收碳排放费用后，居民承担了费用的转嫁而影响其利益，澳官方还规定从 2012 年 7 月 1 日起，即碳税方案实施之日起，澳个人所得税免征额将提高至18 200 元，到 2015 年，免税门槛将进一步提高到 19 400 元；年收入低于 80 000 元的纳税人将于 2012 年 7 月 1 日起享受减税待遇。

澳大利亚的碳排放收费的安排有别于欧盟等国的碳税方案，成为一种具有自己特点的独特的模式。不能称为严格意义上的碳税，但由于收费的主体是政府相关部门，一些规定与该国的税收安排有一定联系，被部分媒体解读为碳税。

三、澳大利亚碳排放安排的特点

作为一种特有的碳排放收费制度（Carbon Price Legislation），澳大利亚的碳排放安排具有以下的特点：

（一）碳价机制两步走

第一步：固定价格阶段。从 2012 年 7 月 1 日起，持续三年的固定碳价：2012 年 7 月至 2013 年 7 月 23.00 澳元/吨（约合人民币 147 元/吨）；2013 年 7 月至 2014 年 7 月 24.14 澳元/吨（约合人民币 155 元/吨）；2014 年 7 月至 2015 年 7 月 25.40 澳元/吨（约合人民币 163 元/吨）。在此阶段，国内碳价固定，与国际碳市场没有联系。第二步：浮动价格阶段。在三年的固定碳价结束后，澳便会过渡到浮动碳价阶段，通过总量控制与排放交易（cap and trade）实现减排。在这一阶段，政府通过免费发放和拍卖两种方式分配排放许可（emission permits），碳市场参与方可以根据基年的排放量获得部分免费的排放许可。

（二）重视相关政策协调的考虑和配套方案的系统实施，减少征收的负面影响

为了减少碳排放收费立法对国内社会经济和生活的冲击，让澳大利亚平稳地向低碳社会过渡，澳政府还制定和实施了一系列配套措施，包括：

1. 重视对居民利益的影响

碳税征收对象是澳大利亚约 500 家最大的碳排放企业，但居民担心碳价成本会导致电价等消费价格高企，负担最终转移到消费者身上。澳规定将政府征收固定碳价一半以上的收入通过增加补贴和减税等方式为 90% 受影响家庭提供补偿，并通过税制改革使民众无需提交退税申请就能获得补偿。澳官方测算，实行碳税后，预计平均每周家庭生活成本将增加 9.9 澳元，其中电费增长 3.3 澳元，燃气费增长 1.5 澳元，而通过补贴措施，预计每周家庭平均将获得 10.1 澳元补贴。官方计算，碳税从整体上在经济上的代价是消费价格将有 0.7% 的增幅。但居民因碳税而增加的开支与政府补贴基本相抵。

另外，在减轻国民负担上，澳官方规定从 2012 年 7 月 1 日起，即碳税方案实施之日起，澳个人所得税免征起点将提高至 18 200 元，到 2015 年，免税门槛将进一步提高到 19 400 元；年收入低于 80 000 元的纳税人将统一于 2012 年 7 月 1 日起享受减税待遇。

为了防止电力行业和其他部门利用碳价格政策恶意涨价，地方上还专门设立机构用于受理消费者投诉恶意欺诈。

2. 行业负担的考虑

澳大利亚的碳价格政策还根据行业差异而有所区别，即针对不同行业受碳交易体系的影响程度、行业排放强度、行业发展特征等情况，制定适应不同行业的鼓励性和过渡性政策。

在具体碳价格上，虽然价格是固定的，但具体分配方式则极为灵活。在 2012 年 7 月 1 日至 2015 年 7 月 1 日期间的固定碳价格阶段，分配方式分为固定碳价格购买和免费分配两种方式。免费分配只针对"排放密集型行业"，即碳强度高且碳价格受影响显著，碳成本很难转嫁的行业。免费配额的比例，则根据行业基准线来具体分配。澳大利亚制定了 40 多个行业的基准线，根据行业基准线和实际产量进行分配。主要分为两类，一类是高排放强度行业，免费配额比例为 94.5%；另一类是中排放强度行业，免费配额比例为 66%。

政府还设立了 12 亿澳元的"清洁技术方案"、13 亿澳元的"煤矿工业就业计划"、32 亿澳元的可再生能源促进项目，为食品、钢铁、煤矿等工业部门提供补偿，帮助其引进技术，提高能效，推动可再生能源发展。政府划拨 3 亿元专款发展钢铁工业，推动其转型成为清洁型工业；为发展节能减排新技术，政府将投入 100 亿元兴建清洁能源金融集团（Clean Energy Finance Corporation）；在受影响的农业生产方

面，农业将享受碳税豁免，农民也将获得相关补助。

对于减排成本较高、碳成本难以转嫁的行业，提供更大力度的支持。涉及能源安全的重点行业，则提供支持资金保证这些行业能够接受并适应碳成本，并顺利向清洁能源方向发展．

3. 对大型企业和中小型企业区别对待

澳大利亚碳价格机制对小企业没有设定要求，它们没有报告或履约义务。同时，澳大利亚政府还采取措施帮助小企业改善能源利用效率和降低成本。例如年营业额小于 299 万澳元的小企业可勾销的即时资产将增加至 6500 澳元政府还将额外注资 500 万澳元提高对澳大利亚中小企业的清洁技术咨询和其他非资助计划。其中包括产业能力网络 供应商倡导者和企业连接 6000 万澳元的能源效率信息津贴计划，将有针对性的通过特定产业咨 询的方式帮助中小商业和社会组织了解怎样通过减少能源的使用来提高资源使用效率。

4. 各方协作

在机构设置上，澳大利亚碳价格整个政策的设计和执行由多个部门共同协作。澳大利亚气候能效部负责整个政策的制定，国库部负责政策影响评估，清洁能源管理局负责整个政策的执行，澳大利亚证券和投资委员会负责对交易所的审批和日常交易行为的监管。

（三）政策稳定性

从 2012 年 7 月至 2015 年 7 月启动三年期的固定价格可以为企业适应碳成本提供过渡。在固定价格阶段，23 澳元相当于价格上限。为了保证同国际碳市场的接轨，稳定产业和公众的信心，固定价格参考 2011 年欧洲碳市场三个月的平均价格，并且规定固定价格每年逐渐上涨，在这一阶段让企业习惯于碳成本并将其作为生产决策的一项考虑，逐渐增加的碳成本也给企业逐渐加压促进企业转型。

所以将初始碳价格定于 23 澳元也是基于如下考虑：第一，由于碳价格机制是在 2011 年 7 月之前完成的，当时 EUA（欧盟碳排放配额）的三个月平均价格大概为 23 澳元；第二，基于模型预测，如果实施符合 550ppm 全球行动（即二氧化碳浓度在 550ppm 的水平上保持平衡），以及各国所承诺的减排义务实现时，国际碳价格将达到 20~25 澳元。虽然 2012 年国际碳市场严重不景气，EUA 价格下跌至 11~12 澳元，但是澳政府考虑到所实施的是固定碳价格，不应该让公众觉得可以随意变化，因此仍然维持 23 澳元的价格。

在随后的浮动价格期间，则设计价格上下限稳定市场，最高价格高于国际预期价格的 20 澳元，最低价格在 2015—2016 年为 15 澳元，然后每年上升 4%。最低价格的设置有利于市场稳定，保证减排活动的收益。

四、对我国的启示

我国尚未确立碳税制度，我国目前关于节能减排的约束主要是通过收费的方式征收，关于税收的规定较少且零星分布于资源税、消费税与增值税等规定中。2008 年国家发改委和财政部带领课题组进行调研，形成了中国碳税税制框架设计的专题报告，提出通过征收碳税来控制碳排放。该方案的制度设计上基本沿袭了北欧国家的方式，以消耗的化石燃料排放的二氧化碳为征税对象采取从量定额的税率进行征税，设计为一个较为典型的税收制度安排。

在理论上研究上看，庇古税和排放权交易这两种政策工具实质上是等效的。两者最终在均衡状态都将导致污染排放者的边际减排成本相等。但美国经济学家马丁魏茨曼发现在不确定条件下上述两种政策工具并不等效。在决定税率价格手段和发放排放数量许可证数量手段时管理者对于边际减排成本和边际收益曲线的认识会有误差，而这会导致政策偏离最优情景产生扭曲。具体来说在其他条件不变的情况，排放权交易政策导致的扭曲越大而由庇古税导致的扭曲越小。因此，在经济理论界一向认为碳税是一种相比排放交易更优的气候规制政策[①]。

但是目前欧盟已经建立起全球最大的碳排放交易体系，其他主要发达国家包括美国日本加拿大等都在建立或者准备建立排放交易体系，相比之下碳税的政策只被北欧几个国家采用。一些研究者认为当下发达国家青睐碳排放交易的重要原因之一是在 20 世纪 70 至 80 年代对市场经济的意识形态偏好从福特主义和凯恩斯主义向新自由主义发生转变，另外有学者则认为发达国家因为国内民主政治制度只能采用碳交易的方式。另外，排放交易制度的突出优点就在于边际减排成本较高的发达国家可以通过国际碳市场购买海外减排配额替代国内减排，也促使发达国家大力推进碳交易制度而非碳税制度。

澳大利亚的碳价格体系模式是分步骤进行，先实施固定碳价机制，再引入碳交易机制，最终建立排放交易体系。该模式可以说是介于北欧国家的碳税制度与美国、欧盟等大力推进的碳交易体系之间的一种渐进式的方式。该方式对我国碳税制度最终融入国际碳排放交易的大环境有很好的借鉴作用。

参考文献

［1］盛立中. 碳税猜想［J］. Environment，2010（1）.

［2］谢来辉. 碳交易还是碳税？［J］. 金融评论，2011（6）：107-109.

［3］陈洁民，李慧东，王雪圣. 澳大利亚碳排放交易体系的特色分析及启示［J］. 生态经济，2013（4）：70-74.

［4］陆燕，付丽，张久琴. 澳大利亚《2011 清洁能源法案》及其影响［J］. 国际经济合作，2011（2）：27-30.

［5］Securing a Clean Energy Future - The Australian. Government's. Climate Change Plan［R］. CanPrint communications Pty Ltd，2011.

---

① 谢来辉. 碳交易还是碳税？［J］. 金融评论，2011（6）：107.

浅谈民营银行的风险及防范

袁春梅 柳 絮[①]

【 西华大学经济与贸易学院 四川成都 610039 】

[摘要] 允许民间资本发起成立自担风险的民营银行是利国利民的大事。相对于国有银行，民营银行存在一些特殊的市场风险和道德风险。但是这些风险的存在不应该成为民营银行入场的障碍。当前，我们需要做的，是通过一系列配套改革和制度设计，有效防范民营银行可能出现的各种风险，为民营银行的发展创造良好的制度和市场环境。

[关键词] 民营银行 金融改革 道德风险 存款保险制度

自7月5日国务院办公厅发布《关于金融支持经济结构调整和转型升级的指导意见》后，关于"尝试由民间资本发起设立自担风险的民营银行"的表态早已撩动民企心弦。中国银监会最新发布了《中资商业银行行政许可事项实施办法》2013年修改稿，对照此前2006年发布的版本，新办法对境内企业发起设立中资银行方面有所放松，这被外界看作是迎接民间资本进入金融业的一个信号。尤其是对于境内非金融机构，准入条件方面取消了旧版规定中"在工商行政管理部门登记注册"的要求，但发起人的入股资金来源必须是自有资金，且代他人持有中资商业银行股权的企业不得做发起人。由于很多民间资本集中在自然人手中，并没有去工商部门登记，以前的规定就限制了这部分资金的进入，而新修订的内容就使得个人资本也能够去筹建民营银行，这是一个很大的突破。上述举措不仅表明高层对放开民营资本申办银行的态度，而且进一步规范了民间资本进入银行业的条件。然而，民营银行仍面临着一系列反对的声音，现有国有银行不愿意打破垄断格局，理论界担心民营银行风险过大，这些会不会阻碍民营银行的落地生根。究竟应该如何看待民营银行的必要性和风险，应该如何有效防范民营银行可能的风险，国家应制定哪些配套措施，这些都是目前需要认真思考的问题。

一、民间资本办银行是利国利民的大事

当前，我国经济进入到一个关键时期，国际市场竞争激烈，人民币升值，出口

---

① 袁春梅，女，西华大学经济与贸易学院，副教授，主要研究方向：国际经济与贸易。柳絮，女，乐山三江农村商业银行副行长，会计师，主要研究方向：农村金融。

面临严重挑战。国内经济增长速度放慢，房地产作为经济增长的支柱难以维系，银行流动资金不足引发人们对金融风险的担忧加剧。为此，金融支持实体经济和防范金融风险的呼声越来越强烈。在这种背景下，民营银行是否该呼之即出，必须深刻认识到民营银行推出的必要性。

（一）从资金供给与需求角度看

有数据显示，我国民间资本存量目前高达 30 余万亿元人民币，相当于我国GDP 的 60%。理论上说，民间资本可以通过三种合法渠道进入金融领域。首先是资本市场，通过投资金融市场的债券，作为投资者进入金融领域，包括持有金融机构的股权；其次是信贷渠道，即组建新的民营银行和小额贷款机构；最后是个人创业，组建合伙制或者有限合伙公司制的创业企业，形成最原始的资本。其中，资本市场是最合适的进入渠道，而资本市场发展的重要前提，是必须建立高技术水平、高信息化、高灵敏度的信息监管体系。我国金融信息监管始终滞后金融发展，监管腐败现象时有发生，资本市场风险让很多民间资本望而却步。信贷渠道方面，前几年批准成立的小额贷款机构，也因只贷不存使之缺乏可持续发展的动力。个人创业方面，目前，我国经济正面临着结构转换和产业升级的重要时期，许多民间资本找不到合适的投资项目，资本与项目往往无法很好地对接。大量民间资本被闲置或者参与到各种地下非法金融。

另一方面，众多创业者需要资金支持，中小、小微企业需要扩大规模和转换经营，对资金的需求是极为强烈的，这种资金需求往往具有小额、短期、快速、无抵押等特点，但正规金融的供给却不能适应这种需求。我国现有银行体系基本上属于国有大银行，这种国有银行的特殊性，体现在其贷款行为深受政府政策目标的影响，倾向于将贷款贷给国有企业，而对民营企业则存在较大的信贷歧视。种种迹象表明，民营企业融资难制约着我国民营经济乃至整个国民经济的进一步发展，也制约着中国金融业自身的健康发展。

大量实证分析表明，银行业中存在着一种基于规模的专业化分工，即大银行主要是向大企业提供贷款，而小银行主要是向小企业提供贷款。大银行和小银行提供的金融服务，存在着明显的系统性差异。允许民间资本开办区域性、专业化的小银行，即是资本拥有者的梦想，又是广大资金需求者的强烈愿望。是当前金融支持实体经济的一条有效途径。

（二）从我国金融改革角度看

随着国际金融行业的竞争不断加大，许多外资银行将进入我国金融领域，我国的金融行业想要稳住根基，单靠目前国有金融机构本身是远远不够的。现在我国的银行体系是限制准入的，这就形成一个垄断格局，银行很轻松地靠牌照就能够赚到非常高的利润。没有竞争自然不可能有效率，因此必须进行金融体制的改革。健康的银行体系应该是有层次的，不能只搞大银行，也需要小银行、民营银行。发展民营银行可在一定程度上改变传统的国有银行一统天下的局面，形成国有金融与民营金融、大型的金融机构与众多中小型金融机构竞争共存的新局面。建立民营银行可以促进银行业竞争，倒逼银行提高经营效率，消费者有更多的选择余地后，银行的服务质量也会相应改善。建立民营银行还能够帮助我国的金融领域进行业务探索和创新，扩大经营范围，提升盈利能力。此外，由于存在多种体制的银行业态，通过竞争保持良好流动性，引导资本向有竞争力、有前景、讲诚信的企业聚焦，有利于实体经济的健康发展和产业转型升级。

二、民营银行的风险分析

银行是一个高利润行业，因而人们投资办银行的积极性很高。但银行又是一个高风险行业，其负债经营的特性决定了银行必须将"安全性"放在首要位置。因为银行的破产倒闭将使存款人遭受损失，并导致"多米诺骨牌效应"，引发一系列连锁反应。相对于国有银行，民营银行还存在一些特殊风险。

（一）市场风险

首先，国有商业银行以国家信誉担保，而民营银行完全是按市场化原则运作，对于广大居民来说，其信用程度远远不及国家信用。市场普遍对国有银行信赖程度较高，大部分储户和投资者更加青睐大型国有银行，而对民营银行存在一定的怀疑，因而民营银行的吸储能力和资金充足程度远不及大型国有银行。其次，银行之间竞争越来越激烈，民营银行要面临与其他商业银行的竞争风险。由于历史发展的原因，国有商业银行几乎垄断整个金融市场，加之其庞大的分支机构网络，雄厚的资金实力和长期人力资源的积累，使民营银行在竞争中处于不利地位。最后，民营银行的资本金主要来自民间，其对利润最大化有着更为强烈的追求，对从事高风险运作和金融创新的冲动也就更强烈。如果没有健全的监管机制对其进行有效监管，民营银行往往会因风险问题而陷入失败。

（二）道德风险

民营银行的道德风险主要表现在三个方面：

一是准入风险。在我国一些经济发达的地区，民营企业要求组建民营银行的呼声很高。由于监管当局和民营企业之间存在一定的信息不对称，因此，监管当局较难掌握民营企业开办银行的真实动机，很容易出现审核方面的偏差，严重的还可能导致区域金融秩序的混乱。

二是经理人风险。民营银行主要是股份制形式的商业银行，内部具有规范的法人治理结构，银行所有者与经营者相分离。由于银行经理人掌握着经营权，并处于信息优势地位，他们很可能为自身的利益而去追求高风险、高收益的投资。而一旦投资失败，绝大部分损失将由股东来承担，当投资失败超过股东承受规模和能力时，风险就将转嫁给存款人，这样将会产生极坏的社会影响。

三是股东风险。民营企业办银行的动机主要可归结为融资便利、上市筹资和投资经营三个方面。在中小企业目前普遍存在融资难的情况下，民营企业办银行可以在一定程度上缓解自身关联企业的融资困难。但如果股东贷款过量并出现异常，就会引发危机。有研究表明，民营银行最大的问题就是股东贷款，而那些失败的民营银行的一个共同特点，就是股东一开始就企图用银行来圈钱。

三、为民营银行的发展创造制度和市场环境

迄今为止，中国没有法律法规明文禁止民资发起设立银行。但是，自 1996 年民生银行成为国家批准设立的首家民营银行后，民营银行市场准入陷入事实关闭的状态。2010 年以来，政策破冰信号曾多次释放，但序幕一直未能拉开。就民间资本难以发起设立商业银行的历史原因主要还是由于以上分析的各种风险的存在。但是这些风险的存在不应该成为民营银行入场的障碍。我们更应该看到，当前民营银行推出具有历史的必然性和使命感，看到它对我国宏观经济发展和金融改革的积极作用。民营银行的各种风险是可以防范的，很多市场经济国家的银行体系都是以民营银行为主，它们的成功为我国民营银行的开办和发展提供了很好的借鉴，当前，我们需要做的，是通过一系列配套改革和制度设计，有效防范民营银行可能出现的各种风险，为民营银行的发展创造良好的制度和市场环境。当前，国务院"金十条"再次提出应当尝试民间资本发起设立自担风险的民营银行，银监会更是降低了民营银行准入的门槛，现在民营企业家们都在期待着民营银行能够真正落地生根。

（一）构建全面的风险防范与控制体系

一是完善市场退出方面的制度。目前我国关于金融机构市场退出的法律规定主要散见于《破产法》《商业银行法》《金融机构撤销条例》等法律法规中，既不系统，又多为原则性规定，现实中操作性较差。在设计民营银行准入时就设计好退出制度安排，制定专门的银行业金融机构破产方面的法律、法规，让民营企业家清楚，办银行绝不是只赚不亏的事，如果经营不善，同样会输得血本无归。这样才真正谈得上自担风险。

二是建立存款保险制度。银行业金融机构市场退出时为保护存款人、投资者的利益和维持金融秩序稳定，需要有健全的存款保险制度予以保障，而我国尚未建立存款保险制度。随着进入全球化的深入，我国金融市场竞争的加剧，进一步加大了银行破产的可能性，这样不仅会损害存款人、投资者的利益，还可能会因金融危机的"骨牌"效应而危及整个金融体系的安全与稳定。

三是完善社会信用制度建设。民营银行作为经营货币资金的特殊企业，完全按照市场机制，自主经营、自我约束和自我发展，信用是其生命之源。在当前社会信用缺失，全国性、区域性企业及个人信用体系尚未建立的情况下，民营银行的经营将面临巨大的挑战。为此，不仅要塑造和加强企业、个人等各市场参与主体的信用意识，更重要的是加快全国性、区域性综合征信系统建设，使具有不良信用记录的企业和个人客户在市场上难以立足、无法生存。

（二）构建有利于民营银行发展的市场环境。

首先，消除对民营银行的所有制歧视，给予公平竞争的政策环境，适度放开民营银行的业务经营范围，提高其获利能力，为民营银行提供与国有银行相同的金融基础设施，将金融机构在经营过程中涉及的开户问题、结算问题、征信管理体系纳入统一的管理之中，使民营银行具有完善的开拓业务领域和服务客户的功能。其次，充分发挥市场机制在民营银行业务经营活动中的调控作用，变行政式的政府干预为

市场调控，依靠健全和完善的市场准入与退出机制、法定准备金和公开市场操作等手段对民营银行的业务经营活动进行宏观调控，尽可能消除对民营银行业务经营的行政式管制，切实提高民营银行的运行效率。最后，健全和完善民营银行的自我约束机制，督促民营银行按照市场化原则合理配置资源和设置机构，避免民营银行重走国有商业银行依靠单纯追求规模而盲目设置机构、重复经营的老路。

（三）加大对民营银行的政策扶持

在监管和大型竞争者林立的双重压力下，新设立的民营银行要想在夹缝中求生存，给予一定的政策扶持是必要的，让其先合法、合规的经营并存活下来，然后才谈得上为地方经济和小微企业服务。一是实行差别化的金融扶持政策。在存款准备金、贷款规模控制方面，实行差别化的优惠政策。同时，制定差别化支付结算系统及征信系统上线标准，为民营银行开展相关业务进入基础金融设施提供支持。二是实行财政扶持政策。在财政补贴、贷款贴息等方面对民营银行给予扶持。健全涉农和中小企业信贷风险补偿机制，对民营银行的小企业贷款、涉农贷款业务，可根据贷款余额给予一定比例的补偿，发挥财政的扶持作用。三是实行长效化的税收减免政策。对民营银行建立金融税收优惠政策的长效机制。例如，实行营业税差额纳税，按照存贷款利息差额征收营业税；对现有的税收优惠政策延长适用期限。

参考文献

［1］张杰. 促进我国民间融资规范发展的制度创新研究［J］. 经济纵横，2013（4）.

［2］李富有，等. 民间金融进入我国银行业的模式研究——一个新的分析［J］. 当代经济科学，2013（3）.

［3］顾建莉. 浅谈我国民营企业融资难问题［J］. 现代交际，2011（1）.

［4］郭田勇，等. 中国利率市场化路线图［J］. 社会观察，2012（5）.

中国企业年金的治理缺陷及应对策略[①]

张佩 毛茜[②]

【 西华大学经济与贸易学院 四川成都 610039 】

[摘要] 目前，对企业年金的研究大多集中在税收、投资、监管等方面，对企业年金治理虽然有一些研究，但是缺乏系统而深入的剖析。2011 年 5 月 1 日《企业年金基金管理办法》的实施，对企业年金治理有了一定的改进，但仍有许多问题需要进一步明确。首先指出了企业年金治理存在的缺陷，然后分析了企业年金治理存在缺陷的成因，最后提出从完善以理事会为主体的内部治理结构、发挥法人受托机构治理主体的作用、推行企业年金集合计划以便中小企业参与、界定第三人共同受托的法律属性等四个方面构建企业年金内部治理结构和外部治理机制。

[关键词] 企业年金 治理缺陷 成因 应对策略

目前，对企业年金的研究大多集中在税收、投资、监管等方面，对企业年金治理虽然有一些研究，但是缺乏系统而深入的剖析。2011 年 5 月 1 日《企业年金基金管理办法》的实施，对企业年金治理有了一定的改进，但仍有许多问题需要进一步明确。在企业年金的发展陷入内忧外困之际，而当前企业社会保险缴费率已经较高以及税收优惠政策一时难以突破，企业年金苦练内功，显得尤为必要。

一、中国企业年金治理存在的缺陷

针对《企业年金试行办法》和《企业年金基金管理试行办法》实施以来企业年金治理存在的缺陷，《企业年金基金管理办法》对企业年金治理有了一定的改进：一是对理事会的组成、设立、理事应具备的条件、议事规则、理事的责任与罚则均作了明确规定；二是对法人受托机构兼任投资管理人时，如何确保各项业务管理之

---

① [基金项目] 本文受四川省教育厅青年基金项目（W12212027）和西华大学重点项目（ZW1121203）的资助。
② 张佩，女，西华大学经济与贸易学院，讲师，经济学博士，主要研究方向：保险与社会保障；毛茜，女，西华大学经济与贸易学院，助教，主要研究方向：保险经济和保险金融。

间独立性的规定进行了细化；三是调整了投资范围与投资比例；四是明确法人受托机构可设立集合计划，并对受托人报备集合计划、委托人参加集合计划作了原则性规定；五是明确风险准备金的使用，提高风险准备金管理效率；六是明确收益分配、部分费用收取及列支方式。《企业年金基金管理办法》虽然对企业年金治理有了一定的改进，但仍有许多问题，具体表现在：

（一）企业年金理事会受托的先天不足

在企业年金发展的初期，基于企业年金"自办模式"长期客观存在的事实，一些企业往往选择建立理事会作为企业年金的受托模式①。经过一段时间的实践，企业对信托模式有了更深刻的认识，也意识到理事会受托的种种不足。

1. 企业年金理事会法律地位不明确

根据《企业年金试行办法》和《企业年金基金管理办法》②，企业年金理事会一旦成立，在法律定位上是独立于企业的，企业与理事会之间是信托关系，需要签订受托管理合同。然而在理事会实际运作过程中，理事会未经政府部门登记注册，没有明确的法律主体地位，企业将理事会视为本企业的一个内部管理机构，极大地扭曲了《信托法》对委托人和受托人信托关系的定位。

2. 企业年金理事会在整体运作能力上与法人受托机构存在差距

除了金融机构本身建立的理事会和已经建立时间较长的理事会之外，其他类型的理事会都存在专业水平受限的情况。一方面，难以根据市场情况的变化制定相应的投资战略；另一方面，也缺乏足够的能力对账户管理人、托管人，尤其是投资管理人实施有效的监督。尽管理事会也可以聘请企业以外的专业人员参加，但是与专门从事受托业务的法人受托机构相比，仍然存在很大的差距。

（二）企业年金法人受托机构主体地位形同虚设

与企业年金理事会相比，法人受托机构法律定位清晰，拥有专业的管理技术和人才，在发生损失时有赔偿能力，但是法人受托机构主体地位形同虚设的事实，抑制了治理主体作用的发挥。

1. 法人受托机构对其他机构的选择没有太多发言权

根据企业年金和信托型金融产品的特征，受托人在企业年金治理结构中处于核心地位。《企业年金基金管理办法》虽然规定受托人拥有选择、监督和更换账户管理人、托管人和投资管理人的权力，但是在实际运作过程中，法人受托机构的核心地位往往形同虚设，法人受托机构对其他企业年金基金管理机构的选择没有太多发言权。在一些案例中，甚至出现其他企业年金基金管理机构反过来指定法人受托机构的情形。此外，企业绕过法人受托机构直接指定其他企业年金基金管理机构的现象也时有发生③。《信托法》要求受托人对第三人处理信托事务的行为承担责任，然而对企业年金受托人而言，在承担责任的同时，却没有选择和更换账户管理人、托

---

① 2008 年翰威特对中国企业年金市场的调查结果表明，40%的企业选择的是企业年金理事会受托模式。

② 《企业年金基金管理办法》于 2011 年 5 月 1 日开始实施，2004 年 5 月 1 日实施的《企业年金基金管理试行办法》同时废止。

③ 郑秉文. 论企业年金当前的任务与改革的方向［M］. 北京：中国劳动社会保障出版社，2007.

管人和投资管理人的权力。出现上述情况的根源在于，企业年金市场竞争激烈使得法人受托机构无力对抗企业和其他企业年金基金管理机构的不合理要求。

2. 法人受托机构没有控制费用收取的权力

法人受托机构承担企业年金基金管理的核心责任，却无法在收费环节控制账户管理费、托管费和投资管理费，对费用收取的规定没有充分体现权利与义务相对等的关系，因而不能对法人受托机构提供正确的激励。一方面，法人受托机构虽然有义务就投资管理费同投资管理人谈判，但法人受托机构即便能压低投资管理费，也与自身利益没有直接关系，因此缺乏足够的谈判动机；另一方面，法人受托机构却有"激励"通过选择和更换投资管理人，并与其达成内部协议，从而获得利益输送的好处[①]。

（三）受托人兼任投资管理人不利于监督职能的发挥

企业年金基金管理涉及受托、账户管理、托管和投资管理等众多环节，整个运作流程非常复杂，成本也较高。由受托人兼任投资管理人，可以提高沟通效率，降低运作成本；同时，还可以降低委托代理风险。在委托代理关系下，投资管理人具有追求自身利益最大化的动机，存在损害企业年金基金财产的可能。由于受托人本身是基于信托关系为受益人利益服务的，在受托人兼任投资管理人的情况下，受托人和投资管理人的利益具有一致性，因而可以在一定程度上降低委托代理风险。

1. 受托人兼任投资管理人导致自身利益与信托利益存在冲突

按照《企业年金基金管理办法》的规定，受托人可以选择、监督和更换投资管理人，但是在受托人兼任投资管理人[②]的情况下，自己选择自己，受托人对投资管理人的监督和更换职能难以发挥。在受托人兼任投资管理人的情况下，利益最大化是其出发点，"信托文化"只能依附于自身利益之上，无法实现受托人基于委托人和受益人利益对信托财产进行管理。

2. 受托人兼任投资管理人导致托管人的监督作用难以发挥

在受托人兼任投资管理人的情况下，托管人的角色存在一定的冲突。一方面，托管人是接受受托人的委托，从事托管业务的，应当接受受托人的监督；另一方面，托管人从事托管业务时，需要履行对投资管理人的监督职责。从法律意义上看，托管人是受托人选择、监督和更换的，不可能切实履行监督职责，托管人对投资管理人的监督流于形式，由托管人监督、制衡投资管理人的目的根本无法实现。

二、中国企业年金治理存在缺陷的成因分析

由于中国企业年金处于初期发展阶段，规模有限，治理缺陷还没有暴露出来，随着企业年金市场的逐步发展和壮大，一旦暴露出来，危害极大。

（一）理事会与企业的天然联系使得委托人对受托人的监督作用难以发挥

《企业年金基金管理办法》第十六条规定："企业年金理事会由企业代表和职工

---

① 崔少敏，李克平，波涛，武玉宁. 企业年金发展研究 [M]. 北京：中国财政经济出版社，2007.
② 企业年金运作实践表明，普遍受企业欢迎的是"2+2"模式和"3+1"模式，这两种模式都是由受托人兼任投资管理人。

代表等人员组成，也可以聘请企业以外的专业人员参加，其中职工代表不少于三分之一。理事会应当配备一定数量的专职工作人员。"对于企业代表而言，顾名思义是代表企业利益的；对于职工代表而言，名义上是代表职工利益的，但最根本的一点是职工也是由企业雇佣的；对于企业以外的专业人员而言，也是由企业聘请的。由此可见，企业年金理事会与企业之间存在不可分割的天然联系，这种联系使企业实际上成为企业年金理事会的控制人，可能出现委托人越位和缺位现象，导致委托人对受托人的监督作用难以发挥。

《企业年金基金管理办法》一方面规定了企业年金理事会作为受托人，而受托费可以由企业年金基金财产承担，这说明企业年金理事会可以从企业年金基金财产中提取受托费；另一方面又规定企业年金理事会不得从企业年金基金财产中提取管理费用，两者的规定是矛盾的。如果企业年金理事会不从企业年金基金财产中提取管理费用，理事会兼职理事可以不领取报酬，但是专职理事的报酬从何而来？如果是从企业领取报酬，企业年金理事会实际上就处于企业的控制之中。

与其他国家不同的是，中国《信托法》规定无论受托人是否已经谨慎行事，受托人都要对第三人的行为承担责任。对由自然人组成的企业年金理事会而言，《企业年金基金管理办法》第十九条规定企业年金理事会"不得从事任何形式的营业性活动"、"不得从企业年金基金财产中提取管理费用"。企业年金理事会作为受托人，需要承担信托责任，然而由于其无法摆脱与企业之间的天然联系，无法实现独立性，其结果只能是产生具有本企业特色的"信托文化"。

（二）企业年金市场供需失衡使法人受托机构的主体地位难以发挥

截至 2010 年年底，企业年金基金累计结存 2809 亿元，缴费职工 1335 万人，仅占参加城镇职工基本养老保险人数的 5.19%。与企业年金基金规模有限形成鲜明对比的是，企业年金基金管理机构数量相对较多，竞争异常激烈，生存极为艰难。

企业年金发展面临的困难重重，问题的根源在于触及了养老保障体制的改革。城镇职工基本养老保险的缴费率高达 28%，严重挤压了企业年金的发展空间。美国由雇主和雇员平均分担的社会保险税（养老、伤残和遗嘱保险），仅为工资收入的12.4%。如果仅仅从缴费率进行简单对比的话，中国城镇职工基本养老保险的缴费率似乎有大幅降低的空间。但是，如果缴费率降低后，实施自愿性企业年金的话，当前企业年金市场这种主要是垄断行业与企业享受税收优惠政策的尴尬局面能否改变，值得怀疑。在企业的税收负担已经很重的前提下，缴费率降低后，实施强制性的企业年金，遇到的阻力会相当大。从这一方面看，企业年金的发展似乎又超越了养老保障体制改革的范畴。如果企业年金发展面临困境的根源没有得以突破的话，税收优惠力度的加大以及集合企业年金计划的推行等一系列旨在加速企业年金发展的对策，仅能取得部分效果，企业年金仍将是"富人的俱乐部"和"富人的游戏"。

（三）受托人与第三人法律关系的规定不利于合理界定各方当事人的责任

企业年金受托人委托第三人处理信托事务时，主要涉及两层法律关系：一层是受托人与其委托的第三人之间的法律关系；二层是委托人、受益人与受托人委托的第三人之间的法律关系。对第一层法律关系，中国《信托法》规定无论受托人是否已经谨慎行事，受托人都要对第三人的全部行为承担责任，而英美法系和大陆法系的日本、韩国和中国台湾地区只要求受托人对第三人的选任、监督承担责任。《OECD企业年金治理准则》指出即使治理主体将某些职能转包给外部服务供应商，也不能因此而完全免除责任，治理主体仍负有监视和审查外部服务供应商的责任。对第二层法律关系，中国《信托法》没有进行规定，而英美法系和大陆法系的日本、韩国和中国台湾地区都要求把第三人视为受托人[①]。中国和日本、韩国、中国台湾地区都是大陆法系，都是借鉴了英美法系的信托法律，但是在对第三人法律关系的界定上，却存在本质的差别。

企业年金基金管理的核心职能是由第三人承担的，在受托人兼任账户管理人、投资管理人的情况下，一方面导致受托人的自身利益和信托利益存在冲突，另一方面也不利于相互制衡机制的发挥；在受托人不兼任第三人的情况下，由于第三人不是受托人，不受信托法的约束，而且与受益人没有直接的法律关系，受益人权益面临很大的风险，特别是在中国企业年金存在受托人"空壳化"的情况下。实际上，对第三人法律地位的规定不仅关系到受托人与受益人之间的责任界定，而且关系到受托人与第三人之间的责任界定，甚至关系到企业年金理事会法律地位的界定，然而中国对受托人与第三人法律关系的规定不利于合理界定各方当事人的责任。

三、中国企业年金治理缺陷的应对策略

中国企业年金的治理缺陷导致企业年金基金管理机构以及外部服务提供者的故意或非故意行为，给基金财产的安全运行带来危害。因此，有必要重新审视企业年金的治理问题，构建企业年金内部治理结构和外部治理机制。

（一）完善以理事会为主体的内部治理结构

企业年金理事会是特定自然人的集合，理事是企业年金基金财产的共同受托人。企业年金理事会不是法人[②]，也不是自然人和法人的混合体，必须从法律地位上保证理事会有效履行职责，允许理事会以自己的名义进行社会活动，包括拥有印章、开设账户、指定代表人、独立行使诉讼权利等。

目前办理组织机构注册登记手续的主要是工商行政管理部门和民政部门，前者主要负责登记营利性组织，后者主要负责登记非营利性组织，具体又可分为社会团体、民办非企业单位和基金会。根据《民办非企业单位登记管理暂行条例》，民办非企业单位是指企业事业单位、社会团体和其他社会力量以及公民个人利用非国有资产举办的，从事非营利性社会服务活动的社会组织。从定义上看，企业年金理事会更符合民办非企业单位，应该在民政部办理注册登记手续。

---

① 蔡崎峰.企业年金基金治理结构研究［J］.上海金融，2010（5）.
② 法人的一个重要特征是能够独立承担民事责任，除法律有特别规定外，法人的组成人员及其他组织不对法人的债务承担责任。企业年金理事会是企业批准成立的、在企业内部活动的团体，缺乏相对独立性；而且在理事会发生债务时，理事会成员需要以其个人财产对外承担清偿责任。因而，企业年金理事会不具有法人地位。

（二）发挥法人受托机构治理主体的作用

企业一旦确定法人受托机构，对账户管理人、托管人和投资管理人的选择应该交由受托人完成，受托人有权对信托财产进行处分，这是信托的核心，即财产权和管理处分权在信托合同签订生效后，就归受托人支配。一方面，可以在一定程度上避免由委托人主导、各家机构竞相报价引起的恶性竞争；另一方面，在风险收益匹配的情况下，受托人能够积极履行职责，达到保护受益人利益的目的。

受托费、账户管理费、托管费和投资管理费都属于信托财产债务，因而可以统一由信托财产承担。这也有利于降低当前由企业另外缴纳账户管理费所带来的各种管理角色之间过多过繁的协调和操作成本。

（三）推行企业年金集合计划以便中小企业参与

企业年金单一计划门槛较高，不利于中小企业的参加。而企业年金集合计划具有参与便利、规模经济、携带方便、灵活性等诸多优点，非常适合中小企业的参与。2011 年 5 月，人社部下发了《关于企业年金集合计划试点有关问题的通知》，规范了企业年金集合计划产品的设立、运行和监督。

从 OECD 的发展经验看，企业年金集合计划已经呈现出产品化、个人化、零售化的发展趋势。从治理结构上看，企业年金集合计划提供"一站式"的服务，从账户管理到投资管理甚至托管都是由受托金融机构或集团包办[①]。由于受托人中缺少雇主和雇员的代表，为了更好地保护受益人的利益，国外受托人一般也投保责任保险，同时，一些监管机构要求集合受托人提供的投资选择必须是典型的低风险的保本基金风格。

（四）界定第三人共同受托的法律属性

英美法系在不同程度上发展了管理当事人自愿建立的关系中的行为所使用的三个层次标准，即"显失公平标准"、"善意标准"和"被信任者"标准。三个标准的划分原则是，一方当事人在多大程度上承认并尊重另一方当事人的利益。这三个标准是逐步推进的，即从自私到无私，其中"被信任者"标准指一方必须无私地、忠诚地为另一方的利益行事，也就是一方对另一方负有信赖义务（fiduciary duty）[②]。信托关系就是一种典型的信赖关系。

在英美法系中，受信人（fiduciary）和受托人（trustee），信赖义务和受托义务（duty as a trustee）并不相同，这两组概念存在逻辑上的从属关系。根据美国《1974年雇员退休收入保障法》（Employee Retirement Income Security Act of 1974，ERISA），决定一个机构或个人是否是企业年金计划的受信人，只能根据其实际行为来确认。即使某一个机构或个人明确表示他们不以受信人的身份为某一企业年金计划提供服务，但如果在他们提供服务的过程中实际发挥了受信人的职能和作用的话，他们还

---

① 根据《企业年金基金管理办法》的规定，除托管人外，受托人、账户管理人和投资管理人可以为同一人。

② 信赖义务包括忠诚义务（duty of loyalty）和谨慎义务。忠诚义务是对受托人道德的要求，谨慎义务是对受托人称职的要求。

是被视为该计划的受信人从而承担信赖义务。相反，如果受托人没有提供 ERISA 所定义①的服务的话，受托人也可能不需要承担信赖义务。由此可见，责任主体承担信赖义务的标准是行为标准，而不只是身份标准。受信赖义务约束的不只是基于身份的受托人，很多基于自身行为或者说基于事实的受信人也受到信赖义务的约束。

中国虽然引入了信托法律，但没有引入相关的受信人法律，所以第三人作为合同一方当事人，并不像英美法系的第三人一样成为受信人并承担信赖义务。与合同义务相比，第三人承担信赖义务更有利于受益人利益保护。在第三人在不兼任受托人的情况下，不受《信托法》的约束，不承担《信托法》强制给受托人的信赖义务，而仅作为与受托人签订管理合同的一方当事人。作为信托受托人的第三人与作为合同当事人的第三人相比，前者受到的法律约束更强。一方面，合同具有不完备性，再加上企业年金基金管理相当复杂，所以第三人的义务不可能由合同全部列举，第三人完全可能在不违反合同的前提下做出损害受益人利益的行为。另一方面，在合同法律关系中，高度尊重契约自由和合同当事人意思自治，当合同条款出现争议时，第三人承担的是"显失公平标准"、"善意标准"，而信托受托人承担的是"被信任者"标准。

针对中国企业年金制度对第三人法律地位的规定不利于受益人权益保护这一问题，可以参照中国《证券投资基金法》确立的信托设计②，受托人不作为一类市场角色，而只是作为一种法律角色，账户管理人、托管人和投资管理人都作为受托人，履行各自的信赖义务。

参考文献

[1] 郑秉文. 论企业年金当前的任务与改革的方向 [M]. 北京：中国劳动社会保障出版社，2007.

[2] 崔少敏，李克平，波涛，武玉宁. 企业年金发展研究 [M]. 北京：中国财政经济出版社，2007.

[3] 林羿. 美国企业养老金的监督与管理 [M]. 北京：中国财政经济出版社，2006.

[4] 邓大松，刘昌平. 中国企业年金基金治理研究[J]. 公共管理学报，2004(3).

[5] 国务院发展研究中心金融研究所，银华基金管理公司企业年金课题组. 企业年金理事会受托模式下的结构治理与完善 [J]. 福建金融，2005 (1).

[6] 马伯寅. 企业年金信托受托架构的本土化问题 [J]. 保险研究，2009 (8).

[7] 蔡崎峰. 企业年金基金治理结构研究 [J]. 上海金融，2010 (5).

---

① ERISA 认为为企业年金计划提供服务或进行行政管理或投资运作的公司、机构或个人，如果具有以下权力或提供以下服务就是该计划的受信人：（1）对企业年金计划具有决定权或控制权，对计划的资产管理具有处置权；（2）为企业年金计划的资产提供投资咨询或者有权力、有义务提供这种咨询；（3）对于该计划的行政管理有决定权并负责任。参见：林羿. 美国企业养老金的监督与管理 [M]. 北京：中国财政经济出版社，2006.

② 《证券投资基金法》第二条明确了投资管理人和托管人作为基金的共同受托人。

我国新股发行定价方式
市场化演进与改革

朱怀庆[①]

【西华大学经济与贸易学院 四川成都 610039】

[摘要] 中国股市新股发行定价方式一直在向市场化方向演进。本文详细梳理了新股发行市场化演进的路径，研究发现，目前新股发行方式虽然有市场化之名却无市场化之实。要真正实现新股发行定价方式的市场化，必须改革现有的询价制度。而最根本的变革还是应该实行新股发行从核准制向注册制的转变。

[关键词] 新股发行 定价方式 市场化 演进与改革

西方国家成熟市场的股票发行价格，一般由发行人与承销商根据市场认同程度和综合影响股票价格的各方面因素，经过充分竞价，协商确定新股发行价格。中国股票市场自 1999 年开始，一直在朝这个方向努力。

一、新股发行定价市场化探索过程及其起点（1999 年以前）

（一）早期的探索

中国股票市场，探索市场化发行定价的实践最早出现在 1994 年 6 月。当时，"海南金盘"首次通过深圳证券交易所的交易系统向所有的认购者竞价发售。具体竞价办法为：事先确定底价，所有有效申报购买从高价到低价累计，直到累积申报总额与公开发行总量相等时为止，此时的价位为实际发行价格。这种市场化定价的方法，因为当时市场上其他配套制度的不完善和股票发行严重的供不应求而终止。

1996 年 6 月 17 日，国务院证券委员会发布的《证券经营机构股票承销业务管理办法》第二十一条规定"股票发行价格或配股价格由承销商与发行企业共同商定。承销商不得迎合或鼓动发行企业以不合理的高溢价发行股票"。只是由于我国股票市场是一个高度管制下的市场，基于政府对整个股票市场的特殊定位，市场化定价思路被迫让路于行政定价。

---

① 朱怀庆，男，西华大学经济与贸易学院，副教授，主要研究方向：金融理论与实践。

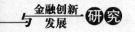

（二）市场化定价的起点

1998年12月29日，九届全国人大第六次常委会通过了《中华人民共和国证券法》，该法自1999年7月1日正式实施。《证券法》第二十八条规定"股票发行采取溢价发行的，其发行价格由发行人与承销的证券公司协商确定，报国务院证券管理机构核准"。基于法律的明文规定，从1999年开始，新股发行定价由行政定价方式向市场化定价方式转变。

二、股票发行市场化定价的制度变迁

1999年2月22日，证监会颁布《股票发行定价分析报告指引（试行）》（以下简称《指引》）。这是关于市场化发行定价的操作性法规。它对定价分析报告的内容作了统一规定。

1999年7月28日，证监会颁布了《关于进一步完善股票发行方式的通知》（以下简称《通知》）。《通知》除规定了确定股票发行价格可以采用的方法外，还规定可采用对一般投资者上网发行和对法人配售相结合的方式发行股票。2000年4月5日，证监会为了完善《通知》，颁布了《关于修改〈关于进一步完善股票发行方式的通知〉有关规定的通知》。

1999年10月14日，《中国证监会股票发行审核委员会条例》经国务院批准后实施。根据股票发行核准制的要求，成立了股票发行上市审核专家委员会。

2000年2月14日，证监会颁布《关于向二级市场投资者配售新股有关问题的通知》，规定将一定比例的新股在发行时直接向二级市场持有股票的投资者配售。

2000年3月，证监会颁布了《股票发行核准程序》《股票发行上市辅导工作暂行办法》。核准制取代审批制的结果是，明确规定取消指标分配和行政推荐的办法。从而开始了中国股票市场新股发行的市场化改革。

2000年8月21日，证监会颁布《法人配售发行方式指引》。规定发行人只能参与战略投资者的选择，不允许参与一般发人投资者的选择，且战略投资者原则上不能超过2家。由主承销商根据公开募集文件规定的分配原则和方法，确定一般法人投资者。

2002年5月21日，证监会发布《关于向二级市场投资者配售新股有关问题的补充通知》。《补充通知》要求按照优先满足二级市场投资者市值申购部分的原则配售新股；而且，将配售比例提高到在50%~100%之间确定。发行价格的确定则基本未变。该制度的缺陷在于：二级市场代替一级市场承担了股票发行的功能，取消了一级市场对公司的筛选功能和定价功能。新股向二级市场配售，意味着参与"市值配售"新股本的投资者一定能够盈利。发行人一旦取得按行政确定的价格发行股票的资格，就不再需要考虑新股能否卖出去，也不需要考虑以什么样的价格卖出去。这严重割裂了一、二级市场的有机联系。

三、市场化定价制度下、确定发行价格的方法之演变

随着以上一系列操作制度的先后颁布实施，制定发行定价的市场化程度不断提高。

（一）制度演进的第一步：发行价格确定方法的放开

证监会1999年2月颁布的《股票发行定价分析报告指引（试行）》，在市场化

发行定价方面的最大改革，在于放弃规定统一的发行价格的确定方法。而只是要求承销商详细说明发行价格的确定方法、二级市场的定位、商定的发行价格、市盈率倍数等。摈弃了以前单纯以市盈率作为唯一标准的定价方法。在此基础上，要求由发行人和承销商共同签署的，作为证监会核准发行价格重要依据的定价分析报告，至少包含以下基本内容：行业分析；公司现状与发展前景分析；二级市场分析；发行价格的确定方法和结果。但是，对新股发行定价的最重要因素之一——市场供求关系仍未纳入考虑。

（二）制度演进的第二步：首次在发行定价环节引入符合条件的机构投资者（2000—2004 年）

首次明确规定发行价格由供需双方共同决定，同时对确定发行价格的步骤做出了明确规定。

证监会 1999 年 7 月颁布的《通知》，对股本总额在 4 亿元以上的公司引入了新的发行方式：对一般投资者上网发行与对法人配售相结合发行新股，国有企业、国有控股公司、和其他法人可以战略投资者和一般法人身份参与配售；用于法人配售部分股票不得少于公开发行量的 25%、不得多于 75%。同时规定了确定股票发行价格的步骤：一是发行公司和主承销商可制定一个价格区间，报证监会核准；二是通过召开配售对象推介会方式，了解配售对象的认购意愿，确定最终发行价格；三是最终发行价格需确定在经证监会核准的价格区间内（含区间最低价和最高价）；四是最终发行价格确定在价格区间之外的，需要报证监会重新核准。

2000 年 6 月 30 日，证监会有关负责人建议发行人和主承销商，取消发行价格上限、采用竞价方式向法人投资者配售新股。

2000 年 8 月 21 日，通过颁布《法人配售发行方式指引》，首次明确提出发行价格由询价产生。进一步就战略投资者和一般法人的选择做出了详细的规定，加强了法人配售的透明度和规范度。

制度变迁的结果，带来了明显的进步：通过路演和投标建档的推介会的形式进行询价，采用了类似于国外累计投标方式下的价格确定过程。发行价格由供需双方共同决定，减少了发行人、承销商、投资者之间的信息不对称。通过战略投资者和一般法人投资者形式，将具有投资潜力的大量国有企业和国有控股公司引入到一级发行市场参与发行定价，既有利于发行价格贴近二级市场价格水平，又有利于改善投资者结构。

截止到 2004 年 11 月，所进行的市场化定价发行新股的改革，未能形成 A 股市场真正合理的新股发行定价模式。

（三）制度演进的第三步：新股发行的市场化定价（2004 年 12 月至今）

2004 年 12 月 10 日，证监会发布《关于首次公开发行股票试行询价制度若干问题的通知》，正式推出与国际接轨的 IPO 询价制度。发行人通过向投资者询价确定新股发行价格区间，在发行价格区间内，向配售对象累计投标询价，综合累计投标询价结果和市场情况确定最终发行价格。

2010 年中国证监会修订了《证券发行与承销管理办法》，同时发布《关于深化新股发行体制改革的指导意见》的规定。至今我国新股的发行方式为向参与网下配售的询价对象配售（即所谓询价制度）、向战略投资者配售和向参与网上定价发行的投资者配售。战略配售确定的价格为向机构投资者询价确定之价格。

就整个股票发行监管制度而言，按照时间顺序的变化过程，可以简单归纳为表1的形式。

表1　　　　　　　　股票市场发行监管制度分期变化情况表

时间	1993—1997	1997—2000.3	2000.4—2001.11	2001.12—2003.7	2003.8—2004.1	2004.2—2005.3	2005.3至今
定价情况	行政定价	首发15~20倍市盈率	市场定价	市场定价	首发市盈率不超过20倍	首发市盈率不超过20倍	机构询价
发行规模	额度制	额度制	额度制	额度制、通道制	通道制	通道制	通道制
准入限制	审批制	审批制	审批制	核准制	核准制	核准制	核准制

资料来源：作者整理

四、结语

目前，所谓的核准制下的发行定价市场化更多的只是一种形式。根本原因在于：①占股本总量三分之二的国家股、法人股不上市流通，二级市场价格实际上只是流通股的市场价格。②核准制下的审核标准和审核程序不透明。③配套制度的缺陷、非充分竞价、信息不充分、交易机制设计的不合理等一系列因素，也是现有的询价机制无法为新股发行合理定价的重要原因。

由于存在一系列制度性缺陷导致一级市场参与者轻易获取暴利，IPO成为造富机器，动辄出现100多倍市盈率的新股发行价格。其后果完全由二级市场埋单，使得二级市场多年来熊途漫漫。由于股市行情一路下跌，导致监管层对新股发行谨小慎微，严重削弱了我国股市的融资功能。

学界对如何改进这些制度性缺陷提出了诸多建议，笔者认为最大的问题出在询价阶段，初次询价和累计投标询价的二分法，使得初次参与的报价不具有约束力。初次询价由主承销商挑选合格的机构投资者来出价，而这些机构投资者出于利益因素可以随意出高价又可不必买进，这就是新股发行价格高市盈率频频产生的根源，最终严重影响到二级市场。要根本改变目前询价制度的缺陷应该采用拍卖制，谁出什么价就必须按此价买进，这就可以从根本上克服询价制度下出现高溢价的弊端。此外，最根本的变革还是应该实行新股发行的注册制。

参考文献

[1] 潘昌凤. 市场制度、市场结构与股价波动——基于中国股票市场的研究[D]. 成都：西南财经大学中国金融研究中心，2006.

[2] 姜硕，杨敏，等. 试论机构投资者行为对中国股市稳定性的影响 [J]. 经济研究导刊，2009（1）.

[3] 钟华，解静. 成熟市场的新股发行制度 [N]. 第一财经日报，2012-02-23.

【第四篇】

金融前沿问题

JINRONG QIANYAN WENTI

房地产投资信托基金的发展探究[①]

何秋洁[②]

【 西华大学经济与贸易学院 四川成都 610039 】

[摘要] 我国信托投资公司在开展房地产投资信托业务上已经形成了房地产投资信托产品经营商、房地产投资共同基金（Mutual Funds）、战略联盟共同管理房地产投资信托三种主要形式。本文借鉴美国房地产投资信托的发展经验并结合权益型有限期自我偿付的信托基金特点建议我国房地产投资信托的发展原则应遵循基金规模适度，期限合理，基金筹集逐渐规范，由私募转公募等国际标准，并建议我国房地产投资信托的投资业务应采取股权的形式投资于未上市的房地产公司，投资于实物性的资产等方面去拓展业务。房地产投资信托业务的良性发展还离不开完善法律法规体系，房地产投资信托的税收政策，避免房地产投资信托的双重征税问题，促进产品的标准化和上市流通等相关配套政策的建设和发展。

[关键词] 房地产投资信托基金 权益投资 产权登记 REITs

房地产投资信托基金（Real Estate Investment Trusts，REITs），是专门投资机构专营于房地产投资项目的投资基金，它通过向证券市场发售可自由流通的受益凭证，集聚众多中小投地资者的资金，然后凭借自身专业的投资理念参与房地产项目的投资组合，最后将投资收益以股息、红利的形式分配给投资者，本质上是一种信托型投资基金。与我国信托产品属私募所不同的是，国际意义上的 REITs 在性质上等同于基金，少数属于私募，但绝大多数属于公募。REITs 既可以封闭运行，也可以上市交易流通，类似于我国的开放式基金与封闭式基金。世界上第一只 REITs 在 1960 年诞生于美国，由房地产开发商发起设立的房地产投资信托基金，对信托财产的投资管理有着非常专业的技能基础和丰富的业务经验积累。然而，我国信托投资公司作为专业性的金融投资理财中介机构，既没有开展房地产运营业务的历史经验，又没现实的房地产开发资质，对房地产投资信托业的发展亟须进一步学习和研究。

一、我国房地产投资信托的业务发展趋势

从发展方向看，我国信托投资公司在开展房地产投资信托业务上有三种可能的

---

① 基金项目：西华大学横向课题：房地产投资信托运营，编号（w12212163），2012。

② 何秋洁，女，西华大学经济与贸易学院副教授，硕士生导师，主要研究方向：公司金融、旅游管理。

趋势。

（1）信托投资公司逐步发展为专业的房地产投资信托产品经营商，集中开拓房地产金融这一细分市场，成为类似于美国房地产投资信托的公司类型。在这类信托投资公司内部逐步建立起高素质的房地产开发管理团队和完善的投资管理体系，所有管理工作都由受托人或受托人的关联公司承担，通过规模效应提高经营效益和降低管理成本。

（2）房地产投资信托逐步发展为房地产投资共同基金（Mutual Funds），以分散投资和组合投资的原则投资于房地产行业的股票、债券或房地产投资信托产品，成为一类行业投资基金。在这类产品中，受托人的投资职责主要在于资金配置工作，而没有具体的项目投资管理工作。

（3）信托投资公司与房地产业的领导企业达成战略联盟，共同管理房地产投资信托。受托人在经营管理房地产投资信托时，将项目的开发管理职能再委托给合作伙伴，形成专业化分工。

二、房地产投资信托基金的发展规则

结合信托投资业务的发展趋势，本文建议借鉴美国房地产投资信托的发展经验并结合权益型、有限期自我偿付的特点建立以下的运营规则。

（一）基金规模适度，期限合理

由于房地产投资信托基金属于舶来品，在我国处于刚刚起步阶段，缺乏相关的发展经验，所以基金规模不宜太大。规模太大对房地产投资信托管理顾问公司的要求就高，而且也会对监管机构的监管带来一定的难度；规模太小又不利于建立有效的投资组合，不能有效地降低投资风险。所以，根据发展需求建立适度合理的基金规模对权益型有限期、自我偿付式房地产投资信托来说非常重要。另外其期限应以10~15年为佳。根据法规要求，重新登记的信托投资公司，最低注册资本必须达到3亿元人民币，经营外币业务的必须有1500万美元的等值外汇，并且注册资本中现金必须达到一定比例。实际上，多数新登记的信托投资公司都大大超过了这一底线。

（二）基金筹集规范，由私转公

权益型有限期、自我偿付式房地产投资信托的资金筹集方式，应以公募为主。因为目前我国整个产业投资基金还处在探索阶段，如果大量采用私募方式筹资不利于房地产投资信托的规范发展，也不利于保护投资者的利益。而公募方式由于有较严格的规定且在募集时受主管部门的严格审批，所以更符合现阶段发展权益型有限期、自我偿付式房地产投资信托的要求。

（三）组织形式灵活，两种抉择

房地产投资信托就其组织形式而言，可分为公司型和契约型两种。公司型的房地产投资信托是根据《公司法》的要求组成的具有独立法人资格的投资公司；契约型的房地产投资信托则是以信托契约为基础形成的代理投资行为，基金本身不具有法人资格。这两种组织形式各有利弊，就发展权益型有限期、自我偿付式房地产投资信托而言，如果规模比较大，投资领域也比较广，就应采用公司型组织形式，这有助于对基金资产的集中管理和规范操作。如果规模较小，业务投资又具有一定的专业性，那么可采用契约型组织形式，因为这样更有利于风险控制。

（四）投资变现严管，实现双赢

房地产投资信托可分为封闭式基金和开放式基金。开放式房地产投资信托不断发行新股票并将其销售给投资者，同时用经营的收入来购买额外的房地产；而封闭式房地产投资信托在发行原始股票和购买资产之后，就不再进一步发行股票，其现存股票的价值完全取决于房地产投资信托资产组合的经营业绩。权益型有限期、自我偿付式房地产投资信托的投资项目周期一般较长且需较强的稳定性，而且开放式房地产投资信托在发行新股时必须对现存资产进行评估以确定股价，多次的评估又比较困难（特别是权益房地产投资信托），所以封闭式更适合其发展。但值得注意的是，封闭式房地产投资信托只能用小部分的留存收益（一般为5%）或资产的折旧所产生的现金流量来购买额外的资产。

三、房地产投资信托基金的主营业务及管理

借鉴美国经验，我国权益型有限期、自我偿付式房地产投资信托的投资业务可向以下几个方面拓展。

（一）以股权的形式投资于未上市的房地产公司

据央行报告计算整理，因为房地产行业核心制度发生剧变，房地产贷款余额从1998年年底的3106亿元急剧扩张至2012年年底的12.11万亿元，14年内增长近38倍，年均增长高达29.91%，其占金融机构全部贷款之比也从1998年年底的3%左右快速提高至2012年年底的近20%。我国房地产开发企业的资金来源中贷款和以预收款、定金为主的其他资金来源占有很大比重，这使我国房地产开发企业的平均资产负债率高达70%以上，明显高于国际公认的60%的标准，大大降低了我国房地产开发企业抵御风险的能力，也不利于保护投资者的利益。将房地产投资信托的资金以股权的形式投入未上市的房地产公司可有效地改善其资本结构，降低高负债经营所带来的风险。

（二）投资于实物性的资产

适合房地产投资信托投资的实物性资产可分三种。第一种是较成熟的房地产项目（如写字楼、娱乐中心、购物中心等），投资这种项目风险较小，经营收入也较稳定。第二种是一些地区受经济衰退影响而贱卖的房地产，购买这些房地产之后，根据当时经济发展状况的需要，对这些房地产进行改建，使其具有更有价值的用途以取得一定的经营收入。例如，美国新计划房地产投资信托基金就很善于选择一些贱卖的房地产，并将其改建成购物中心、小型超市、仓库等新形式租给固定的承租人以获得经营收入。第三种是烂尾楼等房地产不良资产项目，因为房地产投资信托的管理人员有较强的专业性，具有将不良资产变成优良资产的能力。这三类资产依据各信托公司的能力均可涉足。房地产投资信托在投资实物性资产的过程中，应注意以下问题：

（1）合理构建房地产投资信托的构成比例，确保房地产投资信托的主营业务为

房地产。美国房地产、现金及其等价物必须占总资产的75%以上。在我国发展房地产投资信托，有两点需要予以规范：一是合理确定开发性资产和经营性资产的比例。因为开发性资产的风险相对比较大，而我国规范此类风险的经验不足，所以，规定开发性资产的比例很有必要。二是合理确定权益资产和债务资产的比例。这在美国虽然没有严格规定，但一些亚洲国家都作了相应的规定，如新加坡规定负债不得超过总资产的35%，韩国则完全不允许负债。

（2）规定房地产投资信托的收入结构，保障募集资金的正确投入和使用。在美国，要求房地产投资信托的股利、股息、房地产租金、股票和房地产处置等收益需占总收入的95%以上，而处置持有期不满1年的股票和其他证券所得、处置持有期不满4年的房地产所得等收益不得超过总收入的30%。我国的房地产投资信托收入也应主要来源于房地产开发、购置、出租管理等权益性业务，禁止资金拆借，而且应严格控制贷款业务。

（3）应税收入应分配给股东。为防止基金管理者出于满足自身利益最大化的目的，将收益再投资于那些无法达到投资者要求的项目，各国几乎都作出必须将每年90%的应税收入分配给股东（通常以股利方式）的规定。我国对于今后在房地产投资信托发展过程中，其收益分配有必要借鉴或采用这种分配方式，以便及时与国际接轨。

（三）房地产投资信托的经营与管理由受托人委员会或董事会负责

受托人委员会或董事会通常由三名以上受托人或董事组成，其中，大多数受托人必须是独立受托人。所谓独立受托人，是指该受托人与房地产投资信托的投资顾问和其附属机构没有任何直接或间接利益关系。受托人委员会和董事会的主要职责是负责制订房地产投资信托的业务发展计划并指导其实施。借鉴美国的经验，我国可以考虑在开展房地产投资信托业务的信托公司中建立类似的受托人委员会，负责制订房地产信托的业务发展计划，并且要求受托人与投资顾问和相关的房地产企业没有利益关系。

四、房地产投资信托业务发展的相关配套政策

（一）健全、完善法律法规体系

目前，房地产投资信托能够参照的法律法规是远远不够的，还没有一部专门规范产业投资基金的法律。为保证房地产投资信托的设立、募集、使用、收益分配等环节能够规范运营，建立和健全相应法律法规已刻不容缓。首先，以《物权法》为房地产投资信托的立法基础，对房地产投资信托的税收，房地产投资信托的法律结构，治理结构、商业设施的规划等予以规范，进一步完善《公司法》或制定专门针对投资信托发展的《投资公司法》《投资顾问法》等法规。其次，我国还可制定一些房地产投资信托基金的专项管理措施，如对投资渠道、投资比例的限制等，使我国的房地产投资信托基金从一开始就以较规范的形式发展。我国房地产投资信托的发展有赖于证券市场的发展、外在法律体系的健全，以及政府的强力推动。目前虽然《信托法》明确了信托受益权的流通和转让，但缺乏房地产投资信托的专项法

规。因此，有必要加快制定《房地产投资信托法》的步伐，强化信托受托人的责任和资格要求，规范房地产投资信托的发行和上市条件，理顺房地产投资信托的监管体制。应修改和制定相应的其他配套法规，明确房地产投资信托的产权登记制度。

（二）完善房地产投资信托的税收政策

需对目前的税法进行改革，避免房地产投资信托的双重征税问题，为其发展创造良好的税收环境。

（1）避免重复纳税原则。重复纳税会增加纳税人的不合理负担，直接限制信托活动的开展。因此，避免重复纳税应作为信托税制设计时的一个重要原则。虽然信托所涉当事人众多，但从信托的本质看，受托人管理运用和处分信托财产均旨在实现信托目的，受益人作为信托利益的享有者，通过该信托所负担的纳税，应当不因受托人的介入而加重，其税负不应高于亲自管理经营信托财产所承担的税负。

（2）实施受益人负担原则。这一直是我国建立信托税制的基础。目前我国对信托收益所得税的征收很不统一，也不完善，不但对受益人课税，还对信托本身课税的，有时对受益人和信托本身同时课税。因此，建议在信托中，受托人取得信托财产时，表明受益人已取得该项目财产。受益人纳税义务在应税项目发生时产生，所需税金直接由受托人从信托财产中代为扣缴。我国信托收益所得税应以受益人为纳税义务人，以此为基点构建我国信托课税的法律制度。

（3）促进公益信托发展原则。对公益信托的信托财产及其收益在税收方面给予优惠，减免各种税收，是各国税法的一个惯例，扶植公益信托同样是信托税制设计时的一项重要原则。我国《信托法》第六十一条规定，国家鼓励发展公益信托。国家在设计信托税制时，应充分考虑到公益信托的特殊性，通过一定的税收减免政策，鼓励当事人通过信托积极投资于公益事业。

（4）兼顾效率和公平原则。税收负担在国民之间的分配必须公平合理。信托税制的设计亦应体现税收公平原则，体现量能课税的精神，凡具有相同纳税能力者应负担相同的税收，不同纳税能力者应负担不同的税收。对信托行为征税，同样应体现社会的公平理念，通过国家税收杠杆的作用，追求社会成员间的起点平等、分配平等，以及最终结果平等，限制分配不公行为。效率原则要求对信托税制的设计必须以最小的费用获取最大的税收收入，利用税收的调控作用促进房地产投资信托的发展，同时，最大限度地减轻税收对信托发展的妨碍。

（三）加快培育机构投资者，建立健全保障投资者利益的运营机制

权益型有限期、自我偿付式房地产投资信托的资金来源中很重要的一部分来自机构投资者，如保险基金、养老基金等。机构投资者资金量大，而且信息灵通、投资技术高，能够为房地产投资信托提供稳定的资金。但事实上，我国目前还没有真正意义上的机构投资者，这对于权益型有限期、自我偿付式房地产投资信托的发展非常不利，所以加快培育机构投资者势在必行。但是无论亚洲还是欧洲，房地产投资信托的运营机制大多数是借鉴美国的经验，即贯彻投资明确、业务清晰、运营规范的原则，从资产构成、收入结构、收益分配三个方面规范房地产投资信托的运作，保障投资者的利益不受侵害。

（四）协调各主管部门关系，促进产品的标准化和上市流通

针对目前我国监管工作的实际，国务院应成立跨部门的发展房地产投资信托领导小组，降低协同监管成本，借鉴美国实施功能监管而非机构监管，将房地产投资信托产品当作证券类产品监管的经验，理顺房地产投资信托监管体制，反省1960年以前美国、1998年前我国旧的证券投资基金和2003年以前我国台湾地区房地产投资信托失败的教训，协调我国证监会和国土资源部、建设部等各部委的关系，赋予信托公司从事房地产投资和物业管理的不同资质，促进信托机构发行的房地产投资信托产品的标准化和上市流通，推动我国房地产投资信托市场的健康发展。

（五）不断完善房地产结构，发展资产管理业务

目前由于有200份信托合同的限制，还没有真正体现出房地产投资信托的优势所在，因此，房地产投资信托需要适应市场变化，不断完善创新房地产结构。房地产投资信托市场建立后，迫切需要一些第三方的房地产资产管理机构来管理这些房地产资产，使其增值。资产注入房地产投资信托的同时，应建立资产管理和房地产管理机构，为其提供基金管理及房地产管理服务。如果管理者希望拓展业务，可以通过发行新的股票或债券、私募股权发行、以新股或合伙单位交换财产，或者通过举债等方式进行融资。

参考文献

［1］Peter W. Madlem, Thomas K. Sykes. The International Encyclopedia of Mutual Funds ［M］. Closed-End Funds and Real Estate Investment Trusts, 2000：287.

［2］拉尔夫·L. 布洛克. 房地产投资信托 ［M］. 北京：中信出版社, 2007.

［3］斯蒂芬·德森纳. 上市公司私募融资 ［M］. 北京：中信出版社, 2007.

［4］张兴. 房地产投资信托运营 ［M］. 北京：机械工业出版社, 2009.

［5］孙飞. 信托治理优化论 ［M］. 北京：中国经济出版社, 2005.

谨慎看待优先股的作用

凌廷友①

【西华大学经济与贸易学院　四川成都　610039】

[摘要] 中国正在探索建立优先股制度，并已进入金融规划和试点准备阶段，这得到了市场的高度关注和欢迎。虽然优先股的推出对于完善金融工具种类，满足筹资者和投资者的需要，解决中国股市分红过少等问题都具有重要意义。但是，由于优先股自身固有的缺陷以及其在中国发展的滞后，优先股市场规模和积极作用不能高估，更不能将之视为解决中国股市低迷的出路。

[关键词] 优先股　普通股　红利　工具

2012 年 9 月国务院批准了由中国人民银行、中国银监会、中国证监会、中国保监会和国家外汇管理局共同编制的《金融业发展和改革"十二五"规划》，其中提出了探索建立优先股制度。2013 年 5 月中国证监会选择五家公司作为优先股试点，并将方案上报国务院。同时，公布了优先股推进流程的三个层次：首先是国务院出台相关解释文件，其次是各部委出台相关规定，最后是交易所出台相关细则。优先股制度的呼之欲出，得到了市场的高度关注和热烈欢迎，很多人对优先股制度寄予了很大的期望，甚至将之视为改变当前弱市格局、甚至是带来超级牛市的一次重大制度性变革。优先股制度的建立完善虽然有利于股市的发展，但其积极作用应当谨慎看待。

一、优先股的含义

优先股是指相对于普通股而言，主要在利润分配和公司破产清偿时的剩余财产索取方面享有优先权的股份[1]。优先股的投资风险小于普通股，相应地，其股东权利也弱于普通股，如优先股股东通常没有表决权，不具有对公司的控制能力。根据国际经验，按照股东享有权利的不同，优先股主要有以下类别：

（一）累积优先股和非累积优先股

累积优先股是指公司如果当年的盈利达不到规定的股利水平，未分配股利在以后年度分配时要进行补足。非累积优先股是指股利分配只以当年的公司盈利为限，

---

① 凌廷友，男，西华大学经济与贸易学院副教授，主要研究方向：金融投资和国际贸易。

如果当年盈利达不到优先股规定的股利水平，那么未分配的部分在以后年度不再补足。

（二）参与优先股和非参与优先股

参与优先股是指按规定的股息率获得股利后，如果公司仍有盈余，还可同普通股一起参加剩余利润分配的优先股。非参与优先股则不能对剩余利润进行再次分配。

（三）可赎回优先股和不可赎回优先股

可赎回优先股是指发行公司按事先约定的价格、期限可以购回的优先股。根据事先约定，赎回可以是强制的，也可以是自愿的。

（四）可转换优先股和不可转换优先股

可转换优先股是指发行后，在一定条件下允许优先股持有者将它转换成其他种类股票的优先股。反之，不能转换为其他种类证券的则是不可转换优先股。

（五）可调息优先股和不可调息优先股

可调息优先股是指股息率不固定，而是可以根据情况调整的优先股。但是，一般股息率的调整与公司的经营业绩无关，而是根据证券市场的价格升降或银行存贷款利率的变化。可调息优先股是为了适应金融市场动荡不安，各种有价证券价格和银行存贷款利率经常波动的特点而产生的，目的在于保护股东的权益。不可调息优先股则是指股息率固定不变的优先股。

在实际操作中，优先股由发行时约定的合同条款所决定，可以同时兼具多种属性，比如累积可转换优先股或非累积可转换优先股等。随着20世纪80年代金融创新的发展，优先股的种类也出现了一些变化和创新，如股息率定期制定、制定过程通过当前持有人和潜在买家通过参加拍卖来决定的拍卖优先股等。

二、我国建立优先股制度的必要性

中国优先股制度的雏形最早出现在20世纪80年代，当时的"股票"兼具股票和债券的特征，投资者既可以获得固定的投资回报，又可以参与公司盈利的分配。然而，由于1993年《公司法》中没有明确规定优先股制度，使得中国优先股的发展陷入沉寂。建立优先股制度，在中国目前具有特别重要的现实意义，主要有以下一些作用：

（一）发行优先股可以完善股权种类

由于历史原因，我国股份制改革是从国有企业改制开始的，股份类型根据投资者的身份划分为国家股、法人股、个人股和外资股四类。显然，这种划分方法忽视了股份本身的内在属性，容易造成不同股份在风险、利益、流通等方面的矛盾。按照股份性质和风险收益的不同将股份分为普通股和优先股，无论投资者是什么身份，购买同种股份后同股同权，股份面前人人平等，才是科学合理、符合国际惯例的股权种类设置方式。

（二）发行优先股可以促进上市公司现金分红

中国上市公司现金分红过少是个公认的问题，证券市场各方都希望能采取有效措施解决这个问题，但办法不多，效果不理想。比如，证券监管部门采取将上市公司的现金分红与其未来再融资相联系的政策，将公司最近三年现金分红比例从占利润的20%提高到30%作为再融资前提，其用意虽是提倡分红，但在实际操作当中，往往只是导致不少上市公司以少许红利分配作为获取再融资资格的铺垫，而一旦圈钱成功后，上市公司往往就丧失了进行现金分红的积极性。另外，不少公司，特别是一些个人或家族控股公司，融资成功后大量分红，套取公司现金，这种现金分红其实也损害了广大流通股股东的利益。而如果监管部门企图直接干预上市公司每年的具体红利分配事宜，又会忽视了公司和投资者之间的差异，过多的干预公司的股利政策，既不应该，也不可能。发行优先股可在相当程度上避免现有强制性分红政策陷入的困境。优先股发行之后，上市公司的股东就分为两类：优先股股东和普通股股东。看重现金红利的投资者可以投资优先股，他们对上市公司实现的利润有了固定的优先要求权；对上市公司而言，则自然形成了强制分红的压力；对监管部门而言，则少了干预上市公司股利分配的尴尬。

（三）发行优先股可以满足上市公司融资需求

众所周知，中国股市担负了支持国企改革的艰巨任务，最为强调的就是融资功能。发行优先股在加强对上市公司的约束的同时，还可以满足公司上市及融资的需要，为企业改革和发展提供资金，为企业调整资本结构提供新的渠道。特别是在近年，随着银行贷款业务的快速扩张和银行资本监管要求的提高，上市的各大银行普遍面临较大的资本充足率达标压力。由于本身规模的庞大，银行融资的金额都是数以百亿计，其普通股发行和上市对股市构成了沉重的负担，也影响了银行融资的时效。优先股是适合商业银行的重要融资工具，在金融危机时，美国很多金融机构就都采取发行优先股作为一种急需资金的来源。因此，发行优先股对解决上市银行融资问题具有特别重要的意义。

（四）发行优先股可以增加金融工具品种

优先股虽是公司权益，但由于它一般只收取固定股息，与债券类似，因此被归为固定收益类证券。在金融市场的各种基本交易工具中，国债具有无风险低收益的特征，普通股具有高风险高收益的特点，公司债券和优先股的风险和收益则介于两者之间。不满足于国债的低收益、又不愿承担普通股的高风险的投资者，可以将资金转投公司债券或优先股，找到自己的风险收益平衡点。目前我国没有优先股，而公司债券市场发展又严重滞后，从而使资本市场事实上只存在普通股和国债的两极状态，而不存在风险收益比不同的一系列中间状态，实际上限制了投资者的资产选择范围。虽然理论上可以通过资产组合找到适合投资者自己风险收益要求的投资组合，但发展公司债券市场的同时发展优先股市场，应该是更为可行的措施。特别是对于那些准备长期投资股市、又可避免红利双重纳税的机构投资者来说，优先股是非常适合的投资组合品种。另外，对于实际上无法参与公司决策的中小股东来说，领取高额股息的优先股也是适合的投资标的。

（五）发行优先股可以强化股权成本意识

本来，股东投入公司的股本资金承担了远高于银行存款或债券投资的风险，理应期望获得更高的收益率。而事实上，中国不少上市公司更习惯于将现在的股票融资看成是无成本资金，资本成本意识淡薄。优先股推出后，稳定的股利支付将成为习惯，股权成本由暗到明，可在一定程度上提高上市公司股权融资的成本意识，引导公司根据融资成本对不同融资方式进行比较选择，对公司的经理层施加适当的经营压力，并向市场传达积极的信号。稳定的股利支付还有利于唤起投资者的投资意识，调动各方重视股息收益率指标的积极性，促使市场各方积极进行股息收益方面的报道、讨论和研究，从而培育资本市场重视股票分红回报的投资文化，塑造股市以股息分配为基础的定价体系，提倡价值投资，降低市场的投机性，促进股票市场的长期健康发展。

（六）优先股可以缓解国有控股和市场化之间的矛盾

将国有股转为优先股，一方面能使国家获得丰厚的股息收入，另一方面也可以减少国家对公司日常经营的干预，既保证国有资产的保值增值，又可以把公司的自主经营权落到实处，推动市场化进程。

（七）优先股是风险投资的重要手段

可转换优先股是常用的风险投资工具，其中的优先分配剩余财产和股利的权利可以确保风险投资的收益，并降低被投资企业管理团队的委托代理成本。

三、谨慎看待优先股的作用

虽然优先股的推出对于资本市场的发展完善和市场各方主体都具有重要意义，但是，其作用不能高估，更不能将其视为解决中国资本市场众多问题的出路。

（一）优先股难以成为主力证券品种

从国际经验来看，在美国，优先股在 20 世纪 90 年代出现了快速发展。即便如此，根据标普（Standard & Poor's）的统计，美国优先股市场规模从 1990 年的 530 亿美元增长到了 2005 年的 1930 亿美元，出现了稳步的增长，但相比于同期美国约 9.5 万亿美元的股市规模以及 4 万亿美元的公司债市场规模，优先股的市场规模相对还是比较小的，在美国存量股权中占比仅为 2%[2]。

优先股难以成为主力证券品种的原因与优先股本身的内在缺陷有关。一方面，对投资者而言，优先股的约定股息为持有者提供了收益下行保障，但同时也让投资者放弃了分享企业成长的上行空间，在经济前景乐观和公司成长性强的情况下优先股的吸收力不如普通股。另一方面，对企业而言，不按规定支付优先股股利不会导致破产，但会影响企业形象以及普通股市价和普通股股东权益，因而优先股股利会成为一项财务负担，影响公司的发行积极性。此外，与一般的企业债券相比，优先股的资金成本较高。因为按照通常的税法规定，债券利息可以在税前支付，而优先股的股息需要在税后支付，这就加大了公司的筹资成本。甚至可以说，优先股介于普通股与债券之间，兼具两者的特点，但在某些公司和投资者眼里，优先股有可能是集合了普通股与债券的缺点而不是优点。由此可见，优先股很难成为我国股票市场的主体，顶多是当前化解新股 IPO 问题的过渡性措施和丰富我国证券市场金融工具品种的一种手段。

（二）优先股在我国还存在法律空白

优先股制度在我国一直以来都没有得到确立，主要是由于优先股制度在法律上存在空白。要引入优先股制度，首先要尽快修改《公司法》《证券法》，在法律上承认优先股的地位。《公司法》是用来规范股份制有限公司股份形式的基本法律。现行《公司法》第127条肯定了不同种类股份的存在："股份的发行，实行公平、公正的原则，同种类的每一股份应当具有同等权利。同次发行的同种类股票，每股的发行条件和价格应当相同；任何单位或者个人所认购的股份，每股应当支付相同价额。"《公司法》第167条为优先股按固定比例支付现金股利提供了法律依据规定："股份有限公司按照股东持有的股份比例分配，但股份有限公司章程规定不按持股比例分配的除外。"但是，尽管在条文上，《公司法》给优先股的发行留出了余地，但由于没有明确的优先股制度规定，因此优先股的发展还缺乏相应保障。因此要建立优先股，还需要对《公司法》及其配套规定进行修订。

另外，《证券法》是用来规范证券发行、交易和监管过程中发生的各种社会关系的法律。但是，当前《证券法》还只是依据普通股的性质来规范股票的发行、交易和监管，没有对优先股做出明确的规定，也需要进行相应的修订完善。

（三）优先股难以根本影响股市走势

近年来中国股市股价低迷，近乎熊冠全球，此时优先股就被很多人视为提振股市的救命稻草。然而股市运行自有其内在规律，不会因为优先股的推出而发生逆转。通常，作为经济晴雨表的股市反映了市场投资者对国家经济和持股公司发展前景的综合评价。在中国经济经历了改革开放以来的长期高速增长之后，现在正面临较为痛苦的转变增长方式、调整产业结构的时期，投资者对中国经济未来发展前景的预期有了一定程度的忧虑，这是影响股市行情的宏观背景。而从上市公司本身来看，由于制度建设方面的种种缺陷，公司治理结构的不完善，重融资轻回报的思想还根深蒂固，这些则成为影响股票价值的微观原因。在这样的背景下，优先股的推出对上市公司治理方面的某些问题的解决有一定的作用，但不可能改变经济发展的宏观方向以及上市公司的基本价值，因而股市的正常调整就不会因为少量优先股的推出而发生根本性的变化。

参考文献

[1]（美）斯蒂芬·A.罗斯，等.公司理财［M］.刘薇芳，译.5版.北京：机械工业出版社，2000：277-299.

[2]中国证监会.优先股制度的探讨［EB/OL］.http://www.csrc.gov.cn/pub/newsite/yjzx/zbscycx/yjbg/201209/t20120921_215199.htm

中国银行理财市场发展趋势研究[①]

孙从海[②]

【 西华大学经济与贸易学院　四川成都　610039 】

[摘要] 随着居民财富的快速增长和金融体制改革的深入发展，近年来中国财富管理市场，尤其是商业银行理财产品市场呈现出一片繁荣的景象，深刻地影响着中国居民的收入结构和商业银行的战略转型。因此，考察与分析银行理财市场的现状与趋势，具有重要的理论与现实意义。本文在考察银行理财产品市场产生与发展的基础之上，尝试着探索其发展的路径，总结出具有某种趋势性的结论。

[关键词] 财富管理　银行理财　发展趋势

一、目标客户快速增长，银行理财产品需求旺盛

（一）居民收入水平提高，保值增值需求强烈

随着改革开放进程的不断深入，我国经济持续快速增长，从 2004 年至 2012 年，我国经济（GDP）大部分年份里均保持着 10% 以上的高速增长，即使是在受金融危机影响最大的 2009 年，全年 GDP 也保持了 9.20% 的增速。据国家统计局发布的 2012 年国民经济运行报告，2012 年国内生产总值（GDP）519 322 亿元，按可比价格计算，比上年增长 7.8%，按照年末汇率计算，GDP 约合 8.26 万亿美元，人均 GDP 为 6100 美元左右，达到了中等收入国家水平。随着经济的持续、快速发展，我国居民财富增长迅猛，城乡居民收入有了大幅度的提高，居民个人和机构持有的以银行存款为主的金融资产快速增长。据中国人民银行发布的金融统计数据，截至 2012 年 4 月底，我国城乡居民储蓄存款余额达 37.89 万亿，较 2004 年末的 11.95 万亿增长 217.07%。城镇居民的人均可支配收入，也从 2000 年的 6280 元增至 2011 年末的 21 810 元，年均增长率达 11.61%。

面对手中不断增加的"闲钱"，个人资产管理正在被越来越多的人重视。近年

———————————

① 本文是四川省哲社规划项目《财富管理与居民财产性收入相关性——基于四川省银行理财市场数据的考察与分析》（项目编号：SC13JR06）的部分研究成果，并获得西华大学社科研究重大项目（项目编号：w13212187）的资助。

② 孙从海，西华大学经济与贸易学院，副教授，硕士生导师。主要研究方向：金融市场和商业银行管理。

来，国内金融市场的蓬勃发展使居民投资渠道日益增多，股票、债券、保险、开放式基金、信托等金融投资产品不断涌现；同时由于持续的低利率和较高的通货膨胀水平，我国银行存款实际利率为负，居民对资产保值增值的意愿日渐强烈，因此，收益率明显高于同期储蓄存款利率的银行理财产品越来越受到个人投资者的青睐。截至 2011 年年末，银行、信托、基金、券商集合理财产品等金融理财产品的发行规模达 18.06 万亿，较 2006 年的 0.84 万亿增长高达 21.42 倍。另据统计资料显示，2012 年，针对个人发行的银行理财产品数量达 28 239 款，较 2011 年上涨 25.84%，而发行规模更是达到 24.71 万亿元人民币，较 2011 年增长 45.44%，银行理财产品市场的火爆程度可见一斑，已经成为中国普通百姓金融资产选择的主流产品。

（二）权益类投资收益波动，银行理财产品成为居民首选

在股市低迷、楼市投资价值不确定和外汇市场无序波动的背景下，银行理财产品成为中国普通投资者尤其是风险厌恶者的理性选择。银行理财产品因其可以通过不同的交易渠道，不同的交易机制，投资于不同的资产，能够在更广泛的范围内为客户做资产配置，使得银行理财产品在很大程度上能够战胜基金，战胜其他类型的理财产品，获得一个更好的超额回报。

银行理财产品投资的超额收益或者相对于无风险利率的超额收益，主要来源于管制套利、风险收益和资产配置能力。管制套利不同于监管套利，管制套利是指当金融要素流动和价格变动存在人为管制时，例如，个人投资者无法直接进入贷款市场和银行间债券市场，也不能购买票据和同业存款，通过银行理财产品的介入，借助它的"管涌"作用，银行帮助普通居民打通了储蓄资金和上述市场的通道，只要这些市场的收益率和存款利率存在一个利差，那么银行理财产品就可以为投资者带来收益的提升，进而降低融资者的资金成本。

此外，对于银行理财产品而言，收益还来源于银行的资产管理能力，银行内部有专门的投资团队，他们对市场研究得更透彻，对信息掌握得更全面和及时，对资产配置的时点把握也更精到。因此，银行理财产品更好地实现了投资者的投资目标，在直接投资效果不佳的市场环境中，银行理财产品成为普通居民的首选。

（三）社会保障制度不完善，自保方式被重视

在我国，"社会保障"这一概念提出得比较晚。1992 年，我国开始探索建立健全与市场经济相适应的社会保障体系，相继建立起医疗保险、养老保险、失业保险和工伤保险等制度。在社会保险制度中，最受关注的是养老保险和医疗保险，而目前这两项关键的社会保险制度尚存在着诸多亟待解决的问题。因此，居民通过预先提留一定的资金作为对可能发生的损失进行补偿的后备基金就显得尤为重要，而购买银行理财产品日渐成为普通居民投资并进行自保的最优选择之一。

面对市场中广泛的自保需求，商业银行逐步将触角伸向"养老保险"市场，在银行理财产品中融入养老的理念。这类产品或只针对老年客户发售，或是将养老金长期投资的理念融入产品设计之中，面向社会大众发售，为普通居民进行养老规划提供了全新的渠道，使得他们的养老金配置管理进一步多样化、灵活化。对银行而言，推出养老专属理财产品，一是可以扩大目标客户群体，将有养老需求的人群作

为潜在客户来开发；二是可以更好地服务现有客户，"养老"不再只是依靠保险这一渠道，通过银行理财产品同样能够实现这个目标。如 2008 年 6 月，上海银行推出了我国首款养老型理财产品——"慧财"人民币养老无忧理财产品；2012 年 4 月 8 日，招商银行针对高端客户发售了岁月流金之"金颐养老 1 号"理财计划以及华夏银行于 2012 年 6 月推出的"华夏理财增盈增强型 1188 号理财产品（老年客户专属产品）"，将"养老"的概念注入银行理财产品之中，受到了普通投资者的青睐，拓宽了居民自保的渠道。

二、利率市场化进程中，商业银行业务转型趋势明显

（一）利率市场化，促存贷业务向中间业务转变

整体上看，近年来商业银行传统业务带来的利息净收入占比正在逐步下降，非利息收入则有上升趋势，不耗费经济资本的中间业务成为各家商业银行转型及发展的方向。银行从理财业务中获取的中间收入主要包括：理财产品的托管、销售、投资管理等手续费收入，这些收入在利润表内确认在手续费及佣金收入之下，属于商业银行的表外业务收入。

为了便于分析，我们选择了五家手续费及佣金净收入占营业收入比重较高的银行作为标杆银行，它们分别为中国工商银行、中国银行、民生银行、招商银行和光大银行。

表 1 　　　　　　　　　　2011 年标杆型银行业务收入分布结构

银行名称	手续费及佣金净收入	
	规模（亿元）	占营业收入之比
中国工商银行	1015.5	21.37%
中国银行	646.62	19.70%
民生银行	151.01	18.33%
招商银行	156.28	16.25%
光大银行	69.73	15.14%

资料来源：各家商业银行年度报告，普益财富整理

这五家银行既是国内较大的商业银行，又是理财业务发展较快的先驱性银行，它们的发展路径基本代表了未来中国银行业的发展方向，即是说，随着利率市场化的推进，中国商业银行正在逐渐由传统的存贷款业务向中间业务转变，理财业务作为新兴的中间业务，正在成为中国利率市场化的先锋，存在着巨大的发展空间。

（二）利率市场化，促理财产品收益被动提高

利率市场化初期，随着存款利率浮动上限的逐步放开，各商业银行之间吸储的竞争压力增大。为了稳定已有客户，吸引新客户，它们通过向投资者让渡较多收益来争取市场份额，这一行为被动意味较多，但这是目前包括城市商业银行在内的中小银行开展理财业务的优势所在，在给理财产品购买者带来了较高收益的同时，也

为中小商业银行保护存贷款传统业务起到了不可替代的作用。

以中小银行为代表的城市商业银行，为了拓宽中间业务收入渠道，赢得市场认可度，前期运用以价换量的方式占据本地市场份额，充分利用地缘优势拓展理财业务，获得充足理财资金支持，进而才能拥有创新的基础，也才可能形成资金规模优势、提高理财业务的整体运作效率。可以说，提高理财产品收益是中小银行在理财市场竞争中获取市场份额的必经之路。

在这样的市场环境中，普通投资者对理财产品的收益要求也随之提高。在市场利率水平较高时，银行理财产品的投向资产，如同业拆借和国债等债券和货币市场工具收益水平也会较高，投资者将能如愿获得较高的收益。但当市场利率水平下降，银行理财产品的标的资产收益率也随之下降时，投资者对理财产品收益率的期望值仍保持在较高的水平。在这种情况下，银行将不得不面临转移自身内部收益和流失客户资源的两难选择。

（三）利率市场化，促财富管理理念不断深化

随着利率市场化的逐步推进，存款利率开始上浮，出于维护客户的目的，银行发行的理财产品收益率随之提高。在持续的竞争环境中，银行开始面临两难困境：为了保护传统存贷款业务，增加中间业务收入，各商业银行可能不得不面临居高不下的投资者期望收益；为了兑付给投资者较高收益，银行不得不让渡自身利益，这势必会造成银行利润空间的收窄，随着理财资金规模的扩大，在出现经济下行和市场风险加大的情况下，理财市场也将面临无法避免的风险。

长远来看，随着金融脱媒的日益深化，商业银行已经意识到单纯以存贷款为主的传统经营体制和模式难以为继，同时，客户对商业银行金融服务的需求也日益多样化和个性化，从理财业务单一的财富保值增值需求逐步延伸至金融咨询、现金管理、财务规划、税收筹划、保险策划、风险评估、风险管理等多样化的个性金融服务。这种多样化的金融服务，是目前商业银行单一理财业务无法满足和提供的。

中国商业银行通过十年的理财业务实践，积累了丰富的资产管理业务管理经验，投资资产范围已经远非最初简单的结构性存款可比拟。多渠道投资的拓展，以及产品结构、形态的创新，为商业银行资产管理业务培育了大量专业人才，特别是风险控制管理的专业人才。一些大型银行开始建立独立一级部门的资产管理部，统筹全行理财业务的开发、设计和管理，资产管理部内也建立了多种资产的专业投资团队和职责分工明确的管理团队，设计和开发了一些具有一定市场影响力和竞争力的理财产品。以往商业银行基本很少涉足的另类投资，也逐步进入商业银行理财投资的范围，如艺术品、消费品等。从管理架构上，商业银行开展独立资产管理业务的条件已经具备。

在投资端，商业银行逐渐具备开展独立资产管理业务的条件，在客户端，商业银行才真正具备开展财富管理业务的基础。商业银行为了实现单一理财向财富管理的转型，除了要加强自身的投资管理能力外，更重要的一点就是开始注重对投资者进行风险教育。只有通过风险教育，让投资者理解和明白风险与收益相匹配的原则，而不是单一追求高收益，投资者才能理解自身必须承担的风险。只有投资者认识和

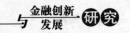

理解了风险，商业银行才能根据投资者的风险偏好，有针对性地进行客户细化，提供风险程度不同的多样化金融产品。

三、人民币国际化进程中，银行理财产品市场将发生深刻变化

（一）人民币国际化下，人民币理财产品的市场需求将逐步扩大

人民币国际化，主要包括三个方面的含义：第一，是人民币现金在境外具有一定的流通性；第二，以人民币计价的金融产品成为国际各主要金融机构包括中央银行的投资工具；第三，国际贸易中以人民币结算的交易达到一定的比重。这是衡量一国货币国际化程度的通用标准，其中第二点和第三点对于人民币的国际化而言显得最为重要，同时对金融产品提供机构而言也将是难得的契机。首先，作为国外金融机构和中央银行投资工具的人民币金融产品一般是收益相对稳定的固定收益类投资品，此类型金融产品的风险收益特征与银行理财产品大致相当，其最终的投向大体类似。因此，低风险类人民币理财产品的竞争将会加大，不仅要与国内银行争夺项目和交易对手，还要和境外金融机构争夺此类资源；其次，随着国际贸易中以人民币进行结算的交易越来越多，对于货币形式的人民币的需求也将提高，同时，出于套期保值需要的人民币远期合同、人民币期货等衍生工具的需求也将随之增加。对于商业银行而言，必须充分认识到人民币国际化对金融市场供给与需求带来的影响，并因时而动、因需而动，通过对现有理财业务的创新，来满足新增的理财业务需求。

（二）人民币汇率双向浮动，外币理财产品将受冲击

随着人民币国际化的进行，中国也将迎来人民币汇率的双向浮动时代，它同样也是人民币国际化的另一个重要标志。双向浮动意味着人民币汇率和的波动将不再出现一边倒的单向变动，而会呈现双向波动的趋势，这样不仅将给人民币的套期保值产品提供有力的市场支持，还会对现有的理财和投资理念形成强烈的冲击。首先，从2007年首支人民币债券登陆香港开始，投资界便存在一种普遍的观点：以购买力平价及其他指标衡量，人民币兑美元汇率是被大幅低估的。因此，投资者购买人民币或人民币交易的金融产品都能让他们从人民币升值的必然趋势中获得赚钱的机会。在这样的投资理念支配下，外币理财产品对手中持有人民币的投资者并不具备很大的吸引力。对于银行而言，单向的汇率变化中对汇率风险的控制较容易，但是在双向汇率波动中，以外币作为主要投资币种的银行理财产品将面临着新增的汇率风险，银行所筹集的外币理财资金的套期保值也更难；其次，投资QDII产品遭受汇兑损失的可能性降低，这会进一步提升高端客户的境外投资需求；再次，人民币双向波动会给有海外资金往来的投资者带来新的外汇风险，为了规避这类风险，挂钩汇率的结构性存款将会引起这类客户的重视——不是看重结构性存款的收益，而是看重其类似于期权的避险功能。

（三）人民币自由兑换下，银行理财产品市场竞争将趋激烈

随着中国经常账户顺差占比明显下降和人民币汇率改革渐行推进，人民币的自由兑换趋势将愈来愈快，而包括投资资金在内的各种资金在全球范围内的流动也将

更加频繁。根据一般均衡理论，各类投资资金在信息对称的前提下，必然能够找到令其风险——收益组合达到最优的投资方式（也就是资本市场曲线的边缘部分）。商业银行的理财业务，首先将面临来自全球范围的更多金融投资品的竞争（这些投资品甚至可能以人民币计价）。此前银行理财产品由于分业经营和监管、人为设置壁垒等因素形成的市场竞争优势将荡然无存。商业银行只有通过自身市场研究能力和产品开发能力的提高来提升其理财产品的竞争力；其次，对于外资银行而言，其目前所从事的代客境外理财业务必将受到较大的冲击。由于外资银行代客境外理财业务是在目前我国投资者尚无法直接投资于境外金融资产的政策限制下应运而生的，外资银行也充分利用了自身对国际金融市场的熟悉和丰富的交易对手资源来开发QDII产品。但是，随着资本流动的自由度加快，越来越多的海外金融产品将通过各种中介机构来到中国，供投资者挑选。因此，外资银行只有依靠对市场敏锐的洞悉能力和多年经营中间业务所积累的丰富经验来应对这一变化。

四、银行理财产品基金化趋势下，商业银行财富管理能力待考量

随着客户对商业银行金融服务需求的日益多样化和个性化，商业银行理财业务不可能一直以满足客户单一投资收益为目的。因此，在经过多年的发展后，商业银行已经意识到必须改变目前单一理财业务的经营模式，实现向资产管理业务的转型。在商业银行开展理财业务初期，主要目标就是防止客户流失，因此，维护和稳定客户的要求重于单一中间业务收入的要求。商业银行在巩固客户基础的内在动机驱动下，往往将理财产品设计成与客户共担风险的模式，而不是将风险向客户转移。与之相应，投资者获得的收益也并不是完全与自身承担的风险相匹配。在资产池的运作模式下，银行并没有将理财产品的投资收益或损失完全交由客户享有或承担，未达预期收益的部分可能由银行内部其他收益弥补，同时超过预期收益的部分归银行所有。资产管理的盈利模式是客户承担风险，投资管理人只收取管理费或顾问费，而对于投资者收益，则是按照净值或者估值来足额分配。因此，在资产管理被提上日程的同时，按净值分配收益的理财产品成为国内主流商业银行一致认同的理财市场发展方向。理财产品朝着开放式、基金化的方向发展，也越来越被业内人士认可。

银行理财产品朝着基金化方向发展，有三个方面的优势：

第一，产品基金化运作后，投资者可以按照净值或者估值来获得收益。

对于投资者来说，虽然自身承担了风险，但是净值式的收益分配方式更加透明，有利于投资者及时了解产品运行情况，便于在同类产品中做出比较和选择。对于商业银行而言，银行理财产品的运作模式发生了根本转变，之前的理财产品业务实际上是按资产负债业务管理，理财产品有预期收益率，有投资成本，需要计提银行资产减值准备，计提风险资本，特别是当标的资产无法取得公允价值的时候，就很难在不同的投资者之间做出公平的利益分配。理财产品基金化运作后，资产池或组合产品向净值产品转变，同时根据公允价格取得有效性来决定开放期。按照资产管理的投融资方式去管理，商业银行彻底摆脱了因刚性兑付理财产品预期收益所隐藏的风险，理财产品的收益核算和分配也更为简便和快捷。

第二，产品基金化运作后，银行理财产品可以由客户根据自身现金流的需求状况，在工作日申购或赎回，自主决定投资期限。

目前，在银行理财产品形态上，已经开始出现了开放式、周期型、封闭式，甚至开放式无固定期限的理财产品，投资者可以更加方便地赎回资金，灵活安排自己的流动性需求。基金化、开放式的银行理财产品大多以固定收益产品为投资对象，包括国债、金融债、央行票据、企业（公司）债、短期融资券、中期票据、同业存款、同业拆借、银行承兑汇票、回购等，这种理财产品的基金化运作，为普通投资者提供了高流动性和高安全性的投资渠道，同时不占用银行风险资本，无需计提银行拨备，可以说实现了理财客户和银行的共赢。此外，银行理财产品可以依托银行清算制度体系提供实时赎回，这是券商、基金没法做到的，或者他们需要支付很高的对价才可能实现，而银行在这方面天然具备实时功能，这会使银行的开放式理财产品比基金公司的基金产品更具市场竞争力。

第三，产品基金化运作后，将减少银行理财产品的相关监管和管理成本。

目前，有些银行理财资金的运作模式是资产池模式，即多个理财产品对应多项资产，单个产品的风险和成本无法估算，这样就保护不了投资者利益，万一某项资产出了风险，银行无法让某个或某些客户去承担责任，最终可能还是银行自己来承受。也就是说，银行理财产品资产池的运作模式，让银行自身无法转移风险，继而可能放大整个银行系统的风险。而开放式银行理财产品，通常是一个理财产品对应一个资产组合。因此，无论是对监管层的监管，还是对银行自身的经营管理，都将变得更加容易。

参考文献

[1] 西南财经大学信托与理财研究所. 中国理财市场发展报告（2011—2012）[R]. 北京：中国经济出版社，2012.

[2] 孙从海. 家庭金融资产替代与货币政策有效性——基于中国商业银行理财产品市场的考察与分析 [J]. 南方金融，2012（1）.

商业银行对中小企业融资的
互助担保模式分析与改进

王伦强①

【西华大学经济与贸易学院 四川成都 610039】

[摘要] 中小企业向商业银行融资难的一个非常重要的原因就是缺少必要的信用担保措施，近年来，各地商业银行与中小企业在信贷融资的互动合作中，发展了一些被普遍推广的中小企业互助担保模式。本文分析了主要的互助式的担保模式的特点与问题，在分析研究的基础上，指出这种互助担保模式的改善对策。

[关键词] 中小企业融资 互助担保 模式改进

一、中小企业融资互助担保模式的形成

长期以来，以实物为抵押担保措施，向商业银行获得贷款融资，为成长中的中小企业发展起到了解决资金渠道的主要作用，也为城市商业银行贷款业务发展拓宽了空间。但随着产业转型和中小企业集群化发展的种种创新，主要依靠实物资产抵押贷款的担保模式已远远不能满足中小企业银行贷款融资需求。近十几年来各地兴起的中小企业融资担保的互助模式，以中小企业群体互助合作进行相互担保，共同解决向银行融资担保的瓶颈问题，是中小企业和金融机构互动合作的结果。实践证明，这些互助担保模式既有成功的一面，也有需要完善和改进的一面。

二、中小企业联合体连带责任互保模式

（一）连带责任互保模式的特点

连带担保的模式最早起源于浙江温州，所以，又被称为温州模式或浙江模式。其特点是，在一个较小的地域范围内，在一个行业内若干规模相近的中小企业为了解决发展中向商业银行或基层金融机构融资问题，以合同的方式建立融资互保联合体，再以联合体的名义和商业银行建立授信合作关系。

从法律组织的角度看，这种连带互保的模式在结构上有这样的一些特征：中小

---

① 王伦强，1967年生，男，西华大学经济与贸易学院，副教授，主要研究方向：金融投资和产业经济。

企业通过签订融资互保合作协议，约定通过连带责任保证的方式向联合体内部成员向银行融资提供保证担保；授信银行作为独立的一方通过授信合作协议，与作为合同向对方的联合体全部成员共同签订共同担保合作合同，约定商业银行对联合体的授信额度，并约定由联合体内部成员共同缴纳一定数量的保证金，存入联合体牵头单位在银行开立的保证金账户，或者由牵头单位以定期存单的方式存入银行，作为融资担保措施；在联合体某一具体企业需要融资的情况下，商业银行分别同单个企业签订贷款合同，对企业单独放贷融资。

这种联合体互保模式一般是在官方或者半官方的行业协会等机构组织下，建立的一种以解决中小企业融资为为目的的中小企业融资担保模式。

（二）连带责任互保模式的问题

这种连带责任互保模式，最大的好处是建立起来相对简单，而且多具有半行政组合的性质：一个小范围行政辖区内的行业主管部门，未来帮助解决中小企业融资问题，常常主动牵头组织，具有一定的行政干预特点。

不足之处在于，这种互助担保不够稳定持续，原因在于联合体内部的企业在结成联合体阶段，企业发展的阶段大致在一个层次上，但是由于企业自身的产业链和内部管理经营能力的差异，企业发展的速度显然存在差异，联合体内某些企业到一定阶段完全可以发展到具有更好的独立融资担保能力，一旦出现这样的情况，这些企业就会主动寻求脱离联合体，原因在于，联合体通过协议捆绑要求每个企业对联合体内任一企业融资承担连带担保责任，如此一来，这个联合体的稳定性大打折扣；另一方面，如果有个别企业贷款债务履行违约，商业银行根据合同要求任一未违约企业承担连带代偿义务，这对经营发展好，重信用有发展空间的企业十分不公平，如果债务过大，企业为了逃避担保合同的责任，采取非常手段的事件很容易出现。过去浙江温州等地，因联合担保逃避代偿，企业主纷纷转移资产，甚至干脆逃跑，这样的事件曾经在浙江等地发生实际上反复警示了这种联合体担保模式的严重局限性。

（三）连带责任互保模式的简单评价

同一地域、行业相近或相同的若干中小微企业通过合同约定，以连带责任互保模式共同解决向银行融资的信用担保问题，在一定阶段具有重要意义，是一种解决中小微企业融资担保的重要创新，应当加以肯定。但是，鉴于企业发展的差异性，这种模式注定是不够稳定的互保模式，但经过这种模式建立企业之间的相互信任和信用检验，并在此基础上通过合作银行的引导建立更加稳定持久的互助担保模式，更具有重要意义。从这个角度来说，连带责任互保模式是中小企业联合解决向银行融资的信用担保的基层次阶段性模式。

三、互助式会员制担保担保模式

（一）互助式会员制担保模式的要点

互助式会员制担保模式就是由具有较强融资需求，但自身信用能力和担保能力不足的若干企业作为会员，出资组建信用担保公司，担保公司专门为会员企业提供担保的中小企业融资担保制度。

互助式会员制担保模式有五个要点：一是以专业融资担保公司的形式为需要融资的会员制企业向银行贷款提供保证；二是会员为独立的法人制企业；三是会员多属于一个较小范围地域内，比如经济较发达的一个乡镇，或者一个产业集中发展区内；四是会员大多处于同一个行业，具有行业合作或者协同的互助关系；五是通过会员出资设立的会员制融资担保公司只能向一家银行申请授信额度，全部会员通过该银行在担保公司的保证担保下获得银行融资。

互助式会员制担保模式是在产业集中或者集群发展的趋势下，中小商业银行为了改善中小企业的融资环境，通过和民间行业协会、产业集中发展协调管理机构等机构合作的产物体现了产融结合的特点。

这种模式最早诞生于浙江萧山，早期被业界称为中小企业融资担保的萧山模式；之后一些地区的成商银行根据萧山经验取长补短，结合本地现实创造了比较成熟的地区模式，如四川"广汉模式"等互助式会员制担保公司。

（二）成熟的会员制融资担保模式具有如下特点：

一是融资担保业务封闭运行，担保公司的担保资金存放授信银行，授信银行监督资金封闭运作和使用，并且担保公司只对参股的会员企业提供封闭式担保贷款服务；二是担保放大倍数合理，对担保公司提供的担保贷款额度，授信银行一般按会员制担保公司存到银行的资本金放大 5 至 10 倍授信；三是商业银行对会员企业融资方便快捷，一般情况下非会员企业的公司类贷款，从调查到放款走完所有流程最少需要 7~10 天时间，而在会员制融资担保模式下，商业银行对会员企业贷款，最多 2~3 天就可办结；四是融资担保公司的服务性和非盈利性，会员制担保公司设立的目的是只为会员企业提供融资担保服务，不以赢利为目的，会员制担保公司根据会员企业申请借款期限的长短，按年贷款实际发生额的 0.5%~1.5% 年率适当收取费用，实行保本微利；五是有效解决了信息不对称问题，会员制企业每月报表都通过担保公司汇总给授信银行，银行按月将会员制企业的融资业务往来情况提供给担保公司，同时担保公司实行按月例会制度，信银行指派信贷业务人员列席会议，了解各会员企业的生产经营状况、产品销售情况以及信贷资金的使用情况，通过担保公司这一中介，确保了授信银行、担保公司和会员企业三方信息的透明交流；六是风险控的独特方式，通过会员企业之间的封闭性运行和会员的相互参与与监督、会员再提供反担保措施、捆绑式的担保和两个"一票否决"，即会员企业和授信银行只要有一方不同意担保，就不能发放贷款，较为有效地控制了城市商业银行的贷款风险。

（三）互助式会员制担保模式的机制创新

一是社会效益性显著。长期以来，困扰中小企业融资的老大难问题的重要原因是信用保证不足，这极大地阻碍了中小企业发展。互助式会员制担保模式通过公司制的"互助"，为产业集群或者产业集中发展区内那些正处初创业早期的新兴产业中小微企业解决了银行融资难的难题。为数不多的企业结合组建担保公司，在会员的融资需求不完全具备银行抵押贷款条件的情况下，由会员担保公司为贷款企业提供担保，贷款企业再向担保公司提供各种形式的反担保，能够及时有效为企业解决快速发展中的资金低成本资金需求。这体现了城市商业银行响应《中小企业促进法》，为政府分忧、为企业解难的社会责任意识，有效地发挥了基层金融机构的社会职能。

二是封闭运行的创新，有效解决了信贷业务中的信息不对称问题。组建担保公司的各企业，因为相互熟悉、相互信任，才会联合抱团互助增信共谋发展。企业实际控制人的人格、企业资产规模、发展后劲、企业盈利能力等信息，是彼此共同知晓的。会员出资组建的担保公司只对入股会员企业提供封闭式担保，不对会员以外的企业提供担保。这样，担保公司能更好地根据申请借款企业的生产经营状况、产品销售情况、货款回笼等情况，掌握其资金的实际需求，基于这种会员合作机制，如企业虚报借款数量，在授信银行不充分掌握真实情况时，承担连带责任的担保公司的股东企业因了解情况就会在银行放贷前进行否决。站在商业银行的角度来看，相当于在信贷服务链条上，增加了外部力量对信贷资金安全的监督，这就能更好的杜绝信贷资金道德风险发生。

三是会员制担保公司将资金存放到授信银行，有效地解决了融资担保业务中的代偿问题。将会员制担保公司的注册资本金全面托管，保证其资本金只能用于对会员的担保业务。业内周知，过去在担保行业管理不够健全的情况下，信用担保公司存在的方式众多，目的各异，许多非融资担保公司的注册资本金就根本没有实现由商业银行规范托管，而商业银行一般要求只是在发生担保业务时，才会按贷款额度的10%~20%缴存保证金，所缴存的保证金也实际上是由借款人支付的。比较来看，会员制担保公司注册资本金全部托管，担保公司的代偿能力突显，其担保能力及担保责任明确。

四是会员制担保公司的非盈利性降低了会员企业的融资成本。调查了解，会员制担保公司的担保收费标准较低，平均约在1%左右，相当于普通融资担保公司的一半以下，这样大大地降低了会员单位融资成本，有利于增强产业集群内企业竞争力。

四、互助式会员制担保模式的缺陷

从实际运作过程中暴露出来的一些问题来看，互助式会员制担保公司也存在如下这些显著的不足：

首先是担保公司会员的排他性决定了会员制担保公司的担保能力。在一个小区域内，数家互相熟悉、相互信任的企业走联合成立会员制担保公司，也可能是地域相近的若干家企业的创始人或者实际控制人在个性相互认可、爱好相互认同的前提下才联合起来的。他们除了看重入会企业实力外，也许会更加注重个人情谊，而邻近地域内实力更强信用更好的企业却因互不在一个圈子内不能加入其中，这时会员制担保公司能积聚的资本实力有限，制约了担保公司的担保能力。

其次是潜在行业变动风险会影响会员制担保公司的稳定性。几个走在一起的会员公司，它们可能是从事的同一个行业，才相互熟悉、相互了解。例如：生猪养殖企业、饲料加工企业、猪肉销售企业、猪肉加工企业，它们共同成立一个互助式会员制担保公司。由于同在一个产业链上，都互为上、下游企业，资金需求集中，在向银行融资时，会同时夸大优势，弱化风险，甚至私下串通，以求向银行争取更多的贷款。若所属行业一旦受市场、疫情、政策的影响，短时期内无法逆转，资金断链不能支撑就会出现连锁反应，风险也会集中爆发，银行将会面临重大损失。

最后就是会员制担保公司具有典型的过渡模式特点。就目前的情况来看，会员制担保公司诞生于会员实力和发展阶段相近的，由于企业发展能力的差异，成长快的企业，到一定阶段后增强自我独立融资能力，或者会获得新的融资机会和渠道，不再依赖会员制担保公司的信用担保，这样他就有意愿脱离会员联合体，使担保公司不稳定性增加，到一定阶段，会员制担保公司就可能解体，这个阶段并不会很长，所以，这些因素使得会员制担保对会员企业来说，注定是一种过渡模式。

五、引导互助式会员制担保模式健康发展的对策

会员制担保公司通常是在企业、协会等管理部门、商业银行等共同协作下，为中小企业为解决融资的信用担保问题的一种模式创新。通过这种模式创新，中小企业获得了发展的融资通道，有效解决了企业发展的稳定成长和就业增长，银行在信用创新的模式下，获得了信贷扩张的机会，这是一种多方共赢的模式。但是，基于先天性的不足，互助式会员制担保公司在人才、管理技能、风控等方面非常薄弱，作为一类特殊的信用中介，需要从如下几个方面加以规范和扶持：

（一）应鼓励基层商业银行的金融机构自觉介入指导或主导创立会员制担保公司

会员制担保公司建立，是企业、社区和基层商业银行等的共同需要，但出于对金融和信用理解的差异，需要银行就要从市场、行业、实力、信用的角度出发，以发起股东为中心，尽量在一个相近的地域范围内，从不同的行业、不同的企业在规模发展机会的角度，通过调查选配股东企业。可以在建立担保企业前，就可以推行并引进会员对股东的"投票否决"制度：入会股东单位对入会企业投票否决，合作银行对入会企业可以一票否决，严把企业入会这一关；担保公司成立后还需协助企业进行信用管理和员工培训，特别需要对其骨干专业人才进行培养，只有担保公司内部管理体系掌握了业务才能发挥其信用中介作用；在担保业务操作中，银行还要指导担保公司作好对风险的全面防控措施，监督反担保措施的落实和管理。

（二）监管机构应推动会员制担保公司建立规范的法人治理结构与决策机制

互助式会员制担保公司要建立规范的法人治理结构、领导体制和决策机制。合理设置内部机制，建立一套科学的内部控制制度来规范业务操作过程。内部组织机构之间更要相互制衡形成有效监督，注意控制担保决策中可能出现的潜在风险，防止"一个企业说了算"的现象，充分体现法人治理、民主管理、民主决策机制。

（三）鼓励协会帮助会员制担保公司建立科学高效的信息管理系统

互助式会员制担保公司要利用现代信息处理和通讯技术，建立科学高效的管理信息系统，使决策层能够及时了解、掌握国家有关方针、政策、行业发展现状和趋

势，以及本单位的各种会计、统计数据和其他经营管理信息，从而保证各项决策和业务经营活动建立在充分的信息支持基础上，信息预测，适时调整业务经营方针和发展策略。

（四）合作银行应在科学的信用管理基础上加强对会员制担保体系的信贷扶持

合作应行营通过信用、法律分析，建立一套会员制担保公司的信用能力评价体系，以此为基础，在推动担保公司规范运行的基础上，对会员制担保公司加强信贷扶持。一是科学规划授信额度管理。注册资本只能作为参考，应转向以会员企业的自身实力结构、资金需求季节性情况进行综合分析，银行再以担保公司的注资来决定其放大倍数，并将授信额度逐一落实到每个会员企业，提前厘定用信条件。由于会员制担保公司封闭运行，其授信额度的多少至关重要。额度小了不能满足企业生产需要实现利润最大化，担保公司的作用就不能更好地体现出来，额度大了超过会员企业自身控制范围，银行风险将会扩大。二是贷款利率水平的框架约定。对于非盈利性的担保公司融资业务，合作银行可以从扶持的角度出发要让利，实行差别化的浮动利率制度。在央行基准利率上小范围浮动来扶持融资企业，原则上浮比例不超过30%，让融资企业全体实实在在的得到好处。

（五）属地政府应积极建立面向会员制担保体系的财政补偿机制

由于会员企业大多是出于发展早期的中小微企业，自身融资的信用能力较弱才抱团相互增信组建互助式担保公司，更需要得到政府的扶持。担保资金过于分散或过小就不能达到一定规模，抵御风险的能力就会降低。政府只要担保贷款符合国家大力提倡的产业政策，担保机构规范操作，政府担保补偿金制度应确立为逐年提高的机制。这样，担保公司的担保能力越强，企业获得银行的有效贷款就越多，对地方经济发展的推动作用就会越大。

（六）监管部门应通过监管的规制加强风险控制

各地政府的金融管理部门应加强监管措施制定和实施监督。一是加强对托管资金的管理，对担保公司的注册资金、担保保证金要严格按照政府金融办及金融监管部门的相关要求，注册资金进行授信行本行托管，对保证金按"专户存储、封闭管理"的原则进行流动性比例管理。建立严密的监管机制，托管资金只能用于担保业务保证金、保证金项下代偿支付、零风险理财和监管允许的其他用途。以增强担保公司的责任心，提高其抗风险的能力。二是建立并严格执行担保风险准备金制度，互助式会员制担保公司应按当年担保费的50%提取准备金，由于其为非盈利性的低收费。可按不超过当年年末担保余额1%的比例以及税后利润的比例提取风险准备金，不足部分由会员公司按出资比例分别进行补交，用于担保赔付；风险准备金累计达到注册资本的10%后，再实行差额提取。三是建立健全再担保制度，再担保机构是对已承保风险通过再担保方式再次转保，根据风险程度可分为一般再担保和强制再担保两种方式，有效地分散风险。实际运营中，对那些投资规模较大、市场风险大、收益较低的融资业务，自身效益小而社会效益大的项目融资应率先推行再担保。例如农副产品收购，在会员担保公司向银行提供融资担保的同时，再担保公司为会员制担保公司提供担保，通过再担保，使公司担保公司最后承担的风险大大分散。

参考文献

［1］汤继强. 中小企业融资模式 ［M］. 北京：华夏出版社，2011.

［2］成学龙. 中小企业集群对创新的影响研究 ［J］. 浙江金融，2009（8）.

［3］傅白水. 如何化解互保联保捆绑性风险 ［J］. 浙江经济，2012（16）.

［4］冯德勇，徐云峰. 中小企业融资担保行业的现状分析与对策研究 ［J］. 中国证券期货，2009（10）.

［5］赵爱玲. 拓展中小企业融资渠道，发展互保基金和互组担保机构 ［J］. 东北财经大学学报，2005（3）.

［6］翟春玲. 我国中小企业融资担保问题研究 ［D］. 河南大学硕士论文，2010.

中小微企业融资问题探讨

伍 刚①

【 西华大学经济与贸易学院　四川成都　610039 】

[摘要] 中小微企业在我国的经济格局中有很重要的作用,但中小微企业融资难的问题却一直不能得到有效解决。虽然国务院《意见》的发布很及时,但是本文认为中小微企业的发展关键还是取决于政府直接干预要少,主要靠政策引导,逐步培育民间金融力量,放开金融市场才行。基本的原则还是市场的问题还得靠市场去解决。

[关键词] 中小微企业　融资　市场

2013 年 8 月 8 日,国务院办公厅发布了《关于金融支持小微企业发展的实施意见》(国办发〔2013〕87 号)(下简称《意见》)。《意见》认为"小微企业是国民经济发展的生力军,在稳定增长、扩大就业、促进创新、繁荣市场和满足人民群众需求等方面,发挥着极为重要的作用。加强小微企业金融服务,是金融支持实体经济和稳定就业、鼓励创业的重要内容,事关经济社会发展全局,具有十分重要的战略意义。"应该说,《意见》的发布是很及时的。目前,我国经济正处于产业转型升级、调整社会经济结构的关键时期,挑战与机遇并存。而中小微企业由于其自身实力相对弱小,抗风险抗打击能力也相对较小。其中,融资难问题仍是一个突出的难题。而《意见》的发布抓住了要害,突出了重点。本文接下来就结合《意见》的内容来探讨一下中小微企业融资难的问题。

一、中小微企业的界定

(一) 行业划分中的"中小微企业"认定

工业和信息化部、国家统计局、国家发展和改革委员会、财政部联合印发的《关于印发中小企业划型标准规定的通知》(工信部联企业〔2011〕300 号)根据企业从业人员、营业收入、资产总额等指标,确定各行业划型标准并据此将中小企业划分为中型、小型、微型三种类型,以工业企业为例。从业人员 1000 人以下或营业收入 40 000 万元以下的为中小微型企业。其中,从业人员 300 人及以上,且营业收

---

① 伍刚,男,西华大学经济与贸易学院,教授,主要研究方向:金融学和会计学。

入 2000 万元及以上的为中型企业；从业人员 20 人及以上，且营业收入 300 万元及以上的为小型企业；从业人员 20 人以下或营业收入 300 万元以下的为微型企业。

（二）《小企业会计准则》中的"小企业"认定

《财政部关于印发〈小企业会计准则〉的通知》（财会〔2011〕17 号）中的《小企业会计准则》第二条对"小企业"的界定为在中华人民共和国境内设立的、同时满足不承担社会公众责任、经营规模较小、既不是企业集团内的母公司也不是子公司三个条件的企业（即小企业）。其中准则所称经营规模较小，指符合国务院发布的中小企业划型标准所规定的小企业标准或微型企业标准。为此，《财政部、工业和信息化部、国家税务总局工商总局、银监会关于贯彻实施〈小企业会计准则〉的指导意见》（财会〔2011〕20 号）从税收的角度提出，鼓励小企业根据《小企业会计准则》的规定进行会计核算和编制财务报表，有条件的小企业也可以执行《企业会计准则》，税务机关要积极引导小企业按照《小企业会计准则》或《企业会计准则》进行建账核算，对符合查账征收条件的小企业要及时调整征收方式，对其实行查账征收，符合条件的可以依法享受小型微利企业的低税率等优惠政策。

（三）税法上的"小型微利企业"认定

2011 年 1 月 27 日，《财政部、国家税务总局关于继续实施小型微利企业所得税优惠政策的通知》（财税〔2011〕4 号）规定，自 2011 年 1 月 1 日至 2011 年 12 月 31 日，对年应纳税所得额低于 3 万元（含 3 万元）的小型微利企业，其所得减按 50%计入应纳税所得额，按 20%的税率缴纳企业所得税。10 月 12 日，国务院常务会议确定，加大对小型和微型企业（简称"小微企业"）的税收扶持力度，将"小微企业"减半征收企业所得税政策，延长至 2015 年年底并扩大范围。

需要指出的是，企业所得税优惠适用的"小型微利企业"概念，与工信部联企业〔2011〕300 号、《财政部关于印发〈小企业会计准则〉的通知》（财会〔2011〕17 号）中"小微企业"和"小企业"是不同的概念，其认定标准不尽相同。

财税〔2011〕4 号文件所称小型微利企业，是指符合我国《企业所得税法》及其实施条例以及《国家税务总局关于小型微利企业所得税预缴问题的通知》（国税函〔2008〕251 号）和《财政部、国家税务总局关于执行企业所得税优惠政策若干问题的通知》（财税〔2009〕69 号）等相关税收政策规定的小型微利企业。

就工业企业而言，可减按 20%的税率征收企业所得税的小型微利企业，是指从事国家非限制和禁止行业，年度应纳税所得额不超过 30 万元，从业人数不超过 100 人，资产总额不超过 3000 万元。在具体细节指标操作上，国税函〔2008〕251 号文件及财税〔2009〕69 号文件规定，"从业人数"按企业全年平均从业人数计算，从业人数是指与企业建立劳动关系的职工人数和企业接受的劳务派遣用工人数之和，"资产总额"按企业年初和年末的资产总额平均计算，"从业人数"和"资产总额"指标，按企业全年月平均值确定，年度中间开业或者终止经营活动的，以其实际经营期作为一个纳税年度确定上述相关指标。

同时，按照《国家税务总局关于非居民企业不享受小型微利企业所得税优惠政策问题的通知》（国税函〔2008〕650 号）和《财政部、国家税务总局关于执行企业所得税优惠政策若干问题的通知》（财税〔2009〕69号）规定，非居民和核定征收企业不能享受小型微利企业所得税优惠。

从上述"小微企业"、"小企业"与"小型微利企业"认定上看，"小微企业"仅是按从业人员、营业收入、资产总额三项标准进行行业划分，"小企业"除符合"小微企业"的条件外，还存在其他条件的制约，而享受企业所得税优惠的"小型微利企业"认定不仅存在资产总额、从业人员的限制，而且还存在行业限制、年应纳税所得、所得税征收方式、居民企业与非居民企业等方面制约，两者存在着冲突与交叉。简而言之，就是"小微企业"、"小企业"只有符合"小型微利企业"的条件，才能成为享受企业所得税优惠的"小微企业"。

要注意的是，小型微利企业虽然称为企业，但在适用范围上不仅包括在我国境内依法设立的各类所有制和各种组织形式的企业，还包括个体工商户和规定以外的行业。

二、中小微企业融资难的现状

有关资料显示，截止到2008年年底，各级工商部门注册的中小企业有970万户，个体工商户2900万户，提供了75%以上的城镇就业岗位。99%的中小微企业为我们国家GDP贡献超过60%，税收超过50%，提供了近70%的进出口和80%的城镇就业岗位。

显然，中小微企业在我国的经济格局中有很重要的作用。但中小微企业融资难的问题却一直不能得到有效解决。

2009年，当时的中国工业和信息化部部长李毅中在接受记者采访时就指出："今年（2009年）头三个月，全国信贷规模总量增加了4.8万亿，其中中小企业贷款增加额度只占不到5%！"中小企业贷款的同步增长占比之小，说明了其资金非常困难，他认为目前融资难、贷款难已经成为制约中小微企业发展的瓶颈。

三、中小微企业融资难的成因

为什么银行不愿意借贷给中小微企业？李毅中认为，中小企业融资难有四方面原因："第一，中小企业自身的问题，主因是中小企业规模小、实力弱、信誉度不太高；第二，银行对中小企业贷款条件更加严格，因为银行大部分是商业银行，它也要考虑自身的风险和利润；第三，中小企业信用担保体制机制不健全，我国政府在这方面做了很多工作，中央财政、地方财政拿出资金建立担保机构，但是覆盖面不太够；第四，中小企业融资渠道太窄。"

2010年9月19日在北京召开的、主题为"竞争力再造——发展模式的关键抉择"的2010年中国CEO年会上，原国家发改委副主任、中国中小企业协会会长李子彬在致辞中指出："中小企业仍然存在生存艰难、压力过大的问题。外部环境和自身发展面临着六个困难，也就是说有六重门。第一重门是融资困难，由于中国的大中型银行体制改革之后，小型银行数量太少，所以中小企业贷款难。中国的5家国有银行占有中国银行资产的51%，14家股份制银行也有很大比例的金融资产，但这些银行体制是面向大企业设计的，贷款条件、选贷环节都是针对大企业来的，按照他们审贷的 35 个条件，中小企业有 25 个天然的不合格，这些大型银行，这两年在中央政府的支持、引导之下都加大了对中小企业的支持力度，建立了中小企业贷款的专门机构，对中小企业贷款支持应该说有很大的改变，但由于体制本身是针对大型银行设计的，再加上给中小企业贷款的风险高、成本高，所以大企业银行是面向大企业的，而不倾向于小企业。尽管中央给了很大的压力，他们做了很多的努力，但仍然在小中选大，好中选优，解决小企业贷款的主要还是靠小银行，但我国的小银行毕竟很少。另外由于资本市场发育较晚，企业直接融资渠道不畅，中国证券市场 20 世纪 90 年代末开板，2004 年中小板在深圳交易所上市，2012 年 4 月创业板上市，创业板发展比较好，目前一共有 130 家企业上市了，大概融资近一千亿，但一千亿对一千万户中小企业的需求来讲还是很小，但心理、精神上的影响大于实际作用。创业板上市给许多中小企业提供了希望，新的直接融资渠道，给私募股权基金增加了退出出口，对私募股权基金发展也起了很好的引导作用，但总体上讲，中国的中小板、中小企业板、创业板时间还很短，上市量不大，特别是中国债券市场很不发达，私募股权基金市场在中国也是刚刚起步，十年左右，也是差距比较大。所以企业直接融资渠道不畅，加上中小企业本身管理不够规范，管理水平不够高，所以中小企业融资困难，特别是小企业融资困难这个问题远未得到根本解决。"

综合上述从事实际工作的专业人士的切身体会，结合本人长期对信用问题的研究，本人认为目前我国中小微企业，特别是小型、微型企业融资难问题的根本原因是体制上的问题，主要表现在以下几个方面：

(一) 中小型银行数量太少

目前来看，没有法律法规禁止大型银行为中小型企业服务。同样的道理，也不宜硬性规定所有的大型银行必须为中小型企业服务。既然是做生意，就要两厢情愿，自愿合作，不好强迫的。大型银行与大型企业的合作是市场机制的体现，没有什么好抱怨的。关键的问题是：此处不留人，自有留人处。中小型银行才是中小微企业天然的盟友，这就是市场规律。针对中小微型企业，特别是微型企业的银行数量不足，准确地说，就中小微企业的融资而言，银行规模的大小只是一个表面形式，关键的是要建立起一个针对中小微企业的银行体系。换言之，要建立起一个以中小微企业为主要客户群的银行体系。

(二) 几乎没有由中小型银行和中小微企业构建的信用体系

一说到信用问题，目前的理论界和实务界通常会单独探讨中小微企业的信用较差（准确地说是信誉较差），以及银行对中小微企业的信用评级不健全等问题。但很少将两者联系起来考虑。我们的研究表明：广义的信用是一个制度，涉及授信方和受信方，是他们之间的一系列的合约。由中小型银行和中小微企业构建的信用体系的要害是这种信用体系是建立在中小微企业不同于大型企业的生产经营特点之上的。这些特点是：经营规模小，经营方式灵活，经营项目新颖、独创、"不成熟"，固定资产较少（这意味着传统意义上的抵押物少）。而更要害的特点是：高风险（监督成本高，监督过程细，监督方法有法但无定法，失败破产的可能性大，经营者也是龙蛇混杂良莠不齐），与之相伴的是较高的收益率。试问：我国目前存在与之相配比的银行信用体系吗？答案是：国家认可的几乎没有。而"非法的"倒是有，那就是民间金融、地下金融。值得肯定的是《意见》中的"三、着力强化对小微企业的增信服务和信息服务"认识到了加快建立"小微企业—信息和增信服务机构—商业银行"利益共享、风险共担新机制，是破解小微企业缺信息、缺信用导致融资难的关键举措。

（三）直接融资渠道不畅、间接融资成本较高

据有关专家的调查研究，以湖北省为例，小微企业直接融资渠道不畅。股票方面，截至 2012 年，湖北在中小板上市的企业只有 9 家，在创业板上市的企业只有 10 家。债券方面，2010 年全年获准发行债券仅有 50 亿元，其中中小企业集合债为 2 亿元，仅占 4%。在间接融资方面，小微企业间接融资成本较高，据 2011 年对孝感市 160 户小微企业的调研情况来看，信贷融资综合成本包括银行贷款利息支出和其他各项相关费用，平均成本为 10.05%。其中由借款利息构成的直接成本平均为 8.5%，而办理质押贷款支付资产评估登记相关费用则是按资产评估值收取、实际贷款额低于评估值，换算后该项费用平均为 1.25%。各类融资方式的平均融资成本担，保贷款为 10.35%，银行票据贴现为 15%，小额贷款公司、担保公司融资为 20%~30% 甚至更高，民间借贷融资成本为 15%~18%。

（四）涉及经济体制、政治体制的深层次矛盾

根据我们的研究，整个国家的制度就是一个广义的信用体系。而几乎所有的经济学家、政治家都意识到金融乃国家之重器。这里的"重器"之含义：即金融乃人类的一项最基本的制度（通俗地讲就是最基本的"游戏规则"）。要在原有的最基本的"游戏规则"中增加一个针对中小微企业融资的最基本的"游戏规则"，必然涉及制度层面的深层次改革。

四、解决中小微企业融资难问题的对策

中小微企业融资难，不是一个新问题，也不是中国才面临的问题，它是一个国际性的难题，也是一个长期存在的问题。不过，中国的市场经济体制与发达国家相比较，存在制度滞后，灵活度不够，配套不足等多方面的缺陷。因此，中小企业融资难的问题在中国又比在其他发达国家显得更突出。令人欣慰的是，《意见》的发布，表明我国政府对此一直高度关注，也在寻求破解之道。《意见》共提出了八项具体意见并要求有关职能部门具体负责实施。这八条意见是：一、确保实现小微企业贷款增速和增量"两个不低于"的目标（人民银行、银监会按职责分工负责）；二、加快丰富和创新小微企业金融服务方式（人民银行、银监会、证监会、保监会按职责分工负责）；三、着力强化对小微企业的增信服务和信息服务（发展改革委、工业和信息化部、财政部、商务部、人民银行、工商总局、银监会、证监会、保监会等按职责分工负责）；四、积极发展小型金融机构（银监会牵头）；五、大力拓展小微企业直接融资渠道（证监会、发展改革委、科技部等按职责分工负责）；六、切实降低小微企业融资成本（发展改革委、工业和信息化部、财政部、人民银行、

银监会等按职责分工负责）；七、加大对小微企业金融服务的政策支持力度（发展改革委、科技部、工业和信息化部、财政部、人民银行、税务总局、统计局、银监会、证监会、保监会等按职责分工负责）；八、全面营造良好的小微金融发展环境（发展改革委、工业和信息化部、公安部、财政部、商务部、人民银行、税务总局、工商总局、银监会、证监会、保监会等按职责分工负责）。

客观看，这八条意见考虑到了小微企业的特殊性，力求在政策上有所突破，但实践中效果如何还有待实践的检验。本文认为要解决中小微企业融资难的问题，应该采取实事求是，具体情况具体分析的思路和方法，即顺应市场，制度创新。不宜搞一刀切，还是要放开金融市场，发挥民间金融的积极性才是解决问题的根本之路。《意见》的内容从政府的角度看，可以说用心良苦，竭尽所能。但《意见》能否取得预期效果我们认为关键还是取决于政府直接干预要少，主要靠政策引导，逐步培育民间金融力量，放开金融市场。基本原则还是市场的问题还得靠市场去解决，心急吃不了热豆腐。逐步培育出多层次的金融市场才是关键。要满足中小微企业的融资需求，就必须建立起一个与之配套的金融体系。而要做到这一点，小修小补已经被实践证明其作用非常有限。除非进行一系列的制度设计和创新，否则很难缓解中小微企业融资难的困境。具体说来，本文认为要注意强调以下几点：

（一）增加中小型银行和金融机构的数量

"物以类聚，人以群分"，这是人类社会活动的普遍规律之一。在经济领域也不例外。中小微企业与中小型金融机构应该说有天然的联系。增加中小型银行和金融机构的数量才是标本兼治的根本措施之一。

（二）建立起针对中小微企业融资的信用体系

增加中小型银行和金融机构的数量，不能停留在表面形式上，不能仅仅是数量上的扩张，必须要有制度上的根本改变。关键是要建立起针对中小微企业融资的信用体系。这包括银行要针对中小型企业以及微型企业来设计有关的一系列的切实可行的制度，如不同于大型银行的贷款政策和贷款程序，监管方法，信用评价体系等等。

（三）对小微企业的扶持不能搞"一刀切"

小微企业的特点是：业主家族式管理、治理结构不够规范；财务报表不规范甚至虚假；经营风险较高；单个小微，总和重要；融资不能完全依靠市场；一般处于创业初期，或者寿命较短，或者具有很高的成长性，但平均存活率低；融资需求具有"急、小、短"的特点；融资成本高、融资风险高。

因此，对小微企业的扶持还是应该具体情况具体处理，不要搞"一刀切"。政府的作用主要是在税收优惠，培育市场方面。至于资金融通方面主要还是要靠民间金融、小微金融机构按照市场法则进行，政府如果违背市场规律硬性干预往往适得其反，欲速不达。

（四）观念要更新

以上的三点对策看似简单，但要实行起来并不容易。所谓"外行看热闹，内行看门道"。中小型金融机构数量上的扩张并不难，难是难在实质上的扩张，难在制度的创新。因为制度的创新，意味着不同于原来的、人们已经习惯的、通常认为的行为模式。比如：针对中小微企业风险较高的特点，贷款利率必然较高、灵活。人们通常认为"高利贷"一词的界定，面临新的边界。如果没有观念上的更新，改革的阻力会很大。观念先行，这是任何一项制度创新顺利实施的关键之所在。笔者认为：我们应该正视民间金融，地下金融存在的现实，认真地深入下去，研究其特点，寻找规范化、法制化的途径。要像大禹治水，疏导重于围堵。不过，这"疏导"二字，说说容易，实施却很难，真正是知易行难。必须有高超的技艺才行。我们前面已经指出：金融乃国之重器，可以说是牵一发而动全身。因此，如果没有观念上的更新，没有整个国家层面上的观念、政治体制、经济体制的更新，要真正建立起针对中小微企业融资的信用体系是不可能的。

（五）尊重市场、循序渐进、逐步推广

既然金融乃国之重器，其改革切忌一哄而上，搞群众运动。关键是要真正地了解市场，尊重市场。了解市场，尊重市场的实质就是了解群众，尊重群众的需求。要抛弃原有的"管制""抓权"的思维，要"简政""放权"，提高服务意识。要设计切实可行的制度，公开透明，公平执法。先在有群众基础的地区试点，切勿在没有群众基础（即没有实际需求）的地区试点，更不要推广。"拉郎配"是不行的，要供需双方同意才行。笔者也赞同适当扩大中小企业上市的规模，但股市不同于债市。由于中小企业风险高的特点，而中小散户又没有有效的监管方式和能力，因此，笔者认为中小企业的融资市场还是应该以债市（即正规的债务市场、债券市场。下同）为主。反之，则是一种极不负责任的做法。况且，国际上发达国家的资本市场也是以债市为主，中国目前的股市规模大于债（券）市的现状是极不正常的，是亟待改进的。这种不正常的现实也表明中国的信用市场存在着深层次的问题。如果不痛下决心、制度创新，必然导致积重难返、后患无穷。

参考文献

［1］国务院办公厅. 关于金融支持小微企业发展的实施意见（国办发〔2013〕87号）. 国务院网站 http://www.gov.cn/zfwj/index.htm，2013-08-08.

［2］傅智能. 湖北省小微企业融资难成因及对策研究［J］. 武汉金融，2012（7）.

［3］徐骏飞. 小微企业融资问题研究［J］. 西南金融，2012（5）.

［4］吴钦春. 中小企业融资难成因与解决途径之争——依靠有形之手还是无形之手［J］. 金融理论与实践，2013（2）.

［5］刘晓霖. 中小企业融资难问题研究［J］. 财会通讯：综合版，2010（1）.

［6］伍刚. 信用：一个新的视角［J］. 西南金融，2007（9）.

基于社会网络的民间借贷
信用评价指标体系研究

熊于宁①

【 西华大学经济与贸易学院　四川成都　610039 】

[摘要] 民间借贷作为正规金融的补充，具有一定的优化资源配置功能，减轻了中小民营企业对银行的信贷压力，转移和分散了银行的信贷风险。民间借贷规模逐年递增。借贷双方征信信息的公开透明为民间借贷提供了良好的运行基础。现有民间借贷主要依靠国有银行征信体系进行评价，存在一定风险。本文针对国内现有民间借贷信用评价指标进行分析，设计出基于社会网络的民间借贷信用评价指标体系，逐步探索从民间小额借贷开始的基于社会网络的新兴评价机制。

[关键词] 民间借贷　信用　社交网络　SNA

现今，我国的企业多依靠商业银行等间接途径获得融资，而间接融资体系又以国有正规商业银行为主导，广大中小企业获得的正规金融的服务严重不足。民间借贷作为正规金融的补充，具有一定的优化资源配置功能，减轻了中小民营企业对银行的信贷压力，转移和分散了银行的信贷风险[1]。从我国金融改革实践看，近年来随着正规金融规模的不断扩大，民间融资规模也逐年上升。2013 年 7 月，中国人民银行调查统计司对我国人民银行、发改委、证监会、保监会、中央国债登记结算有限责任公司和银行间市场交易商协会等部门数据汇总，2013 年上半年社会融资规模为 10. 15 万亿元，比上年同期多 2. 38 万亿元。2013 年 6 月末，全国共有小额贷款公司 7086 家，贷款余额 7043 亿元，上半年新增贷款 1121 亿元。

目前，借贷期限主要集中在一年之内，超过一年期的只有 12. 6%，80% 以上属于快借快还，企业民间融资违约率较低，风险总体控制在 4% 以内[2]。民间融资发展的区域性特征明显，与当地经济发展程度、经济总量、民营经济发展程度以及区域金融生态环境密切相关，比较活跃的地区集中于民营经济发达的沿海地区和中部一些省份，如广东、浙江、湖南、江苏、山西等地，这些地区民间借贷规模较大，基本以企业融资为主，利率也较高。而金融生态环境较好的大城市，如北京、上海、

---

① 熊于宁，女，西华大学经济与贸易学院，讲师，主要研究方向：金融信息化、电子商务和商务智能。

天津等地民间融资比例较低，企业融资主要依赖正规金融，西部经济欠发达地区，如新疆、西藏等地民间融资规模较小[2]。

一、相关研究评述

信贷市场允许个人在面对高度可变的收入，投资项目需要提供资金，应付意外支出冲击，包含相关的疾病，农作物损失和失业时，为其提供缓冲。最近的证据也表明，良好信贷市场上的信用访问可能会影响新技术的采纳，营养，卫生和教育成果（Jacoby & Skoufias，1997；Morduch，1999；Peter&Khandker，1998 年）。发展中国家（欠发达国家）中的一个基本问题是贷款的个人信用信息的准确获得以及信用信息在市场中的传递。同时一些经济学文献揭示了社交网络的在家庭决策重要性（康利乌德里，2010；米格尔·克雷默，2007；MUNSHI&Myeaux，2006 年）。在同一时间，个人关系发挥信贷获得了很大的作用，尤其是在发展中国家（Basu，1984；Fafchamps，2000；Okten & Osili，2004；Udry，1994）。BRUCE WYDICK 的研究将两种文献结在一起确定社交网络的性质和影响，即社交网络的信贷准入，研究了社交网络对小额信贷的影响作用。

国内有相关学者将温州、湖北省民间借贷的情况进行了调查，研究民间借贷自身的特点，叶宏森[3]指出民间借贷的信用基础局限在一种"熟人"的范围之内，脱离了这个熟人圈，民间借贷的发展就受到了信用风险的制约。刘新华深入剖析民间借贷的内在演化机理，结合明斯基的金融不稳定性假说对信贷危机的解释更具说服力，研究我国民间借贷从对冲性融资向庞氏融资的转化是其脆弱性形成的内在根源，强调民间借贷信用构建的重要性[4]。

二、民间融资信用风险分析

根据我们分析在大成都区域企业信用评级的情况，企业融资的来源组成基本是三个方面，一是银行贷款；二是企业拆借；三是股东调资。按其归口为两个来源，一是国家金融来源，二是民间金融来源。通常情况下，国家金融（银行贷款）在企业的融资来源比例占20%~30%，主要的来源还是民间资金。民间融资救急了需求者也拓宽了融资渠道[5]。毕竟民间金融是生存在"非正规融资"的环境，它的非公开性、非规范性缺陷也生成了一些操作性的潜在风险。主要存在以下信用风险：

（1）信用评估过程手续不完善

融资需求或者资金使用的目标是经常变化的，融资期限很短，还款期限灵活，交易手续也经常变化。在民间融资中有些项目没有信用调查和担保程序，也不讲究手续规范性，缺乏透明、明确和可遵循的公共规则，个人融资没有周全的契约关系保护。从信用评级的调查情况估算，60% 融资关系会立下借据，30% 的融资靠口头约定，通过资产抵押和担保的融资关系不足 10%。一旦出现纠纷，得不到法律的有效保护。温州和鄂尔多斯老板跑路事件的频发，增加了社会矛盾，使纠纷升级。

（2）信用指标评价多考量孤立的当期价值

现有民间借贷主要通过两种方式进行：一是无抵押信用担保贷款，二是抵押贷

226

款。两种方式主要独立评价借款人的偿还能力，其评价指标主要采用国有银行评价借款人征信指标进行，无抵押信用贷款从借款人的工作单位性质和收入流水作为其信用评估依据，评估其债务偿还能力，抵押贷款主要以借款人抵押财产评估价值作为放款依据，两种放款方式的对比情况见表1：

表1　　　　　　　　　　　现有民间借贷信用评价指标表

借贷类型	评价指标		放款额度	备注
无抵押信用担保贷款	工作单位类型	公务员/事业单位	月收入×15	按最高放款额度执行
		企业	月收入×10	
	工资发放方式	银行卡	月收入×15	
		现金	月收入×10	
抵押贷款	房屋抵押贷款	当期房屋、商铺、写字楼等房产评估价值	评估价×0.7	具备产权证
	汽车抵押贷款	当期汽车评估价值	评估价×0.9	当地抵押车辆的所有权，并长期居住此地，提供各种汽车凭证
	企业抵押贷款	企业不动产价值	评估价×0.7	1. 有营业执照、税务登记证、代码证等 2. 有中国人民银行核发的贷款卡，无不良信用记录 3. 公司注册与营运1年以上，最近一年年营业额是贷款额的3倍以上。

从表1可知，信用评价多注重当期信用，多考虑个人征信状况、职业的稳定性和资产状态，较少考虑征信的动态变化和社会网络的诚信内涵特征。

（3）违约处置手段弱

民间融资最突出的是交易过程的封闭性，资金提供者与资金需求者、资金使用者处在不平等的位置中进行融资交易。资金使用者是资金集合者也是资金管理者。资金使用的方向不需要建立决策管理，因而可能产生融资意向与投资意向不一致的情况，也可能在投资中途改变方向的情况。资金供应者不可能约束资金使用者。在约束机制丧失造成违约时，多处置其抵押财产，对借款违约者的征信进行违约登记，或对其隐私加以曝光或讨债[6]。

三、基于社会网络的民间借贷信用评价指标体系研究

（一）社会网络分析

社会网络分析（Social network analysis，SNA）以行动者及其相互间的关系为研究内容，通过对行动者之间的关系模型进行描述，分析这些模型所蕴含的结构及其对行动者和整个群体的影响。社会网络分析（Social Network Analysis，SNA）问题起源于物理学中的适应性网络，通过研究网络关系，有助于把个体间关系、"微观"网络与大规模的社会系统的"宏观"结构结合起来，通过数学方法、图论等定量分析方法，研究人在社会环境中的相互作用，可以表达为基于关系的一种模式或规则，而基于这种关系的有规律模式反映了社会结构，这种结构的量化分析是社会网络分析的出发点。近年来，有学者研究社会网络分析可以利用来解释民间融资信用问题。民间金融信用的正常评估与其社交网络半径有关，信用的建立可依赖血缘、地缘和业缘基础上的特殊信任关系。特殊信任是由风俗、习惯、价值观及行为规范等非正式制度约束的，任何一位成员的违约行为都会被其他成员以闲言碎语的方式加以广泛传播，利用严厉的社会舆论进行违约惩罚。非正式制度的约束是有边界的，超越熟人社会，效力就会减弱或丧失，当熟人社会走向半熟人和匿名社会时，对民间金融的管理和运行机制就提出了相应更高的正式化要求。莱伯维兹（Jay Liebowitz，2005）认为，"区间测量"可用于人际网络分析，用以判断组织中个体之间、部门与部门之间联系的紧密度。

本文拟研究家庭和社会网络的整体信用指标体系，以衡量诚信度特征是否影响个人信用。我们的框架旨在探索社交网络中成员信用与信贷的相关性：由于家庭和社会网络内的信息优势，个人拥有更强大的家庭和社区网络将有更大的获得信贷的机会。

（二）基于社会网络的民间借贷信用评价指标体系研究

我们认为，民间借贷指标的设定不应只关注当期价值，而应重视借贷人的历史轨迹和社交网络中成员之间的关系等信用评价的相关指标的研究。我们借鉴前人的研究和社交网络的本身信用，主要构建了三大类指标：

1. 个人和家庭变量集

在个人和家庭变量集，我们考察了个人特点：年龄、教育、性别、婚姻状况、家庭户主和宗教信仰，最近迁移的经历和是否是政府雇员也可以影响个人诚信意识和获得信贷的来源等。重要的是要认识到需求信贷可能会与基于家庭户数的各自的需求有所不同。我们设计的指标包括家庭中是否存在非农企业的雇主或农业家庭企业。变量主要围绕个人经济发展可提供的资源设定，包括每人均家庭开支、家庭规模、债务负担等。

2. 家庭网络变量集

要测量个人家庭网络的程度，我们依靠存在有效经济联系的兄弟姐妹总数作为社交网络节点总数。我们还设计了家庭网络质量以及代表信用信息流动顺畅与否的兄弟姐妹们相互访问的频率的衡量，以及此网络基本形态：关怀、利他主义、缓解的。家庭网络内易于控制，它重要的是通过访问家庭网络信贷可能会提高捕捉通过其他信用渠道。例如，家庭财富可能会增加个人信用，帮助个人获得信贷。因此，我们还考虑了家庭网络中基于农业人品平均比率和所有兄弟姐妹中非农企业所有权的测量措施。

3. 社区网络变量集

鉴于以社区为基础的广泛的详述社区设施调查的组织，它可能是难以建立社区参与的独立单项指标。我们的首选措施是个人在调查期间是否有参与社区活动。Grootaert（1999）提供证据表明，乡村治理结构在印尼被视为最重要的地方机构之一。社团生活中的参与者是可能收集更多有关信贷机会的信息。这可能是因为与信用来源相关的新的信用信息，包括储蓄/借贷项目，街道机构和合作社。我们专注于这个社区活动变量，因为前人研究中，鉴于稳健性检验，社区变量能提供明确的解释，其中包括社区的固定效果。社区活动的级别以及密度将反映在村或镇一级的社团活动质量，但也可能能够获得高质量的基础设施投资，提供信贷和其他较少与社交网络相关的变量。

同时还有其他渠道（市场互动，血缘，民族，宗教群体）可方便地提供可靠的信用信息流，因此，我们有两项措施衡量社区为水平：异质性民族的异质性指数和基尼系数指标。民族异质性指数捕捉地随机选取的家庭讲不同方言的概率。收入和民族异质性可能会增加与社区相关的交易成本（Alesina & LaFerrara，2002；Okten & Osili，2003）。

（三）基于社交网络的民间借贷信用评价体系结构

梳理以上三大变量集，可勾勒出民间借贷信用评价的体系结构模型见图1。

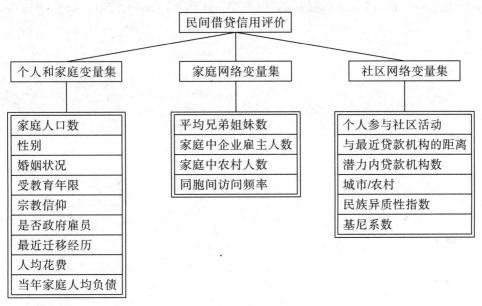

图1　民间借贷社会网络信用评价指标体系图

三大类指标可有效反应基于社会网络信用特征的包含要素，可通过三大变量集较全面识别贷款人征信特征。

四、后续研究及展望

后续研究中，课题组将根据构建指标进行家庭和社区网络信用的数据采集工作，利用层次分析法进行社会网络中信贷的信用指标的分析，结合分析进行民间借贷信用评价。同时也建议民间借贷建立信用机构。信用体系的建立能够在一定程度上解决小微企业融资过程中碰到的很多问题。同时可引入保险保驾护航，积极发展小型微型企业贷款保证保险和信用保险。

参考文献

[1] 盛松成. 民间融资是正规金融的补充 [N]. 金融时报，2012-03-10

[2] 闫春英. 我国民间融资的风险及发展路径选择 [J]. 经济纵横，2013 (1).

[3] 叶宏森. 湖北省民间借贷的现状及信用基础情况分析 [J]. 武汉金融，2006 (5).

[4] 刘新华. 我国民间借贷的演化路径及相关对策分析——基于金融不稳定性假说的视角 [J]. 陕西师范大学学报：哲学社会科学版，2013 (5).

[5] 刘俊剑. 民间金融资本涌动对信用评级考量的新思考 [J]. 浙江金融，2008 (1).

[6] CAGLA OKTEN. etc. Social Networks and Credit Access in Indonesia [J]. World Development，2004 (7)：1225-1246.

[7] BRUCE WYDICK. etc. Social Networks, Neighborhood Effects, and Credit Access_ Evidence from Rural Guatemala [J]. World Development，2011 (6)：974-982.

引进投资发展区域经济过程中需要警惕"候鸟企业"现象

于代松①

【 西华大学区域社会经济研究所 四川成都 610039 】

[摘要] 诸侯竞争态势的经济发展格局以及短期政绩攀比的需要导致区域发展中普遍追逐招商引资带来的快速效应,而不受限制的地方政府权力(尤其是以土地为主的资源支配权和以税收为主的经济调配权)又为吸引投资进入本地区给予各类优惠提供了现实基础。作为投资主体的各类企业在投机取巧、捞取优惠牟利的趋势下纷纷演变为"候鸟企业"配合地方政府政绩秀下的招商引资,特别需要关注并采取相应措施。

[关键词] 招商引资 候鸟企业 警惕 对策建议

所谓"候鸟企业"就是那些利用各地政府招商引资急迫需要,追逐优惠政策、资源而投资设立,待优惠政策期限临近就像候鸟一样迁走,哪里有优惠政策就飞向哪里的企业。

一、"候鸟企业"现象普遍存在

改革开放以来,各级、各地政府纷纷以经济建设为中心,加之近年来 GDP 及招商引资骤然成为评价地方政府业绩的最重要的指标,追求任期内(一般为 5 年)经济指标好看、政绩数字增长几乎成为各级地方政府、特别是主管官员的所爱。正是在这样的大环境下,为了在短期内出经济业绩,想尽各种办法、动用人员和条件、给出各色优惠便利招商引资,由于一定时间内商资的供给相对稳定而众多地方竞相招引,招商引资的难度不断加大。强烈的政绩压力和冲动、相对宽松的行政环境、缺乏足够监督约束的权力、较多的资源掌控支配促使地方政府拉开了一场遍布全国、声势浩大、旷日持久的"招商引资优惠比拼竞赛"。

正是因为各地政府为招到商、引到资而竞相"讨好"投资商,给出了各种五花八门、或明或暗的优惠政策,且相互攀比、你无我有、你有我多,诱使、驱导投资

---

① 于代松,男,经济学硕士,教授,硕士生导师,研究方向:区域经济。

商投政府、官员之所好，纷纷利用优惠政策进行投资（或实或虚）。而限于国家法规和社会关注，除了那些一次性交易优惠外，对招商引资开出的优惠政策基本上都有一个期限。因此，相当部分的投资企业就充分享用期限范围内的优惠政策，待优惠政策行将结束又得到异地优惠暗示、准备之时，就毫不迟疑地纷纷外迁（新的优惠收益大于搬迁成本）。

近年来这样的追逐优惠政策的"候鸟企业"越来越多，有的地方甚至出现企业陆续外迁的"搬空"境况。如：浙江省宁波市 2008 年上半年各开发区的企业在优惠政策期将届满时成批搬迁，四川省洪雅县引入的某知名火腿肠公司投资的生猪屠宰厂在县上承诺的"免收生猪屠宰税 3 年"满期后突然撤离，四川省西昌市引入的某知名饲料公司分厂在优惠期届满后卖掉当初政府给的优惠土地、厂房后搬走，诞生于四川成都的某 IT 集团公司追逐地方优惠遍地开花、在各地建了近 80 家分公司而后视优惠程度、时间游走、腾挪。

二、"候鸟企业"投资现象不利于区域经济的良性发展

大批"候鸟企业"专注于"吃优惠"投机、频繁搬迁，对区域经济的可持续发展、对企业的良性成长壮大、对政府的行政和服务而言极为不利，急需引起有关方面的关注。这主要表现在：

（一）损害国家利益

由于"候鸟企业"专注于到处吃优惠政策，而目前各地优惠政策主要体现在税收、土地上，他们享受的优惠（诸如：免三减五、土地零作价使用、现成厂房低价使用等）相当部分都来自国家和地方财政的损失，这些"候鸟企业"在给当地政府（官员）提供一时的经济数字、政绩、形象、热闹的同时，却造成了相当的国家、社会利益流失。

（二）形成大量的投机取巧型企业

"候鸟企业"往往通过不断搬迁、钻优惠政策空子来获取利益，属于典型的投机取巧型企业。它们很难像优秀成长型企业那样关注产品、服务、技术、管理、市场、品牌，它们的投机、钻营从整体上来说对经济的发展、社会的进步、民众的利益害多益少，它们的存在、做大和不正常投机性的发展，对那些真正意义上的成长型企业而言是可怕的诱导、侮辱和挑战。

（三）危害区域经济的持续稳定发展

追逐优惠、不时搬迁的"候鸟企业"不重视长期发展战略和未来的持续性，也不在乎与区域环境、居民的协调发展，拿到优惠政策（特权）的他们享受后就谋划走人，这几乎不可避免地会引发区域经济波动、就业需求变化、环境（生态）伤害、居民利益受损、空置土地再招商，频繁造成当地经济、社会的不稳定。

（四）妨害政策法规的统一、稳定

"候鸟企业"致力于钻营地方政府（官员）、索取各种优惠、厉行投机取巧，这无疑将造成在经济、金融、土地、税收、环保等方面政策在不同地区的偏斜、走样，对党和国家的政策、法规形成腐蚀，破坏政策、法规的威信和统一执行尺度。

三、"候鸟企业"现象形成的原因

之所以会出现相当数量的"候鸟企业"，首先因为各地急迫地发展经济、过急地招商引资，同时也与我国向市场经济体制转轨的过程中相应的法律法规、经济政策、行政体制等方面尚不健全，存在许多适合"候鸟企业"生长的漏洞。主要表现在：

（一）急功近利、追求短期政绩（数字）

近年来，许多地方政府（官员）把"经济建设为中心（为经济建设服务）"简单等同于 GDP、财政收入、招商引资、投资额，加之对地方政府（官员）的业绩评价过多的依赖年度经济指标、数字，诱导、驱使着各地政府、官员急切地致力于短期、眼前的经济增长。对资金投入、产值规模的过度偏爱演变成强烈的招商引资冲动，对商、资的巨大需求演变为剧烈的吸引、讨好、争夺商、资的竞争、攀比，各种优惠政策、特权授予成了争夺商、资的竞争利器，这就为"候鸟企业"的出现、生存、生长提供了环境、土壤。

（二）地方政府行政随意性、个人化

出于众所周知的体制原因，地方政府缺乏足够的依法行政意识和行为机制，规范化、程序化工作也严重不足，这样缺少社会各界（尤其是来自当地居民的）约束、监督的地方政府、特别是握有实权的官员为追求政绩，在个人化、随意性行政下轻易地就能利用所掌握的权力、资源开出各色的优惠政策、特殊待遇，培养了"候鸟企业"。另外，地方政府在具体的行政管理、规划上长期以来缺乏一套稳定、强约束、持续不变的法律法规、政策规划，而是过多地依赖所谓的文件、会议、口令、个人（关键领导人）意志，这样就为那些想在短期内取得巨大"政绩"以获取上级认同而升职的投机取巧性官员、政府部门提供了宽松的政策、法规、行政空间，而这些官员、政府部门的短视化、投机性、造（秀）政绩性执政刚好特别迎合、甚至是诱导驱使大量的企业采取"候鸟"化的投机取巧手段追逐利益、编造投资、攫取优惠。

（三）招商引资的恶性竞争

全国各地无一例外地都在想尽办法招商引资，引发了一场浩大、持久的招商引资竞赛，在相当多的地方变成了比拼优惠的恶性竞争。为了能引到、挖来、留住商、资，不计成本、甚至不惜违反政策法规开出五花八门的各种或明或暗的优惠以讨好商、资，这样一来"候鸟企业"自然就大行其道。当然，地方政府之间为了各自的区域性利益、为了执政官员的政绩，确实也存在着不可逆转的体制性恶性竞争机制，当前我国政治体制约束下的区域之间不合作、财税体制约束下的区域利益相互替代、恶性竞争，这种现实状况难以根本扭转，导致不同区域、特别是相邻区域、替代性项目投资区域之间长期为了各自的利益、为了各自的关键领导人的利益而在招商引资方面存在着持久、普遍的相互拆台、恶性竞争。

（四）企业投机之风盛行

改革开放以来，由于我国市场经济体制和与之相关的法律法规尚不完善，大量的企业依靠钻政策法规的空子、经营关系（员）获取利益和生存、发展空间，成为典型的投机取巧型企业，他们极为善于、也一直致力于利用各地政府招商引资的迫切需要，大肆追逐优惠政策，成为不折不扣的"候鸟企业"。据西华大学区域社会经济研究所课题组的抽样调查显示，四川地区民营企业在过去二十年的发展过程中，超过80%的企业特别关注关联地区招商引资优惠政策，超过56%的民营企业多次参与争取相关优惠政策，超过36%的民营企业注重与当地相关主管部门、主要领导人维持特殊关系以待获取有关政策扶持、地方优惠、资源分享。

四、避免"候鸟企业"现象的对策措施建议

为维护国家财税收益和区域经济的健康、持续发展，引导企业按市场经济规律和法律法规的要求良性运行、成长，必须矫正地方政府的行政行为和政策投放，不断清理哪些靠投机取巧、钻营关系（官员）、追逐优惠的"候鸟企业"所依赖的生存环境。

（一）依法行政

随着我国加入WTO和法治化建设进程的全面推开，地方政府依法行政问题备受关注。政府（特别是实权官员）及相关部门应尽快走上法治化、规范化、透明监督化轨道，克服个人化、随意性、家长制行政领导方式，坚决制止那种随意表态承诺、乱给优惠特权的过度讨好投资人的招商引资政策，同时要构建相应的可操作、低成本、广参与的监督机制和组织机构。

（二）政府工作中心回归

政府的工作中心是为居民提供基本的公共服务、为经济发展提供规范完善的市场经济环境和法律法规，而不是直接参与、推动、改变经济建设，应尽快停止那种热衷经济指标（数字）、堆砌政绩项目、注重短期产值、疯狂招商引资的地方政府"经济狂热"行为状态，回归政府本职工作。当然这需要政府（官员）业绩评价方式的改变。

（三）政令、法规统一

随着我国加入WTO，规范、统一政策、法规的步伐全面启动，无论对国外、国内、外地、本地企业都应享有同一、平等的公民待遇，与此极不协调的各种千奇百怪的所谓优惠政策（待遇）应服从大环境的需要及时加以规范。地方政府（官员）拥有、提供优惠的权力应得到有效的约束和监督。

总之，为维持经济的可持续稳定发展、防止大量投机取巧型"候鸟企业"的产生、确保国家财税和人民利益不受损失，必须规范地方政府（官员）招商引资行为。

参考文献

[1] 郭振纲. 警惕招商引资背后的违规行为 [N]. 光明日报，2010-08-14.

[2] 冯闻洁. 警惕招商引资中的"四化" [J]. 兵团党校学报，2004（1）.

[3] 王霞辉. 当前湖南省招商引资存在的问题及其对策 [J]. 湘潭大学学报，

2007 (12).

[4] 于代松. 关注招商引资中的"候鸟企业"现象 [J]. 现代经济探讨, 2004 (4).

[5] 李静. 转型期我国西部地区间招商引资策略思考 [J]. 软科学, 2012 (3).

[6] 邓珊珊. 开发区招商引资竞争分析——基于博弈论视角 [J]. 华东经济管理, 2008 (6).

中国中小企业国际化的现状分析及对策研究

——基于调研数据的实证

左世翔[①]

【 西华大学经济与贸易学院　四川成都　610039 】

[摘要] 世界经济的全球化带来了中小企业参与国际市场竞争的良好机遇。中国中小企业的国际化发展，有利于推动国家经济社会的进一步升级。通过比较世界中小企业同中国中小企业的国际化历程，分析中国中小企业走向世界的主要动因和障碍，并进一步依托企业调研与多元回归建模，从而探讨了中小企业成功实现国际化的基本条件及对策，进而丰富了针对中小企业国际竞争优势的相关研究。

[关键词] 全球化　中小企业　国际化

一、引言

自 20 世纪 90 年代以来，来自新兴经济体国家的中小企业成为了国际市场上一支重要的竞争力量。它们凭借自身独特的竞争优势与大型跨国企业一道成为世界经济舞台上的佼佼者[1]。国际化是中国中小企业进入国际市场的必然过程，这也是工业化发展的必然结果。纵观世界主要发达国家的中小企业发展历程，通常具有这样的一般规律：伴随着工业化的完成，中小企业的国际化进程也随之展开。例如，美国的中小企业国际化起步于 20 世纪 20 年代，日本的中小企业国际化起步于 20 世纪 70 年代，这都是国家经济取得完全发展和金融环境得到很大改善以后的必然现象。中国的中小企业，亦是伴随着国民经济的发展而成长起来的。如今，随着中国工业化进程的不断加深，中国企业迈开 "走出去" 步伐的必要性和紧迫性也在增加。中国中小企业的国际化问题，已成为了中国经济实现可持续发展的重要问题，对此展开进一步研究将具有深刻的现实意义。

---

① 左世翔，男，西华大学经济与贸易学院，管理学博士，主要研究方向：国际贸易和企业国际化。

二、世界中小企业的快速发展

世界经济的全球化带来了中小企业参与国际市场竞争的良好机遇。随着全球多边贸易体制不断完善、贸易壁垒逐渐减弱以及信息通讯技术的飞速发展，中小企业寻求国际化发展已不再有不可克服的困难。同时，寻求国际市场空间也是中小企业发展到一定阶段的必然选择，是中小企业走向成熟的重要表现[2]。因此，随着当今经济全球化程度的不断加深，各经济体中小企业对于经济发展的作用和影响必将会日渐提高，国际化中小企业的优势也将逐渐凸显。

（一）世界中小企业的积极作用

中小企业在世界经济中的作用日渐明显，主要体现在以下三个方面。

首先，发达经济体的中小企业已经成为了国民经济的重要组成部分。发达国家的中小企业拥有相对较长的成长历史，作为一个整体，中小企业已经占据了经济领域的各行各业，成为了国民经济的重要构成。以欧盟为例，欧盟统计局将中小企业定义为员工人数低于 250 人，且年营业额低于 5000 万欧元或总资产低于 4300 万欧元的企业。在统计中，欧盟统计局按照雇员人数将中小企业细分为微型企业（1~9人）、小型企业（10~49 人）和中型企业（49~249 人）三类。2009 年，欧盟共有中小企业 2080 万家，占全部企业数的 99.8%；中小企业的年营业额达 220.98 亿欧元，占全部企业的 57.4%；中小企业实现增加值 55.76 亿欧元，占全年全部企业增加值的 58.7%①（见表 1）。可见，中小企业是欧洲经济的骨干力量。在欧盟内部贸易方面，中小企业的作用依然不容小觑。2009 年，由中小企业完成的进口总额占欧盟内部国家间进口总额的 55%；由中小企业完成的出口总额占欧盟内部国家间出口总额的 48%。由此可见，中小企业在国际贸易中扮演着与大型企业不分伯仲的重要角色。

表 1   2009 年欧盟中小企业发展概况

单位:		企业数量		年销售额		年增加值	
		百万个	%	百万欧元	%	百万欧元	%
全部企业		20.8	100.0	22 098.1	100.0	5575.9	100.0
中小企业	微型企业	19.2	92.2	4160.7	18.8	1186.5	21.3
	小型企业	1.4	6.5	4134.7	18.7	1054.9	18.9
	中型企业	0.2	1.1	4387.3	19.9	1032.0	18.5
	合计	20.7	99.8	12 682.1	57.4	3273.4	58.7
大型企业	0.043	0.2	9415.9	42.6	2302.7	41.3

注：数据来源于欧盟统计局。

其次，发达经济体的中小企业已成为了国际商务活动的重要成员。发达国家的

───────────

① 数据来源于欧盟统计局网站。

中小企业拥有成熟的国际化模式，在国际贸易、对外直接投资等领域发挥着积极的作用，并已成为了当地国际商务活动的重要参与者。以美国为例，美国将雇员人数低于500人的企业定义为中小企业。2010年，美国出口总额为1.138万亿美元，其中大型企业出口额为0.754万亿美元，占比66.3%，中小企业出口额为0.384万亿美元，占比33.7%；美国进口总额为1.680万亿美元，其中大型企业完成进口1.148万亿美元，占比68.4%，中小企业完成进口0.532万亿美元，占比31.6%[①]。可见，中小企业在美国的国际贸易中占有相当比例，是一支不可忽视的经济力量。

最后，中小企业已经成为发展中国家经济增长、社会发展的重要力量。自20世纪90年代以来，世界政治经济呈现多极化发展的趋势，发展中国家也迎来了经济高速增长、企业快速崛起的新时代。中小企业不但在发展中国家内部市场上快速成长，而且为新兴经济体国家经济迈向世界作出了贡献。以印度为例，2010年，印度拥有中小企业2980万家，其中制造业企业占企业总数的67%，产值占制造业总产值的39%。中小企业出口额占印度全年出口总额的45%[②]，几乎与大型企业平分秋色。另外，中小企业还为印度提供就业岗位6953万个，成为维护经济社会稳定发展的重要基础。如今，来自印度、巴西等金砖国家的国际化中小企业已在世界贸易市场上扮演着越来越多的角色，它们与中国中小企业的国际竞争也日趋激烈。因此，以国际市场为目标的中小企业已经成为了发展中国家经济发展与参与国际竞争的重要力量。

（二）世界中小企业的国际化特征

在世界范围内，开展国际业务的中小企业主要呈现出以下两点特征。

第一，开展进出口贸易是中小企业参与国际市场竞争的主要国际化方式。现有研究中，国际化发展的绝大多数中小企业都处于国际化的初级阶段，即采用进出口贸易方式来实现国际化。只有当企业获取足够多的国际市场经验和认知之后，对外直接投资和建立海外分支机构等高级国际化阶段才会到来。

第二，中小企业国际化的区位选择仍然以发达国家为主。尽管来自新兴经济体等发展中国家的对外直接投资逐年增加，但以中小企业为主体的FDI仍然主要流向了发达经济体市场。这主要是由于中小企业的自身特点，即对成熟市场的依赖程度较高等缘故。根据联合国贸易和发展会议（UNCTAD）的调查研究，有超过80%的中小型跨国企业的海外分支机构选择了发达国家，选择发展中国家的数目不足20%。但如果从行业分布来看，相比于制造业，从事服务业的国际化中小企业更倾向于进入发展中国家经营。

综上，对于以上两个特征，中国中小企业依然符合。中小企业受到自身资本、技术和人员等方面的诸多限制，与大型企业相比，国际化的道路更加困难。因此，从最开始尝试开展一些依托发达国家成熟市场的简单的进出口业务，到逐步设立海外分支机构的对外直接投资，也是中国中小企业寻求国际化发展的一般思路。

---

① 数据来源于美国统计局网站。

② 数据来源于《经济参考报》：http://news.xinmin.cn/world/gjkb/2011/11/01/12544260.html

三、中国中小企业的国际化发展

截至 2010 年，全国注册的中小企业达 1023 万户，其创造的城镇就业岗位、最终产品和服务价值、缴纳税金以及出口总额，分别占到全国总体水平的 80%、60%、50% 与 68%。加上个体工商户的数量，全国中小微企业数量超过 4200 万家，是经济社会持续平稳增长的重要基础[1]。以规模以上中小工业企业为例，各经济指标如表 2 所示。

表 2　　　　　　　2009 年中小型工业企业各项经济指标及比重

指标	规模以上企业	规模以上中小企业	中小企业比重（%）
企业数量（万个）	43.4	43.1	99.3
从业人员（万人）	8831.2	6787.7	76.9
资产合计（亿元）	493 692.9	300 568.9	60.9
总产值（亿元）	548 311.4	372 498.9	67.9
出口交货值（亿元）	72 051.7	41 519.0	57.6

资料来源：《2009 年中国中小企业年鉴》。

（一）中小企业与国际贸易

自从中国加入 WTO 以来，中国中小企业的国际化进程进一步加快。如今，中小企业为中国对外贸易的发展提供了重要支撑，尤其在产品出口方面发挥了不可替代的作用[3]。2005 年，中国对外贸易出口额为 7619.99 亿美元，其中中小企业的出口额达 5181.59 亿美元，占出口总额的 68%[2]。随后，中小企业的进出口额快速增长，到 2009 年，全国各行业规模以上工业企业一共完成出口交货值 72 051.7 亿元，其中由中小企业完成 41 519.0 亿元，中小企业的贡献率为 57.6%（见表 3）。同年，全国非国有企业完成进出口总额 5103.2 亿美元，其中出口额 3384.4 亿美元，进口额 1718.8 亿美元，实现贸易顺差 1665.6 亿美元，占全国顺差总额 1831 亿美元的 90%。由集体企业、私营企业和个体工商户组成的非国有企业是中小企业的重要代表，因而这一数据也反映了当年中小企业的国际贸易水平。

在中国中小企业中，开展有国际业务的企业并不多。目前，中国具有国际化视野的中小企业还很少，真正开始国际化发展并取得初步成效的企业则更是凤毛麟角。就宏观层面而言，中国中小企业的国际化尚还处于起步阶段，发展潜力和发展空间很大。以 2009 年为例，非国有企业在前 4 个月完成出口额 937.3 亿美元，占同期全国出口总额的 27.8%，总量不可谓不多。然而，有出口记录的非国有企业仅有 9.9 万家，仅占当年全部中小企业总数的 0.24%[3]。由此可见，仅有少量中小企业拥有进出口业务，企业整体国际化程度不高。

---

① 数据来源于《中国中小企业 2009 蓝皮书》。
② 数据来源于《出口型中小企业研究报告》。
③ 数据来源于《中国中小企业 2009 蓝皮书》。

表3   2006—2010 年中国中小企业出口交货值

年份	出口交货值（亿元）		
	全国	中小企业	中小企业比重
2006	60 559. 7	36 563. 4	60. 4%
2007	73 393. 4	43 032. 4	58. 6%
2008	82 498. 4	47 728. 3	57. 9%
2009	72 051. 7	41 519. 0	57. 6%
2010	89 910. 1	49 194. 9	54. 7%

数据来源于：2007—2011 年《中国中小企业发展年鉴》。

（二）中小企业与对外投资

中国中小企业与对外直接投资的关系体现为两点。第一，中小企业是引进外资的重要主体。中小企业作为中国引进外资的主体，已有近三十年的历史。以 1995 年为例，全国"三资"企业中，小型企业有 57 303 家，占比达 96.6%；按当年价格水平计算的总产值占比 66.5%；从业人员数量占比 83.8%[1]。另外，2012 年 1 至 7 月间，全国新批外商投资企业 13 677 家，实际使用外资 666.69 亿美元[2]，每一企业平均投资 488 万美元，可见中小企业是外商投资的主要形式和对象。第二，中小企业是对外直接投资的新兴力量。根据《中国企业海外投资及经营状况调查报告》统计，2011 年中国境内投资者共对全球 132 个国家和地区的 3391 家境外企业进行了对外直接投资，累计投资 600.7 亿美元，较上年增长 1.8%。2012 年的前两个月，中国境内投资者共对全球 97 个国家和地区的 706 家企业累计实现对外直接投资 74.35 亿美元。由于大量海外投资平均规模较小，投资主体应该多为中小企业。另外，截至 2008 年年底，中国 8500 多家企业在全球 174 个国家或地区设立对外直接投资企业 12 000 余家，对外直接投资达 1839.7 亿美元，累计境外资产总额达 1 万亿美元[3]。每个境外机构平均投资 1500 万美元，从而可以判断对外投资的主体应当包含了大量中小企业。

综上，在国际资本流动环节，不论是引进外资还是对外投资，中小企业都扮演着重要的角色。

四、中国中小企业国际化的动因

（一）经济全球化的机遇与挑战

经济全球化是世界经济的发展趋势。一方面，经济全球化给中国企业带来了严峻的挑战。中国国内市场在经历三十多年的招商引资之后，带来了大量国外跨国公司的进入。由于经济全球化的趋势已愈演愈烈，以抢占中国市场、利用中国生产要

---

①   数据来源于《第三次工业普查》.
②   数据来源于商务部网站。
③   数据来源于《2008 年度中国对外直接投资统计公报》。

素资源等为目的的外国投资大量涌入中国，这给中国企业的可持续发展带来了竞争压力。如今，国内市场已与国际市场交织在一起，中国企业即使不参与国际化也要面对其他跨国公司的竞争。这一点对于中小企业更是如此。另一方面，经济全球化也给中国企业带来了机遇。面对国际市场，中国企业有了更多的选择。尤其是中小企业，它们更应该思考如何利用外国资源、进入外国市场，从而实现企业自身更大的发展目标。

自 2001 年中国加入 WTO 以来，中国企业同时面临着来自国际市场的严峻挑战和潜在机遇。企业国际化成为企业应对国际环境、适应国际竞争的重要手段。在这一从国内到国外的转变过程中，中小企业更要借助 WTO 框架下的各种有利条件，抓住国际产业结构的调整机遇，尽可能通过对外出口产品和服务、引进海外先进技术或设备以及对外直接投资等方式实现国际化发展。

（二）中小企业进一步发展的要求

一方面，中小企业在国际市场上具有自身独特的竞争优势，发挥这些优势是企业发展的必然。由于中小企业具有规模不大、结构简单以及决策迅速等特征，往往具有较高的市场适应能力和快速反应能力。加上现代通讯和网络技术的飞速发展，带来了全球国际商务活动的兴起和繁荣。因此，只要中小企业能够发挥自身优势，努力开拓国际市场，企业必将获得进一步的成长和成熟。

另一方面，中小企业自身的先天缺陷导致了企业发展需要考虑国际化手段。严格而言，中国中小企业是一个动态性很强的企业群体。以 2008 年为例，仅上半年，全国规模以上中小型工业企业就有 6.7 万家出现停产、半停产现象；纺织行业更有上万家中小企业倒闭[4]。国际市场一旦出现风吹草动，国内中小企业就会受到严重影响。这既是由中国中小企业自身存在的不足造成的，也有国际分工、产业链结构不合理的原因。就企业本身而言，需要弥补的缺陷与不足主要包括社会服务体系尚未健全、企业融资成本较高、技术创新能力较弱、管理水平不高以及企业家个人决策失误等因素[5]。要想克服这些障碍，国际化是中小企业的不错选择。国际市场为中小企业提供了更为广阔的发展空间，实现国际化就意味着企业跳出了国内市场的束缚，具备了跨国公司的经营能力。因此，中国中小企业应具有高度的忧患意识，在认识到自身先天不足的前提下，通过国际化途径获取自身竞争力的提升，并把国际化视为一项长期的发展战略。

五、中国中小企业国际化的障碍

（一）缺乏国际化经营的可用资源

中国中小企业难以实现国际化经营的障碍之一是缺乏相关核心资源。具体来说，主要缺乏适应国际化发展的信息资源、知识资源、人力资源以及金融资源。在信息资源方面，信息闭塞是中国中小企业的通病。赵优珍（2005）认为，中国中小企业仍然主要依靠原始方法搜集市场信息，企业的市场触角非常有限。在知识资源方面，中国中小企业的短板表现为缺乏核心知识产权和忽视知识产权保护两个方面。具体体现为忽视注册商标、申请专利等知识产权保护措施、对外国产品的仿制行为以及缺乏能够胜任知识产权管理的人才等。在人力资源方面，中小企业往往由企业家等少数企业领导者单独决策，在企业国际化的进程中，通常缺乏具有国际经营经验的人才团队。在金融资源方面，中国中小企业融资难是不争的现实。除此之外，生产成本升高、利润率下降等问题进一步加剧了中小企业资金短缺的状况。

（二）缺乏国际化经营的竞争能力

中国中小企业难以实现国际化经营的另一项障碍是缺乏相关核心能力。核心能力不足体现在缺乏适应国际化的生产能力、管理能力、创新能力和营销能力。在生产能力方面，中国中小企业的技术水平通常不高。尽管近年来已有少数中小企业具备了国际先进的生产技术，在某些领域获得了国际市场的认可，但就绝大多数企业而言，整体技术水平相对落后。在管理能力方面，中国中小企业缺乏能够满足国际市场激烈竞争的管理经验和方法，从而导致企业的对外发展具有极高的不确定性。在创新能力和营销能力方面，中国中小企业由于受到来自各项国际化资源的约束，企业用于自主研发、技术创新和国际营销的资金不足，相应的研发和营销意识也难以提高。

综上，中国中小企业并不具备垄断优势，企业的生产规模较小、国际经验较少，参与国际市场竞争的能力也较弱。因而对于国际化核心资源与核心能力的获取，将是中国中小企业战略发展的重要任务。正如达捷、董春（2007）[6]所说，中小企业在进入国际市场的过程中，发展重点在于提升对资源的获取、整合及运用能力上。

六、基于调研的实证研究

为了进一步掌握中小企业国际化的资源与能力基础，本文通过企业调研的方式实证研究了中小企业实现跨国经营的基本条件，并回答了中小企业应该如何克服国际化中的障碍这一问题。

（一）变量设置与问卷调查

本文以中国中小企业为实证研究对象，从企业国际竞争优势的视角研究企业国际化的绩效。在数据资料方面，由于完整、准确的中小企业层面的核心资源、核心能力及国际化绩效等数据无法通过公开资料直接获得，因而只能通过实地调研访问的方式收集第一手研究资料。在研究方法方面，本文选用了问卷调查这一现有企业研究的主流方法[7]。

一方面，企业国际竞争优势的本质来源于资源与能力[8]，具体包含核心资源和核心能力两类八项子变量，分别是信息资源、知识资源、人力资源、财务资源；生产能力、管理能力、营销能力和创新能力。

另一方面，企业国际化绩效的度量一般分为两类，即财务绩效和非财务绩效[9][10]。其中，财务绩效度量了企业国际化的盈利水平；非财务绩效度量了企业的成长水平。

由此，本文根据2011年6月18日出台的《关于印发中小企业划型标准规定的通知》对于中小企业的界定标准，在全国范围内选择具有国际业务的中小企业展开调研，共发放问卷284份，回收有效问卷103份，有效问卷占比36.3%。

（二）数据建模与回归分析

这里以中小企业国际化绩效及其包含的财务绩效和非财务绩效为因变量，中小企业的国际竞争优势及其包含的核心资源、核心能力为自变量，构建四个回归模型。这四个模型分别是：①中小企业国际化绩效对企业国际竞争优势的回归模型；②中小企业国际化绩效对企业国际竞争优势的核心资源与核心能力的回归模型；③中小企业国际化财务绩效对企业国际竞争优势的核心资源和核心能力的回归模型；④中小企业国际化非财务绩效对企业国际竞争优势的核心资源和核心能力的回归模型。模型表达式如下：

$$Y_1 = c_1 + \alpha_1 X_1 + \mu_1 \tag{1}$$
$$Y_1 = c_2 + \beta_1 X_2 + \beta_2 X_3 + \mu_2 \tag{2}$$
$$Y_2 = c_3 + \gamma_1 X_2 + \gamma_2 X_3 + \mu_3 \tag{3}$$
$$Y_3 = c_4 + \theta_1 X_2 + \theta_2 X_3 + \mu_4 \tag{4}$$

其中，Y_1 为国际化绩效，Y_2 为国际化财务绩效，Y_3 为国际化非财务绩效；X_1 为竞争优势，X_2 为核心资源，X_3 为核心能力；c_i 为常数项；α_i、β_i、γ_i、θ_i、为系数项；μ_i 为随机误差项；i 为序数。

模型采用全样本数据进行回归分析，结果见表4。

表4　　　　　　　　　　回归模型分析结果

回归模型			标准化系数			方差分析结果		判定系数	
序号	自变量	因变量	B	t	p	F	p	R2	DW 统计量
1	竞争优势	国际化绩效	0.970	7.916	0.000	62.661	0.000	0.383	1.680
2	核心资源	国际化绩效	0.583	4.478	0.000	31.612	0.000	0.387	1.677
	核心能力		0.371	2.525	0.013				
3	核心资源	国际化财务绩效	0.677	4.454	0.000	29.199	0.000	0.369	1.770
	核心能力		0.386	2.253	0.026				
4	核心资源	国际化非财务绩效	0.490	3.365	0.001	19.585	0.000	0.281	1.699
	核心能力		0.356	2.168	0.033				

从回归结果看，四个模型等整体拟合程度较好，整体显著性水平合格。模型1显示，中小企业的国际竞争优势对国际化绩效有显著的正向作用，回归系数 $B = 0.970$，$p<0.01$。模型2显示，中小企业的核心资源与企业国际化绩效有显著的正向关系，回归系数 $B = 0.583$，$p<0.01$；同时，核心能力的作用也较显著，$B = 0.371$，$p<0.05$。模型3显示，中小企业的核心资源与国际化财务绩效有显著的正向关系，回归系数 $B=0.677$，$p<0.01$；中小企业的核心能力与国际化财务绩效也具有较显著关系，$B=0.386$，$p<0.05$。模型4显示，中小企业的核心资源与国际化非财务绩效有显著的正向关系，回归系数 $B=0.490$，$p<0.01$；同时，中小企业的核心能力与国际化非财务绩效也具有较显著的关系，$B=0.356$，$p<0.05$。

综上，多元回归模型的结果显示，以核心资源和核心能力为基础的中小企业国际竞争优势对企业国际化绩效具有显著的正向作用。

七、结语

纵观当前世界范围的中小企业国际化现状,积极参与国际竞争是成熟的中小企业的必然选择。中国的中小企业经历了三十多年的发展,已经初步具备了进军国际市场的意愿和能力,但仍然需要面对一些障碍和不足。解开这一难题的办法就是重视对企业国际竞争优势的培育。

由于中小企业国际化的成败取决于内部资源、能力和外部环境的多重作用,因而一套能够适应国际生存的竞争优势体系至关重要。同时,中小企业从国内走向国外的现象,也代表了现代企业的发展方向。常见的中小企业国际化路径不外乎出口成长模式、契约式成长模式、直接投资成长模式、战略联盟模式以及海外上市模式等,这一系列发展路径的完成,都依赖于企业国际竞争优势的培育和形成。因此,对于以国际化核心资源与核心能力为内容的国际竞争优势的获取,将是中国中小企业战略发展的重要任务。

参考文献

[1] Oviatt, B. M., McDougall, P. P., Simon, M. and Shrader, R. C. Heartware International Corporation: a medical equipment company born international, Part A [J]. Entrepreneurship Theiry and Practice, 1994. 18 (2): 111-128.

[2] 赵优珍. 中小企业国际化理论与实践研究 [D]. 上海: 复旦大学, 2004.

[3] 樊增强. 中国中小企业跨国经营研究 [D]. 西安: 西北大学, 2004.

[4] 陈乃醒. 我国中小企业的现状与加快发展的思考 [J]. 经济管理, 2005 (5): 6-9.

[5] 范钧. 区域软环境与中小企业竞争优势研究 [D]. 杭州: 浙江大学, 2008.

[6] 达捷, 董春. 我国中小企业国际化发展研究 [M]. 成都: 西南财经大学出版社, 2007.

[7] Dess, G. G., & Davis, P. S. Porter's generic strategies as determinants of strategic group membership and organizational performance [J]. Academy of Management Journal, 1984 (27): 467-488.

[8] Hall. Strategy follows structure [J]. Strategic management journal, 1993 (1): 149-163.

[9] Werner, S. Recent developments in international management research: A review of 20 top management journals [J]. Journal of Management, 2002 (28): 277-305.

[10] Knight, G., and Cavusgil, S. T. The born global firm: a challenge to traditional internationalization theory [J]. Advances in International Marketing, 1996 (8): 11-26.

【第五篇】

金融创新研究

JINRONG CHUANGXIN YANJIU

中国金融服务贸易竞争力研究[①]

程盈莹[②]

【西华大学经济与贸易学院 四川成都 610039】

[摘要] 本文运用国际市场占有率、显示性比较优势指数和竞争力指数对中国金融服务贸易竞争力进行了测度。研究结果表明,中国金融服务贸易竞争力较弱,但是近年来竞争力在逐步加强。本文提出了提升中国金融服务贸易竞争力的对策。

[关键词] 中国 金融服务贸易 竞争力

一、引言

服务贸易正成为全球经济竞争的重点,全球经济 70%是服务型经济,大力发展服务贸易,对转变外贸增长方式、促进中国经济和社会协调发展具有重要意义。而在服务贸易当中,金融服务贸易又因金融业的巨大发展及其在国民经济中举足轻重的地位,对国民经济的推动作用也越强。2001 年加入世界贸易组织之后,我国正逐步开放金融服务市场,逐渐消除对外资银行的地域和行业限制,并且鼓励本国银行证券业开展对外业务。但是我国的金融服务贸易仍然有许多问题,特别是与发达国家相比,在发展水平和国际竞争力等方面均存在较大差距,严重影响了我国金融服务贸易的发展。在此背景下,加强对中国金融服务贸易国际竞争力的研究,具有比较重要的现实意义。

国内学者对金融服务贸易的研究起步较晚,近几年来国内一些学者加强了对金融服务贸易竞争力的研究。目前我国对金融服务贸易竞争力的研究更多集中在竞争力的指数分析、竞争力影响因素的实证分析以及提高我国金融服务贸易的政策建议的提出上。王勇(2008)[1]依据当前我国金融服务贸易发展的主要特征,从金融服务贸易对经济结构优化的战略意义的角度提出未来金融服务贸易的发展策略。董小麟、朱征兵(2008)[2]从出口市场占有率、贸易竞争优势指数、显性比较优势指数分析得出我国金融服务业竞争力不足的结论。中国的金融服务贸易无论从数量还是

① 本文获得西华大学重点科研基金项目(项目编号:zw1221202)和西华大学澳大利亚研究中心项目(项目编号:A1321210)的资助。

② 程盈莹,1985 年生,女,西华大学经济与贸易学院,讲师,博士,研究方向:国际贸易理论与政策。

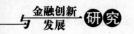

从质量上面，其竞争力都比较差，黄满盈和邓晓虹（2010）[3]、郑展鹏（2009）[4]的研究都得出了这一结论。但是在近几年，中国的金融服务贸易开始逐步发展，竞争优势可能出现了一定变化，考虑到数据的可获得性及完整性，本文将选取2002—2012年UN Service Trade Database统计的数据，运用国际市场占有率、显示性比较优势指数和竞争力指数对中国金融服务贸易的国际竞争力进行测度。

二、我国金融服务贸易发展现状

（一）金融服务贸易增速较快，在服务贸易中比重小

我国金融服务贸易的进出口总额从2002年的140.85百万美元增长到2012年的2586.24百万美元，是原来的18.36倍。我国的金融服务贸易出口占服务贸易总出口的份额由2002年的0.13%上升到2012年的0.70%，增长了近0.6个百分点，这说明金融服务作为我国的新兴服务贸易项目，其地位在逐步上升，但是在服务贸易中的比重过小，远远低于传统的运输服务贸易和金融服务贸易等传统服务贸易项目。

表1　　　　　　　　　　　我国金融服务贸易进出口总额　　　　　　　单位：百万美元

年份	2002	2004	2006	2008	2010	2012
进出口总额	140.85	1036.89	1036.89	880.35	2718.42	2586.24

资料来源：根据UN Service Trade Database计算整理得

（二）金融服务贸易常年的逆差状态在近两年得到改善

虽然金融服务贸易出口额逐年扩大，但在2011年以前始终处于逆差状态。金融服务贸易出口额2012年是2002年的25.23倍；金融服务贸易进口额2012年是2002年的12.89倍，说明金融服务贸易出口额的增速快于进口额。尽管如此，2002—2010年间我国金融服务贸易逆差仍呈逐步扩大的趋势，只是在2011年我国金融服务贸易首次出现了102.53百万美元的顺差，2012年持续顺差，说明我国金融服务贸易出口有了很大发展。

表2　　　　　　　　　　　我国金融服务贸易进出口差额　　　　　　　单位：百万美元

年份	2002	2004	2006	2008	2010	2012
出口额	51.01	93.95	145.43	314.73	1331.12	1337.94
进口额	89.84	138.10	891.47	565.62	1387.30	1248.30
差额	-38.83	-44.15	-746.04	-250.88	-56.18	89.64

资料来源：根据UN Service Trade Database计算整理得

三、中国金融服务贸易竞争力分析

在指标选择方面，本文选择了国际市场占有率和显示性比较优势指数两个指标进行竞争力分析，在数据方面，本文采用2002—2012年UN Service Trade Database公布数据。

（一）国际市场占有率分析

国际市场占有率是指一国或地区某种产品或服务的出口额与该产品或服务世界出口总额之比。这一指标测度的是一国或地区出口的绝对量，在一定程度上反映了一国或地区在贸易出口方面的地位和竞争能力。其计算公式为：

$$MS_{ij} = X_{ij}/X_{wj}$$

其中，MS_{ij} 表示 i 国或地区 j 产品或服务的国际市场占有率，X_{ij} 表示 i 国或地区 j 产品或服务的出口总额，X_{wj} 表示世界 j 产品或服务的出口总额。

其计算公式为：

$$MT_{it} = X_{it}/X_t$$

其中，MT_{it} 表示 i 国金融服务贸易的国际市场占有率，X_{it} 表示 i 国金融服务贸易的出口总额，X_t 表示世界金融服务贸易的出口总额。表 3 计算了 2002—2012 年中国的金融服务贸易国际市场占有率。

表 3　　　　　　　2002—2012 年中国的金融服务贸易国际市场占有率

年份	2002	2003	2004	2005	2006	2007	2008	2009	2010	2011	2012
RCA	0.05	0.13	0.06	0.08	0.07	0.08	0.11	0.14	0.47	0.27	0.44

数据来源：根据 UN Service Trade Database 计算整理得

从表 3 可以看到，2002—2012 年间，中国金融服务贸易出口在国际市场的占有率还不足 1%，2012 年占有率达到最高 0.44%，是 2002 年国际市场占有率的 8.8 倍，以上分析表明，中国的金融服务贸易市场占有率较低，并不具备较强的竞争力，但是市场占有率在逐步提高。

需要说明的是，市场占有率是反映的一种绝对优势，在使用市场占有率指标时，某一服务市场占有率的下降并不一定意味着竞争力的下降，它可能反映的是产业结构的调整，或是在总量增长情况下相对比例的下降等，因此在使用该指标时，需要结合其他指标进行补充分析。

（二）显示性比较优势指数分析

显示性比较优势指数是由巴拉萨（Balassa，1965）[5] 提出的，这个指数反映了一个国家或地区某一产业的出口与世界平均出口水平比较来看的相对优势，剔除了国家总量波动和世界总量波动的影响，较好地反映了该产业的相对优势。巴拉萨指出，一国或地区 i 在 j 产品或服务的贸易比较优势可表示为 j 产品或服务在 i 国或地区出口额所占份额和 j 产品或服务在世界总出口中所占份额之比。其计算公式为：

$$RCA_{ij} = (X_{ij}/X_i)/(X_{wj}/X_w)$$

其中，RCA_{ij} 是 i 国或地区 j 产品或服务的显示性比较优势指数，X_{ij} 为 i 国或地区 j 产品或服务的出口额，X_i 表示 i 国或地区的总出口额，X_{wj} 表示世界 j 产品或服务的出口额，X_w 表示世界总出口额。

一般而言，RCA 指数大小与一国或地区的产品或服务的竞争力呈正相关关系。如果 RCA 指数大于 2.5，则表示该国或地区在该产品或服务上具有极强的竞争力；如果 RCA 在 1.25~2.5 之间，则表示该国或地区在该产品或服务上具有很强的竞争

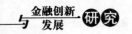

力；如果 RCA 在 0.8~1.25 之间，则表示该国或地区在该产品或服务上具有一定的竞争力；如果 RCA 小于 0.8，则表示该国或地区在该产品或服务上竞争力较弱。其计算公 1 式如下：

$$RCA_{it} = (X_{it}/X_i)/(X_t/X)$$

其中，RCA_{it} 表示 i 国金融服务贸易的显示性比较优势指数，X_{it} 表示 i 国金融服务贸易出口额，X_i 表示 i 国总的出口额，X_t 表示世界金融服务贸易出口额，X 表示世界总的出口额。一个国家的金融服务贸易出口和世界平均出口水平比较来看的相对优势，不受国别经济总量和全国经济总量波动的影响，能够较好地反映金融服务贸易的相对优势。表 4 计算了 2002—2012 年中国的金融服务贸易 RCA 指数。

表 4　2002—2012 年中国的金融服务贸易 RCA 指数

年份	2002	2003	2004	2005	2006	2007	2008	2009	2010	2011	2012
RCA	0.02	0.05	0.02	0.03	0.02	0.02	0.03	0.04	0.11	0.06	0.10

数据来源：根据 UN Service Trade Database 计算整理得

从表 4 中我们可以看到，我国金融服务贸易显性比较优势指数自 2002 年起，一直在 0.11 以下徘徊，除了 2003 年外，2010—2012 年在 0.05 以上，其他的年份都低于 0.05 的水平。从指标上分析，出现这一情况的原因，是在中国服务贸易出口量逐年提升，而世界金融服务贸易出口量也稳步上升的情况下，中国金融服务贸易出口并没有明显的突破。这说明金融服务贸易作为中国的传统弱项，目前还处于较大的比较劣势，可以说不具有竞争力。从另一个角度来看，金融服务贸易部门也是我国调整整个服务贸易结构，使其逐步优化的关键部门。

（三）竞争力指数

竞争力指数（TC）反映某一产业净出口与该产业进出口总额的比例，用来说明该产业的国际竞争力。贸易竞争力指数作为一个与贸易总额的相对值，它剔除了通货膨胀等宏观总量方面波动的影响，即无论进出口的绝对量是多少，该指数值均介于 -1 和 +1 之间，因此在不同时期、不同国家之间是可比的。其计算公式为：

$$TC = (E_{ij} - I_{ij})/(E_{ij} + I_{ij})$$

式中 E_{ij} 为 i 国 j 产品或服务的出口，I_{ij} 代表 i 国 j 产品或服务的进口。TC 在 1 和 -1 之间变动，$TC>0$ 表示产业处于优势，越接近 1，竞争优势越来越大，$TC<0$ 表示处于竞争劣势，越接近 -1 优势越来越小，$TC=1$ 和 $TC=-1$ 是一国该产业只有进口或只有出口的极端情况。根据 TC 指数计算的结果见表 5。

表 5　2002—2012 年中国的金融服务贸易 TC 指数

年份	2002	2003	2004	2005	2006	2007	2008	2009	2010	2011	2012
TC	-0.28	-0.21	-0.19	-0.05	-0.72	-0.41	-0.28	-0.29	-0.02	0.06	0.03

数据来源：根据 UN Service Trade Database 计算整理得

从国际竞争力来看，贸易竞争力指数（TC 指数）在 2011 年以前一直小于 0（见表 5），这说明中国的金融服务贸易竞争力在 2011 年以前非常弱；在加入世界贸易组织以后，面对资本市场的全面开放，金融服务贸易面对的形势严峻。从 2011 年开始，我国的金融服务贸易发生了变化，TC 指数由负变正，达到 0.06，开始出现了微弱的优势，但是优势并不大，这说明我国的金融服务贸易发展处于一种逐步上升的状态。

四、发展中国金融服务贸易竞争力的建议

（一）加强人力资本建设，建立人才培养机制

金融服务行业是一个智力和技术密集型行业。因此建立健全现代金融体系，实现金融和经济的健康发展，必须大力加强金融专业人才的培养。而且随着外资银行的进入，人才流失率也较大，因而有必要继续推行金融人才战略，多渠道加强金融人才能力的培养和建设。同时，改革现行人事管理制度、业务考核办法和收入分配制度，使其与市场规则和国际惯例靠拢，建立一个有利于培养、发现、吸引和留住人才的环境。金融服务贸易从业人员整体水平与发达国家水平存在一定的差距，提高金融服务贸易从业人员的整体水平，加强金融服务贸易人才建设刻不容缓。大体上可以从三方面入手：一是有目的、有针对性地利用各种行之有效的方法培养国际化的高素质员工。二是利用地处国际金融中心的海外机构所具有的区位优势，建立与国际接轨的员工培训基地，培养高素质人才。三是提供优厚待遇从全球招聘高管人员，吸纳高素质、国际化的专业人才，并以此带动国内金融服务贸易从业人员的从业水平。

（二）加快金融市场化改革，培育多元化金融主体，促进同业竞争

金融市场化改革的长期滞后已成为制约当前我国经济健康发展的最大"瓶颈"。从转型经济国家金融体制改革的经验来看，在转型时期，要取得金融体制改革的关键性突破，必须彻底打破国有或准国有机构对金融业务的垄断格局。金融运行的非市场化或政府主导行为是广大转型经济国家金融瓶颈的关键，解决问题的唯一方法是引入有效的市场竞争，提高金融体系运行的市场化程度。竞争有利于提高效率，强化核心能力。应大力推进增量改革，尽快培育出更多的、具有活力的新型银行，不仅仅包括各种股份制银行，还应包括民营银行。

（三）国家加强对金融服务贸易的支持力度

金融服务贸易的发展离不开国家政府制定相关的政策。首先，政府应该制定相关的政策使我国金融服务贸易不会落后于其他发达国家的步伐，同时应当注意到金融服务贸易自由化给我国经济带来的冲击，应当制定相关保护政策保护国内金融服务贸易的发展。其次，我国目前有必要加强金融服务行业的立法工作，完善金融法律框架，建立完善的市场经济运行法律体系。最后，国家应当拨款筹建支持金融发展的现代化交通、通讯、计算机网络以及其他配套服务设施。

（四）加强金融创新，形成核心竞争力

随着银行业的全面开放，中资银行将与外资银行在同一起跑线上激烈竞争。中外资银行之间的一个重要差距，就是创新能力的差距。提高金融创新的能力，有利于形成我国金融服务贸易的竞争力，金融创新是银行业金融机构提高服务水平和竞

争能力的重要基础,也是有效对冲和分散风险的重要手段,因此,加快金融创新已经成为中国银行业的当务之急。我国金融服务各行业竞争力较弱,这在很大程度上是由于我国金融服务产品缺乏创新性,无法吸引客户资源。为了提高我国金融服务机构创新能力,一方面应当加大科研投入进行技术创新,为金融服务企业进行服务创新提供资金支持;另一方面,通过国外金融机构的进进和合资金融企业的机会学习其先进的技术、管理知识和企业战略,而这种就是"技术外溢"效应,将他国经验切实结合本国国情和经济发展特点加以运用,提高自主创新能力。

参考文献

[1] 王勇. 我国经济结构优化中的金融服务贸易发展研究 [J]. 上海金融, 2008 (7).

[2] 董小麟, 朱征兵. 论提高我国金融服务贸易竞争力 [J]. 岭南学刊, 2008 (3).

[3] 黄满盈, 邓晓虹. 中国金融服务贸易竞争力分析 [J]. 世界经济研究, 2010 (5).

[4] 郑展鹏. 中国金融服务贸易国际竞争力的实证分析 [J]. 上海金融, 2009 (4).

[5] Balassa, B. Trade Liberation and Revealed Comparative Advantage [J]. The Manchester School of Economic and Social Studies, 1965 (33).

基于互动机制的银行多元化
分销渠道配置策略研究

崔敬东　高庆成[①]

【 西华大学经济与贸易学院　四川成都　610039 】

[摘要] 日益丰富的银行分销渠道为客户获取金融产品提供了更多的交易方式。与此同时，银行也面临着多元化分销渠道的配置、管理和优化等问题。为此，本文在分析银行战略决策、客户行为以及两者间互动机制的基础上，提出了基于客户行为的多元化渠道配置策略。

[关键词] 分销渠道　客户行为　金融服务　资源配置

分销渠道创新始终是银行金融服务创新的重要组成部分。从 20 世纪 70 年代的 ATM、POS 和信用卡产品、到 20 世纪 90 年代的电话银行和互联网银行再到最近两年的手机银行和数字电视家居银行，新兴电子分销渠道对传统营业网点渠道进行了极大地补充和丰富。

与此同时，银行将面临如何解决新兴电子渠道和传统网点渠道之间可能产生的冲突以及如何配置和整合各种渠道资源等一系列问题，从而最终实现合理配置各种分销渠道资源的同时提高客户满意度的目标。

一、银行的分销渠道决策因素

银行之所以拓展和采用新兴分销渠道，首先是出于各种商业动机，其中既有源于竞争环境的，也有来自其自身发展战略的其次，信息技术的迅速发展也为分销渠道创新提供了有力的支持。从供给角度分析，银行的渠道决策因素主要包括：

（一）利用新技术构建新型分销渠道可以帮助银行获取新的竞争优势

根据迈克尔·波特的竞争战略理论，信息技术是帮助一个商业组织取得竞争优势的重要驱动因素。尤其是在信息技术突飞猛进的 21 世纪，信息技术作为竞争优势驱动因素的重要性日益凸显——信息技术不仅能够直接帮助企业快速创建低成本或

---

① 崔敬东，男，西华大学经济与贸易学院，副教授，主要研究方向：财税与金融信息化。高庆成，男，西华大学经济与贸易学院，讲师，主要研究方向：移动商务和电子金融。

差异性的竞争优势，而且能够影响其他成本或差异性驱动因素、进而间接地提升企业的竞争优势。这一理论在无论是银行业还是其他任何行业都得到了无可争议的验证。此外，积极采用新的信息技术、抢先于竞争对手构建有效的分销渠道，还可以帮助银行争取"先发制人"的竞争优势。

（二）降低业务处理成本，提高运营效率

同其他类型的商业组织一样，在设计和布置分销渠道时，通过降低业务运营成本、提高业务运营效率来增加利润是银行业始终遵从的重要原则之一。在银行多元化的分销渠道中，电子化渠道不仅承担着越来越大的业务比重，而且具有客户自助服务和全天候服务的特点。因此，与柜台渠道相比，电子化渠道在业务处理成本和渠道资源利用效率方面都具有明显的优势。此外，业务流程的自动化，也使得电子化渠道可能产生更高的业务处理效率。

（三）增加渠道的交叉销售能力

交叉销售（Cross-Selling）不仅表现为向现有客户推销相关的金融产品，而且体现为通过同一渠道销售这些相关的金融产品，既可以增加收入，又能够提高渠道资源的利用率。例如，美国银行早在30年前就对传统柜台店铺进行了机构扁平化改革和功能重新定位，努力将原本功能单一的营业网点改造成多功能银行，以便借助银行产品的交叉销售来增加营业网点的创收能力。

（四）通过交易方式创新巩固和扩大客户基础

在银行服务中，客户需求不仅首先表现在金融产品的自身特性上，而且体现在获得金融产品的交易方式中这种交易方式上的需求主要表现为时间、空间和工具三个方面。如果这三个方面不能很好地配合客户获得金融产品，那么客户就可能对金融产品本身失去兴趣。因此，为客户提供便利的交易方式也应该成为银行渠道创新的工作重点。而新型电子化分销渠道往往能够在交易方式上带来革命，从而巩固原有的客户基础，甚至吸引新的客户。

二、客户的渠道选择行为分析

客户对分销渠道的选择同样应该纳入银行渠道管理的范围。从银行分销渠道的需求角度来分析，客户往往会从以下几方面进行渠道选择：

（一）渠道的安全性

诸如存款、取款和转账等银行服务，会引起客户资产的增减或转移。因此，客户在选择分销渠道时，往往将资金（尤其是大额资金）的安全性作为首要的渠道选择标准。而在虚拟的网上银行环境中，客户还可能会对个人隐私、交易对方的身份识别、交易指令在通信线路传输过程中的机密性和完整性、交易记录的保存和审计等安全性问题进行质疑。此外，渠道的安全性还表现为该渠道能否保证服务的及时性和准确性。例如，指定额度的转账金额能否在要求的时间内转移到指定账户中。

（二）渠道的使用和转换费用

在获取银行产品时，客户有时需要为使用渠道资源支付一定的费用，如ATM跨行取款、转账和汇款业务的手续费。

除渠道使用费用外，客户还会考虑渠道转换费用。所谓的渠道转换费用，是指相对于已经存在的渠道而言（如传统柜台服务）、客户在使用新型电子渠道时需要支付的额外费用。但在目前的电子化渠道中，转换费用普遍高于使用费用。过高的渠道转换费用有可能挫伤客户选择新型电子服务渠道的积极性。

（三）渠道的便利性

渠道的便利性首先体现为时空便利性。对客户来而言，柜台服务存在着一定的时空限制——需要在规定的营业时间（强调时间便利性）内到规定的地点（强调空间便利性）办理业务。此外，客户还可能需要付出大量的交通和排队等待时间。因此，与柜台服务相比时空便利性是电子分销渠道最吸引客户的优势。通过 ATM 和 CDM，银行能够为客户提供全天候的取现和存款业务，客户足不出户就可以享受网上银行和电话银行的便利，即便客户是在移动状态下也可以通过手机查询账户信息。

但是，电子渠道相对于传统柜台渠道在一定程度上缺乏操作便利性。在具有自助服务性质的电子渠道上，大部分银行业务都是由客户自己操作完成的。如果操作过程过于复杂、步骤过多或响应时间过长，渠道的便利性就会大打折扣。

（四）消费习惯和消费心理

电子化、自助性服务渠道的建设还需要考虑客户的消费习惯和消费心理。由于我国银行业发展的滞后，在银行客户中普遍存在着"免费午餐"的消费观念，致使客户对服务费的收取存在着极强的敏感性。其实在西方国家，收取业务服务费是银行业的通常做法。据有关报道，国外银行中 40% 左右的利润来自服务收费，花旗银行甚至高达 70%。但在我国，服务收费问题只是在近几年才被提出的，加之国民收入普遍不高，因此，国内银行在制定渠道费用标准时，还应该考虑客户的实际接受能力。

此外，"面对面"的服务方式更加亲切和人性化，是在客户中普遍存在的消费心理。很多银行客户更倾向于选择与营业人员进行面对面的交互，他们认为这样感到更加亲切、更具安全感。对网络通信和 CDM 等自助设备的可靠性缺乏足够的信心，也是影响客户消费心理的主要因素。

（五）客户的人口特征

人口特征（Demography Characteristics）对客户行为也起着重要的影响作用，具有不同特征的消费者在消费行为方面可能存在着较大的差异。例如，消费者年龄就是一项重要的指标，相对于老年人而言，年轻人更容易接受新事物，能够较快地掌握各种自助银行的操作步骤；前者往往较后者拥有更多的财富，对某些金融产品需求会更多、更强烈。因此，前者通常希望选择操作便利性好的服务渠道。又比如收入水平指标，相对于高收入客户而言，低收入客户对渠道转换费用会更敏感；如果转换费用太高，他们就会继续选择收费低廉的传统渠道，尽管它们的时空便利性较差。因此，人口特征在客户的渠道选择行为中同样起着不可忽视的作用。

三、银行提供渠道/客户选择渠道的互动机制

从供给和需求的角度看，银行提供渠道的行为与客户选择渠道的行为应该是一

个互动和博弈的过程, 如图1。

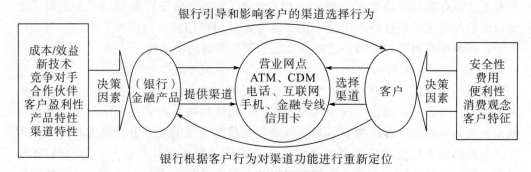

银行引导和影响客户的渠道选择行为

银行根据客户行为对渠道功能进行重新定位

图1 银行提供渠道/客户选择渠道的互动机制

首先, 银行进行渠道创新是为了自身的商业利益, 如降低业务处理成本、提高生产率或巩固和扩大客户基础。但由于众多不确定因素的影响, 可能会出现客户的渠道选择行为与银行提供渠道的初衷不一致的情况。因此, 为了有效利用渠道资源、并为客户提供便捷的分销渠道, 银行有必要掌握和分析各种渠道的实际利用情况以及客户在渠道选择上的行为习惯, 并在此基础上对各种渠道资源的功能进行重新定义和调整。

其次, 银行还可以通过调整渠道资源的配置形式, 影响客户的渠道选择行为。例如, 银行可以通过宣传、收取手续费等途径和方法引导、影响甚至控制客户的渠道选择行为, 以达到有效利用多种渠道资源和为客户提供更便捷服务的目的。银行还可以引导客户不必固定或局限于某一特定的渠道, 并引导客户根据具体场合或具体情况, 选择最最适宜的渠道, 并允许客户在不同渠道之间进行方便的切换。

四、基于客户行为的渠道配置策略

面对分销渠道多元化的发展趋势, 银行应该在充分了解和深刻剖析客户渠道选择动机的基础上, 制订多元化的渠道策略, 做好渠道资源配置工作。为此, 银行可以从以下几方面着手:

（一）与合作伙伴建立战略联盟, 为客户提供一站式的分销渠道

信息技术能够对产业结构链产生解析(Deconstruction)和重构（Reconstruction）的作用——随着信息技术的应用, 某种商业组织在产业结构链中的作用和地位会发生改变。而产业结构链的解析和重构又是与客户行为的多阶段性密切相关的。在某些情况下, 客户在购买某种产品的全过程中, 会涉及多个相互关联的商业组织, 这些商业组织在不同阶段为客户提供特定的服务。如果这些商业组织能够建立战略联盟、进行组织之间的业务流程再造, 共同为客户提供"接力式"服务, 不仅可以给客户带来完美的连续性体验, 还可达到"多赢"的目标。

（二）利用数据仓库和数据挖掘技术, 分析客户的渠道选择行为

客户需求不仅表现在对产品的实用性、质量、价格等方面的要求, 还表现为如何获得产品以及产品获取过程的体验等方面, 而后者往往是通过某种分销渠道来体

现的。客户数以及客户类别和渠道的多样化，又决定了银行客户在选择渠道时的行为复杂性以及呈指数级膨胀的数据量。因此，仅凭常规的数据分析方法是难以有效分析客户的渠道选择行为规律的。

而近十多年迅速发展起来的数据仓库（Data Warehouse）和数据挖掘（Data Mining）技术有助于对客户渠道选择行为进行定量分析。利用数据仓库技术，能够将来自不同渠道的客户交易数据汇集到专门的数据集市（Data Mart）中，该数据集市不仅能够包括性别、年龄、收入、职业、受教育程度等反映客户人口统计特性的数据，而且存储有客户选择渠道行为的动态数据，如所选渠道的类型和时间、所做的交易类型等。

之后，数据挖掘技术就能够利用分类、预测、关联和聚类等方法，对数据集市中的客户及其行为数据进行分析，最终发现具有商业价值的知识。这些知识能够反映具有何种特征的客户群体倾向于选择何种分销渠道以及在各种渠道上通常所做的业务类型等规律。利用这些规律，银行能够制订差异化的渠道策略，实现配置优化渠道资源的目的。

（三）根据赢利性差异，为不同客户群体制定个性化的分销渠道方案

在商业活动中，普遍存在着"帕累托现象"——80%的利润来自20%的重要客户，银行业也不例外。既然客户对银行的贡献是不平衡的，那么银行就不应该将有限的渠道资源（包括时间和成本）平均分摊在每一位客户身上。而且与一般客户相比，重要客户更容易与银行保持良好的关系，银行为此付出的服务成本也会更低。因此，将有限的渠道资源充分应用在赢利性高的客户身上，更容易取得事半功倍的业绩。例如，在为重要客户定制分销渠道方案时，可以将渠道的安全性、便捷性和个性化作为重点，以便使他们能够体会到完美和一致性的服务，而不应过分地强调服务成本；而对于一般客户或非盈利性客户，可以采取合理收取渠道使用费的方法，以便将他们分流到低成本的自助性服务渠道上去。

（四）根据特性差异，为不同的业务配置匹配的分销渠道

业务与渠道之间的匹配性，是影响银行渠道配置决策的另一个重要因素。如提现业务必须完成现金从银行到客户的实物转移，因此只能通过柜台和ATM这样的渠道，而不可能通过像因特网、电话和无线网络这样的虚拟渠道来完成。

又如，贷款作为银行的一项资产业务，一般要经过借款人提出贷款申请，到银行审查、批报、批准，再到银行与借款申请人签订贷款合同等诸多环节。在过去，由于每个环节均采用直接接触的形式，整个贷款过程往往需要一个月或更长的时间。而如果将贷款业务中的某些环节通过因特网来实现，则可大大缩短申请人等待贷款审批的时间。

（五）利用先进的信息技术，整合多种渠道

客户行为的多阶段性对银行提出了在不同渠道间方便切换的要求，而信息技术的发展和应用不仅能够帮助银行满足客户在这方面的需求，并且为银行整合分销渠道资源提供了技术支持。

"提示服务"是渠道整合的一项重要内容。当客户通过某种渠道（比如柜台）

办理一项大额资金转移业务时，银行查询并利用存储在中央系统中的客户联系方式，再向客户的手机发送一条"大额支付"的提示短信，以向客户提醒账户的重大变动。这样一旦发生欺诈行为，受害客户就有可能及时发现，进而采取补救措施。

网上银行不仅可以为客户提供自助服务，还可以起到"介绍性"的渠道整合作用。在银行网站上列出营业网点在城区中的分布情况，可以帮助对某一区域不熟悉的客户方便地寻找到柜台服务受理点；银行网站上的图解式操作说明可以帮助客户快速掌握电话银行的操作步骤，客户在以后使用电话银行时就可以省去长时间倾听语音提示的步骤而直接按动电话上的按钮，给客户带来更多的便利。

五、结束语

如果说渠道建设是银行占领市场、争取客户的关键，那么渠道管理、整合和优化则是渠道建设的目的。通过优化渠道的资源配置，银行不仅可以巩固市场、留住客户、找到新的利润增长点，而且可以快速回收用于渠道建设的大额 IT 投资。因此，了解和分析客户渠道选择行为就成为银行渠道管理的一项重要任务。而在分析客户渠道选择行为时，不仅要考虑客户的消费习惯和消费心理，还要考虑新渠道本身对客户行为的影响、渠道本身的特性与银行业务的匹配程度等诸多因素，并在分析客户渠道选择行为基础上借助于数据仓库和数据挖掘技术。这样，才可能对客户渠道选择行为有全面、客观和深入的理解，进而制定有针对性的渠道资源配置策略，最终提高银行分销渠道资源配置效率。

参考文献

[1] 郑先炳. 西方商业银行最新发展趋势 [M]. 北京：中国金融出版社，2002.

[2] 安妮·T. 科兰，艾琳·安德森，路易斯·斯特恩，阿代尔·I. 安瑟理. 营销渠道 [M]. 北京：电子工业出版社，2003.

[3] Lia Patricio, Raymond P. Fisk, Joao Falcao e Cunha. Improving satisfaction with bank service offerings: measuring the contribution of each delivery channel [J]. Managing Service Quality, 2003 (6): 471-482.

[4] Xin Ding, Rohit Verma & Zafar Iqbal. Self-service technology and online financial service choice [J]. International Journal of Service Industry Management, 2007 (3): 246-268.

[5] Sanjukta Pookulangara, Jana Hawley & Ge Xiao. Explaining multi-channel consumer's channel-migration intention using theory of reasoned action [J]. International Journal of Retail & Distribution Management, 2011 (3): 183-202.

浅析网上支付中的用户身份鉴别机制

高庆成[①]

【 西华大学经济与贸易学院 四川成都 610039 】

[**摘要**] 本文对目前网上支付中常见的电子身份鉴别机制及方式进行分析，通过对网上支付中各种电子身份鉴别方式的比较，指出各类电子身份鉴别技术的适用范围以及身份认证环节存在的安全问题，提出了未来网上支付中电子身份认证的发展方向。

[**关键词**] 电子银行 网上支付 身份鉴别

一、引言

随着电子商务的迅速发展，网上支付中的信息安全日益受到关注，尤其是网上银行是以互联网平台作为银行业务的提交渠道，通过网关把银行业务衍生到互联网上的终端用户。我国的银行信息系统广泛采用了身份鉴别技术，在保障信息系统的安全方面发挥了十分重要的作用。人们一直依靠证件、介质和密码等传统物品和特定知识来达到鉴别身份的目的。然而随着社会信息化程度的越来越高。这种传统的身份验证方式的局限性和弊端越来越明显。在电子支付领域，身份鉴别技术已经成为安全保障的核心手段之一。以下就网上支付中身份鉴别的有关技术机制加以论述。

二、网上身份鉴别的原理

身份鉴别技术是信息安全的一个重要方面。用户在访问网络信息时，必须首先进行身份鉴别，只有通过身份鉴别的用户请求，才能被转发到访问监控服务，访问监控服务根据访问请求中的身份和资源信息和取得对应的授权策略和资源的访问控制策略，以决定用户能否访问该资源。其原理如图1所示。

身份库由身份（用户）管理员管理，授权策略和资源的访问控制策略由安全管理员按照需要进行配置和管理。身份信息管理、授权策略和访问控制策略管理、用户在访问资源时所产生的身份鉴别信息、访问控制信息以及入侵侦测系统实时或非实时地检测是否有入侵行为等系统运行期产生的安全审计信息等等，均记录到安全

---

① 高庆成，男，西华大学经济与贸易学院，讲师，主要研究方向：移动商务和电子金融。

审计系统供审计人员审计。

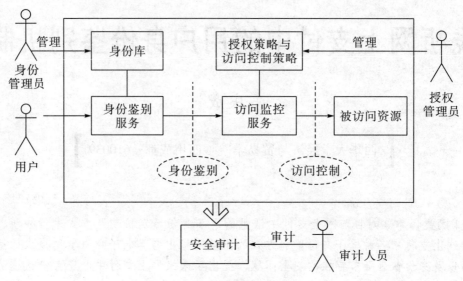

图1　身份鉴别全示意图

三、身份鉴别模型与类型

（一）身份鉴别模型

身份鉴别机制的一般模型如图2所示。

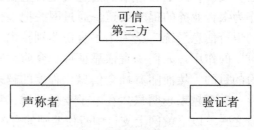

图2　身份鉴别模型

身份鉴别模型通常由可信赖的第三方、声称者（用户）和验证者共三部分组成。声称者向验证者声明自己的身份并出示用于验证其身份的相关凭证，验证者鉴别声称者的身份凭证，验证过程可由验证者独立完成也可委托可信第三方完成凭证的验证。

按照鉴别的方向分类，身份鉴别分为单向鉴别和双向鉴别。单向鉴别时验证者鉴别声称者的身份，而双向鉴别时验证者和声称者相互验证对方向的身份。

（二）身份鉴别类型

一般而言，身份鉴别可以基于以下一个或几个因素完成：

——声称者（用户）知道的信息，如口令。

——声称者（用户）拥有的物品，如智能卡。

——声称者（用户）具有的生物特征，如指纹、声音、视网膜等。

四、网上支付中常用的身份鉴别方式

（一）基于口令的鉴别方式

基于口令的认证方式是最常用的一种技术。它是一种单因素的认证，安全性仅依赖于口令，口令一旦被泄露，用户即可能被冒充。更严重的是，用户往往选择简单、容易被猜测的口令，这个问题往往成为安全系统最薄弱的突破口。口令一般是采用密码技术处理后存放在口令文件中，如果口令文件被窃取，那么就可以进行离线的字典式攻击。这也是黑客最常用的手段之一。

1. 静态密码认证

使用静态密码作为网上银行的登录密码，该密码由字母和数字组成，一般不少于 8 位。用于大众版本客户登录网银时身份认证，这种认证方式安全级别比较低，只能应用于网银账户查询和小额转账等无风险业务。这种口令加 ID 的身份认证是静态的，需要经常更换，并且因为口令太短，易被黑客攻破。如使用电话号码、生日作为口令，黑客只需用简单的穷举法即可马上破译，那就需要口令具有一定长度，可太长了人们又不好记忆，长期不用还很有可能忘记，恢复密码是很费事的，会给系统管理造成麻烦。尽管口令是经过加密后传输的，但在加密之前，黑客已有办法窃取口令。这就是因为口令和 ID 是要从键盘录入的。虽然有加密传输，但黑客会在用户进行键盘录入时，设置木马"钩子"程序监听其键盘输入，然后窃取录入的口令和 ID，转输到他的信箱。然后就可冒充用户上网，进入用户的账号，将用户资金窃走。这种认证方式没有数字签名的功能，所以不适应于大额交易，也不具备法律仲裁的功能。因此，这种身份认证方式，目前在金融界已逐渐被淘汰。

2. 动态密码认证

动态密码认证有动态口令牌、动态口令卡和手机动态密码三种技术方式。

（1）动态口令牌

动态口令牌拥有内置芯片和一个可以显示 6 位数字密码的 LCD 窗口，与网银客户绑定建立一对一对应关系，使用唯一的 128 位种子将其初始化。其内部芯片使用特殊的密码算法，每一分钟组合该种子与当前时间生成一个随机的数字。而银行网银认证服务器则采取和这个动态密码器同一种算法产生该随机数字，保证动态密码器和网银服务器的单一认证，每个客户都有了独一无二的身份认证。动态口令牌每分钟生成一个密码，使得网银客户无论在网银登录时还是支付交易时都是一次一密的身份认证，保证客户使用网银的安全性。

这种动态令牌卡原理有两种：一是基于时间的；二是基于事件的。每次用户使用 OTP 登录系统，口令不是静态的，是变化的随机数，它来源于产生密码的运算因子。

① 基于时间同步 OTP 认证技术。该技术是以流逝的时间作变动因子。客户端与服务器端的系统时间应保持一致，即遵循 GPS 全球定位系统，时间同步。即基于令牌和服务器的时间同步，通过运算，双方生成一致的动态口令，基于时间同步的令牌，一般更新率为 60 秒，每 60 秒产生一个新口令。因此，黑客窃取此次口令，

下一个时间又产生了一个新的口令。

② 基于事件同步认证技术。该技术是以事件为变化因子。用户按一次按键即为一次事件，产生一个新的 OTP。它是以变动的数字序列作为密码产生器的一个运算因子。事件同步是基于事件同步的令牌，其原理是通过某一特定的事件次序及相同的种子值作为输入，在算法中运算出一致的密码，其运算机理决定了其整个工作流程不受时钟的影响。虽然两者基于的原理不同，但结构相似，作用也是一样的，即为动态的一次性的口令。它们在网银交易中，是不具备数字签名功能的，因此达不到交易中不可否认性的目的要求。另外这种令牌口令一般 6 位数字较多，其密码算法掌握在商家手中，银行不掌控，存在潜在的风险。

（2）动态口令卡

口令卡大小类似于银行卡，背面以矩阵形式印有 80 个 3 位数字串，申领时该卡片与网银客户绑定建立一一对应关系。使用网上银行进行对外支付交易时，网上银行系统会随机给出一组口令卡坐标，客户从卡片上找到坐标对应的数字组合成密码并输入网上银行系统，只有当密码输入正确时，才能完成相关交易。这种挑战应答式的密码组合动态变化，每次交易密码仅使用一次，交易结束后即失效，能有效地避免静态交易密码被黑客窃取。目前，工行和农行使用这种动态口令卡的身份认证方式。这种认证方式有两个弊端，一是作为经常在网上交易的人来说，几天就要去柜台领取一个卡片，因为它只有 40 个随机密码，有的网上交易频繁的客户可能不到一个月就得去银行再办卡，对客户极为不便。二是该口令不具备数字签名的功能，交易额受限，按人民银行《电子支付指引（一）》要求这种不使用数字签名的网上交易最多一笔只能交易一千元，所以它是受到电子签名法的限制的。

（3）一次性口令鉴别方式

为解决固定口令的问题，一次性口令（One Time Password，OTP）的密码体制被提出，以保护关键的计算资源。OTP 核心思路是在登录过程中加入不确定因素，使每次登录过程中传送的信息都不相同，以提高登录过程安全性。例如，登录密码＝MD5（用户名+密码+时间），系统接收到登录口令后做一个验算即可验证用户的合法性。

客户在申请网银时登记手机号码，并且校验该手机号码归属客户的真实性。客户在进行网银支付交易时，网银动态密码服务器生成一个密码由短信服务平台发送到客户手机，客户在一定时效内输入该密码进行身份认证，完成支付交易。该种认证方式客户无须携带几令牌、口令卡和证书 key 等认证工具，而是通过随身的手机就能够完成身份认证，但该认证需要第三方系统（手机通信系统）实时地支持，而且需要由银行或客户来承担认证密码的短信服务费。

（二）基于智能卡的鉴别方式

智能卡具有硬件加密功能，有较高的安全性。每个用户持有一张智能卡，智能卡存储着用户个性化的秘密信息，同时在验证服务器中也存放该秘密信息。进行认证时，用户输入个人身份识别码（PIN），智能卡认证 PIN，成功后即可读出智能卡中的秘密信息，进而利用该秘密信息与主机之间进行认证。

基于智能卡的认证方式是一种双因素的认证方式（PIN+智能卡），即使 PIN 或智能卡被窃取，用户仍不会被冒充。智能卡提供硬件保护措施和加密算法，可以利用这些功能加强安全性能，例如，可以把智能卡设置成用户只能得到加密后的某个秘密信息，从而防止秘密信息的泄露。

（三）数字证书认证

数字证书是由一个权威的、公正的、可信赖的第三方机构——CA 证书授权中心发行的，人们可以在互联网交往中用它来识别对方的身份。数字证书具有唯一性和可靠性，数字证书采用公钥体制，即利用一对互相匹配的密钥进行加密、解密。每个用户自己设定一把特定的仅为本人所有的私有密钥（私钥），用它进行解密和签名；同时设定一把公共密钥（公钥）由 CA 公开并且共享，用于加密和验证签名。当发生一笔网上交易时，发送方使用接收方的公钥对数据加密，而接收方则使用自己的私钥解密，这样交易信息就可以安全无误地到达目的地了。数字证书被存储于专用的 USBKey 中。存储于 USBKey 中的证书不能被导出或复制，且使用证书认证时需要输入 USBKey 的保护密码。使用该证书需要物理上获得其存储介质 USBKey，且需要知道 USBKey 的保护密码，这也被称为双因子认证。这种认证手段是目在 Internet 最安全的身份认证手段之一。数字证书按其存放的介质，可分为文件证书、USBKey 证书、指纹证书和高端数字证书。

1. 文件证书

所谓文件证书，即将证书存放在浏览器的硬盘中，以一个文件形式存在，这样用户操作简单。但是，有时这种存放是致命的。因为一旦黑客通过各种方式将木马程序植入浏览器，就可以把证书文件全部窃取，其中包括口令、公钥和私钥。这样就等于让黑客去操作本人的账号，窃取资金。

2. USBKey 证书

USBKey 大大地简化了数字证书的产生和应用。USBKey 是由一种 IC 智能芯片所制成，内置操作系统和各种密码算法，如，非对称算法 RSA、对称算法 DES、密码杂凑函数 MD5 及 SHA-1 等等。因此，公私密钥对可在卡中产生，私钥不出卡，也不可以拷贝；公钥通过安全协议进行 CA 申请产生证书，然后又通过安全协议下载到 USBKey 中，公私钥对不能"裸跑"。所以，存放在 USBKey 中的证书是安全的。

3. 身份认证

证书在使用时是借助于 SSL 协议传递的，并采用证书控件将其与应用连接起来。服务器端认证客户端的身份真伪时，通过 SSL 协议交换证书，服务器用客户的公钥解开证书，并查找比对是否在有效期内或是否进入"黑名单"。验证通过，即识别了客户是真实身份。商户（客户端）要索取银行（服务器端）证书，并用银行的公钥证书验证该证书的真伪，以上是双方身份验证过程。目前，所有开通网上银行的银行几乎都采用了 USBKey 证书。除网上银行之外，还有电子支付平台、电子商务或电子政务系统中也广泛地使用了这种技术。USBKey 数字证书，除上述身份认证之外，它还可以做到交易中的数据完整性和交易的不可抵赖性，即数字签名技术。它遵循国家颁布的《电子签名法》。

（四）基于生物特征鉴别方式

这种认证方式以人体唯一的、可靠的、稳定的生物特征（如指纹、虹膜、脸部、掌纹等）为依据，采用计算机的强大功能和网络技术进行图像处理和模式识别。该技术具有很好的安全性、可靠性和有效性，与传统的身份确认手段相比，无疑产生了质的飞跃。近几年来，全球的生物识别技术已从研究阶段转向应用阶段。

五、几种身份鉴别方式的比较

对网上支付的几种身份认证方式从安全级别、数字签名、认证范畴、交易级别、认证工具、认证服务器和密码服务费几个方面进行比较。

从安全级别上，静态密码安全级别最低，客户自行设置密码且不经常更改，有泄露和被盗取的可能动态密码认证方式有较高的安会级，它们都采取一次一密码的认证原则，且每次的认证密码都具有时效性，过期该密码将无效，其中动态几令牌一分钟生成一个密码，同时与认正服务器生成的密码同步；动态口令卡采取挑战应答式，认证服务器给出口令卡的坐标值，客户根据坐标值的数值组成密码完成认证；手机动态密码是由认证服务器利用加密算法计算出认证密码并通过手机短信发送给客户。数字证书认证采用安全级别最高的公钥加密算法，而且同时使用证书 Key 和验证 USBkey 的密码完成交易认证，是高安全级别的双因子认证。

在数字签名方面，数字证书可对客户操作及交易信息进行数字签名，已签名的交易对于客户来说不可抵赖，而其他认证方式不具备数字签名功能。

从认证范畴和交易级别上，静态密码、动态口令牌和数字证书均能提供登录网银时身份认证。其中数字证书认证时，需要插入证书 key 才能打开登录页面，登录认证的安全级别更高。所有认证方式都能进行查询及转账交易，但静态密码由于其安全级别低只能用于本人名下的小额转账交易，通常采用网银交易密码或账户交易密码。使用动态密码认证可进行交易限额以下的支付转账。数字证书可以对交易进行数字签名，可防止客户抵赖，因此交易金额只受限于网银渠道限额。

在交易成本上，除了静态密码认证.其他认证方式都需要有专门的认证服务器，数字证书方式除了本地的 RA 服务器，还需要与远程的 CA 服务器进行交互来完成认证服务，手机密码认证除了密码认证服务器，还需要有短信平台和第三方通信网络支持；除了静态密码认证和手机密码认证，其他认证方式都需要有专门的认证工具（口令牌、口令卡和 USBkey）。这也需要银行或客户投入相应的交易成本。

在认证服务费用方面，银行需要给 CA 证书授权中心支付数字证书服务年费，而手机密码认证方式每次交易认证时都将支付短信息服务费，其他方式在认证过程再无需任何交易成本。

静态密码方式成本最低，安全级别低，适用认证范围和交易功能少；动态密码方式认证成本中等，安全级别中等，适用所有认证范围和交易功能，但因为不具有数字签名功能，无交易防抵赖性，支付转账有一定的限额控制。数字证书方式安全级别最高，成本也较高，适用于所有认证范围和交易功能，具备交易防抵赖性，支付转账只受网银渠道限额的控制。

六、电子身份鉴别的发展方向

从身份验证的机制看，传统的身份识别方法是把身份识别问题转化为一些标识个体身份的事物如证件、介质，用户名及密码。这些标识个体身份的事物容易仿冒、丢失和遗忘。更为严重的是，这些传统的身份识别方法无法区分真正的身份标识物的拥有者和仿冒者，危及个人和社会的安全。生物认证技术可以从根本上解决传统身份识别技术上的不足，并正在被逐渐的认可。

（一）生物身份认证技术

生物认证技术是指通过计算机技术，利用人类个体自身的生理特征，进行个体身份自动识别的一种新技术。这些个体特征包括指纹、虹膜、声音、人脸、视网膜、耳廓及静脉血管等人体的生物特征。生物特征之所以能用来进行个体身份识别，是因为生物特征具存每个个体都拥有的普遍性及不同的唯一性，以及不随年龄增长而变化的稳定性。与传统身份识别方法相比较，基于生物特征的生物认证技术具有不会被遗忘和丢失，不易被伪造或被盗，随时随地都可以使用等优点。

1. 眼球视网膜识别

每一个人的眼球视网膜结构是完全不相同的，所以可以将人的眼球视网膜用红外线方法进行采样并存储。当使用时，将人的眼球对准光线，采样并比对，确认人的真实身份。这种方法使用不便，一般金融电子支付不适合采用。

2. 声音识别

声音识别是将人的正常声音，经过频谱分析，将其特征存储，待使用时用户按规定说出自己标准的一句话，经同样的分析算法进行分析、比对后加以识别。

3. 面目识别

面目识别就是脸型识别，将属于自己的电脑打开后，面对荧光屏，要借助一种面目识别图像处理算法，将采样结构存储于自己的电脑中。当使用时自己面对电脑显示器，即可识别你是否该电脑的主人。

（二）现有身份认证技术的升级换代

以往的数字证书 USBKey 都需要安装驱动程序才能使用，提高易用性成为USBKey 的发展方向，因此无驱动的 USBKey 应运而生并且广泛应用于网上银行的身份认证。为杜绝因计算机被黑客完全控制而可能造成的非法交易，更高级别地保护用户的交易安全，USBKey 被设计成为用户通过可控按钮进行交易确认，同时内置了液晶显示或语音提示芯片，将用户交易账号和金额通过液晶屏显示出来，或通过内置扬声器读出来，用户核对无误后，可按下 USBKey 的确认按钮才能完成交易过程。

（三）多因子的身份认证

网上银行身份认证一个重要的发展趋势是结合多种认证技术或多个因子来完成交易认证过程。如不仅使用动态密码技术，还将数字证书下载到用户的计算机 IE 测堕器中，不仅通过动态密码认证交易身份，还能对交易信息进行数字签名。另外，将动态密码认证工具和数字证书 USBkey 结合使用，相当于要有 USBKey、证书密码和口令牌或手机密码多个认证因子，才能完成一笔交易认证。还有，在动态口令卡客户进行网上银行交易时，将动态口令卡的坐标值以短信方式发送到客户的手机上，客户收到短信后输入口令卡相应坐标上的数值完成交易认证，这也是一种需要同时拥有动态口令卡，手机及认证密码的多因子认证方式。

七、结语

综上所述，身份识别在电子支付中的应用及其重要，网上支付的一般客户可以采用 USBKey 证书，而取缔口令加 ID 的弱认证机制；而高端客户特别是企业大客户，有条件的最好使用"所见即所签"和"所录即所签"的高端 Key，这样是较为安全的。网上支付中身份鉴别技术不断日新月异，有效地控制了网上支付的风险，保障了网上的交易安全。生物认证方式是未来的发展方向，但由于成本高、技术复杂及客户认可度低等方面的影响，与其他认证方式相比，目前还未能广泛地应用于网上支付。而现有的认证技术不断地突破创新和升级换代，以及将现有认证方式有机地整合成多因子认证方式，将大大地提高客户资金交易的安全。

参考文献

[1] 关振胜. 我国电子商务及其支付平台的发展与安全问题 [J]. 信息网络安全，2010 (8)：7-8.

[2] 杨忠. 电子商务中网银账户的安全性分析 [J]. 信息网络安全，2010 (8)：47-49.

[3] 关振胜. 公钥基础设施 PKI 及其应用 [M]. 北京：电子工业出版社，2008.

[4] 谭彬，薛质，王轶骏. 网络支付体系的安全性分析与研究 [J]. 信息安全与通信保密，2007 (11)：66-67.

[5] 肖云鹏，徐惠民，苏放. 移动支付系统研究及其安全性分析 [J]. 中国数据通信，2005 (5)：25-28.

金融经济可持续发展
与创新的关系探悉

黄煦凯[①]

【西华大学经济与贸易学院　四川成都　610039】

[摘要] 金融业指经营金融商品的特殊行业，它包括银行业、保险业、信托业、证券业和租赁业。金融业在国民经济中处于牵一发而动全身的地位，关系到经济发展和社会稳定，具有优化资金配置和调节、反映、监督经济的作用。金融业的独特地位和固有特点，使得各国政府都非常重视本国金融业发展。我国对此有一个认识和发展过程。随着经济的稳步增长和经济、金融体制改革的深入，金融业有着美好的发展前景。经济可持续发展是可持续发展观念在金融经济领域的延伸。由于金融经济发展体系的复杂性和多样性，金融经济发展环境的综合性和全球性，决定了金融经济可持续发展必须要建立在金融创新的基础上，以金融创新的活力带动金融经济持续快速发展。因此，研究金融创新与经济可持续发展的关系势在必行。

[关键词] 金融创新　经济可持续发展

一、引言

20世纪70年代初，围绕着"增长极限论"而展开的大争论，产生了一种新的经济发展理论——可持续发展理论。它要求改变单纯追求经济增长、忽视生态环境保护的传统发展模式，由资源型经济过渡到技术型经济，综合考虑社会、经济、资源与环境效益，积极控制人口增长。通过产业结构调整和合理布局，应用高新技术，实行清洁生产和文明消费，协调环境与发展的关系，使社会经济的发展既满足当代人的需求，又不至于对后代人的需求构成危害，最终达到社会、经济、生态和环境的持续稳定发展。该理论从整体意义上讲属于全人类的可持续发展或是整个人类社会的可持续发展，这无疑是一项巨大的系统工程。因此随着研究的深入，不同研究机构和学者又把这一巨大系统分成若干不同的大系统，经济是其中举足轻重的因素。而经济的可持续发展又离不开金融的发展。尤其在当今金融日益融入经济运行的各

---

① 黄煦凯，男，西华大学经济与贸易学院，副教授，研究方向：金融、国际金融等。

个过程的时代，随着货币化、信用化程度的日益加深，几乎所有的经济关系都与金融关系密切相关。甚至，金融和环保、资源配置等都密切相关。可以说金融已经成为现代经济的核心。离开金融发展，经济的发展就无从谈起。2007年的美国次贷危机和随后的欧洲主权债务危机爆发并迅速蔓延到全球更是给了我们一个明确信号：没有经济的可持续发展，就没有金融的可持续发展，人类社会的可持续发展也就很难实现。因此，进行金融经济可持续发展的研究具有非常重要的意义。

二、研究背景

金融创新是指变更现有的金融体制和增加新的金融工具，以获取现有的金融体制和金融工具所无法取得的潜在的利润，它是一个以盈利为推动力，持续不断的发展过程。当代金融创新始于20世纪50年代末，从内容上看，它不仅包括新型金融工具和交易方式的产生，也包括金融市场、金融组织和制度的变革。

金融创新的发展主要分为四个阶段：

第一个阶段是20世纪60年代兴起的以规避管制为主的金融创新，欧洲债券和平行贷款即在该时期产生；

第二个阶段是随后70年代出现的以转嫁风险为主的金融创新，具有代表性的创新为浮动利率票据、货币远期交易和金融期货。

第三个阶段是20世纪80年代，在这个时期，金融创新达到了高潮，出现了金融界的"四大发明"，即票据发行便利、互换交易、期权交易和远期利率协议，这时的金融创新并不仅仅以单一目的为主，而是呈现了多元化。

第四个阶段是20世纪90年代至今，在该时期世界经济出现了区域化和集团化，金融市场也呈现出全球一体化态势，金融创新在规模和范围上不断扩大。

纵观金融创新过程，会发现其和金融机构的持续发展有着密不可分的关系。金融创新不仅扩大了银行、保险和证券的业务范围，改善了其经营业绩，促使收入多元化，还为其提供了抵御和分散风险的工具，同时新的金融交易工具的出现也促使金融机构提高自身操作技术和管理水平。因而，研究金融创新和金融经济可持续发展的关系，特别是定量研究两者关系成为金融研究的重要课题。

金融创新究竟在多大程度上影响金融可持续的发展？两者之间有什么样的内在关系？国内外关于金融创新与金融经济可持续发展关系的系统研究较少，主要有如下几种有代表性的观点。黄柏梓、胡忠东（1999）在《论金融可持续发展与金融创新》一文中认为，金融创新与金融经济可持续发展既有差异性又有结合点，他们认为在知识经济时代，通过实施金融创新推进金融可持续发展显得尤为重要。要以金融资源为重点，对管理体制、金融理念、信用工具、经营方式进行一定程度的创新发展，重点是四个金融资源的创新，包括管理资源的创新、负债业务资源的创新、资产业务资源的创新、中间业务资源的创新。赵何敏（2000）在《金融创新、金融工程与金融可持续发展》中指出：金融创新是金融经济可持续发展的灵魂。金融经济可持续发展中的根本问题是经济与金融的有效融合，金融发展既要适应经济的需要，为经济发展服务，又要通过其对经济的反作用和对资源的配置作用，合理有效地发挥其对经济的引致性作用。金融产业发展中的新产品的开发、新业务的出现、新型组织机构的设置以及新制度的诞生，都是围绕着金融与经济的融合进行的。科技、生产力、经济发展的无限性决定了金融产业是个不断创新的产业部门，而金融经济可持续发展正是在金融创新中实现的。罗景欢（2001）在其发表的《试论金融可持续发展与金融创新》一文中认为：金融创新是金融经济可持续发展的动力，金融经济发展过程中每一次高潮都是由金融创新发动的，每一次升级性的金融发展都是在金融创新推动下实现的。但同时他也指出金融创新也存在负面影响，新型金融资源的开发伴随着较大的金融风险，例如衍生金融工具日益用于投机目的，成为金融市场中较大的不稳定因素，金融机构信用创造和货币创造能力的增强，极易引发信用膨胀和通货膨胀等，这些不利于国家金融的可持续发展。胡芸（2003）在《论金融创新与金融可持续发展》一文中指出，金融创新是金融经济可持续发展的重要推动力。与西方发达国家相比，我国金融创新严重滞后，制约了金融经济的可持续发展。我国金融经济实现可持续发展的根本出路在于：优化产权结构，塑造金融创新的动力机制；加快由分业经营向混业经营的转换，拓展金融创新空间；实现利率市场化，营造良好的金融创新市场环境；大力推进信息化建设，加快科学技术创新。闫晓瑜、黄冀（2005）在《浅析金融可持续发展》一文中提出，金融经济可持续发展是制度创新和技术创新在金融发展上的重要体现。制度创新与技术创新是经济可持续发展的保证和驱动力，追求的是生产效率的提高，从而促进经济健康发展。金融经济可持续发展思想同样十分强调效率的提高，并通过金融创新（包括金融制度创新、金融工具创新等）来达到提高效率的目的，而金融创新必须依赖于制度创新、技术创新。因此，金融经济可持续发展思想充分体现了制度创新和技术创新的要求和内涵，金融可持续发展离不开金融创新。

三、金融创新与金融经济可持续发展的关系

金融创新是金融经济可持续发展的动力。创新是理论发展的前提，创新的目的是使金融体系日趋完善，适应自身发展的要求。金融创新是金融经济持续发展的基础。任何事物的发展都离不开创新，没有创新则只能停留在原来的基础上进行简单的扩张。金融业的发展也是如此，金融经济发展的动力在于创新。金融经济的可持续发展则要依靠金融的不断创新来予以保障，金融创新通过要素的重组和创造性变革提高金融质量和效率，推动金融的全面发展。金融创新是金融经济可持续发展的必要条件，众所周知，金融风险是金融经济持续发展的一大障碍，而金融创新恰恰是防范金融风险的有效途径。具体而言，金融创新对金融经济可持续发展的促进作用主要体现在以下几方面：

首先，金融创新必然伴随着金融产品和金融工具的日益丰富，从而能够使金融机构可以根据其对市场的预期及风险的偏好程度，选择适合自己的金融创新产品来消化市场经营风险。

其次，金融创新的基本方向是金融资产的证券化、金融运行的市场化，使融资工具有很强的流动性，价格随市场状况快速波动，而这种波动对金融运行具有调节

功能，通过有效的金融市场使金融部门实现最优经营。

最后，金融创新能推动资本市场向前发展，拓宽居民理财渠道的同时也实现金融风险的社会分散化。金融创新通过对金融风险的防范、控制和转移为一国实现金融可持续发展提供必要条件。金融可持续发展是金融创新的最终目标。

通过美国次贷危机的案例我们可以看出，追求短期利益缺乏有效监管的过度的金融创新对金融行业长期持续发展的危害，只有金融行业持续健康发展，给予金融机构股东们长期合理的回报，对稳定市场信心促进经济发展起到积极作用的时候，金融创新才有存在发展的意义。否则如果金融机构的盈利能力不能满足股东需要，股东们就会撤回投资、关闭金融机构。金融创新也就无从谈起了。

因此，金融经济可持续发展是金融创新的最终目标。金融业的持续发展会带来更大的市场空间，创造出更多的金融产品需求，这就必然激励金融机构去研发创造出更多的合乎多样化需求的金融创新产品，获取更多的利润。这些创新产品，有些简单的产品创新用现有的技术手段和管理模式就可以实现，但是有些创新产品必须在现有金融制度体系的基础上进行制度创新和组织结构的创新，才能完成金融产品的再造和金融资源的重新配置；还有一些金融创新产品，用现有的创新理念和工具已经完全无能为力，只能借助全新的金融思想和金融工具才能解决问题。为此，许多的金融机构设立了金融创新研发部门，从宏观金融创新和微观金融创新两方面来研究问题，这样就促进了全球金融创新的发展，进而又促进金融业的可持续发展，最终促使金融业持续繁荣并极大地提升了金融业在社会经济发展中的地位。

四、结语

随着国际金融业的飞速发展，金融业对于其他行业的影响力也日益增强。美国次贷危机和欧洲主权债务危机引发全球金融危机更是说明金融行业的可持续发展无论是对于一个国家还是全球经济来说都是关系到战略发展全局的关键问题。在金融创新蓬勃发展的今天，基于微观视角讨论金融创新与盈利能力和辐射能力关系的意义已有所局限，未来的研究应该更注重于金融创新在宏观经济发展中所起到的作用，笔者着重探讨金融创新与金融可持续发展的关系也正基于此初衷。由于涉及金融创新方面的数据较少以及笔者研究水平的局限，本文的研究还难涵盖将来实践所提出的各种要求。笔者自勉日后将不懈努力和探索，以求取得新的突破和建树。

参考文献

[1] 黄柏梓，胡忠东. 论金融可持续发展与金融创新 [J]. 湖北农村金融研究，1999（1）：27-29.

[2] 罗景欢. 试论金融可持续发展与金融创新 [J]. 商业研究，2001（3）：22-24.

[3] Hicks J. A Theory of Economic History [M]. Oxford：Clarendon Press. 1969.

[4] Bettzuge. M. O, and Hens. T, An Evolutionary Approach to Financial Innovation [J]. Review of Economic Studies. 2001（68）：42-45.

［5］胡芸. 论金融创新与金融可持续发展［J］. 科技进步与对策，2003（15）：17-18.

［6］Claessens，Stijin，Banking Refirm in Transition Countries［M］. World Bank，1996.

［7］闫晓瑜，黄冀. 浅析金融可持续发展［J］. 科技情报开发与经济，2005（15）：45-47.

金融创新与经济增长

黄煦凯[①]

【 西华大学经济与贸易学院 四川成都 610039 】

[摘要] 金融创新是指在金融领域各种要素的重新组合，出现了有别于以往的新工具、新业务、新技术、新机构、新市场和新的制度安排的总称。金融发展是指在金融总量（金融工具、金融机构种类、数量）增长的基础上，金融体系的效率不断的提高，金融体系能够对经济的增长和结构的优化起促进作用。金融创新促进了金融业竞争，提高了金融系统效率；使商业银行等存款性金融机构摆脱了困境，获得迅速发展；丰富了金融交易品种，促进了金融市场的一体化；增强了经济主体应对和转移金融风险的能力；金融创新提供了更为便利的投融资条件；促进了金融改革，推动了经济发展。

[关键词] 金融创新 金融发展 经济增长 影子银行

一、金融创新

（一）金融创新的含义

金融创新是指在金融领域各种要素的重新组合，出现了有别于以往的新工具、新业务、新技术、新机构、新市场和新的制度安排的总称。它包括狭义的金融创新和广义的金融创新。狭义的金融创新仅指金融工具的创新，广义的金融创新不仅包括金融工具的创新，还包括金融机构、金融市场、金融制度、金融技术等金融领域发生的一切新要素和新组合的出现。

（二）关于金融创新动因的主要观点

1. 技术进步论

新技术特别是计算机技术和网络通讯技术等在国际金融领域的广泛应用，促使金融业和国际金融市场发生了深刻的变革，成为促进金融创新的重要推动力。技术进步因素导致的金融创新的意义为：①增加社会总效益；②鼓励市场竞争。

---

① 黄煦凯，男，汉族，1973 年 6 月生于四川省马尔康县，经济学硕士，西华大学经济与贸易学院副教授，研究方向：金融、国际金融等；通讯地址：成都市金牛区金周路 999 号；邮编：610039。

2. 竞争趋同论

随着竞争日趋激烈，为了获取超额利润，规避市场风险，一部分金融机构率先进行了产品和服务以及组织等方面的创新，从而获得了竞争优势。由于金融产品、服务以及组织等方面的创新相对比较容易模仿，其他机构会竞相模仿，从而导致超额利润消失。接下来新的创新开始，形成一个创新循环。

3. 风险规避论

随着金融市场规模和范围的扩大，当代金融市场上一些基本条件的变化导致金融市场风险增大，为了规避或分散金融风险，出现了大量的金融创新。

4. 规避管制论

美国经济学家凯恩（E. J. Kane）认为金融创新是金融业逃避严格管制的一种手段。政府管制是有形的手，规避则是无形的手。许多形式的政府管制与控制实质上等于隐含的"税收"，阻碍了金融业从事已有的赢利性活动和利用管制以外的利润机会，因此，金融机构会通过创新来逃避政府的管制。

（三）金融创新的内容

1. 金融工具创新

资产业务创新：第一，贷款结构的创新：①大力发展银团贷款。②并购贷款。并购贷款是为企业兼并。收购等资本营运活动提供的贷款。这种贷款与一般的企业贷款最大的不同就是贷款的用途既不是生产性的，也不是商业性的，而是用于资本重组，实现企业规模的低成本扩张。这种贷款的对象主要是投资性而不是投机性的并购活动。并购贷款要设立担保和抵押，用于抵押的可以是企业，但一般是资产。并购贷款的期限一般在一年左右。对于我国的商业银行来讲，发展并购贷款的前景是广阔的。③保理贷款（应收账款抵押贷款）。保理贷款是指商业银行以应收款项为抵押，向顾客提供资金融通的一种贷款业务方式。这里银行实际取得了收取客户的应收账款的责任。由于这项贷款中银行承担了额外的费用和风险，所以它通常收取更高的贷款利率，而且以该客户应收账款账面价值的更小比例贷出；防范这种风险的主要措施是加强对所抵押的应收账款的信用分析。第二，规避市场利率风险的贷款创新大量出现。第三，贷款证券化：资产证券化是指经过投资银行把某公司的一定资产作为担保而进行的证券发行，是一种与传统债券筹资十分不同的新型融资方式。进行资产转化的公司称为资产证券发起人。发起人将持有的各种流动性较差的金融资产，如住房抵押贷款、信用卡应收款等，分类整理为一批资产组合，出售给特定的交易组织，即金融资产的买方（主要是投资银行），再由特定的交易组织以买下的金融资产为担保发行资产支持证券，用于收回购买资金。这一系列过程就称为资产证券化。资产证券化的证券即资产证券为各类债务性债券，主要有商业票据、中期债券、信托凭证、优先股票等形式。资产证券的购买者与持有人在证券到期时可获本金、利息的偿付。证券偿付资金来源于担保资产所创造的现金流量，即资产债务人偿还的到期本金与利息。如果担保资产违约拒付，资产证券的清偿也仅限于被证券化资产的数额，而金融资产的发起人或购买人无超过该资产限额的清偿义务。投资于资产支持的证券，随着金融改革的不断深化，资产证券化将在我国广泛展开，从而，以贷款和其他资产支持的证券将不断推出。第四，投资业务创新：①改进国债购买方式。建议决策部门在今后的国债发行对象选择方面进行适当的修正。②购买企业债券。对于商业银行来讲，购买企业债券可能会遇到信用风险，即发行债券的企业到期不能按时全额兑付债券。化解这一风险的主要方式是加强对债券发行企业信用状况和未来发展前景的分析。

负债业务创新：第一，存款账户的创新：比如大额可转让存单等；第二，存款的证券化：存款证券化就是指允许银行存款的凭证自由转让；第三，创新其他资产来源的形式。中间业务创新：商业银行的中间业务包括传统金融产品和近年新创新的金融产品两大类。传统的金融产品包括三部分：一是传统的中间业务，包括信贷业务、租赁业务和代理业务；二是对外担保业务，包括客户偿还贷款、汇票承兑、信用证使用的担保等；三是贷款与投保承诺，它包括可撤销的和不可撤销的。而新创新的金融产品包括金融期货、远期利率协议、互换等。第一，结算业务的创新。第二，信托业务与私人银行业务的创新：比如股权收益权信托，房产开发资金项目信托，证券投资类信托，还有矿产类的现在也有收益率比较高，房地产的也是收益率较高的，股权收益权，股权质押贷款的风险和收益相对而言较低。还有一种阳光私募基金的信托产品，分为固定收益结构化的，和浮动收益的管理型的等等。第三，现金管理业务的创新；比如推出电子票、央行超级网银上线等。

2. 金融机构创新

第一，大量非银行金融机构的出现。非银行金融机构与银行的区别在于信用业务形式不同，其业务活动范围的划分取决于国家金融法规的规定。

非银行金融机构在社会资金流动过程中所发挥的作用是：从最终借款人那里买进初级证券，并为最终贷款人持有资产而发行间接债券。通过非银行金融机构的这种中介活动，可以降低投资的单位成本；可以通过多样化降低投资风险，调整期限结构以最大限度地缩小流动性危机的可能性；可以正常地预测偿付要求的情况，即使流动性比较小的资产结构也可以应付自如。非银行金融机构吸引无数债权人债务人从事大规模借贷活动，可以用优惠贷款条件的形式分到债务人身上，可以用利息支付和其他利息形式分到债权人身上，也可以用优厚红利的形式分到股东身上以吸引更多的资本。中国非银行金融机构的形式主要有信托投资公司、租赁公司和保险公司等。

第二，金融机构集团化和跨国发展。

3. 金融制度创新

20世纪初，奥裔美籍著名经济学家约瑟夫·阿罗斯·熊彼特出版的《经济发展理论》一书，首次提出了创新理论。他认为，创新就是建立一种新的函数，即把一种从来没有过的生产要素和生产条件的新组合引入生产体系。他把这种组合归结为五种情况：引进新产品或提供一种产品的新的质量；引进一种新技术或新的生产方法；开辟一个新的市场；获得原材料或半成品的新的供应来源；实行新的企业组织形式。他提出，创新是一个经济概念而非技术概念。创新可以模仿和推广来促进经济的发展。从熊彼特的创新理论出发，来理解金融创新和金融制度创新的含义：

"金融创新是指那些便利获得信息、交易和支付方式的技术进步，以及新的金融工具、金融服务、金融组织和更发达更完善的金融市场的出现。"

不同的金融制度提供了不同的降低交易成本、处理信息不对称以及风险管理的功能，从而决定了金融发展的空间。适应经济增长要求的金融制度能够较好地实现储蓄动员和投资转化，从而决定了良好的金融发展态势。落后的金融制度必将导致金融发展的停滞或畸形状态，使经济增长受到来自金融因素的制约。如果从新制度经济学的视角来观察，从金融抑制走向金融深化，无疑是一个制度变迁和制度创新的过程。从某种意义上来讲，改革就是一个制度的设计和运行的过程，转型国家的金融发展问题，事实上就是金融制度的设计和运行问题。金融制度与其他范围宽泛的制度体系一样，金融制度体现为一系列的经济、法律、政治乃至道德、习俗的约束。所有合法的金融活动都是在一定的金融制度框架下展开的。也可以说，一个金融体系的本质与特征完全取决于其制度架构。金融制度存在的目的就是对社会金融活动进行规范、支配和约束，以减少金融行为中的不可预见性与投机欺诈，协调和保障金融行为当事人的利益，润滑金融交易过程，从而降低金融过程中的交易成本，提高金融效率，协调金融发展与经济社会进步的进程。显然，金融制度作为所有合法金融活动得以进行的前提，具有十分复杂和广泛的内涵。如果我们结合熊彼特的"创新理论"，从金融制度上来考察创新，则金融制度创新可被定义为：引入新的金融制度因素或对原金融制度进行重构。这包括：①金融组织变革或引进；②新金融商品被引入；③拓展新市场或增加原金融商品的销量或市场结构的变化；④金融管理的组织形式创新；⑤金融文化领域的创新。从这个定义中我们发现金融制度创新的范畴是比较广泛的。

第一，金融管制的放松。实际上，放松管制早已成为金融业继续发展的一种必然要求。严格的金融监管产生于1929—1933年的全球经济大危机之后。受凯恩斯主义的影响，美国等西方国家的政府采取严厉的管制和积极的市场干预，来促进经济的复苏。在当时的特定背景下，金融管制对维护市场信心、保护经济安全以及促进金融机构的发展，起到了至关重要的作用。但是，随着经济的发展，监管的弊端也日益显现出来：其一，监管成本日渐提高；其二，造成金融市场配置资源的效率大大降低；其三，削弱了本国金融业在国际上的竞争力。

在认识到了管制对于金融业发展的阻碍之后，1983年，美国取消了利率管制。1994年，美国国会通过《瑞格尔—尼尔法案》，结束了关于跨州经营和设立分支机构的限制。1999年11月，美国国会参、众两院通过了《金融服务现代化法案》，结束了金融分业经营制度，开创了金融发展的新纪元。

放松金融管制，大大推动了西方国家金融业的发展，促进了金融业间的并购，并加速了其金融业海外扩张的步伐。以英国汇丰银行为例，它通过一系列的购并活动，如今已经成为一个拥有6500个分支机构、遍布五大洲79个国家和地区的全球性银行。与此同时，处在严格管制下的中国金融机构，还不得不靠财政注资来为其化解风险。这样下去，不仅会阻碍中国金融业的发展，也会影响中国经济的发展。

长期以来，我国对于金融的管制已经形成系统化体系，主要体现在几个方面：

其一，利率管制。商业银行无权决定存贷款利率，只有在人民银行规定的范围内上下浮动的权限。这既抑制了资本市场的发展，也增加了金融业的风险。

其二，业务管制。要求金融机构只能在规定的业务范围内开展经营活动，违规则要受到严厉处罚。业务管制既限制了商业银行的业务发展空间，也不利于分散金融风险，更使得银行业信贷创新的积极性受到制约，导致其创新动力不足。同时，这种管制也影响了金融机构服务质量的提升。

其三，信用管制。施行中央银行对商业银行融资的配给制度、对存款账户采用信用管制，这不利于商业银行之间形成公平竞争的良性发展机制。

其四，外汇管制。这对于国内商业银行而言，近乎于"自宫"，削弱了国内商业银行对外资银行的竞争力。

在特定时期，严格的金融管制有利于维护金融安全，但是，随着经济的发展和时代的变迁，金融管制也应逐渐淡出，否则，就将以牺牲效率为代价，而效率低下又反过来加大了金融风险，导致我国纳税人不得不为其巨额坏账埋单。而且，在这种情况下，金融机构很难反省自身的问题，更多的则是推脱责任，它们可以毫不脸红地罗列出一大堆理由：诸如业务管制这样的因素，阻碍了其发展的步伐，削弱了其化解风险的能力。

放松金融管制乃大势所趋。就连韩国目前也计划颁布一项内容广泛的新法律，削减监管金融领域的法律规章数量。韩国财政经济部称："新法案将允许金融机构经营所有种类的金融服务业务"。在外资金融机构步步逼近的今天，我们应该在确保金融安全的同时，逐步尝试放松金融管制，给我国的金融机构提供宽松的成长空间，让其在竞争中逐渐走向成熟。

第二，金融监管的加强。金融监管是金融监督和金融管理的总称。综观世界各国，凡是实行市场经济体制的国家，无不客观地存在着政府对金融体系的管制。

从词义上讲，金融监督是指金融主管当局对金融机构实施的全面性、经常性的检查和督促，并以此促进金融机构依法稳健地经营和发展。金融管理是指金融主管当局依法对金融机构及其经营活动实施的领导、组织、协调和控制等一系列的活动。

金融监管有狭义和广义之分。狭义的金融监管是指中央银行或其他金融监管当局依据国家法律规定对整个金融业（包括金融机构和金融业务）实施的监督管理。广义的金融监管在上述含义之外，还包括了金融机构的内部控制和稽核、同业自律性组织的监管、社会中介组织的监管等内容。

2003年3月10日第十届全国人大一次会议第三次会议通过了国务院机构改革方案，中国银行业监督管理委员会获准成立；是年12月27日，第十届全国人大常务委员会第六次会议通过了《中华人民共和国银行业监督管理法》（下称《银行业监督管理法》）、《关于修改〈中华人民共和国中国人民银行法〉的决定》和《关于修改〈中华人民共和国商业银行法〉的决定》，并于2004年2月1日起正式施行。三部银行法和《证券法》《保险法》《信托法》《证券投资基金法》《票据法》及有关的金融行政法规、部门规章、地方法规、行业自律性规范和相关国际惯例中有关金融监管的内容共同组成了中国现行的金融监管制度体系。

三部银行法规的颁布和实施，标志着中国现代金融监管框架的基本确立。根据修订后的《中国人民银行法》，中国人民银行的主要职责是："在国务院领导下，制定和执行货币政策，防范和化解金融风险，维护金融稳定。"修订后的《中国人民银行法》强化了中国人民银行在执行货币政策和宏观经济调控上的职能，将对银行业金融机构的监管职能转移给新成立的中国银行业监督管理委员会，保留了与执行中央银行职能有关的部分金融监督管理职能，继续实行对人民币流通、外汇的管理、银行间同业拆借市场和银行间债券市场、银行间外汇市场、黄金市场等金融市场活动的监管。至此，中国金融监管将分别由中国人民银行、中国银行业监督管理委员会、中国证券市场监督管理委员会和中国保险业监督管理委员会四个机构分别执行。为确保四部门间在监管方面的协调一致，《中国人民银行法》第九条授权国务院建立金融监督管理协调机制；《银行业监督管理法》第六条、《中国人民银行法》第三十五条分别规定了国务院银行业监督管理机构、中国人民银行应当和国务院其他金融监督管理机构建立监督管理信息共享机制。

（四）金融创新的影响

1. 金融创新的宏观效应

①更好地满足了社会对金融发展的多种需求；②促进了实体经济的发展；③与金融全球化和金融业混业经营趋势相互促进；④在一定程度上削弱了国家货币政策作用的效果；⑤金融创新可能会加剧金融风险的积累与传染。

2. 金融创新的微观效应

①金融创新对金融机构的影响促进了金融机构业务的多元化，从而提高了金融机构的竞争力，拓展了金融机构的盈利能力，增强了金融机构的风险抵御能力，但可能增加金融机构的经营风险。②金融创新对投资者的影响扩大了投资者的投资范围，在增强金融资产安全性和流动性的基础上，提高投资的收益率。在风险控制方面，很多创新的金融衍生工具的出现，为投资者提供在复杂市场环境下通过资产组合转移和分散风险的手段。但是这些工具在提高避险手段的同时，如果操作不当，不仅不会规避风险，反而会放大风险。③金融创新对金融效率的影响。金融创新提高了金融效率；金融创新提高了金融机构的运作效率；电子计算机被引入各种金融新工具的交易过程中，提高了支付清算的速度和效率。④金融创新的价格发现功能。

（五）金融创新的作用

1. 积极作用

①促进了金融业竞争，提高了金融系统效率。②使商业银行等存款性金融机构摆脱了困境，获得迅速发展。③丰富了金融交易品种，促进了金融市场的一体化。④增强了经济主体应对和转移金融风险的能力。⑤金融创新提供了更为便利的投融资条件。⑥金融创新促进了金融改革，推动了经济发展。

2. 消极作用

①金融创新使金融体系的稳定性下降。②金融创新增大了金融系统所面临的风险。③金融创新增加了金融监管的难度，加大了社会管理成本。④金融创新削弱了货币政策的实施效果。

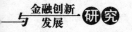

二、金融发展

（一）金融发展的含义

金融发展是指在金融总量（金融工具、金融机构种类、数量）增长的基础上，金融体系的效率不断的提高，金融体系能够对经济增长和结构的优化起促进作用。

（二）金融发展的衡量

金融内部结构指标：①金融工具总额在各个组成部分中的分布，包括在短期证券、长期债券以及股票之间的分布；②金融机构和非金融机构发行的金融工具比率，该指标可以反映金融发展过程机构化的程度；③金融机构持有的非金融机构发行的金融工具在其未清偿总额中所占的份额，该比率可以更详细地展示金融发展的机构化情况；④各类金融中介机构的相对规模，尤其是中央银行、商业银行、储蓄机构以及保险组织相对规模；⑤各类金融机构资产之和分别占全部金融机构总资产的比率，这个比率也称为"分层比率"，用来衡量金融机构间的相关程度；⑥主要的非金融部门的内源融资（主要来自于公司本身的资本积累）和外源融资（主要是通过金融市场和金融机构融入资金）的比率；⑦外源融资中，国内主要部门（特别是金融机构）和外国贷款人在各类债券和股票中的相对规模。

金融发展与实体经济之间关系的指标：①金融相关比率（全部金融资产价值/GDP），衡量金融上层建筑相对规模最广义的指标。②货币化比率（货币供给量/GDP），衡量一个国家货币化程度的指标，是指一定经济范围内，通过货币进行产品与服务交易的价值占全部产品与服务的比重。

（三）金融发展与实体经济的关系

金融是经济的核心。它与经济的关系是：经济决定金融，金融反作用于经济。金融是现代经济发展的结果：①金融是商品经济发展的产物；②商品经济发展的不同阶段对金融需求的不同，决定了金融发展的结构和规模。金融发展促进了经济增长，体现在：①储蓄动员与投资转化功能；②信息生产与资源配置功能；③风险管理功能；④公司治理功能；⑤降低交易成本，便利交易的功能。

（四）金融与经济发展的关系

经济发展决定金融发展：①金融随经济发展而产生和发展；比如美国原来经济很好，制造业非常发达，曾经有"车轮上的国度"的美誉，在此基础上，华尔街的辉煌就应运而生就是明证。②经济发展的阶段决定金融发展的阶段；比如我国现阶段经济总量虽说名列世界第二，但还远不能说就非常好，那么与之相应的金融发展就呈现出不平衡，"四大支柱"中基本上还是银行"一枝独秀"，资本市场不发达，直接融资比例偏低，市场工具偏少、规模偏小的状况仍然存在；其他如信托、保险等还远未达到与第二大经济体相匹配的程度。③经济发展的规模和速度决定金融发展的规模和速度。④经济发展的结构、方向和重点决定金融发展的结构、方向和重点。

金融发展对经济增长的推动作用：①金融发展促进储蓄转化为投资；②金融发展提高资本配置效率；③金融发展提高储蓄率。现代经济发展中金融发展可能出现的不良影响有：①因金融总量失控出现通货膨胀、信用膨胀，导致社会总供求失衡，危害经济发展；②因金融机构经营不善使金融风险加大和失控，导致金融危机其至引发经济危机；③因金融市场信用过度膨胀产生金融泡沫，剥离金融与实质经济的有机联系；④资本流动国际化、金融发展进程过快促使金融危机在国际间迅速蔓延。

因此，当代各国都十分重视金融宏观调控和金融监管。通过有效的外部监管、内部控制、行业自律和社会公律来保障金融安全。

（五）金融发展与经济增长的实证检验

从纵向看，金融资产的增长比国民财富的增长更为迅速。因此，金融相关比率（金融关联比）FIR 有提高的趋势。从横向看，欠发达国家的 FIR 通常在 1/3~2/3 之间，而发达国家 FIR 介于 1~1.5 之间。大多数国家中，金融机构在金融资产的发行与持有上所占份额随经济发展而显著提高。由中国有关金融发展的数据可知：①随着改革开放和金融体制的改革，货币化率快速提高；②金融资产的规模伴随着经济的快速发展，极大的改观，金融相关率由 53.6% 提高到 171.5%；③金融资产的结构，由单一的金融机构资产形态发展为包括银行贷款、债券、股票、保单等在内的多样化金融资产格局；④由于各国的经济、金融结构与发展模式的差异，不能简单地对比各国货币化率和金融相关率等指标，并据此轻率作出结论。比如，我国 1996 年的货币化率为 112.2%，而同期美国的货币化率仅为 61.1%，却不能由此得出我国经济的货币化程度高于美国的结论。主要原因在于我国是高储蓄的国家，而美国则是高负债的国家。

三、金融创新与经济发展

（一）影子银行

针对这个题目，本文从研究银行体系入手来谈金融创新，所以立足于影子银行与金融创新来说明。2008 年"次贷"危机中，一个新的概念引起人们的广泛关注，那就是"影子银行"，它指的游离于传统银行体系之外，从事类似于传统银行业务的市场型非银行机构，这些机构和相关产品形成的市场统称为影子银行体系。影子银行的概念最早由美国太平洋投资管理公司的首席执行官于 2007 年在美联储的年度会议上提出的

社会融资综合的口径，其中增加的部分，就这个信贷类型的金融活动来说，增加的部分就是影子银行体系的贷款，根据这样一个口径，2009 年正式公布了银行贷款是 9 万亿，同时影子银行体系发放的贷款 2.3 万亿，规模非常之大，从人民银行的这个举措来看，对于影子银行体系在中国的发展，事实上是给予正面的认可。而银监会对影子银行的发展，具有直接监管的职责。总之，从不同的态度可以看出，首先影子银行体系已经是无法否认的一个事实，其次影子银行体系看来是阻挡不了，那自然就有它存在的合理性和道理。

要对影子银行的发展进行规范，在未来，就中国的情况来看，我们传统的银行已经做得比较完备了。现在全球前十名的银行中，中国有四个。资本市场架构基本上也存在，但下一步怎么发展呢？显然我们不能再沿着原来的发展机构发展市场。

根据我们对这次危机的理解，并回溯发达国家的发展历史，我们发现从影子银行的产生发展历史入手，能够探寻金融创新的现实路径。我们用美国的情况来说，主要包括如下四类：第一类是政府或民间发起的证券化机构，专门处理消费者住房抵押贷款，如 20 世纪 90 年代成立的，而今受政府托管的房利美、房地美等。第二类是市场型金融公司，如货币市场共同基金、对冲基金、私募股权基金、独立金融公司、其他私人信用贷款机构等。第三类是结构化投资实体、房地产投资信托、资产支持商业票据管道，它们是商业银行或金融控股公司的内部组成部分。第四类是经纪人、做市商，如美国的独立投资银行以及清算银行等。

综上所述，影子银行体系产生和发展存在必然性，可以通过五个方面来认识这个问题：第一，客户的资金的需求是多样，无论是筹资的人还是投资的人，都需要多样化的需求，现有的银行体系，现有的资本市场体系产品数量有限，不能够满足多元化的需求；第二，金融业完全成为真正的服务业；第三，通过交易来整体降低交易成本的需要；第四，通过分散化和对冲来管理信用风险；第五，影子银行发展是混业的现实途径，混业体现在产品层面比如如货币市场共同基金、对冲基金、私募股权基金、结构化投资实体、房地产投资信托、资产支持商业票据等。

（二）创新型经济和科技金融。

十二五规划提出，科技进步和创新是加快转变经济发展方向的重要支撑。改革开放以来发展的轨迹，第一次发展机遇就是发展乡镇经济，第二次发展机遇就是发展开放型经济，现在面临第三次发展机遇，就是创新型经济，如何实际创新渠道，如何发展创新型经济，第一要靠大学和企业的合作创新，第二要靠科技金融，第三要靠政府引导。关于科技金融的问题，首先要说的一个问题，就是现在创新驱动经济，需要足够的创新投入，我们的经济增长有物质资源消耗投入转向创新驱动，节省的是物质资源、环境资源之类的物质投入，但不能节省资金投入。而我们创新驱动本身需要足够的投入来驱动创新。科技创新投入的特点，一是创新驱动投资回收期长，从产生新思想到孵化出新的技术再到生产上应用直接进入市场，每个阶段都需要投入。第二个问题就是投资效益的不确定性，不确定性有两各方面，一个是新思想能否孵化为新技术不确定，第二个是孵化出来的新技术新产品能不能被市场所接受，也是不确定的。第三就是风险厌恶，人们对创新往往是望而却步，这就造成了产生创新投入的不足。现在最重要的问题就是科技金融创新问题，科技金融机制需要与一般金融机制有不同的功能，才能解决科技创新的投融资问题。十二五规划明确提出，促进科技和金融结合，培育和发展创新风险投资。我们从金融的发展史上认识，我们就可以发现，金融创新的进程同科技和产业创新的进程是一致的。现在到了一个科技创新的时代，就要求金融资本与科技融合形成科技金融，参与创新活动，分享创新收益，不仅要推动创新成果产业化，还要实现创新成果财富化。所以科技金融是金融资本以科技创新尤其是以创新成果孵化为新技术并创新企业和产业为内容的金融活动。创新的前期阶段，创新投入的主体是政府的财政资金，创新的后期阶段，即靠近市场的阶段，金融资本也会积极投入，起作用的是市场导向和明确的私人收益。问题是在新思想新发现孵化为新技术阶段是最需要资金投入的阶段，资金投入严重不足。这就提出了一个科技金融它进人的方式问题，这里提出来就是在依据科学发展产生的新思想孵化为新技术、新产品的阶段，它需要的是孵化器投资，涉及风险投资和天使投资，而这个阶段的风险也最大，一般说来是适合股权融资，适合风险投资公司进入，风险投资公司需要银行提供信贷。创新高新技术产业化阶段，即新兴产业的成长阶段，这个时候市场性金融就可以介入，新兴产业扩大规模并且成长为支柱产业。

（三）对经济的作用

从另外一个角度，从资本市场的组成部分，产权市场创新，来谈谈它对经济的作用。大家都知道产权市场作为我国近年来发展最为迅速的市场，引起了越来越多的学者和业界人士的关注。那么中国的产权市场它所进行的创新活动，不仅正在更改着我国多层次资本市长的发展前景，也正在不断地丰富世界资本市场的内涵。到目前为止全国共有 270 多家产权交易机构，参与产权交易活动的企业数以万家。中国的产权市场正在进行着创新，主要表现在以下几个方面，一个是业务领域的创新，一个就是知识产权，文化产权的转让，另一个就是碳排放权的转让，再一个领域就是要素产权的转让，上面说的领域就是在产权市场传统的业务领域，就是国有企业的产权让之外这里面进行探索，正在开拓的市场领域，具有很广的前景。这是第一个创新。第二个就是服务对象的创新，我们都知道，现在我们上海、深圳，这两个证交所由于上市标准高，住进只能是大型骨干企业的直接融资平台。对于我国上千万家股份制企业来说，如果都要进行股权融资，股票市场绝对不是绝大多数企业应该寻觅的，只有各地的产权市场和民间资本市场的结合，才能变成这些企业融资的最为现实的平台。在这方面，产权市场担当着重要的历史职责。目前，产权市场服务的企业起码是股票市长的 10 倍以上，截止 2010 年 12 月 5 日，我国共有上市企业 2035 家，而在 2009 年这一年，各地产权市场为不少于两万家地方企业提供了服务。第三个创新就是市场制度的创新，我们的产权市场已经逐渐演变成多层次市场的重要组成部分。也有人把我们的资本市场划分成四个板块，一个是主板市场，二是二板或创新板市场，三是产权市场，四是民间资本市场。但是我们的产权市场和民间资本市场，则是由内生制度因子形成的，是真正意义上的中国草根金融。所以中国资本市场目前的四个板块，要实行联动，它的意义非常重要，就在于它能够为中国的广大的企业，提供现实的直接融资的平台。当然这里面还有一些制度性的障碍需要克服，如果说能够克服了制度上的障碍，在中国资本市场的几个板块之间实行联动，并且在它们之间形成竞赛机制，可以预见，中国的资本市场将成为全球交易品种最为丰富的，效率最高的资本市场之一。

参考文献

［1］张波. 金融创新理论研究的新进展评析［J］. 南开经济研究，2002.

［2］蒂米奇·维塔斯. 金融规管——变化中的游戏规则［M］. 上海：上海财经大学出版社，2001.

［3］何德旭. 中国金融创新与发展研究［M］. 北京：经济科学出版社，2001.

[4] 曹龙骐. 金融学 [M]. 北京：高等教育出版社，2006.

[5] 诸葛秀山. 金融创新与经济增长的关系研究 [D]. 江苏大学硕士学位论文，2007.

[6] 陈蕾，郑玮. 金融创新与经济增长：以个人住房贷款为例 [J]. 浙江工商职业技术学院学报，2004（3）.

[7] 喻平. 金融创新与经济增长的关联性研究 [D]. 武汉理工大学博士学位论文，2004.

[8] 燕欣春. 我国金融发展对经济增长影响的理论分析与实证研究 [D]. 中国海洋大学硕士学位论文，2006.

[9] 毛佳文. 我国金融创新与经济增长的研究 [J]. 新西部，2008（5）.

碳金融发展背景下我国商业银行业务创新的现实路径[①]

陆 雨[②]

【 西华大学经济与贸易学院 四川成都 610039 】

[摘要] 随着全球碳金融发展，金融中介机构在碳交易市场的参与度愈来愈高。面对碳金融市场孕育的巨大的商机和挑战，我国商业银行应在理清碳金融业务发展观念的基础上，结合我国当前国情着力开发碳金融业务，并进行积极地碳金融业务创新。

[关键词] 碳金融 商业银行 创新 路径

一、碳金融的含义及发展现状

碳金融，一般是指服务于旨在减少温室气体排放的各种金融制度安排和金融交易活动，主要包括碳排放权及其衍生品的交易和投资、低碳项目开发的投融资以及其他相关的金融中介活动。[③] 碳金融活动发端于为应对全球气候变化这一全球性问题。各国根据《京都议定书》规定，允许有减排责任的发达国家向发展中国家购买二氧化碳等温室气体的减排指标，以履行自己的减排责任，由此形成了全球的碳排放交易及引发的相关金融活动。从碳金融在国际上的发展来看，近10年来，全球碳金融市场出现爆炸性增长趋势，虽然2008年全球金融危机导致发达国家经碳排放量下降，对碳信用的需求减少，但碳交易量较上一年却上升了60%。根据联合国和世界银行预测，2012年全球碳交易市场容量为1500亿美元，成为超过石油市场的世界第一大商品市场。另外，全球碳金融市场的市场机制建设已相对比较完善，从早期美国芝加哥气候期货交易所推出二氧化硫期货合约到后来大家已经熟悉的欧盟和美国的二氧化碳排放权的 Cap and Trade 交易体系，在"碳强度单位"（carbon

---

① 本文系西华大学澳大利亚研究中心支持项目"中澳矿业管理及税费制度比较分析"（编号：A1321211）的部分研究成果。
② 陆雨，女，西华大学经济与贸易学院，副教授，主要研究方向：区域经济及金融
③ 周健. 我国低碳经济与碳金融研究综述 [J]. 财经科学，2010（5）：17-24.

intensity unit，简称 CIU，像股票和商品交易一样，交易物的实质，是法律意义上的"所有权凭证"）、交易监管制度、排放基线的定义、排放限额的确立、指标分配和排放检测、CIU 的清算结算体系等方面已形成了基本成型的制度设计和操作实践。金融中介机构在碳交易市场的参与度也愈来愈高，业务越来越频繁，范围也渗透到各个交易环节。这包括建立碳交易柜台，提供买卖经纪、风险管理和代理交易操作等服务、提供基于碳排放权的金融衍生产品（远期、期货、期权、互换、额度抵押贷款、避险工具及融资）服务、碳排放额度保管、账户登记和交易清算服务、碳基金项目融资等。

目前，中国是全球第二大碳排放国，碳交易市场为中国带来巨大商机。据世界银行测算，全球二氧化碳交易需求量预计为每年 7 亿~13 亿吨，由此形成一个年交易额高达 140 亿~650 亿美元的国际温室气体贸易市场。作为发展中国家，中国是最大的减排市场提供者之一。根据《京都议定书》的规定，中国作为非附件 I 中的国家，在 2012 年之前不需承担温室气体的减排任务，但中国可以以发展中国家的身份参与清洁发展机制（CDM）下项目的开发。这种情况决定了中国目前的碳金融业务主要为 CDM 项目的投融资以及相关的金融中介服务。据测算，在中国未来 5 年的年碳交易量将超过 2 亿吨。目前中国经济处于高速发展阶段，碳金融市场孕育着巨大的商机和挑战我国商业银行也正在积极参与，开展了碳金融有关业务，积极发展碳金融。但是，与国外金融机构相比，碳金融业务是我国商业银行的一个短板。从外部环境来说，我国碳治理、碳交易、碳金融、碳服务以及碳货币绑定发展路径尚处发端阶段，从金融机构自身来看，我国金融机构并没有充分走到解决环境问题的发展思路上来，碳交易和碳金融产品开发也存在法律体系欠缺、监管和核查制度不完备等一系列问题，国内碳交易和碳金融市场尚未充分开展，与国际碳金融发展存在有相当的差距。我国商业银行应该如何把握气候变化领域的金融创新机会，结合我国国情开发碳金融业务，实现自身经济利益的同时促进中国碳金融的发展模式高效运转是我国商业银行面临的现实问题。

二、我国商业银行碳金融业务发展的建议

1. 理清碳金融业务发展观念

碳金融是在低碳经济发展潮流下形成的一种创新性金融活动，它依存于低碳经济这一新的经济发展理念。碳金融创新不仅仅为了金融而金融，而是为了碳金融而金融创新，碳金融活动的最终目标还是要推动低碳产业发展，最终实现国民经济的可持续发展。以 20 世纪 90 年代在美国芝加哥气候期货交易所推出的"硫金融合约"（SFI）为例，其产生背景是美国国会通过了"清洁空气法修正案"，对电厂排放的二氧化硫进行总量控制。美国联邦环保署将排放配额指标进行公开拍卖。应对政府的这一政策，金融市场与时俱进，进行了金融创新，芝加哥气候期货交易所推出了"硫金融合约"（SFI），产生了流动的二级市场，促进了排放指标的交易，也使政府的环境控制政策产生了更积极的效果。因此，商业银行发展碳金融服务，进行碳金融的金融创新也必须与国内外的环境政策紧密联系，吃透环境政策目标，把握环境政策作用机制，根据环境形势的变化或政府出台的新政策，推出相应的金融工具，帮助企业和其他市场参与者更加有效地管理风险。

2. 找准重点业务

碳金融发展在理清理念之后，离不开碳金融的具体载体，即产品和服务。从发达国家碳金融发展的经验来看，其产品类型和业务范围非常广泛，如表1所示：

表1　　　　　　　　　　　发达国家碳金融产品类型和业务范围

资产业务	中间业务	表外（衍生业务）	混业业务
银行碳基金投资低碳项目贷款	碳交易保理、信用证等结算业务、碳基金托管、碳交易中介服务、与碳排放权交易挂钩的理财产品业务	碳信用期权、期货等衍生金融工具套期保值交易，碳信用零售产品	碳交易保险业务

从我国碳金融发展的现状来看，各商业银行的碳金融业务类型不可能一蹴而就，而需要的是脚踏实地。首先在基本业务中选择适合本行情况的，优先发展的碳金融业务。

（1）发展低碳项目贷款，建立绿色信贷机制，提高新能源管理化水平。以国内的光大银行为例，该行一个重要优势就是依托光大集团，积极配置信贷资源，立足信贷业务的根本从审批机制上向绿色贷款倾斜，努力建立绿色贷款长期扶植机制。信贷资金是稀缺资源，为确保绿色行业规模，光大银行依据行业标准，在严格控制节能减排项目风险前提下，可给予优惠利率，目前已累计支持节能环保项目66个，贷款金额达101亿元。针对新能源行业的特点，光大银行根据中央和地方政府产业调整和振兴规划纲要的要求，积极优化业务流程，改善机构设置，选取新能源发展较好的分行，设立新能源信贷中心，对新能源行业的信贷投入进行集约化管理。在有效控制风险的前提下，积极支持新能源行业的发展。[①]

（2）合理发展中间业务。从图表中可以看出，属于商业银行中间业务类型的碳金融业务较多，是商业银行碳金融业务发展的重要方向。但我国商业银行中间业务创新还处于初级阶段。从中间业务收入占银行总收入比重来看，国外主流商业银行该比重都在40%甚至50%以上，而在我国中间业务收入占银行总收入比重最高的中国银行也只有不到20%，不及20世纪80年代美国同类中间业务收入比例的22%。从银行中间业务创新品种来看，发达国家商业银行中间业务创新品种就涵盖银行结算、信托、投资银行、共同基金、保险、信用担保、金融衍生工具业务等。而我国，银行中间业务起步晚，发展缓慢，商业银行的中间业务仍以传统结算业务、代理收付等业务品种为主，咨询类、承诺类、代客理财等新兴的、高附加值的中间业务开展较少，而金融衍生工具业务更是微乎其微。因此，我们应加快商业银行碳金融中间业务创新，可以考虑优先发展与碳排放权交易挂钩的理财产品业务。如中国银行

① 李仁杰. 兴业银行碳金融的探索与实践［N/OL］. 金融时报，2009-12-24. http://www.51credit.com/HangYe/YeJieDongTai/T-DongTai/article1180.shtml.

和深圳发展银行先后推出了收益率挂钩海外二氧化碳排放额度期货价格的理财产品。然后再针对碳交易代理、融资担保、咨询等中介服务业务进行深入发展。如在 2012 年，浦发银行就成为国内排放权交易所首个 CER（核证减排量）离岸托管合作银行。特别是考虑到我国作为发展中国家在全球 CDM 项目中的领先地位（据世界银行的统计，从 2006 年到 2008 年，中国的 CDM 项目占全球该项目的比例逐年递增，分别为 54%，73% 和 84%，远远领先于其他发展中国家）。银行 CDM 顾问咨询业务可以为企业提供从 CDM 初期项目评估到最终交易、收款的一站式服务，包括向企业推荐具有良好交易记录和履约能力的交易对手，提供专业减排交易谈判咨询以及 CDM 开发辅导等。最后，引导和鼓励银行项目融资，探索银行 CDM 项目融资模式。在项目融资方面，比较有代表性的是兴业银行，该行与国际金融公司（IFC）开展合作，截至 2009 年 3 月，全行 34 家分行全部发放了节能减排项目贷款业务，共支持全国 91 个节能减排项目，融资金额达到 35.34 亿元。当然，我国项目融资模式还处于不断摸索阶段，而以 CDM 模式来实现低碳项目，低碳产业融资的具体模式也处于试验和示范阶段。

（3）谨慎对待金融衍生业务创新。随着金融创新的不断深入，基于碳交易的金融产品包括远期产品、期货产品、期权产品及掉期产品不断涌现，全球的碳金融衍生品交易也非常活跃，遍布欧洲、北美、南美和亚洲市场。从我国商业银行金融衍生业务的状况来看，我国商业银行均开办了各种金融衍生产品交易，但从外部宏观环境方面来看，金融衍生品市场领域狭窄，品种单一，创新能力缺乏。我国商业银行开展金融衍生产品交易的基础资产只能是汇率和利率，缺乏以证券、股票指数、信用、贵金属以及重要商品价格为基础的衍生产品，独立报价能力严重不足，监管法规不完善，同时还存在商业银行内部管理制度和人员素质等不足。而碳金融衍生产品对银行来说是一个全新的领域，涉及环境、政治、经济、金融等诸多领域。因此，其面临的风险极为复杂。商业银行首先加深对我国发展碳金融的认识，发挥自身优势克服缺陷，在开展"碳金融"业务中重视碳金融风险的识别、度量和防范，谨慎对待衍生产品创新。

3. 找准重点行业，开拓发展路径

目前，各大商业银行在发展碳金融服务践行绿色经济发展模式方面，开展比较多的行业是新能源产业，其中以核电、水电、风电和太阳能发电为代表的新型电力等行业，已成为我国战略性产业。作为新能源行业，就不可避免的存在资本投入与收益回报时期不匹配的矛盾，为商业银行金融服务介入提供了很好的机遇。一些银行的碳金融业务也取得了较好的经济效益和社会效益。如光大银行在光伏产业较发达的江苏 曾投入近 20 亿元贷款，还联合光大证券、光大金控管理有限公司、综合债券、票据、股权、信托等融资工具，拓宽新能源行业融资渠道。光大光控与江苏江阴几家企业合作，成立了光大江阴新能源产业投资基金有限公司，丰富了碳金融产品投资主体。凭借在低碳理念推广和低碳金融增值服务上的成绩 2010 年光大银行在中国低碳经济论坛上获评 2010 年中国低碳新锐银行。但同时我们也应该看到，近年来新能源产业发展中的风险因素也不容小视，以曾经红火一时的光伏产业为例，大起后又大落，给相关银行等金融机构带来了不小的损失。因此，我国商业银行在重点支持代表新技术、低碳经济、绿色经济的新能源行业在业务发展过程中，也应该放宽视野，不要盲目追求热点，要根据银行的优势来打造碳金融服务体系，寻求新的利润增长点。对那些符合国家产业政策、节能减排生产及基础研发企业、科技企业和中小企业市场投入更大的关注力度。新能源方面除了太阳能还有风能企业、核能企业；低碳企业中包括林木企业；科技企业中包括节能减排技术研发企业，碳捕获和封存技术研发企业，新能源研发企业，能源传输与储存企业等等。

4. 加强国际合作，提升国际竞争力

由于目前碳交易市场的主体仍在欧美等发达国家，交易市场的交易规则、指标出售价格目前仍主要由国际大型金融机构制定，加之我国碳交易机制体系尚未建立，商业银行对碳交易相关业务能力有限。从国际碳交易整体来看，我国商业银行从事的业务主要集中在产业下游和附加值较低的环节，这使得在相关领域的竞争中，我国商业银行较其他国际性商业银行处于劣势。因此，各大商业银行应积极参与国际性的碳金融业务合作，从无到有，从小到大，在这个过程中开阔视野，借此提高参与国际业务的议价技巧，加强与国际金融机构之间的业务往来，不断积累国际化经营的经验，同时实现人才的储备和经验的积累，挖掘现有合作框架下的巨大商机，寻求机会，稳步推进自己的碳金融业务。在这方面，一些银行已经有了积极的行动，如在与国际合作开展绿色信贷方面，2012 年浦发银行与法国开发署（AFD）和国际金融公司（IFC）绿色信贷合作项目顺利实施，已为国内 53 个绿色信贷项目提供超过 33 亿元的贷款，预计每年将节约 193 万吨标准煤、减少二氧化碳排放量 495 万吨，产生非常良好的经济效益与社会效益。我国商业银行要顺应我国经济发展道路向低碳经济转型趋势，积极开拓碳金融业务，争创金融领域新优势，提升商业银行未来国际金融领域开展业务的基本技能，提高商业银行国际竞争力，加快商业银行国际化经营的步伐。

三、结束语

当前，碳金融已经成为全球金融机构竞争的新领域，全球最大的温室气体排放国这一事实决定了中国碳金融拥有巨大的市场空间。我国商业银行拓展碳金融业务有着广阔的市场前景和发展空间，各大商业银行也步认识到这个机会并积极应对，但是目前我国商业银行在碳金融业务发展中还存在外部政策环境和银行自身两个方面的阻碍。商业银行在发展碳金融业务时应立足于中国国情，在此基础上通过树立正确的经营理念，建立符合市场要求的运作机制，从而为特定的目标市场提供从信贷市场到资本市场的全面增值服务，对于碳金融涉及的衍生产品市场和结构性产品市场，更需要各大商业银行嫁接和整合多方资源，在此基础上，根据企业的发展战略制定形式多样风险可控的碳金融模式。

参考文献

[1] 周健. 我国低碳经济与碳金融研究综述 [J]. 财经科学, 2010 (5): 17-24.

[2] 刘佳. 我国商业银行开展"碳金融"业务探研 [J]. 金融经济, 2010 (8): 117-119.

[3] 司徒秋玲, 徐烨. 商业银行参与碳金融市场问题的思考 [J]. 中国新技术新产品, 2010 (3): 214-215.

[4] 王元龙, 田野. 碳金融的发展与商业银行的应对 [J]. 中国科技投资, 2009 (7): 56-58.

[5] 林云华. 国内外碳金融业务发展现状 [J]. 中国科技投资, 2012 (3): 71-72.

后危机时代对金融创新作用的再审视[①]

——对金融创新、金融风险与金融危机之间关系的文献综述

毛茜　甘璐　周鑫睿[②]

【 西华大学经济与贸易学院　四川成都　610039 】

[摘要] 本文专注于 2008 年金融危机中金融创新的因素，基于金融创新与金融风险关系的视角，运用文献研究方法综合危机之后着眼于该领域的各观点，对危机产生机制进行了梳理。发现金融创新对风险的推动作用集中于以下路径：杠杆工具滥用、金融市场流动性增高、信息不对称、交易成本增加、人性道德因素等，而风险的影响在被忽视甚至被掩盖的情形下得以积累进而引起危机爆发。本文在后危机时期审视金融创新的风险性，以期为金融创新未来的规制研究和实践提供理论支持。

[关键词] 金融创新　金融风险　金融危机　稳定性　后危机时代

一、引言

2008 年金融危机爆发之前，经济学家普遍认同金融创新活动，认为其具有提高风险分担、解决信息不对称、便于交易提高流动性、部分避税及监管套利、降低银行资本成本等诸多优点。危机之后的学术关注点开始落到了金融创新的弊端，众多研究指向于金融创新对金融风险和金融危机的产生、影响等问题。

金融创新是指在金融领域内建立一种"新的生产函数"，即各金融机构为了实现利益最大化，对金融领域内的各种要素的重新优化组合和金融资源的重新配置[1]。金融创新的初衷在于促进金融的发展和经济增长。因此殷孟波和许坤（2012）将学术界对金融创新引起金融危机的指责甚至认为其为危机的"元凶"（Hykel Hosni et al.，2011）的观点称为"金融创新"悖论[2]。在其关于"金融悖论"的综述性研究中引述 Panagiotis Delimatsis（2011）的观点："因本身的动态性质，金融创新所带来的后果随着使用它的人们对其基础资产结构和使用方式的改变

---

①　本文受西华大学科技与创业金融研究中心项目（JR201306）的资助。

②　毛茜，1982 年生，女，西华大学经济与贸易学院，助教，主要研究方向：保险经济和保险金融。甘璐，1989 年生，女，四川西昌人，西华大学经济与贸易学院 2013 级公司金融专业硕士研究生。周鑫睿，1990 年生，女，四川眉山人，西华大学经济与贸易学院 2013 级公司金融专业硕士研究生。

而改变。"进而指出，当人们将金融创新产品过分注重于会计及税务处理和监管套利时，会引致巨大危害，造成危机。

因此，金融创新的过程，本身也会伴随着金融风险的增加，从而导致危机爆发。然而，其影响路径、危机产生机制却是多方面因素的综合效应。本文综合国内外文献观点，试图对以上问题进行梳理和解释，从而为危机之后如何规制风险，如何发挥金融创新正面效应的问题研究打下基础。

二、金融创新中杠杆工具过度使用，导致资产出现价格泡沫

Susanne Trimbath（2009）解释说，像 CMOs① 等创新型产品，因高杠杆率而增强流动性，随之而来的频繁交易也造成债券价值的高估，从而形成价格泡沫[3]。Ana 等（2011）构建了两阶段抵押物均衡模型，分析了金融创新对金融资产价格的影响。研究结果表明资产池构建和杠杆工具的运用导致了基础资产价格的上升，而且这个过程最终将达到符合 Harrison 和 Kreps（1978）对"价格泡沫"的定义状态，即资产的价格高得连所有金融中介都认为它不值。

三、金融创新引致流动性过高，导致金融系统风险增加

美国《独立策略》（Independent Stragy）分析指出，传统的 M1、M2 和 M3 已经不再是流动性最核心的内容。在 2007 年全球约 607 万亿美元的流动性中，M1、M2 仅占 1%，M3 占 9%，证券化负债约占 10%，而其他 80% 全部是衍生品[4]。金融创新已经致使全球流动性市场结构发生了史无前例的变局。

（一）金融创新产品带来的流动性削弱了监管当局对金融市场的控制能力

Keys（2008）利用美国次债市场数据进行的实证分析发现，随着一些非流动性贷款转化为流动性债券，金融机构对借款者的评估和监测动力明显降低。数据分析结果表明证券化程度与监控力度显著负相关，过度证券化对于美国次贷危机的产生难逃罪责[5]。由此可见，各国中央银行对全球流动性市场的控制力明显削弱。同时，Dam（2010）指出以证券化、高流动性为特点的影子银行等金融市场媒介，就像是缺失了严格监管的传统银行机构，这是导致杠杆和系统风险增高的主要原因。[6]

（二）高流动性作用下，金融机构将承担更高的风险

创新性产品创造的大量流动性，致使金融动荡条件下其本身容易丧失再融资功能，使得市场信用大幅萎缩，增强金融市场脆弱性。金融市场的脆弱性增强，系统性风险也将扩张[7]（何德旭，王卉彤；2008）。Henry Hu（2010）从流动性偏好出发指出大多数人在金融创新产品方面存在认知偏差，并经常依赖这种"认知路径"去解决复杂问题，但大多数情况下这种"路径"是非理性的，因此大型金融机构在衍生品及更复杂金融产品中趋向承担更多的风险进而导致新的风险出现。Shleifer 和 Vishny（2010），Stein（2010）也认为高度证券化下影子银行等金融媒介产生的这种

---

① CMOs（Collateralized Mortgage Obligations），抵押贷款担保证券。

流动性创造虽常被看作是社会财富的一部分，但是它的高杠杆作用却蕴含着巨大的系统风险，可能导致资产大甩卖。结果，金融创新反而增加了系统流动性危机的可能性。BIS2008年报告认为金融创新的流动性创造功能在金融动荡期间将可能导致信用骤停，因金融创新掩盖信用衍生品的风险，一旦基础资产发生问题（如次级贷款），将会引起金融冲击，并会有系统性放大作用，不利于金融体系的稳定[8]。

四、金融创新引致信息不对称问题

金融产品的特性和复杂构建意味着定价的困难、风险承担的放大，特别是增加了金融的不稳定性。Mason（2009）认为金融创新和信息不对称是密不可分的，而且金融创新有加剧创新者和投资者之间信息不对称的趋势，这又给金融风险提供了机会。Avadanei（2011）指出缺少信息透明度和有效监管框架的金融新产品，就好比是"没有交通信号灯的交通"，大大增加了金融风险。Judge（2011）从信息经济学的角度分析了金融创新与系统风险之间的关系，其中MBS①、CDO②等衍生产品信息的丢失与黏性可能是导致2007—2009年经济不稳定及泡沫的原因。金融创新极其复杂，比如资产证券化产品的投资者甚至无法知晓其基础资产的组成，在信息不透明情况下，投资者无法清晰认识到创新性金融产品的风险，使得风险在金融体系中被放大[9]。Trimbath（2009）解释了复杂的创新型金融工具如何使投资者面临困境：CMOs合同无法确保投资者抵押物的质留权，而投资者先前全然不知；信用支付以CDSs③合同方式打包销售，使得金融机构取得资产所有权而投资者仅取得相应的现金流，这隐含着投资者权益无法获得保障的风险，但却鲜为人知。这些工具致使投资各方对"收益"的所有权不明确或不具有法律约束力，CMOs背后没有真正可以为其违约承担责任的后台支持，其风险及其破坏性当然不言而喻[10]。

五、金融创新可能增加交易成本

2008年危机前，理论界普遍认为金融创新带来的衍生金融工具在时间和空间上扩大了交易，降低了交易成本。而Piazza（2011）使用美国股票市场1991—2006年的数据分析了积极投资者与消极投资者相对交易成本问题，通过模型分析证明，只有积极投资者通过挖掘私人信息才可以获得高质量的信息，取得高质量投资，原因在于金融创新增加了搜寻信息的成本。因而得出结论：金融创新使得积极投资者的交易相对成本随着时间而增加，并且金融衍生品的风险分散功能和信息搜寻之间本身就是此消彼长的关系[11]。因此，从这个角度来说，金融创新的风险规避功能本身就会引致交易成本增加。Trimbath（2009）指出由于销售CMOs易于回收现金流，因此银行大肆对其进行销售，目标仅在于获得更多中介费用而忘记了开发该金融工具时降低风险的初衷。更进一步，这些金融工具的信托和基金管理机构，如贝尔斯

---

① MBS（Mortgage-Backed Securities），住房抵押贷款证券。
② CDO（Collateralized Debt Obligation），担保债务凭证。
③ CDSs（Credit Default Swaps），信用违约互换。

登，自己也购买了该工具，从而增强了金融工具发行的代理成本[3]。

六、金融创新中人性、道德方面的原因致使风险加剧

Henderson 和 Pearson（2009）指出了金融创新不为人知的"黑暗"面。"因投资者存在认知偏差和金融市场错解，这将导致他们做出不正确的概率权重分配，金融机构可以利用这个缺陷来设计金融产品，达到诱导投资者高估创新产品价值的目的"[12]。因此，一些金融创新产品完全可能或主要是因为这样的恶劣初衷而被创造出来，并通过对 SPARQS① 的实证研究支持了这一论断。

当然创新性金融产品大肆销售的背后，必然是受到利益的驱使而爆发的逐利行为。Suetin（2011）揭示了这样的数据：一方面，政府暗地里资助衍生品市场，参与分子以纳税人的利益为代价获得低价的衍生品，约 1/3 的场外交易都没有（安全）边际和担保物的要求，即便是最聪明的投资者当事人也无法完全知道他们所承担的风险。另一方面，对金融机构，根据巴塞尔资本充足条例的要求，银行为任何一家普通企业贷款，需要留置出相当于贷款额 8% 的资金作为风险准备金。但向其他银行提供贷款，因假设银行有更高的信用程度，其留置比例仅为 1.6%。留置比例越低，银行能贷出的资金越多，其获利也越高。CDSs 合同也正因此应运而生。银行可运用 CDSs 与其他银行分担风险，削减持有贷款的风险成本。美国国际集团（American International Group，AIG）也具有很高的信用评级，从 AIG 购买 CDSs 也能带给银行同样的效益。来自美国货币监理署的数据表示，美国的商业银行通过现金和衍生品的交易而获得 1150 亿的收益[13]。

七、金融创新放大了危机的传染性

BIS 2008 年的报告指出，金融风险的传染一般是通过两个渠道，即信息渠道和流动性渠道。前者是指在一个结点上发生金融动荡，然后经过信息渠道迅速扩散和放大，成为一个更大的危机，即所谓的"蝴蝶效应"。而流动性渠道则是一个结点发生财务困难，直接影响相关金融机构的流动性，进而可能导致更多的金融机构倒闭，即所谓的"探戈效应"[8]。创新性产品的流动性创造功能无疑放大了"探戈效应"。

八、约束性地利用金融创新正面效应的观点

除对金融创新负面影响的论述之外，还有学者立足于限制金融创新负面效应的立场，主张后危机时代在适当的时间、适当的地点、适当的方式、以适当的引导发挥金融创新的优势。

Andrew（2010）在考察针对金融危机而制定的金融创新法规的案例时强调：降低交易成本和风险的优质小额金融业务的创新应该受到鼓励。金融危机之后，银行

---

① SPARQS（Stock Participation Accreting Redemption Quarterly-pay Securities），股票参与共生的季度支付赎回证券，公开发行的结构化的股票产品（SEPS）中的一类。

对中小型企业和家庭的借贷（尤其是抵押贷款）供应"应该像水和电一样随时可以保证"。同时，新开发的大额金融业务应该在批准前进行全面的"压力测试"，立法应倾向于消除大型金融机构的供方垄断地位[14]。Suetin（2011）在考察世界金融市场后危机时代的发展影响因素时尤其提及当前金融行业中的创新因素，即使在危机之后人人惶恐衍生产品带来的危害，但金融行业中的创新因素依然推动着金融发展。"如即便在非洲，手机日益普遍，当移动电话公司开创的移动资金（mobile money），以及其他新的想法可以帮助到穷人时，也提醒着人们：金融创新一直在起着很大的作用"[13]。基于合理利用金融创新正面效应的思想，以及危机之后对金融创新正面作用的考察，意在更客观地看待金融创新本身的不良因素，为合理引导金融创新、建立金融行业良性发展的监督制约机制提供了理论参照。

九、总结与评述

着眼于金融创新与金融风险及其引致的金融危机的研究并不少，从其主张的基本立场而言可分为两个阶段：第一阶段是2008年金融危机之前人们就金融创新对经济推动作用的解读；第二阶段是2008年金融危机之后，人们开始关注金融创新带来的不稳定因素，以及金融创新对危机的形成和影响。

金融创新与金融危机的关系这一话题以文献研究方法为主，目前多以描述性的研究成果呈现。而研究还未突破以下方面：金融创新对金融危机的影响机制还未见成型的分析框架；各文献在对金融创新的界定方面也各有立足点，如金融工具的创新、金融服务模式的创新等，但尚缺乏统一的话题将各种概念囊括其中。

关于金融创新对金融领域的发展利弊大小的评判，由于研究视角不同，各文献得出的结论不尽一致。诺贝尔经济学奖获得者约瑟夫·施蒂格利茨（2011）认为法律应该限制世界上大型的银行使用金融衍生产品。而同样是诺贝尔经济学奖获得者，迈伦·斯科尔斯就指出：法律的禁止将是"一种勒德分子（Luddite）反应"①，这种人为的破坏性反应将使金融市场退回到几十年前。何德旭和王卉彤（2008）在其评述中将金融创新视为一把"双刃剑"[8]；Alexander Suetin（2011）也指出"每次金融危机都将带来限制金融衍生工具的呼声，而金融衍生工具也有其自己的拥护者，只要谨慎使用，它们将是美好的，甚至是不可或缺的风险管理工具"[13]。如何对金融创新进行规范，使其隐含的风险被规范到尽可能小的程度，同时，使其能够在经济平衡发展中发挥经济的推动作用，这将是后危机时代学术和实践领域都需努力研究的课题。

参考文献

[1] 李琳. 关于金融创新、金融风险与金融稳定的理论探究 [J]. 财税金融，2012（3）：47.

---

① 勒德分子是一个害怕或者厌恶技术的人，尤其是威胁现有工作的新技术的形式。在工业革命期间，英格兰的纺织工人主张模仿一个叫做 Ned Ludd 的人破坏工厂设备来抵制节省劳动力的技术带给工厂的改变。术语勒德分子来自于 Ludd 的姓。今天，术语勒德分子仍然是指认为技术对社会产生的损害要多于益处的人。

[2] 殷孟波, 许坤. 国外学者在后危机时代关于金融创新"悖论"的综述 [J]. 经济学家, 2012 (6): 93-100.

[3] Susanne Trimbath. Financial innovation: Wall Street's false utopia [J], Journal of Accounting & Organizational Change, 2009 (1): 108-111.

[4] Michael Mah-Hui Lim. 2008. Old Wine in a New Bottle: Subprime Mortgage Crisis — Causes and Consequences [A]. TheLevy Economics Institute of Bard College, Working Paper No. 532.

[5] Keys et al. 2008. Did Securitization Lead to Lax Screening? Evidence from Subprime Loans [A]. SSRN Working Paper. Http://ssrn.com/abstract=1093137.

[6] K. DAM. The Subprime Crisis and Financial Regulation: International and Comparative Perspectives [J]. Chicago Journal of International Law, 2010 (10).

[7] 何德旭, 王卉彤. 金融创新效应的理论评述 [J]. 财经问题研究, 2008 (12): 3-7.

[8] BIS. FinancialSystem: Shock Absorber or Amplifier [R]. Working paper, No1257, 2008 (7).

[9] Reinhart Carmen and Kennerth S. Rogoff. Is the 2007 Subprime Financial Crisis So Different? [Z] An International Hiostorical Comparison, 2008 Feb. Draft.

[10] Susanne Trimbath, Financial innovation: Wall Street's false utopia [J], Journal of Accounting & Organizational Change, 2009 (1): 108-111

[11] ROBERTO PIAZZA. Financial Innovation and Risk, the Role of Information [R]. IMF Working Paper, 2010.

[12] BRIAN J. HENDERSON & NEIL D. PEARSON. The Dark Side of Financial Innovation [R]. SSRN. Working Paper. 2009.

[13] Alexander Suetin. Post-crisis developments in international financial markets [J]. International Journal of Law and Management, 2011 (1): 51-61.

[14] Andrew William Mullineux. Financial innovation and social welfare [J]. Journal of Financial Regulation and Compliance, 2010 (3), pp. 243-256.

[15] 胡海峰, 罗惠良. 美国次贷危机成因研究述评 [J]. 证券市场导报, 2008 (12): 24-32.

[16] M. Imtiaz Mazumder, Nazneen Ahmad. Greed, financial innovation or laxity of regulation? — A close look into the 2007-2009 financial crisis and stock market volatility [J]. Studies in Economics and Finance, 2010 (2): 110-134.

[17] Margaret Armstrong, Guillaume Cornut, ect. Towards a practical approach to responsible innovation in finance — New Product Committees revisited [J]. Journal of Financial Regulation and Compliance, 2012 (2): 147-168.

四川省人口老龄化与商业银行业务创新

谢海芳[①]

【西华大学经济与贸易学院 四川成都 610039】

[摘要] 据第六次人口普查，四川人口老龄化问题严重，与其他各省相比，居全国第二。本文立足于四川省人口老龄化这一现状，分析了老龄人口的金融行为特征及其对银行储蓄率、银行服务方式、银行营销理念等方面的挑战，以及四川省商业银行为适应这一挑战所应该采取的创新举措。

[关键词] 四川 老龄化 商业银行 创新

一、四川省人口老龄化现状

目前，中国正经历着快速老龄化的过程。按联合国划定的标准，如果一个社会中65岁及以上人口比重超过7%，或60岁及以上人口比重超过10%，则称之为老龄化社会。根据这一标准，中国从2000年开始已步入老龄化社会。而四川省的老龄化问题尤显突出。根据第六次人口普查，截至2010年11月1日零时，四川老年人口已达到880.8万，比十年前增加了257.9万，增长41.4%，每年新增25.8万。在全国31个省市区中，四川老年人口数量仅比山东少62.2万人，分别比广东和河南多出176.9万人和94.9万人，居全国第二位[1]。

2000年时，四川每100人中约有7个老年人（比例不足7.56%）；2010年年底，四川每10人中约有一个老年人（比例达10.95%）。相应的，"老寿星"数量也大幅增加，其中两成老年人都是80岁以上的"老寿星"。2010年四川省80岁及以上的老人从2000年86万人上升到151.3万人[1]。

衡量老龄化程度的重要指标之一是老年抚养比。老年抚养比，是老年人口和劳动人口的比值，它主要衡量社会承担的老年人口抚养的程度。如表1所示，近十年来四川的老年人口抚养比在不断增高。2000年，四川的老年人口抚养比为10.6%，到2009年则高达17.28%，2010年略有下降，但仍然高达15.19%。另外，四川老年抚养比的城乡差异比较明显。数据显示，在2005年之前，四川乡村老年人口抚养

---

① 谢海芳，女，西华大学经济与贸易学院，副教授，硕士生导师，主要研究方向：公司金融、资本市场、银行管理。

比一直略低于城镇，但 2005 年乡村老年人口抚养比突然攀升并远远超过同期城镇老年人口抚养比，这可能是受城镇化影响，大量农村青壮年人口移居城市或省外。

表1　　　　　　　　　　四川 2000—2010 年老年人口抚养比

年份	老年人口抚养比（%）	城市老年人口抚养比（%）	乡村老年人口抚养比（%）	镇老年人口抚养比（%）
2000	10.6			
2001	11.92	14.05	11.37	11.59
2002	12.24	12.76	11.78	14.21
2003	12.17	11.98	11.58	15.46
2004	12.23	11.38	11.76	15.37
2005	16.24	13.72	17.53	13.69
2006	16.42	13.42	18.18	13.11
2007	15.72	11.74	17.93	11.99
2008	16.08	12.4	17.81	13.77
2009	17.28	16.15	18.18	15.63
2010	15.19	11.33	17.84	12.03

数据来源：中国知网统计数据

二、老年人的行为特征分析

（一）老年人的财务特征

由于退休，绝大部分老年人不再拥有工资收入，收入主要来源于理财收入或转移性收入；支出方面，除日常生活开支，医疗支出增加；储蓄和资产逐渐减少。由于未来可预期的现金流入有限，因此老年人对自身现有资产有着强烈的保值、增值需求。但是，随着年龄的增加，老年人承受风险的能力越来越弱，受自身知识和能力的限制，老年人不太愿意到证券市场进行投资。如果商业银行能够根据老年人的这一财务心理特征，开发出适合其需求的银行产品，这不仅体现了商业银行为民提供便利的服务精神，同时又为银行业提供了新的业绩增长点。

（二）老年人行为的理性和代理决策行为

毋庸置疑，老年人的经济行为是一种较为理性的决策行为。但是，当一个人进入高龄老年后，其决策能力将会随着年龄的增长而有可能下降甚至丧失，这种情况一般会导致其他人代理决策的现象。而且在个人的疾病、住房、养老等逐步社会化的大趋势下，需要与医院、保险机构、社会保障部门及各类部门打交道，但老年人特别是高龄老年人在体力与精力上都不能胜任，而家庭的小型化使儿女也没有更多的时间投入，因此，需要专门的代理服务机构。

（三）家庭内部资源的代际转移弱化

在传统的社会中，家庭内部的资源代际流动是资源代际转移的主要形式，即通过人力资本投资、遗赠、赡养等形式实现。生育经济学理论认为，父母之所以生育孩子，是因为他们既可以从孩子身上获得心理和情感上的满足，也可以从子女那里得到经济和保障方面的收益。这是一种封闭式的代际资源转移模式，但随着社会保障制度的建立和传统社会意识的弱化，家庭内部前代和后代的经济独立化，表现为中国老年人中自己拥有稳定收入的比例越来越大，利用自己的收入而不是靠后代养老，更愿意自己处理经济事务而不是靠儿女，因此，家庭内部资源的代际转移弱化，以社会保障为基础的开放性的社会资源代际转移成为主导模式。[2]

三、人口老龄化对四川省商业银行的影响及其业务创新

（一）人口老龄化对四川银行储蓄率的影响及银行产品创新

老龄化对储蓄行为和储蓄率、消费结构和消费水平等要素都会有影响。对个人而言，每一个人都会变老并且尽量确保自己的储蓄能够满足自己的需要，因此，在他的生命周期中就会调整自己的消费与储蓄决策。生命周期理论认为，行为人根据自己一生的预期总收入来分配自己在成年期与老年期的消费，从而使行为人在一生当中的效用达到最大化。因此，根据生命周期理论，一个国家或地区的总储蓄和总消费在一定程度上依赖于该国或该地区人口年龄结构的分布，如果社会中少年儿童和老年人比重大，储蓄倾向会降低，反之则会提高。老年人是一个消费倾向大于储蓄倾向的群体，因为大部分老年人退休后就没有了稳定的收入，他们的生活主要依靠自己工作时期的储蓄和退休金。这一时期的人们对医疗、保健、护理等很多方面有较高的消费需求，往往是消费远远大于收入。如果一国或者地区中老年人口比重较高，就会降低储蓄率。[3]

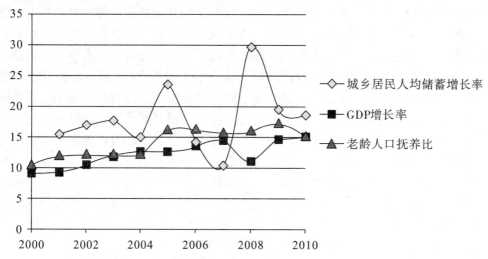

图1　2000—2010年四川省城乡居民人均储蓄增长率、GDP增长率、老年人口抚养比的折线图
资料来源：根据中国知网、四川省统计局数据整理而得

但是，如图1所示，四川的居民人均储蓄率与老年人口抚养比并未呈现出明显的负向相关性，而且与四川GDP的增长率也没有高度的关联性。这一现象或许可以用萨缪尔森的理论加以解释。萨缪尔森（Samuelson）认为，抚育孩子和储蓄从经济

功能来说是相同的，因为两者都可以作为养老的工具，因此，抚育孩子能够替代储蓄的作用。家庭抚育孩子数量较多时，为预防养老所必需的家庭储蓄可以相应减少；而家庭抚育孩子数量较少时，父母必须增加储蓄以用于养老[4]。由于计划生育政策的原因，四川人口出生率呈逐年下降趋势。据第六次全国人口普查结果，2009 年 11 月 1 日至 2010 年 10 月 31 日，四川共出生人口 76.8 万人，比 2000 年减少了 29.9 万人，人口出生率由 2000 年的 12.1‰下降到 8.93‰。与全国相比，2010 年四川人口出生率比全国低了 3 个千分点。从少儿抚养比来看，2000 年这一比例为 32.34%，而到 2009 年这一比例则下降至 27.39%。中国人传统的养儿防老的观念受到现实的冲击，人们不得不在青壮年时期为将来老年的消费做储蓄，这种年轻人的养老储蓄的增长幅度超过了老年人口储蓄下降的幅度，从而导致当前四川省一方面老龄人口在持续增加，另一方面人均储蓄率也在增加。但四川储蓄率的这种增长不具有可持续性。因为四川当今的青壮年恰好出身于我国 20 世纪生育高峰期，随着这批人逐渐走向老龄化，四川省的人均储蓄率必然出现拐点，并呈下降趋势，从而对商业银行的业务经营形成挑战。

因此，四川商业银行应该未雨绸缪，面对人口老龄化这一现状，积极开发出针对老年人口的银行产品。由于四川老年人的城乡差异巨大，商业银行在开发针对于老年人的金融产品时，应对老年人口市场进行细分。通常情况下，在细分金融市场时把 60 岁以上的老年人划分为一个群体，并认为他们在收入方面拥有较为可观的财产。但笔者认为这样的划分过于笼统，不符合四川老年人口的实际情况。由于城乡差异，四川农村老年人与城镇老年人在收入来源、经济的独立性等方面体现出较大的差异。城镇老年人大部分有退休金、养老金，并有较为完善的医疗保障体系，在经济生活方面较为自立，通常是另立户头，与子女分开过日子。而农村老年人一方面受"养儿防老"传统观念的影响，另一方面缺乏独立的经济来源，加之农村青壮年外出打工，因此大部分农村老年人经济上依赖于子女，并实际上承担着照顾孙子辈的责任。因此，商业银行在设计产品时，应立足于"服务"，针对城镇和农村老年人的不同特点，提供满足其实际需要的不同产品。例如，在为城镇老年人提供金融产品时，考虑到其生活孤独、寂寞的特点，可以适当照顾老年人的情感需要，并以此提高产品的附加值。而在为农村老年人设计金融产品时，可以考虑将银行产品与孙子辈的教育服务结合在一起。这样既增强了老年人照顾孙子辈的便利性，又促使外出务工的子女有积极的动机将钱寄回老家让老人保管。因为四川一直是外出打工大省，商业银行可以通过这种渠道使大量的外出打工人员将其在外省挣得的工资收入寄回四川储蓄。

（二）人口老龄化对商业银行服务模式的影响及创新

随着人口老龄化程度的加深，以及大量外出打工人员年老返乡，四川省经济发展模式必将受到一定的影响。四川经济将逐渐由过去的"投资型"经济转向"消费型"消费型。与之相适应，金融模式也同样应该从"生产型金融"向"消费型金融"发展。因此，四川商业银行必须促进面向消费者的金融业务创新。消费金融的改革创新，一方面要使居民突破收入约束，增强消费融资能力；另一方面，金融机构尤其是商业银行要为消费者的消费交易活动提供金融方面的支付便利。而伴随着四川人口老龄化程度的加深,老年人将成为四川消费市场中不可忽略的一个重要人群。如前所述,老年人在日常生活的消费支出较为稳定,但是随着年龄的增加,其医疗、保健方面的消费会逐渐增加。因此,商业银行在为消费者提供多元化、个性化的金融服务产品时,应该考虑到老年人的消费行为特征及其资产负债特征。如,商业银行可以借鉴阿里巴巴"余额宝"的做法,将银行理财产品与医疗服务、保险产品等挂钩,使老年人在享受医疗、保险服务便利的同时,获得资产的增值收益。在为老年人提供消费融资时,则应充分考虑四川省老年人当前的资产负债特征及其家庭内部资源代际转移的新特点。虽然老年人随着年龄的增加,呈现出支出大于收入即净现金流入为负的特点,但是,受"有房才有家"的传统思想的影响,四川省绝大多数老年人都有自己的房产。而这些房产虽然价值不低,但作为其居家的必需品却不能给老年人带来现金,从而导致现实生活中存在大量生活拮据的老龄"富翁"。因此,随着四川人口老龄化进程的加剧,住房反抵押贷款必将有广阔的市场前景。

(三)人口老龄化对银行营销理念的影响及创新

长期以来,我国商业银行存在"以产品为中心"的思想,四川省商业银行也不例外。受此营销理念的影响,银行往往不是根据客户需要而是根据自身的赢利增长点来设计金融产品,并"坐等客户上门"。顾客只是被动地接受银行提供的产品和服务,而没有自由选择的空间。随着人口老龄化的加剧,四川省商业银行在营销理念上,必须实现从"以产品为中心"向"以客户为中心"的转变,即根据客户需求开发产品,并提供让客户满意的服务。"以客户为中心",要求商业银行为客户提供超越时空的"AAA"式服务,即在任何时候(Anytime)、任何地方(Anywhere)、以任何方式(Anyhow)为客户提供每年 365 天,每天 24 小时的全天候金融服务。在老龄人口比重日益增加的四川省,商业银行仅仅靠目前的电子网络银行渠道来实现这种"AAA"式服务是不现实的。因为,对于绝大多数老年客户来说,他们仍然偏好于传统的银行服务方式(面对面交流),很多身居农村的老年人甚至不知网络为何物。因此,四川省商业银行必须从四川老年人的实际需求出发,以人为本,利用"有形和无形"全方位的服务渠道,为客户提供"量身度造"的个性化服务,从而实现银行价值最大化。[5]

四川商业银行在实现这种营销理念转变的过程中,应不断强化"服务接触"的理念,并以此来增强顾客的消费情感。银行在与老年人的服务接触过程中,首先要加强服务的可靠性、响应性、形象认知、移情性和便利性,这有助于形成老年人的积极情感,让老年人感到愉悦,并形成对银行服务的满意度。其次,银行需要加快对顾客的应答和响应速度,通过员工服务接触和上门服务等,改善服务态度,提高服务质量。

参考文献

[1] 第六次全国人口普查 [R]. 中华人民共和国统计局, 2011 (4).

[2] 李延敏, 杨林. 人口老龄化与金融产品创新 [J]. 经济论坛, 2004 (5).

[3] 李中秋, 王朝明. 中国人口老龄化对储蓄率的影响 [J]. 理论与改革, 2013 (1).

[4] Samuelson, P. A. Consumption-loan Interest and Money Reply [J]. The Journal of Political Economy, 1959 (5).

[5] 孙宪文, 张雪飞. 我国商业银行服务方式的转变 [J]. 华章, 2011 (8).

基于金融创新的系统性金融风险传导路径研究[①]

徐 雷[②]

【 西华大学经济与贸易学院 四川成都 610039 】

[摘要] 对我国金融行业而言，金融创新既是机遇又是风险。要使产品创新取得更好的绩效，必须能够识别金融创新影响的系统性风险及其传导路径。本文在相关研究文献综述的基础上，分析了金融体制创新和工具创新对系统性金融风险的影响，探讨了项目管理、营销网络和营销方法等方面的风险因素对创新绩效有直接的显著影响，人力资源和风险管理方法等方面的风险因素。通过对项目管理和营销方法方面的风险因素的显著影响而间接影响创新绩效。结果揭示了金融产品创新风险因素到风险后果的主要路径关系，其风险作用路径可以作为风险调控时的一种参考依据。

[关键词] 金融创新 系统性风险 金融风险 传导路径

一、金融创新与系统性金融风险

在金融史上有所记载的发展历程中，每一次金融业的革新与发展都伴随着一项新的金融创新的诞生，从最早的古巴比伦贷款，到人类最早的纸币——中国宋代的交子，再到今天各类运用数理模型设计出的令人难以理解的新型金融工具，金融创新的每一次拓展都是人类金融业迎来革新与发展的契机。而当金融创新的脚步过快，以致相应的风险管控与防范没有同时跟进时，其超出常规控制的风险便被悄悄引发，并最终导致了一场新的危机甚至是系统性金融危机的爆发。

对于金融创新的准确理解应是通过对现有金融体制的改革、金融工具的重新变更重组设计。金融体制的改革是以促进金融体制的良性循环，更进一步实现支持实体经济，保持金融业资源保持更加合理的改变为目的，更多属于区域或国家的宏观

---

① 本文获得四川省哲学社会科学重点研究基地项目（项目编号：Xq13c05）和四川省教育厅项目（项目编号：13212693）的资助。

② 徐雷，1982年生，男，讲师，博士研究生，研究方向为金融系统工程与风险管理。

层面对金融业的推动。而金融工具的重新变更重组设计则更多是微观层面，通过对原有金融工具产品业务的重新组合，进行新的设计，或在原有基础上设计出完全创新性的产品，以引领或满足客户不断增加的金融需求，推动金融机构本身实现更高的盈利，也有出于规避监管限制，寻求新的金融产品服务追求更高盈利需求的金融创新模式。归纳起来，金融创新可以分为宏观和微观两类，即金融体制机制的创新与金融工具的创新，两者对系统性金融风险的影响路径与方式各有不同，因此，本章分成两部分进行研究。

（一）金融体制创新对系统性金融风险的影响

金融体制创新这一宏观层面的创新囊括范围较广，其包括新的金融行业的产生、新的金融服务体系的缔造、新的具有重大影响力的金融组织的出现等等，其囊括范围之大，以致人类金融史的发展历程便可说是一部金融创新的史诗。

金融业真正形成行业的标志是金匠业的出现以及早期高利贷的出现，即通过将自身多余资本借予其他人而形成早期的放贷。这在之前是被基督教禁止的，因此，高利贷形成规模的最早借贷者多为被基督教视为异教徒的犹太人，或其他非基督教信徒。伴随高利贷的发展，早期的借贷者逐渐开始吸收其他人多余零散的资金存放于己处，再以相对大额较高的利率贷给有大笔资金需要的人，这便形成了早期的银行业。而当时对资金需求量最大的客户多为欧洲分散的各个小王国，他们对战争资金的需求以及各项奢侈开支使得税收难以满足其需要，需要富可敌国的大家族借贷也就成为其必然的选择，而伴随自身需求的增大，单一借贷已难以满足其需求，于是发行国债又成为了这些国家的选择，而兴起的金融业变成帮助其发行国债的适合人选。这些早期金融机构既具有借贷的业务同时兼具国债发行，因此，这也是早期金融业全能银行的模式存在之原因。伴着时间的推进，金融业发展更加迅速，航海业的需求又催生了保险业的产生，而历次区域性和世界性的大战，也使得世界经济几经危机，国际性金融组织（如第二次世界大战后组建的世界银行和国际货币基金组织）也作为新的金融创新品出现，这使得在国际合作与利益的引导下已成为一体的国际金融业出现对其进行合理调节的新兴组织，也意味着伴随金融业的体制创新，金融业在渗透至全球经济各国之时，其一体化的融合已在加速推进。

系统性金融风险不同于一般风险之最大危害便在于其波及范围广和传播速度快的特点，而其一旦发生便产生如此之大的影响原因就在于金融体制机制创新，使得金融业的触角触及各国经济的每个角落，且相互间紧密联系[1]，同时国际性金融机构组织的创新性诞生，又使得各国原本紧密的金融联系更具有一致性。因此，在系统性金融风险发生之际，不再如过去仅局限于一处经济体或区域，而是依赖金融体制创新的各项联系经由金融机构间、金融机构与实体经济间以及国与国的政府间等各项密切联系的机构体系机制将风险传播开来，使得系统性金融风险一旦爆发便有着迅速传播的土壤与环境。

（二）金融工具创新对系统性金融风险的影响

金融工具的创新应是最为当代人熟知的金融创新，在硝烟尚未散去的美国次贷危机中，各种令人眼花缭乱的金融产品和无处不在堪称"令人欢喜令人忧"的金融服务，这些即使对于专业人士也很难搞懂的金融工具，在推动金融业发展，满足人们多样化金融需求甚至超出人们需求想象的同时，也由于其过快的发展而脱离风险有效控制的范畴，成为导致美国次贷危机的帮凶。

金融工具的创新总是伴随着金融体制的创新而相应而生，从最早的巴比伦借贷起，为解决实体经济的资金需求，以及整体经济层面的资金结构性问题[2]，金融工具的创新始终扮演着积极的角色，甚至有人认为，在欧洲工业革命的发展高峰期以及人类历次大的发展进步阶段，若没有金融业扮演着集聚资金的角色，人类的发展将倒退数百年。而如国债、股票市场的发展也使得过去深埋于地下的金银被用于新的投资渠道，一方面使得资金拥有者可以获得更高的利润刺激消费，资金需求者可以获得资金进行超前消费或扩大生产以提高生产力推动社会的进步；另一方面也使得社会资金供给总量增加，并提升了资金的流通速度，而资金供给总量和资金流通速度两者同时扩大，又使得整个社会的资金供给量大增，增加的资金有效促进了贸易增长与生产的扩容，为人类的进步起到了巨大的帮助。伴随着金融业的发展，传统金银逐渐退出市场，纸币与虚拟货币走上舞台，各项支付系统在金融工具的强力发展下，成为世界清算支付的主流，如此的金融工具创新使得人类的生产不再局限于货币量的物理限制，同时也增加了金融业服务客户的风险考虑，为经济发展做出了巨大贡献。

二、系统性金融风险传导路径及效果

金融创新的风险因素到风险后果的主要作用路径及其效果系数关系是：
（1）风险管理方法—营销方法风险—创新绩效；
（2）风险管理方法—项目管理风险—创新绩效；
（3）人力资源风险—营销方法风险—创新绩效；
（4）人力资源风险—项目管理风险—创新绩效；
（5）营销网络风险—营销方法风险—创新绩效；
（6）营销网络风险—创新绩效；
（7）营销方法风险—创新绩效；
（8）项目管理风险—创新绩效。

在金融创新过程中，营销方法的效率和有效性被认为对创新成功贡献良多，而正确应用项目（风险）管理方法执行一个正式的开发过程也被发现能够非常积极地影响创新绩效[3,4]。本研究的结论同样如此，营销方法风险因素和项目管理风险因素直接影响创新绩效。

营销网络风险因素对创新绩效的直接影响效果最显著。本研究发现，我国金融企业的规模越大、客户越多、营销网络越广，其产品创新在市场中试用、采纳和扩散的时间就越长、空间就越大，成功的概率就越大，创新的效果和效益就越好。究其原因，一方面，金融产品创新缺乏专利保护，容易被快速模仿，新产品的竞争由此更依赖于服务的可获取性和客户的忠诚度；另一方面，金融产品的生产与消费或多或少是同时发生的，这使得客户与公司的营销网络直接联系，客户感受到的产品质量同时受到产品本身以及提供产品的营销网络的影响。因此，我国金融企业不仅持续将营业网点扩展到各城镇和乡村，更全力以赴的利用计算机和网络技术（如互联网、电子邮件、电话和手机等）参与竞争"任何关于在线营销、在线交易、在线客户服务的新方法都为创新者超越领先者提供了机遇"由此，营销网络不仅包括传统的分支机构和办公室，还包括所有能够接触到客户的无形手段和方法。

三、系统性金融风险传递过程

金融创新风险是一个总的概念，其中包括许多具体的风险内容，这些具体的风险之间是相互联系的，不是孤立存在的各具体风险的起源。发生概率、表现形态、结果影响也难以避免的与其他领域的风险状况交织叠加在一起而共同作用，只检查风险总和而不考虑企业风险的净效应，或者孤立管理个别风险，将无法真正理解全面风险管理对金融创新和企业整体的整体影响。从企业的范围进行金融产品创新的全面风险管理，就必须找到方法来理解存在于产品创新过程中的风险的集合效应，然后作为一个组合来管理它们。风险作用路径显示，并非所有的风险因素都直接作用于金融产品创新项目的绩效，进而导致风险后果产生风险因素之间也存在着相互影响关系，某些风险因素产生的不确定性和影响会放大其他风险因素产生的不确定性和影响，进而改变风险后果的大小。可以将金融产品创新项目系统内部的这种某一风险因素产生的不确定性和影响放大其他风险因素产生的不确定性和影响关系称为风险（横向）传递关系[5]。

风险管理方法方面的风险因素向其他风险因素的风险传递路径主要有两条：第一条路径是风险管理方法方面的风险因素向项目管理风险因素传递；第二条路径是风险管理方法方面的风险因素向营销方法风险因素传递。风险管理方法方面的风险因素，如项目组风险管理态度和能力、风险规划流程与方法、风险识别方法、风险评估方法、风险应对策略和风险监控程序等，是金融企业为实现发展战略和风险策略而在整个企业范围内常规运行的风险管理体系和规程，也必然影响金融产品创新的开发过程和营销活动。企业级风险管理系统的有效运作，一方面，既有利于提高新产品开发过程的成功概率，也有利于提高新产品上市营销活动的效率，最重要的是，有助于控制产品创新的单体风险及其对企业整体风险的影响；另一方面，根据金融产品创新职能（部门）以及具体产品创新项目的性质和特征，金融企业通常会在企业级风险管理系统的基础上，有针对性地设计差异化的风险管理流程，以适应不同开发过程和营销策略的风险控制需要，并进一步促进产品创新目标和风险管理目标的实现。

风险管理方法方面的风险因素对金融产品创新相关活动的影响，在国外现有研究中并未明确提及或强调。原因，国外现有研究中已经默认金融企业的风险管理系统在产品创新过程的程序化应用，其视为企业的风险管理要求在产品创新领域应用所产生的不可或缺的程序。我国金融企业的风险管理基础工作薄弱，金融产品创新过程中的风险管理流程缺失，因此风险管理方法方面的风险因素对项目管理风险因素和营销方法风险因素具有明显的影响。

　　人力资源方面的风险因素向其他风险因素的风险传递路径主要有两条：第一条路径是人力资源方面的风险因素向项目管理风险因素传递；第二条路径是人力资源方面的风险因素向营销方法风险因素传递。金融产品创新趋向于专家驱动，金融服务的功能越复杂，越倾向于寻求金融企业提供专业服务。现代的金融产品创新更多的融合了金融工程、算机和信息技术等多种门类和学科的复杂技术。产品的开发过程（或项目管理）需要关键技术专家的领导和参与，实现创新产品设计的目标功能和特性，其具有很强的专业基础并能解决客户真实需求。了解市场和客户的行业专家，既能通过参与开发过程有效实现新产品概念，也能针对新产品设计和实施合适的内部营销、客户培训、上市、分销、促销等一整套营销策略和活动，实现目标客户对新产品的理解和接受。

　　营销网络方面的风险因素向其他风险因素的风险传递路径只有一条，即向营销方法风险因素传递。一方面，在于金融产品的高度无形性，客户无法在购买之前尝试或测试，也许只能通过有形的载体（如分支机构、员工和其他实体证据）增进目标客户对产品的理解[6]；另一方面，金融产品的生产与消费或多或少是同时发生的，这使得客户与公司的营销网络直接联系，客户感受到的产品质量同时受到产品本身以及提供产品的营销网络的影响。客户经验、交付环境、客户联系人员成为了营销网络的主体，任何新产品都必须有机地嵌入这个网络。新产品特性，营销方法和企业营销网络之间的良好适应更容易促进成功，而营销网络方面的风险因素，如营销网络、客户服务网络、客户资源等，是金融企业在创新产品之外已经存在的客观状况，较难在短期内根据营销方法进行大幅度调整。因此，金融产品创新的整体营销需要合理设计营销策略和活动，以充分利用和发挥现有营销网络的协同作用，而不是试图大力改变营销网络以适应新产品的营销方法。

四、结语

　　营销网络、营销方法、项目管理、风险管理方法和人力资源等关键风险因素影响创新绩效的风险作用路径、传递过程和效果系数，可以作为金融企业对产品创新进行风险调控时的参考基准，使得管理者不仅考察单个风险本身的影响，而且考虑不同风险之间的相互作用所导致的复杂影响。为获得预期的创新绩效，金融企业需要根据主要的风险作用路径和相应的效果系数系统设计风险管理方案。对于任何针对风险管理目标的增量活动，在设计时应该将它们作为创新流程不可或缺的一部分，将全面风险管理活动整合到创新流程中，参考风险作用路径关系，在最接近风险根源的地方实施管理是对风险最好的控制。

参考文献

　　[1] 罗恩·彻诺. 摩根财团 [M]. 金立群, 译. 北京：中国财政经济出版社, 2003.

　　[2] [英] 沃尔特·白芝浩. 伦巴第街——货币市场记述 [M]. 沈国华, 译. 上海：上海财经大学出版社, 2008.

［3］Edgett R. The new Product developmen Process for commercial financial services ［J］. Industrial Marketing Management, 1996, 25 （6）: 507-515.

［4］Fairiey, R. Risk Management for software project ［J］. IEEE Sonware, 1994, 11 （3）: 57-67.

［5］陈劲, 景劲松. 驭险创新——企业复杂产品系统创新项目风险管理 ［M］. 北京: 知识产权出版社, 2005.

［6］Song, X. & Parry M. What separates Japanese new produet winners fromlosers ［J］. The Journal of Product Innovation Management, 1996, 13 （5）: 422-439.

浅析电子支付工具的现状、问题与对策

罗　丹　曾建民[①]

【西华大学经济与贸易学院　四川成都　610039】

[摘要] 电子支付工具在电子商务发展中具有举足轻重的地位，是金融业深刻变革和发展的趋势，它以其高效、便捷的优势成为当前经济与社会不可或缺的支付工具。本文从电子支付工具的发展现状、存在的问题、解决对策等方面进行了简要分析，为金融业的可持续发展和加快电子化建设提供一些参考意见。

[关键词] 电子支付工具　发展现状　问题　对策

随着互联网技术的应用，电子商务正以人们难以想象的速度渗透到经济生活中的各个角落。作为经济与社会的核心领域，金融业的发展直接影响着国民经济的发展和国家的稳定[1]。当前，金融业正在历经着深刻的变革与进步，必然需要高效、先进的技术手段和支付形式给予支持。为满足人们对支付方式的简易化、便捷化的需求，电子支付应运而生，电子支付工具悄然兴起。

随着电子商务的发展和普及，必然要求电子支付工具更加完善。本文认为充分了解电子支付工具的发展现状，研究在整个电子商务过程中电子支付存在的问题，并提出切实可行的解决措施，有助于完善电子支付工具，进一步推动电子商务和金融业的发展，进而促进经济与社会的可持续发展。

一、电子支付工具的现状

（一）电子支付工具的产生与发展

支付是交易各方为清偿商品交换和劳务活动所引起的债权债务关系而进行的货币收支行为。支付工具是用于传递支付命令的各种工具，是交易双方进行资金清算的支付手段。在货币产生以前是物物交换，物物交换是一种原始的支付行为，因此，"物"被视为最原始的支付工具。而现代意义上的支付工具的发展可以分为以下几

---

① 罗丹，女，四川崇州人，西华大学旅游管理专业硕士研究生，研究方向：旅游经济管理、旅游电子商务。曾建民，男，四川成都人，西华大学教授，硕士生导师，研究方向：宏观经济、旅游经济。

个阶段：

1. 现金支付阶段

随着货币的产生，货币经历了从实物货币——贵金属货币——纸币发展的过程，在交易过程中采用即时结算，即"一手交钱，一手交货"的方式，是低级的支付方式，其中采用的支付工具就是"现金"。

2. 信用支付阶段

随着商品经济的繁荣，各种支付工具先后产生，从时间和空间上将购买环节和支付环节分开，使交易行为更加便捷，产生了以银行的信用为基础的支付结算行为，现金支付、汇兑、支票、商业汇票、银行汇票等支付工具应运而生。

3. 电子支付阶段

随着时代的进步，科技的发展，人们要求实现快捷、准确、安全、低成本地转移资金，对支付的效率和服务质量需求的提高，促使支付工具由传统的纸张化向电子化、网络化发展。1947年，美国纽约开始使用通用信用卡，标志着世界上第一种电子货币诞生；1994年，荷兰开始使用在线数字现金和电子钱包；1995年，英国伦敦进行Mondex现金试验，Mondex是世界上最早的电子钱包系统。1993年，中国政府倡导构建电子支付系统，发展支付卡。1995年，中国开始发行智能卡，中国的电子支付开始发展。

4. 新型电子支付工具发展阶段

随着电子商务和电子支付的高速发展，电子支付对安全性、实时性要求的进一步提高，出现了新型的电子支付工具（如电子信用卡、电子现金、电子支票、虚拟货币等）。这些电子支付工具逐步取代了传统的实物支付工具（如纸币、商业汇票等）的作用，是传统支付方式的变革和创新。1997年，招商银行最早开通网上银行服务，并逐步完善网上金融服务体系。随后，中国四大银行相继注册域名，推出各种网上银行服务。2002年3月，中国银联成立，各商业银行之间互联互通，进一步了推动电子支付的发展。2004年以来，我国第三方移动支付运营商的业务快速增长，地域覆盖范围越来越广。2008年，第三方支付平台支付宝推出手机支付业务并发布移动电子商务战略，中国开始进入无线互联网市场。此后，各种电子支付工具如雨后春笋，蓬勃发展。[1]

（二）电子支付工具的种类

电子货币主要有四种形式：电子信用卡、电子现金、电子支票和电子钱包。为供客户存储交易信息和进行安全电子交易，方便地使用各种形式的电子货币，电子钱包软件有了更广阔的市场。下面本文分别介绍电子信用卡、电子现金、电子支票及电子钱包的支付流程。

1. 电子信用卡

电子信用卡是指使用者在开放性网络上购物，直接将信用卡号输入，实时完成付款的电子支付工具。其支付流程如图1所示：

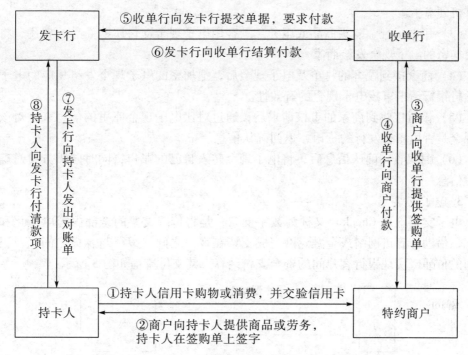

图 1　电子信用卡支付流程图

2. 电子现金

电子现金（E-Cash）是纸币现金的电子化，又称为数字现金，消费者和商家以数据形式流通的货币通过 Internet 交易商品或服务。其支付流程如图 2 所示：

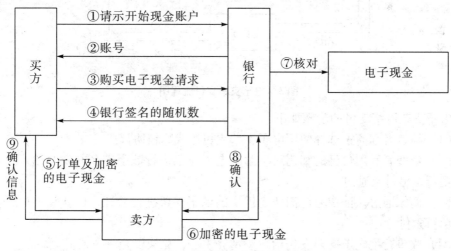

图 2　电子现金支付流程图

电子现金网络支付的步骤如下：

（1）购买电子现金。顾客开立电子现金账号，并购买电子现金，银行发给购买者一定数额的电子现金和银行签名的随机数。

（2）存储电子现金。顾客使用电子现金终端软件从银行取出电子现金，存储在计算机硬盘上。

（3）用电子现金购买商品或服务。顾客用电子现金支付所购商品的费用，将订单及加密的电子现金发给商家。

（4）商家接到顾客的订单及电子现金后，把加密的电子现金发给相应的电子现金发行银行请求审核电子现金的有效性。

（5）银行接收到商家的审核请求后，通过对比电子现金库里的信息来核对该电子现金是否由本行发行的货币，返回确认信息。

（6）商家收到确认信息后，将电子现金转入自己的账户，同时向买方发送确认订单信息。

3. 电子支票

电子支票（E-Check）又称为数字支票，是将传统支票的全部内容电子化和数字化，借助计算机网络或金融专网完成支票在客户之间、银行与客户之间以及银行之间的传递，实现银行客户间的资金支付结算。其支付流程如图3所示：

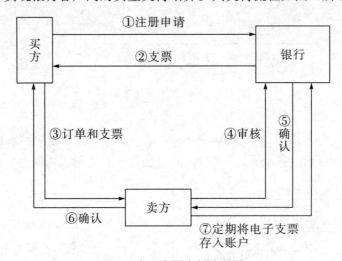

图3　电子支票支付流程图

电子支票网络支付的步骤如下：

（1）消费者和商家选择使用电子支票支付达成购销协议。

（2）消费者利用自己的私钥对填写的电子支票进行数字签名并发送给商家，同时向银行发出付款通知。

（3）商家通过认证中心对消费者提供的电子支票进行验证，确认后将电子支票交收单行索付。

（4）收单行把电子支票发送给自动清算中心，兑换资金进行清算。

（5）清算中心向消费者的付款银行兑换支票，把资金发送到商家的收单行。

（6）收单行向商家发出到款通知，资金入账。[2]

4. 电子钱包

电子钱包（E-Wallet）又称为虚拟钱包，是一个可以由顾客用来进行安全电子交易和存储交易记录的特殊计算机软件。其支付步骤如下：

（1）顾客下载并安装电子钱包客户端软件，输入电子货币配置电子钱包。

（2）顾客网上填写订单，并提交订单。

（3）商家电子商务网站回送订单信息。

（4）顾客确认后，在电子钱包中取出电子货币选择某种信用卡支付。

（5）用电子信用卡支付模式进行结算。

（6）如果这张卡遭到银行拒绝，顾客可以再单击电子钱包的相应项打开电子钱包，取出另一张电子信用卡重复上述操作，完成支付。[3]

（三）电子支付工具的规模及发展趋势

1. 电子支付工具的规模

随着互联网的普及和广大消费者传统支付观念的改变，使用电子支付的人将会越来越多。据艾瑞咨询统计数据显示，2012 年中国支付行业网上支付交易规模达 3.65 万亿，同比增长 66%。随着中国传统企业大规模进入电子商务行业和移动互联网的发展，预计到 2016 年网上支交付易规模将超过 14.7 万亿元。

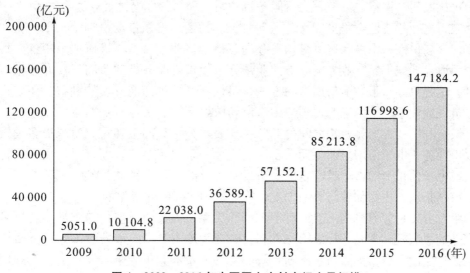

图4　2009—2016 年中国网上支付市场交易规模

数据来源：艾瑞咨询网统计数据

随着网上支付市场交易规模不断扩大，网上支付工具高效运行。据中国人民银行支付结算司统计，截止 2012 年年末，全国累计发行银行卡 35.34 亿张，同比增长 19.8%，其中信用卡累计发卡量 3.31 亿张，同比增长 16%。使用电子现金、电子支票等进行电子商业出票 30.5 万笔，金额 9.4 千亿元，承兑 31.2 万笔，金额 9.6 千亿元。

2. 发展趋势

由于网上支付市场快速发展的有力推动，网上支付工具市场规模将迅速发展，未来的网上支付工具向更便捷的方向发展，而手机支付符合当前消费者对电子支付的高要求。艾瑞咨询数据显示，2012 年中国手机用户已达 11.04 亿，中国移动互联网和移动电子商务交易规模分别达到 549.7 亿元和 550.4 亿元，同比增长 89.2%；

预计 2016 年中国移动支付市场交易规模将突破万亿交易规模，达到 13 583.4 亿元。而截止 2013 年 6 月底，手机支付网民规模达 7911 万，使用率提升至 17.1%，仅半年增长 3.9 个百分点，其中手机购物网民规模达 7636 万。手机支付用户体验提升，手机在线支付市场迅速发展，未来将会有更大的增长幅度。所以，未来的电子支付主流是移动支付方式。[4]

电子支付产业市场竞争激烈，分工越来越细化，各领域相互渗透和融合，各种新型的电子支付渠道如网上支付、手机支付、生物识别支付等层出不穷，使电子支付工具能通过网络、手机、移动设备等各种渠道完成支付交易，使电子支付工具向更高级化、更专业化、更国际化方向发展。

二、电子支付工具存在的问题

（一）支付结算行业恶性竞争

电子支付工具的恶性竞争直接表现为支付结算行业的恶性竞争，主要是在银行金融机构之间、银行与第三方支付服务机构之间和第三方支付服务机构之间。

银行之间的恶性竞争主要表现为支付工具的运用占领市场份额的竞争。为占领更多的市场份额，中国各银行机构在办理职能卡等业务时，不惜血本采用各种促销优惠手段，并规定银行业务员办卡的业绩，致使银行业务员请亲朋好友办理银行信用卡。这种只办卡不激活信用卡的方法，不仅不会损害亲朋好友的利益，还能帮助业务员完成业绩，帮助银行占领信用卡市场份额。[5]

银行与第三方支付机构之间的竞争主要表现为争夺网上客户和争取更多的银行卡收单业务。电子信用卡成为无卡支付的先驱，改变了客户、商家对信用卡支付的看法，电子信用卡的市场越来越广。所以，发卡银行面临着网上客户、实体 POS 商户的市场拓展，更面临着与第三方支付服务机构之间的激烈竞争。

第三方支付服务机构之间的竞争主要因为第三方支付业务的趋同性，特别是服务产品的盈利模式雷同，导致第三方支付企业为抢占更多的市场份额打"价格战"，优惠条件层出不穷，提成份额不断下降。无序的市场竞争影响着第三支付行业的健康和可持续发展，更是网上金融市场发展的绊脚石。

（二）电子支付工具的效力问题

1. 电子现金的法律地位

电子现金就是现实货币的电子化，其作为流通媒介的功能与一般现金没有区别，都是一般等价物的表现形式。但电子现金因网络的无国界性，任何一家有实力有信誉的全球性公司都可以发行购买其产品或服务的数字化等价物，避开银行的繁琐手续和税收，同时也在挑战各国中央银行发行现金的地位。因此，电子现金的法律地位一直难以确定。

2. 电子支票的效力问题

由于受到票据法的制约，电子支票的法律地位存在争议。目前我国电子支票的应用极为有限，我国《票据法》第四条规定，票据上的签章，为签名、盖章或者签名加盖章。而我国国内银行机构为客户提供通存通兑服务，一般规定，出票人必须在支票上使用数码印鉴，原来加盖在支票上的图章印鉴不再作为识别出票人的标记，电子计算机只按照数码印鉴确认出票人授权指令的有效性。

（三）套现、洗钱与税收问题

1. 信用卡套现

在银行柜面、ATM 机支取现金均限额控制，有取现手续费成本约束，而电子信用卡持卡人在利用第三方支付通过虚拟货币与特约商之间利用虚假交易轻易避开额度和交易成本的限制，实现资金非法转移、套取现金。

2. 电子现金洗钱

在银行柜台、ATM 机办理业务有摄像监控，而利用电子现金可以不留痕迹的转移资金。由于许多第三方支付不需要实名制就可以完成交易，客户将不记名的充值卡等支付工具内的资金转入虚拟账户用于支付或转账，隐藏了资金源头和资金存量。检察机关只有在检查网上所有的数据并破译所有的密码后才能获取证据，这样的取证调查难度是相当大的。

3. 税收问题

由于电子支付可以实现跨国交易，并且在交易的过程中不会留下任何记录，税务部门很难追查。电子支付工具存在不可跟踪的特性，很可能被不法分子用以逃税，给国家和人民带来巨大的经济损失。

（四）交易安全风险

电子支付工具的运用和发展是一把双刃剑，既给消费者带来便利，又为电子金融创造新的发展机遇，同时也给相关的主体提出新的挑战。电子支付及其过程中使用电子支付工具存在的各种安全风险必须引起相关主体的重视。

1. 信用风险

信用风险指支付过程中因一方无法履行债务所带来的风险。在电子支付过程中一般涉及商家、客户和银行等金融服务机构这三方主体。对于商家而言，信用风险主要表现在：当商家提供商品或服务后，没有收到应得款，被不法分子欺骗。对于客户而言，信用风险主要表现在：在还没有收到商品，第三方平台或者银行已经将货款支付给商家银行；收到的商品跟商家描述的存在差异或者物流公司在运输过程中对商品的损害，造成商家和客户之间的纠纷等。对于银行等金融机构而言，信用风险主要表现在：银行为客户账户资金不足时提供信贷便利，面临着客户过度透支而无法偿还的风险。

2. 电子银行系统安全风险

由于当前电子银行处于发展中期，客户对安全存在潜在的不信任，因而银行系统安全风险的出现对电子支付业务的影响极为重大。比如，如果某家银行的电子银行系统遭受严重的损害，那么人们会认为其他银行的电子银行系统也可能存在类似的问题。所以，电子银行系统安全风险必须引起重视。电子银行系统安全风险主要体现在：

（1）电子银行系统停机。比如每个月月初，农业银行等金融机构经常对系统进行维护，电子银行所有业务暂停办理，导致一些即时的电子交易无法正常进行。这一风险不仅会给商业银行带来直接的经济损失，而且会影响到电子银行的企业形象和客户对电子银行的信任度。

（2）电子银行遭受数字攻击。电子银行正常运行必须依靠的计算机和因特网，容易遭受不留痕迹地伪造、篡改、复制等非法入侵。攻击电子银行通常采用的手段是：非法窃取登录密码，冒出站点获取 ID 和密码，黑客侵入银行系统等。这些非法攻击都会给电子银行带来严重的伤害。

（3）计算机病毒破坏的风险。计算机病毒的再生异化功能，一旦接触则会扩散和传染，病毒的入侵造成主机系统崩溃，数据丢失。电子银行若是不能有效的防范计算机病毒，一旦感染将会给电子银行带来致命的威胁。

3. 客户操作风险

操作风险主要来自两方面，一是电子银行设计缺陷，账户的授权使用、真假电子货币的识别问题。例如，在客户完成交易退出后，再次进入网上账户时，还未输入密码就已经进入了账户。二是来自客户的疏忽。例如，客户在没有安全防范措施的场合（如网吧等）进行身份鉴定、信用卡号、密码等私人信息的操作，容易导致账号密码泄露，从而使客户蒙受损失。[6]

三、电子支付工具的发展对策

（一）行业规范与机构自律相结合

支付结算行业的恶性竞争越演越烈，如电子信用卡业务不能达成协调统一的行业规范，实现电子信用卡的跨行结算，银行间的竞争必然是恶性循环，所以建立统一的规范势在必行，同时明确界定第三方支付机构的支付和结算服务的行为，制定相应的管理办法加以引导。此外，即使有统一的行业规范，但由于电子支付的全球性、网络匿名性和海量的数据及信息，人们仍可以进行规避。因此，机构自律是解决问题的关键。比如，强化银行或第三方机构职员的操作技能、职业道德；建立业务操作管理制度和权限制约制度；规范银行发卡制度；禁止"价格战"的开展等。

（二）建立和完善相关法律法规

面对电子支付工具快速发展的浪潮，法律明显地表现出滞后性。诸如电子现金的法律地位受到威胁和电子支票的法律效力受到质疑等问题，说明我国关于电子支付工具方面的法律法规有待完善。当务之急是必须修订我国的《票据法》，因为《票据法》的相关规定已经阻碍了电子支付的进行，所以必须承认电子文本的效力，承认电子签名的合法性，明确规定当事人对有关电子签名的责任。国家应积极进行相关的法律研究，制定新的法律以填补空白点，修改与之冲突的旧法律条文以适应新型电子支付工具的发展。比如，制定法律强制要求金融机构保护好数据电文的真实性，维护数据电文的证据效力，对于解决纠纷和税务、审计部门的执法有重大意义。[7]

（三）加强监管

为确保电子支付正常运行，准确、及时接收和处理网络银行业务，防范异常支付行为的发生，必须加强监管力度，依法严厉打击金融犯罪。电子支付的监管除了银监会对网上银行的监管外，网上银行对客户监管起关键性的作用，本文从网上银行的角度探讨监管对策。网上银行应对客户的各类交易进行实时、全过程的监控和管理。

（1）加强对网上客户的跟踪。详细记录交易金额、交易发起人、交易结果、数字签名等交易明细及日志，及时掌握和反馈客户网上支付动态，便于客户能通过网上银行及时了解自己账户交易变动信息，确保交易信息的真实性。

（2）实时监控资金流向。实时关注每一笔资金的流向，发现异常的资金划转，应及时报警，并协助网络警察追踪资金去向，依法打击洗钱和套现等违法犯罪行为。

（3）建立完善的应急措施，避免发生由于网络系统引起的交易滞缓以及非法用户入侵等事件。

（四）安全交易建设

1. 建立相应的信用体系

加强信用宣传，促进客户、商家和银行自觉形成信用统一体，营造良好的电子商务交易氛围。建立有效的信用机制，使三方相互制约，相互监督，共同发展，确保三方利益不受损失。完善信用评价机制，在严格的信用评价体系下，若一方出现信用缺失，则进入信用黑名单，淘汰出电子支付的社会。在完善的信用体系下，电子支付工具将有更广的市场。

2. 建设坚不可摧的银行系统

为避免客户在使用电子支付工具过程中将信息暴露于开放的互联网上而受到黑客的攻击，因此电子支付的安全性尤为重要，建设安全的银行系统迫在眉睫。银行系统的建设主要是通过系统安全管理的两方面完成。一是网络安全技术，如避免遭受外部攻击的防火墙技术，防止受内外部攻击和误操作实时保护的入侵检测系统等。二是交易安全技术，如密码技术、信息摘要技术、数字签名技术及网络安全协议等技术，保证交易系统不被攻击，避免计算机遭受病毒侵害。

3. 正确引导客户操作

电子支付金融机构应加大宣传，并正确引导消费者安全地使用电子支付工具。比如，提醒消费者不要在网吧等公共场合使用电子支付工具；结束电子支付后要准确地退出支付系统；不要给陌生人用卡或在他人电脑上安装电子卡等信息，防止信息被复制；安装杀毒软件，经常对存有电子钱包或电子信用卡的计算机进行杀毒，避免网上支付信息被盗；最后，不要一次充太多的钱，即使丢失也不会造成太大损失。通过这些措施有效地控制客户操作风险，保护客户隐私。[8]

（五）加强国际合作与交流

为控制跨国银行的风险，维护客户的资金安全，促进国际间金融机构的公平竞争，保护本国居民的利益，保持金融市场的对外开放，各国都面临跨国性的电子支付监管重任。仅靠单个国家的力量是无法达到这样的目标，它要求建立与国际体系中其他电子支付体系相适应的并合乎国际标准的新规则。同时定期与电子支付发展较快的国家间开展监管情况交流，人才交流，加大监管人员的培训力度，引进先进的监管理念和技术。

参考文献

[1] 周虹. 电子支付与网络银行 [M]. 北京：中国人民大学出版社，2006.

[2] 彭晖，等. 网络金融理论与实践 [M]. 西安：西安交通大学出版社，2008.

[3] 曹建平，周文龙. 浅析电子商务中的支付问题 [J]. 时代金融，2010 (10).

[4] 中国人民银行结算司. 统计分析与研究：支付体系运行总体情况 [R]. 2012.

[5] 岳意定，吴庆田. 网络金融学 [M]. 南京：东南大学出版社，2005 (8).

[6] 侯国庆. 电子商务网上电子支付环境安全对策 [J]. 内蒙古农业大学学报：社会科学版，2009 (5).

[7] 中国邮政网（http://www.chinapostnews.com.cn/）.

[8] 中国在线支付网（http://www.ipay.cn/）.

【第六篇】

实务案例研究

SHIWU ANLI YANJIU

美国房地产投资信托(REITs)研究及对我国的启示[①]

何秋洁[②]

【西华大学经济与贸易学院 四川成都 610039】

[摘要] 美国房地产投资信托经历了由慢到快,由调整到创新的发展过程,已发展到目前国际市场上最为成熟的房地产投资信托产品与完善体系,同时美国REITs的市场经营规模庞大和法规建设有其独特优势。通过对比分析美国房地产投资信托的业务经营流程与监管,发现中国房地产投资信托现有项目融资单一,市场风险过高,产品设计不合理,风险收益不匹配等缺陷,提出了在分业经营原则下,以股权投资为主,坚持"三性原则",鼓励运用开发产品组合和金融创新等方式,抓住城市化进程的阶段实现中国房地产信托的飞速发展。

[关键词] 房地产投资信托　股权投资　私募基金　融资信托　REITs

房地产投资信托的推广和实施实施和推广是一项复杂的系统工程。在美国,房地产投资信托广泛参与各种有关房地产经营活动,涉及金融、法律、税收等多个范畴,且依据自身的特点尚未涵盖地产业的全部。房地产投资信托为全美国的个人投资者提供了购买摩天大楼、购物商业街、酒店和公寓、写字楼的机会,房地产投资信托不仅给予投资者房地产租约提供的现金流额外补贴,而且也为其带来像普通股一样的流动性便利。同样重要的是,房地产投资信托一般能够获得足够的资本支持,以收购和积累额外资产作为持续经营的房地产业务的一部分,当投资者买人一种房地产投资信托之后,其买人的已不仅仅是房地产,同时也买入了一种业务。除此之外,房地产投资信托能够增加投资组合的稳定性,因为房地产作为一种不动产类别,它们有更高的股息收益和更低的资本增值前景,长期以来被认为具有通货膨胀屏蔽功能。事实上,许多投资者已把房地产投资信托看作是独立的资产种类。

一、房地产投资信托在美国的发展

现代房地产投资信托起源于 20 世纪 60 年代的美国,其发展经历了缓慢发展、

---

① 基金项目:西华大学横向课题:美国房地产投资信托(REITs)研究及对我国的启示,2013。

② 何秋洁,女,西华大学经济与贸易学院副教授,硕士生导师,主要研究方向:公司金融、旅游管理。

迅速发展、调整、改组创新和现代房地产投资信托五个阶段。

（一）缓慢发展阶段（1960—1967）

1960 年，美国国会颁布《房地产投资信托法案》（Real Estate Investment Trust Act of 1960）允许设立房地产投资信托，房地产投资信托结构正式被美国国会授权并且纳入法律管辖范围，准许中小投资者通过参与房地产投资信托投资于大型商业房地产，获得与直接投资房地产类似的投资收益。在同一年通过的国内税收法规（the Internal Revenue Code of 1960）则赋予了房地产投资信托的税收优惠，从而也有力地推动了房地产投资信托的发展。但是，在这一阶段，美国法律只允许设立权益型房地产投资信托，禁止房地产投资信托直接经营或管理房地产，而通过第三方的经营管理来获利的方式也不是很有效；同时，以有限合伙方式获得的税收利益还要高于房地产投资信托基金，因此，早期的房地产投资信托发展比较缓慢，到 1967 年为止，美国只有 38 家权益型房地产投资信托。

（二）迅速发展阶段（1968—1974）

房地产增长近 20 倍，市值则扩大到了原来的 3 倍，其中主要从事房地产开发和建设抵押贷款的抵押型房地产投资信托的资产市值超过房地产投资信托总市值的 50%，抵押型房地产投资信托的借贷杠杆比例相当高，而且主要是低成本的短期资金。

（三）调整阶段（1975—1986）

1976 年美国税法进行了改革，时任总统福特签署房地产投资信托简化修正案，允许房地产投资信托在原有商业信托的基础上以公司的形式成立。1981 年美国国会通过《经济振兴法案》，这一法案为房地产业主创造了一种非常具有吸引力的合法的避税工具，授权房地产业主利用其房地产折旧工具作为其他收入的合法避税手段，放宽了对房地产投资信托组织形式的限制，取消了房地产投资信托必须是非法人组织或社团组织的要求，从而使房地产投资信托市场开始逐渐恢复。1986 年，时任总统里根签署了《税制改革法案》，在新法案中，一些房地产条款有效地避免了私有公司通过合伙人形式逃避房地产投资税的现象，同时，允许房地产投资信托可以进行自我内部资产管理。许多房地产投资信托调整了投资策略和管理理念，强调用权益资产代替抵押贷款资产，降低负债比率，从而加强了房地产投资信托的稳定性。

（四）创新阶段（1987—1990）

这时期市场上出现了一种新的融资方式——伞型合伙房地产投资信托。按照这种模式，拥有房地产产权的一个或多个合伙人用自己的合伙人权益去换取新创建的房地产投资信托股份。各合伙人的股份要根据各自所拥有的房地产的评估价值占新房地产投资信托的房地产总价值的比例来确定。他们依托房地产投资信托机构上市融资套现，同时获取可上市交易的受益凭证，保留对自己原有房地产的所有权，收取稳定、长期的投资收益。1986 年的《税收改革法案》（Tax Reform Act of 1986）放宽了房地产投资信托对房地产进行管理的限制，允许其拥有、经营和管理大部分收益型商业房地产，促使房地产开发商和运营商积极组建房地产投资信托。1986 年以后，原有的房地产投资信托大多改组为持有并管理房地产的房地产投资信托。《税收改革法案》对房地产投资信托市场的复苏发挥了有力的推动作用，让房地产投资信托从一个简单的资产包形式升级到可以自行管理资产的机构。

（五）高速扩张的信托投资时代（1991—2007）

自 20 世纪 90 年代起房地产投资信托进入高速扩张的阶段。有代表性的事件是 1991 年美林公司（Merrill Lynch）为美国购物中心开发商金科房地产公司（Kimco Realty）承销首发新股，共募集资金 1.35 亿美元，这标志着"现代房地产投资信托时代"的到来。例如 1993 年，50 个房地产投资信托通过首次发行股票共募集资金 93.35 亿美元；1994 年 45 个首发上市的房地产投资信托共募集资金 72 亿美元。在房地产投资信托迅速发展的过程中，低利率和房地产投资信托股票的高规的逐步完善也为其发展创造了良好的条件，1997 年的《房地产投资信托简化法案》和 1999 年的《房地产投资信托现代化法案》允许房地产投资信托成立纳税子公司，为租户提供便捷和优质的服务，把收益最初分配数额由原初规定的 95% 减少到 90%。期间，虽然经历了亚洲金融危机，但在上述利好政策支持下，房地产投资信托市场获得平稳发展，房地产投资信托并购活动增加，房地产投资信托差不多有了 17 年的黄金发展期。

（六）金融危机后的信托投资时代（2008 年至今）

2008 年金融危机的爆发使房地产投资信托行业的发展遭受重创。受金融危机的拖累，以及美国国内单位投资信托的竞争、短期投资者的退出以及其他一些不利因素的影响，各种类型的房地产投资信托几乎都出现了负收益率。更雪上加霜的是，从 2011 年至 2013 年，现房和新房开工市场价格的不断上升，收购优质房地产的机会逐渐减少，许多投资者认为房地产投资信托的收益率增长会因此而下降，因此纷纷退出房地产投资信托市场。不仅如此，资本市场也开始不看好房地产投资信托股票，房地产投资信托通过公开发行股票进行融资的渠道断裂，不得不在私人资本市场寻求资金支持。目前房地产投资信托通过私募和建立合资企业的方式解决资金短缺的问题，并随着金融危机的阴影逐渐褪去，房地产投资信托行业的筹资额正在稳步攀升。

二、美国房地产投资信托的经营规模及立法

向美国证券及交易委员会（SEC）注册的 REITs 有 197 只，它们都在美国主要股票交易所挂牌上市：纽约证券交易所（New York Stock Exchange）169 只；美国证券交易所（American Stock Exchange）20 只；Nasdaq 交易所（Nasdaq National Market System）8 只。这些登记上市的 REITs 总资产超过 4 千亿美元。已在 SEC 注册的 REITs 约有 20 家未上市交易。大约有 800 家 REITs 尚未向 SEC 注册，也不在证交所交易。其中直接投资物业的房地产投资信托占 90%，剩下的大部分属于投资房地产借贷的房地产投资信托。房地产投资信托之所以能够如此发达，主要是因为美国房地产投资信托大量使用房地产投资的避税作用和政府积极干预房地产投资信托。房地产投资信托作为符合特殊法律要求投资行业，其股票可以上市；作为致力于收购并经营商业性房地产的公司，其投资、经营项目包括出租公寓楼、商场、写字楼、医疗中心（如养老院）、娱乐中心和仓储及监狱设施等，也有一些房地产投资信托仅从事金融业务，投资于按揭贷款的组合业务来处理房地产内部经营各方面的业务，包括房地产买卖、房地产管理与租赁、房地产修复与改变位置和房地产开发等方面的业务。

为了吸引更多的房地产投资信托在各国的证券市场上市，各个国家特别是新兴市场的监管机构提出了各式各样的税收激励。其中，美国房地产投资信托使用房地产投资的避税作用主要表现为通过利息抵扣应税利润，利息可以抵扣应纳税额，房地产投资的巨大利息可以起到避税的作用。

美国国会在建立住房贷款证券化以后制定了《房地产投资信托法》《金融资产证券化投资信托法》和《金融机构改革复兴和强化法案》等一系列与住房金融证券有关的法律制度，以保障房地产信托及房地产证券化的顺利实施。政府国民抵押协会对房地产证券化金融产品实行 100%的保证付款的担保，使投资风险系数大大降低，使房地产投资信托成为美国信用等级仅次于国债的第二大债券。

三、美国房地产投资信托的业务经营流程与监管

美国的房地产投资信托业务的具体操作是先设立房地产投资信托基金，投资者购买其发行的受益凭证，待基金募集完成后，委托房地产开发公司对投资标的进行开发、管理及出售，所获收入在扣除房地产开发成本、管理费用、买卖佣金、税金及其他各项支出后，由受益凭证持有人分享。从我国的情况看，这项业务为证券业务的一种，采用封闭式基金，资产价值不用每月清算，在发行受益凭证时规定发行总额和发行期限，不到到期日不得要求提前兑现，发行人也不得追加发行受益凭证。该受益凭证可在二级市场上以公开竞价的方式进行转让，此时价格由投资者根据基金的成长性、市盈率和收益的稳定性、可预测性及市场供求关系来确定。因此，采取封闭式基金，基金投资者保留了投资资产的流动性，而基金发行者却没有提前赎回的风险，从而保证了信托投资的稳定性，有利于其取得中长期投资效益。而对于开放式基金来说，资产价值需要每月进行清算，投资者认购并持有基金一定时期后，可随时要求基金管理者以略高或略低于净资产的价格赎回其所持有的受益凭证，一旦市场行情不好，基金价格因净资产下降而下跌，投资者就会接踵而来要求基金管理者赎回其持有的受益凭证，这对基金的管理者来说，风险较大。因此，以我国目前的情况来看，封闭式投资信托基金是一种较简便的、快捷的、稳定的、可靠的筹资渠道。

在美国，证券管理委员会负责房地产投资信托的监管工作，房地产投资信托的投资计划、财务计划、投资报酬率、管理费用及投资期限均需经主管部门批准，其必要条件是，财务必须完全公开化、透明化。作为一种房地产投资信托，其运作流程如下。

（1）房地产投资信托公司在募集信托基金前，房地产投资信托必须先与建筑经理公司或是专业的技术顾问公司签订房地产信托的基本协议和房地产经理契约，并报请有关主管机构批准。

（2）依照有关法律规定编制公开说明书，并委托证券承销商办理受益凭证的销售。发行受益凭证所获的资金，由基金保管机构专设之下的房地产投资信托专户代为保管。

（3）建筑公司或特定的专业公司依委托契约的规定评估各种房地产投资的获利机会、安全性及具体搭配组合，为基金的经营管理提供咨询，并进行开发计划的研究。

（4）房地产投资信托将所得的房地产产权登记于房地产投资基托基金专户名下，从中收受信托投资基金。开发计划审核通过之后，才能发行首次的受益凭证，但受益凭证的发放必须委托证券承销商来进行。

（5）基金的经理公司（房地产投资信托公司）提供专业建议并指示基金保管机构执行基金的具体运用作业。房地产投资所产生的效益也归并在基金中并纳入专户保管。

（6）基金保管机构根据委托契约基金专户支付委托费用给建筑经理公司或特定的专业公司，自己可留存一定比例的保管费用。

（7）检附下列几项重要文件，包括：投资计划书、房地产投资信托契约、公开说明书、受益凭证发行计划，以及受益凭证样本等文件，送交负责计划的证管会与政府主管机关进行审核及评鉴。

（8）为筹措房地产开发所需资金，并将其存入房地产信托专户之下。房地产投资信托可在成立之后，根据相关法规规定，发行或运用各种融资工具以作资金融通之用。若必须运用资金时，可由建筑经理或顾问公司向房地产投资信托作出建议，由房地产投资信托向基金保管银行作出信托的运用指示，由银行的专户来支付建筑经理公司对投资标的物的开发和管理经营上的支出。

（9）最后，基金保管机构依照房地产投资信托契约的规定，由房地产信托保管银行按照房地产投资信托契约的规定将投资收益分配给投资者。

房地产投资信托的委托委员会通常是由一些投资专家组成的，所以房地产投资信托从事的业务具有很强的专业性，专门从事某一类型的房地产投资，并对欲进行投资的房地产进行详细充分的研究，如一些房地产投资信托会专门投资于旅馆，而一些房地产投资信托则会专门投资于受经济衰退影响而不得不贱卖的房地产。

四、美国 REITs 发展对我国房地产投资信托的启示

（一）我国房地产投资信托与国际标准的 REITs 的对比

1. 单一项目融资，市场风险过高

我国设立的房地产信托产品中，95%左右的信托产品都采取单一项目融资型的资产配置模式。从产品的风险收益特征看，无论是贷款、股权投资，还是产权、收益权投资，大多是对房地产项目进行确定收益率的融资。这主要与信托投资公司所面临的经营环境相关：①信托投资公司普遍没有建立良好的信誉，高风险信托产品难以获得客户青睐；②信托投资公司缺乏高素质的房地产投资专业团队，在选择和积累可供投资的房地产项目的专业技能上乏善可陈；③房地产业的开发经营企业诚

信度偏低，普遍缺乏真实的信息资料。因此，信托投资公司在设计房地产投资信托产品时，集中对有一定关联度的个别房地产项目进行投资就显得毫不奇怪。然而，这种资金运用方式将信托资金的安全和收益集中在单一的特定项目上，无论宏观经济状况和房地产行业的景气程度如何，单一项目的成败和项目开发公司的财务状况就将决定整个信托计划的投资成败，使信托产品的投资成绩带有极大的偶然性。

2. 产品设计不合理，风险收益不匹配

无论是贷款、股权投资，还是产权、收益权投资，目前绝大部分房地产投资信托都是固定收益率的融资信托，即明示或暗示信托计划的预期收益率是有资产抵押、法人担保或关联交易等非经营性因素来保障的。这种保底设计转嫁了本应由投资者来承担的部分投资风险，加大了信托投资公司的经营风险，而与这种高风险不配套的是，信托投资公司作为受托人只获取了较低的管理费收入。房地产投资信托的相关法规严格禁止这种保底承诺，使信托投资公司还面临着法律风险。

3. 信托准入门槛高，投资商望而却步

在前面介绍美国的房地产投资信托公司时，提到美国法律限制房地产投资信托公司销售、转售其持有的物业，几乎没有一家房地产投资信托公司投资美国主要的家庭住宅——独立住宅（Town House），因为美国家庭对这样的住宅往往是购买为主，它不属于收益性物业。进入该领域的公司也是通过投资抵押贷款支持债券（MBS）来间接进入。美国相关法律还规定，房地产投资信托公司出售物业的收益或损失不得计入当期可分配利润或抵扣可分配利润，应足额缴纳资本利得税。在实际操作中，房地产投资信托仍有较高的准入门槛。拟议中的《房地产投资信托管理暂行办法》规定，开展不受份数限制的房地产信托公司，在提足各项准备金后，净资产不低于 5 亿元；过去两年连续赢利且房地产投资信托业务比重在 60% 以上；已累计发行房地产集合信托计划 3 次以上，且信托计划已经结束并实现预期收益等。在我国特有的政策、模式和信息对称度等多重因素制约下，房地产投资信托公司还没有形成有效的业务模式，更缺少高效的投资运营平台，产业基金依然困境重重，这主要是受到《产业基金法》没有出台的限制。另一方面，20%～30% 的高额回报要求及对开发商自身资质、规模的严格要求，只能让绝大部分开发商望而却步。

4. 客户定位过于狭窄，投资收益不高

目前我国房地产投资信托的主要目标客户是广大的银行储蓄客户。这样的客户往往要求投资收益高于银行存款和国债、投资风险低并至少保证投资本金不受损失、流动性的要求相对较少。但由于集合资金信托只能发行 200 份信托合同，如果信托投资公司只局限于这一客户群体，往往导致理财规模偏小、单位成本偏高。

（二）适合我国房地产投资信托的发展路径

1. 分业经营，股权投资

根据分业经营的原则，信托投资公司实业的投资部分业务必须进行剥离，这其中当然也包括房地产经营业务。对于房地产经营业务的剥离，可以采取把原来的房地产经营业务或全资房地产子公司改造成房地产投资信托的方式进行，也就是说，把原有的房地产经营业务或房地产公司改组为一只房地产投资信托，信托投资公司把已有的房地产直接投资转换成为对房地产投资信托的股权，由原来的房地产经营开发者转为房地产投资信托的战略投资者。这样做的优势在于信托投资公司不仅可以在不放弃房地产所有权的基础上剥离房地产经营业务，实现分业经营的目标，而且还可以套现一部分资金。由于以往信托公司股权投资导致房地产信托资产不良率过高的经历，给重新登记的信托公司一个很好的警示作用，目前房地产投资信托务能够在行业整顿以后迅速发展起来，信托公司借鉴美国房地产业务上累积的经验，发挥出了后发优势。

2. 三性原则，金融组合

信托机构选择项目时，应当严格遵循"三性原则"，即风险性、流动性和收益性。尽管信托机构不承诺收益，但一般都会给投资者一定的预期，并通过多种手段予以保障，如前期对备选项目进行评估，通过公司风险委员会进行审查，然后针对所认同的项目从风险控制和抵押担保上进行强化。如果需要引进的资金额度非常大，单纯依靠信托或银行贷款都不能完全解决问题，这就应该以信托为核心，通过信托的串接，把多种金融工具进行组合。这需要一系列的金融创新，最好的模式应该是信托加银行。融资数额需由以信托为核心的金融组合工具完成，实现信托在前端融资，银行在后端予以资金支持，以信托为核心打金融"组合拳"。作为一种行业性投资工具，房地产投资信托必须逐步发展为以房地产项目组合为主要资产配置原则的分散化投资品种。这种发展过程可以是渐进的，在经营初期，信托投资公司一方面应积极建立（自建或与专业房地产商合作）房地产投资管理团队，另一方面可以先大量发起设立单一项目型的房地产投资信托。待上述两个条件达到一定基础后，再进行合并或新设信托产品来集中投资管理所有的房地产项目。

3. 依法整顿，REITs 占领市场

2001 年 10 月 1 日，《中华人民共和国信托法》开始施行，2002 年 5、6 月份，中国人民银行又先后发布《信托投资公司管理办法》和《信托投资公司资金房地产投资信托务管理暂行办法》两项信托法规条例，历经数年整顿的房地产投资信托开始呈现出良好的发展态势。从信托产品总体的发展看，呈现地方政府基础设施建设、房地产业融资和证券投资三分天下的发展格局。2003 年以来，信托产品的发行和种类创新有加速趋势，市场出现企业 MBO、设备融资租赁等多种产品，但是房地产业融资信托产品仍占据 1/3 的信托产品市场份额。目前，信托公司没有找到一套可靠的赢利模式，配套法规的不健全和金融政策对业务的限制，构成信托公司发展的多项瓶颈，致使信托公司的业务多数局限于低风险并有政府信誉保障或补贴的基建项目，以及项目开拓成本低、市场需求充足、运营经验充足的房地产项目上。首先，目前对信托"200 份、5 万元、不允许公开宣传和擅自异地销售"的规定，使信托公司很难开展大型项目，同时私募性质也限定了客户类型必须以高端客户为主，资金赢利要求高，使可供选择的业务类型受限。其次，"信托不得以任何形式吸收或变相吸收存款；不得发行债券，不得发行委托投资凭证、代理投资凭证、受益凭证、有价证券代保管单；不得办理负债业务或举借外债"等规定，使信托公司可使用的资金规模和融资渠道严重受限，进而限制了信托公司投资银行业务、货币市场业务和融资租赁等业务的开展。最后，目前专门针对房地产投资信托的税收政策一片空白，使用一般税收政策使信托公司在开展业务时，由于特殊的业务性质所伴随的产业转移和资金委托，形成了被重复征税现象，加大了信托公司的运营成本，从而使项目开拓成本相对较低的房地产投资信托业务的可行性相对较高。

4. 抓住城市化进程的时机，介入市场竞争高地

房地产行业的持续发展预期也是房地产投资信托被重视的一个重要原因。20 年后，我国城市化水平要达到 47% 的世界平均水平，需转移 1.5 亿农村人口，达到与我国工业和经济发展相应的水平，则要转移 2.5 亿农村人口，需要建设 20 座 1000 万人口的城市（或 200 座 100 万人口城市）。城市化建设伴随的房地产开发热将逐步扩散到以省会城市为主的二、三线城市和地县级城市，房地产业的持续发展动力和增长机遇将不断吸引不同性质资本的竞相介入。在国内上市公司中，房地产公司的比例数量已占到 10% 左右，其他行业的上市公司也纷纷涉足。在对国内财富阶层的一次调查的数据表明，从事房地产经营业务的占到所有行业中比例最高的。其次，房地产业的发展预期隐含房地产大量的融资需求短期内不会减弱的信息。中国人民银行 2002 年底开始对银行房地产信贷资金的关注和 2003 年 6 月发布的 121 号文，对银行房地产信贷资金供给形成较大的负面影响，预计银行房地产信贷供给短期内有较大幅度的下降，而目前市场资金供给方除了银行以外，信托公司是最大的外部资金供给者，无疑信托公司将成为 121 号文下发最大的受益者之一。

5. 吸纳国际经验，敢于金融创新

除开发经营部分保底型信托产品外，同时也应积极开拓多元化的客户群体，设计推出针对不同客户群体的系列房地产投资信托产品，并在房地产投资信托的行业信誉初步建立起来后，逐步减少盲至取消保底型信托产品。美国房地产投资信托已初步形成了证券投资型、股权投资型、资金贷款型、资产准证券化型、资产受益权转让型和信托资金租赁型等多种类型的信托品种，方便了委托人根据其投资偏好选择信托类型的空间。同时，同美国 REITs 一样，中国房地产投资信托必须开拓范围更加广泛的客户群体。如：①富裕的个人投资者。个人投资者理财的主要目标是保持资产的购买力，即获得超过物价上涨水平的投资收益率。个人投资者资产越多，承担风险的能力越强，投资于高风险信托产品的比例和绝对额就越大。因此目前国内银行所重点推动的私人银行业务应当将房地产投资信托作为一个发展的重点业务。②商业保险和企业年金。商业保险和企业年金的投资理财目标是追求客观、稳健和长期的投资收益，并进行与支出目标相一致的资产流动性管理。因此，它们在管理其资产时会更倾向于进行分散的资产配置。房地产投资信托作为一种新兴的金融投资工具，如能获得国家监管部门的批准，必将成为商业保险和企业年金进行投资理财活动时资产配置的选择之一，同时也提高房地产行业资金的使用效率以及安全性，推进中国迈向城市化的步伐。

参考文献

[1] Peter W. Madlem, Thomas K. Sykes. The International Encyclopedia of Mutual Funds [M]. Closed-End Funds and Real Estate Investment Trusts, 2000: 287.

[2] Ralph L. Block. Invest in Real Estate Investment Trusts [M]. New York: Bloomberg Press, 2002.

[3] 刘洪玉. 美国房地产投资信托发展的经验与启示 [J]. 中国金融家, 2004 (7).

[4] 刘晓兵. 美国日本房地产投资信托发展对中国的启示 [J]. 中国金融家, 2010 (10).

[5] 中华全国工商联合会房地产商会. 房地产投资信托基金指南 [M]. 北京: 中国建筑工业出版社, 2006.

[6] 张兴. 房地产投资信托运营 [M]. 北京: 机械工业出版社, 2009.

挖掘农村闲置土地潜力之 SWOT 分析
——以四川省巴中市平昌县生态鸡养殖为例

蒋丽 冯川①

【 西华大学经济与贸易学院 四川成都 610039 】

[摘要] 随着我国城市化步伐的加快与建设和谐社会奋斗目标的提出,大量农业人口涌入城市,农村随之出现大面积的闲置土地。而开发利用山区闲置土地资源对社会经济的发展具有非常重要的意义。本文通过调研山区闲置土地资源状况和分析引起土地闲置的思想文化、经济、社会等原因,指出山区土地闲置不仅浪费资源,而且使耕地质量和功能衰退,阻碍社会经济的发展。并就如何开发利用山区闲置土地资源提出相关意见,包括建立土地信用合作社、寻求土地融资租赁和土地证券化等方式。

[关键词] 闲置土地 生态鸡养殖 土地融资租赁 土地证券化

一、引言

土地既是一个古老的问题又是一个永恒的主题。作为重要的自然经济资源和社会资源,它始终伴随着人类社会的演化和发展,是人类赖以生存发展的基础。一部人类社会的发展史,就是人们不断地改造和利用自然资源方式的改进并因此而引起社会结构变化的过程。马克思指出土地是一切生产和一切存在的源泉,它又同农业相结合,而农业是一切社会形态最初的生产方式。威廉·配第曾经说过:"劳动是财富之父,土地是财富之母。"中国有着 2000 多年封建农耕社会的漫长历史,土地之于农民、之于农业的影响更为深刻。我国人多地少的国情更加突出了保护耕地的重要性。然而在我国广大农村地区由于社会、经济等各方面的原因,一是造成大量的土地资源未能尽其用;二是出现了大面积宝贵土地资源被闲置的现象。[1] 在耕地面积日益减少、人口逐渐增加、工业化和城市化进程不断加快的今天,土地资源闲置已经成为一个不容忽视并且急需解决的现实问题。然而政府、媒体等绝大多数人

---

① 蒋丽,女,西华大学经济与贸易学院讲师,主要研究方向:金融学、金融刑法学;冯川,男,西华大学经济与贸易学院 2009 级经济学专业学生。

群都热衷于关注城市土地闲置而忽视了对农村土地闲置的关心和重视，越来越多农村出现大量闲置土地也就成为一个严重问题。面对农村土地闲置这一问题，更要认真分析原因，因地制宜采取科学合理的措施开发利用农村闲置土地资源，充分发挥土地的经济、社会、生态环境效益，保证土地资源的可持续利用和人类的和谐发展，为建设社会主义新农村提供强有力的保障。[2]本文根据平昌县土地资源闲置状况，从土地资源闲置概念入手，分析平昌县土地闲置分布情况、闲置原因、土地闲置的弊端，然后结合土地金融对生态鸡养殖进行 SWOT 分析，提出了土地金融的三种简要模式。

二、闲置土地的概念

闲置土地的界定，《国土资源部闲置土地处置办法》中明确指出，所谓闲置是指土地使用者依法取得土地使用权后未经原批准用地的人民政府同意超过规定期限未动工开发利用的土地。[3]而农村土地闲置有两种不同的情形：显性闲置和隐性闲置。荒置一年或者更长时间以及"包而不种、种而不收、占而不用"的就属于显性闲置；而隐性闲置是指突出的表现为减少生产投入、降低复种指数、不求效益只求自给自足等粗放型开垦模式。[4]而本文所指的闲置土地是农村地区农民经家庭联产承包责任制后所拥有的土地，超过一年甚至更长时间而未加以开发利用的土地资源，特别是闲置、粗放经营的耕地以及少量的住房用地等。[5]

三、平昌县概述以及土地资源分析

（一）平昌县概述

平昌县，位于四川东北部、米仓山南麓，东接万（源）宣（汉），南抵达（县）渠（县），西邻仪（陇）营（山），北连通（江）巴（州）。全县幅员 2229 平方千米，辖 43 个乡镇（17 个镇、26 个乡），528 个村（居）委会，总人口 105 万人，其中农业人口 86 万人，全县土地总面积 2229.12 平方千米，折 3 343 680 亩，按地貌分为山原、低中山、低山、深丘、台地、平坝 6 个基本类型，其中共有耕地面积 58.55 万亩。分析图 1 可知，平昌县耕地所占比重很低，大多是山地、林地，而平昌县与日俱增的人口迫使咱必须守住这些宝贵的耕地资源，不允许土地被抛荒、被闲置。

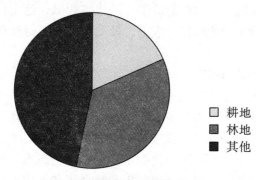

图 1　平昌县土地构成图

数据来源：平昌县国土资源局

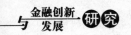

（二）平昌县土地资源分析

平昌县属于典型的山区农业县，全县共有土地约 334 万亩，耕地面积有 58.55 万亩，占总面积的约 1/6；森林覆盖率达 34.76%，约 114 万亩；其他均为城市建设地、宅基地等。平昌县总人口数超过 100 万，人均耕地仅为 0.5 亩左右，却依然存在大量的闲置土地。图 2 显示，2000 年闲置土地 2.1 万亩，占全县耕地面积的 1/30；2004 年闲置土地增至 6.3，占全县耕地面积的 1/10；2008 年土地资源闲置达 13.46 万亩，占全县耕地面积约 1/4；2012 年闲置土地数量高达 22.8 万亩，占全县耕地面积约 1/3。宝贵的耕地资源量一直在减少，然而人口却不断地增加，人地矛盾越来越严重。

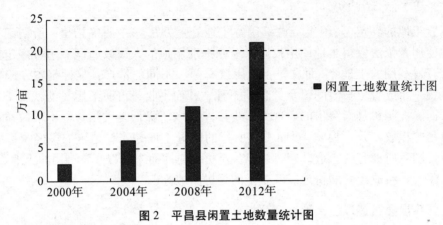

图 2　平昌县闲置土地数量统计图

数据来源：平昌县国土资源局

四、平昌县生态鸡养殖的 SWOT 分析以及四种组合形式分析

平昌县生态鸡养殖 SWOT 分析包含生态鸡养殖的优势（strength）、生态鸡养殖的劣势（weakness）、生态鸡养殖发展过程中所面临的机遇（opportunity）和威胁（threats）。

（一）生态鸡养殖业发展所具备的自身优势（strength）

（1）从经济方面看，规模经济和产业升级是平昌县邱家镇 10 万只生态鸡养殖的优势之一。另外在承包土地和聘请员工方面成本较低，这不仅有利于增加企业收入，而且有利于提升整个行业的发展水平，带动整个养殖行业朝着兼具生态功能和经济功能的方向发展。[5]

（2）从社会效益方面来讲，10 万只生态鸡的养殖将为川东北地区提供充分的蛋、鸡供给，有效满足川东北甚至更多地方消费者对更高蛋、鸡质量的需求，建立一种新的市场供需均衡模式，为发展土地金融创造了产权基础。

（3）从生态环保方面分析，一是能够充分利用被遗弃、荒废的闲置土地，对农民形成一笔新增收入，可提高农民的消费水平；二是生态鸡养殖园运营后可解决一部分闲散农户的就业问题，减少了家庭负担和社会不和谐因素；三是生态鸡养殖园建设从鸡进笼到出笼都有相关的配套设施，不会对土壤、水、空气造成不良影响，这也符合我国呼吁走生态、环保、和谐的可持续发展道路的发展战略。

（二）生态鸡养殖园所隐含的劣势（weakness）

1. 封建遗留思想较强、轻农弃耕现象严重

由于封建遗留思想所形成的农民社会地位较低，使得大部分农民尤其是有知识、有文化的青年农民都不愿意待在农村种地，大部分山区农村耕作机械化程度低、劳动强度大、劳动时间长。面对艰苦的农耕环境，很多人根本就不想在农村种地，尤其是一些农民没有种地就先富起来更加促使农民放弃耕种田地而寻找其他的致富之路。[7]改革开放以来，东部和西部、城市和农村的差距进一步拉大，使得很多农民心理上不平衡，因此很多农民都想方设法往城里走，不愿继续待在农村。受封建迷信的影响（风水不好、凶宅等）或者有闲钱的时候，农民就要修建新的住宅以满足新的生活需求，而旧房子依旧保留，这也在一定程度上造成宅基地闲置。[8]

2. 投入产出比较低，农民负担太重

农民种地所投入的种子、农药、化肥等农用资料等成本不断攀升，虽然土地的亩产量在增加，农产品价格也有所提高，但是跟上涨的农用资料成本相比较，亩产量上升的幅度和农产品价格提高的幅度严重不对称，所以，农民对农业的投入成本不断增加，而从农业中获收益却日渐减少。比如，2000年每亩地需要化肥150元、种子25元，而2010年每亩地需要化肥300元、种子40元；相比之下农产品价格上涨幅度很小，2000年水稻价格为2元/千克、小麦是1.5元/千克；而2010年的水稻价格为3元/千克、小麦价格是2元/千克。由此可见，农民生产经营的投入产出比越来越低，农民的负担也越来越重。而山区地方由于交通不便，向外运输成本加大以及传统的种植生产模式导致农产品价格上不去，农民的辛勤劳动只能换取低廉的回报。近年来，虽然大多数地方减免了农业税和义务教育学杂费及书本费，但是诸如集资修路、医疗、高中及以上教育所需费用有增无减，实际上农民负担重的问题并没有得到根本解决，这也间接导致农民负担加重，即从土地上获得的收益不能弥补投入其上的成本。

3. 农业基础设施薄弱，抗灾能力较差

山区农业是一项抵抗灾害能力较差的产业，极容易受到自然灾害的影响——干旱、水灾、暴风雨等的影响，导致农业生产得不到保障。山区农村经济发展缓慢，资金严重不足，经济落后，财政自给能力差，缺乏相应的资金投入农田水利、田间水道、水土保持等基础设施建设，导致农田附属设施比较薄弱，农民一般情况都是"靠天吃饭"、"靠天种地"。农民在土地上的投入因天灾而少收甚至绝收。比如在2010年平昌县白衣镇的特大洪灾导致罗家坝损失将近8万元的农业收入，另外还有商品、房屋等损失合计86万。天灾严重挫伤了农民种田的积极性，使得很多农民宁愿放弃土地，所以也就造成大量的土地闲置。

4. 我国存在着政府干预下的农村金融抑制，农村金融长期存在的城乡二元金融结构[6]

由于政府的人为干预，过高的利率限制了资金融通，导致农村金融水平低下。

例如中国人民银行规定，对于农业贷款利率，商业银行可以上浮30%~60%，农村信用合作社最高可以上浮20%~30%，使得平均农业贷款利率高达10%以上。这么高的利率，一般农民基本上不能承受。在我国农村中，由于土地是农民最主要的资产，也是农民在信贷活动中最主要的抵押资产，金融机构对这些信息是完全掌握，这样势必会在融资过程中增加信息不对称程度和风险，这将大大降低土地的抵押价值，降低了农民从金融机构获得资金的能力，阻碍了闲置土地的挖掘。

（三）生态鸡养殖园所面临的机会（opportunity）

1. 市场需求的高规格化

消费者对健康、环保食品的要求越来越高，生态鸡养殖以农大3号为养殖对象，并以相当高标准的饲料配给，这就不仅符合国家的生态环保标准，也充分满足了消费者对健康、环保饮食的需求。

2. 市场潜力巨大

家禽一直是农村的传统养殖对象，但都是零散、仅供自给自足的。全国虽然有一些农村养殖大户在进行家禽规模化经营，但由于都是单独经营，资金、技术水平有限，缺乏专业知识的指导，通常都是小打小闹，还是不能有效满足消费者对肉蛋鸡的需求。而平昌县邱家镇10万只生态鸡养殖园的建设具备充足的资金、专业的管理水平、较高的技术水平，规模化的生产经营，不仅能在这一行业起到带头作用，而且能够满足源源不断的市场需求。

3. 国家宏观政策引导有利于农村金融发展。

2008年，党的十七届三中全会通过了《中共中央关于推进农村改革发展若干重大问题的决定》[9]，对农村土地使用权的进一步明晰及其使用期限的"长久"延长，保证了土地产权权能的充分发挥，恰恰为发展土地金融创造了产权基础。根据产权经济学理论，通过保障和稳固土地使用权权能，延长土地使用权期限，可以促进土地使用权的流转和交易，提高土地使用权作为抵押资产的价值，从而提高农民的信贷能力。农民信贷能力的提高，一方面使在家务农的农民可以获得更多的农业生产要素；另一方面使进城打工的农民可以获得更多谋求城市生存和发展的"发展基金"。很多学者指出，通过提高土地产权权能的方式来促进农村经济增长的渠道和机制。本文也主张，提高土地产权权能，合理运用土地金融模式，对农村经济增长的将起到正面作用。

（四）生态鸡养殖园所面临的威胁（threats）

土地闲置不仅浪费了宝贵的土地资源、加剧了人地矛盾，阻碍了农村的农业基础设施价值的发挥。土地闲置也让农业投入遭到浪费，丧失了可耕地质量和保护生态环境的功能，而承包制的制度性缺陷会通过抑制农村金融发展而抑制农村经济增长。

1. 土地资源闲置加剧人地矛盾

大量土地闲置不仅导致土地资源的浪费，还加剧了人地之间的矛盾。我国人口众多，可耕作土地量却有限，只有0.1公顷/人，还不到世界平均值0.32公顷/人的

1/3。平昌县的人均耕地仅仅约 0.07 公顷/人，而且土地质量很差、贫瘠、土层薄、自然灾害比较严重。土地闲置就导致人均耕地更少，加剧了人地矛盾，影响平昌县整体经济的发展；粗放的经营方式以及投入的减少造成农产品产量降低，农民收入减少，农业产值增长缓慢，整个农村经济发展水平滞后，阻碍了平昌县经济的发展，威胁着农民生活水平的进一步提高。

2. 耕地质量和生态功能衰退

土地一旦闲置起来，其质量会逐渐降低，因为土地表层裸露过后，土地的抗侵蚀能力会降低，土壤物理性质也会变差。四川土壤以红壤为主，一是本身就很贫瘠，一旦闲置，便会杂草丛生，而杂草树木会吸收掉土壤中的养分，使得土壤的物理性质进一步变差；二是闲置后的土地会有农村牲畜的踩踏放养，会让土地质地变得更硬、更紧，来年再重新开垦的难度会加大；三是土地表面一旦缺失了覆盖物，大风大雨来临时就会造成水土流失等生态问题。

3. 承包制的制度性缺陷会通过抑制农村金融发展而抑制农村经济增长

一方面，农业生产现代化要求通过机械化的技术模式和农场化的组织模式来实现规模经济效应，而这两种模式都要求有足够的资金支持；另一方面，城市化和工业化引致大量的农村人口向城市迁移，这些进城打工的农民需要大量的技术培训资金（人力资本投资）和创业资本。这两方面都需要足够的农村金融支持，但由于农用土地产权制度缺陷，使得农民最主要的资产——土地（准确来说是土地使用权）无法成为农村金融发展的基础。[8]土地产权的不确定和不稳定，导致土地流动性不足，土地交易成本非常高。根据经济学原理，可交易性差的资产很难金融化，流动性不足的资产由于无法准确定价而无法作为金融化的基础。这就形成了一个恶性循环。土地产权权能不足使得农业生产效率低下，可作为信贷融资基础的土地抵押价值低（如果法律禁止土地使用权抵押，抵押价值就为零），农业生产由于缺乏金融支持，只能进行简单化和粗放式生产，进城打工的农民也无法进行人力资本投资，只能出卖简单的劳动力。而这进一步增加了农村人口向城市的迁移，导致农村家中的农用地和宅基地基本处于闲置状态，又进一步降低了农用土地的价值，使得农村金融支持更少，从而出现了乡村农民和城市民工双重贫困的现象。而要解决这种现象需要土地金融的创新。

（五）SWOT 四种不同类型的组合分析

SWOT 组合形式即以下四种：优势—机会（SO）组合、弱点—机会（WO）组合、优势—威胁（ST）组合和弱点—威胁（WT）组合，这四种组合模式通过图 3 表示。

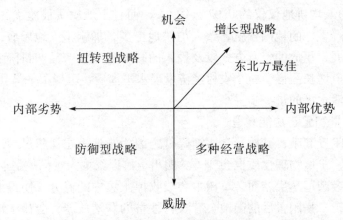

图3　SWOT 四种不同类型的组合图

优势—机会（SO）战略是一种发展企业内部优势与利用外部机会的战略，是一种理想的战略模式。生态鸡养殖园占据闲置土地优势，然后可充分利用充足的资金、专业的技术手段和较高的管理水平发挥自身优势，然后结合国家政策方面的鼓励支持，不仅可以在短时间内扩大养殖规模，增加经济收入，还能占有更多的市场份额。

弱点—机会（WO）战略是利用外部机会来弥补内部弱点，使企业改劣势而获取优势的战略。生态鸡养殖园建设因为选址在坐落于川东北地区的平昌县山区农村，所以地理位置不是很优越，交通一直是制约当地经济发展的主要因素，所以应结合新农村建设、农业综合开发，彻底消灭交通瓶颈现象，加快农村与农村、农村与城市之间的连接的步伐，改善农村、农民和农业现状。除此之外，政府应该也对大学生回乡创业项目的资金补贴支持。所以基于这种组合时，生态鸡养殖完全可以依靠政策优势，克服交通条件的困难，趋利避害，达到最理想的盈利状态。

优势—威胁（ST）战略是指企业利用自身优势，回避或减轻外部威胁所造成的影响。伴随着行情好转，养殖业有利可图，必然会吸引更多的新进入者，形成更大的竞争，改变原来博弈的均衡，进而对该企业的发展形成威胁。与此同时，企业可以依靠资金优势、技术优势、管理优势和政策优势加快产业升级，形成养殖生态鸡产业链，发展规模经济，加大新品种、新技术研发力度，从而降低生产成本，以求得在发展中赢得市场甚至赢得更好的发展契机。

弱点—威胁（WT）战略是一种旨在减少内部弱点，回避外部环境威胁的防御性技术。交通不便是制约平昌县生态鸡养殖园最根本的因素，而基于 WT 这一战略形势，就必须实行"一线多销"的销售模式，只有避免零散的销售模式，才能有效降低运输成本。

五、结论

平昌县生态鸡的养殖范式会形成一个较高的农业经济产出水平，目前也是发展土地金融的一个良好时机。结合当前我国农村闲置土地问题以及城市化和工业化背景，按照金融化程度由低到高，本文简要介绍以下借鉴的土地金融模式，为合理利用山地发展生态养殖产业提供参考。

（一）土地信用合作社

土地信用合作社的货币化和信用化程度非常低，是土地金融的最低级模式，实际上是一种土地托管机构。拥有闲置土地和进城打工无暇耕种土地的农民，可以申请将土地存入土地信用合作社，土地信用合作社通过对农民土地进行实地考察和测量，计算出所存土地的面积和质量，与存地农民签订存地合同（相当于存折），农民按照合同规定获得利息。土地信用合作社吸收闲置土地后。会从地理位置或者土地成分上大体对土地进行整合和改善，然后将土地贷给那些具有规模生产技术条件或者进行乡村企业投资的贷地人，并收取高于存地利息的贷地利息，获取利差。整个土地信贷过程实际上采用了"反租倒包"的形式。

（二）土地融资租赁

实际上，土地信用合作社并无法发挥土地金融机制在跨期生产中的经济增长效应。土地金融机制功的发挥需要一种杠杆融资程序，即以当期的土地作为抵押，为下一期的生产提供资金支持，也就是如同在生态鸡养殖过程中描述的在各期生产环节之间建立一种动态作用机制。农民既不需要让渡地产权，又能获得资金支持。这就类似于"融资租赁"中的"售后回租"模式。这样一方面保证了土地价值的实现，另一方面又获得了额外的资金支持，只要土地收益率有保证，势必会形成经济增长效应。

（三）土地证券化

本文以挖掘农村闲置土地为切入点，分析了挖掘农村闲置土地作为一种正的制度冲击，通过土地金融机制所发挥的农村经济增长效应。既对挖掘农村闲置土地不足导致的二元金融结构和农村金融贫乏进行了分析，又对土地金融在跨期生产中所起到的杠杆融资效应进行了分析都旨在阐述同一个道理：挖掘农村闲置土地不足会通过抑制农村金融发展，导致农民在农村和城市中的双重贫困。农民的价值在很大程度上取决于土地的价值，而土地的价值又很大程度上取决于土地。在土地金融的实际操作上，本文提出了几种可供选择的模式：土地信用合作社、土地融资租赁和土地证券化。这些土地金融设计虽然金融化程度不一样，但最终的目的都在于发挥土地金融功效：在土地所有权归国家和集体所有的制度束缚下，促进资金由城市向农村回流，消除二元金融结构，缓解农村金融贫乏。

参考文献

［1］李珍贵. 充分利用闲置土地 确保18亿亩耕地红线［C］. 中国土地学会625论坛——第十八个全国"土地日"：坚守耕地红线，节约集约用地，构建保障和促进科学发展的新机制（论文集）. 2008.

［2］余泳海，马玉良. 弃耕现象不容忽视［J］. 农村经济，1997（5）：34-35.

［3］邵代兴，何腾兵. 山区闲置土地资源的开发利用［J］. 山地农业生物学报，2007（2）：12-13.

［4］钟叶均. 四川农村土地资源的节约利用及对策研究［D］. 成都理工大学，2007.

[5] 宁中华. 节粮小型蛋鸡农大褐3号的市场开发潜力 [J]. 山东家禽, 2002 (2): 25-26.

[6] 黄其正. 如何看待当前农民弃耕现象 [J]. 中国改革, 2000 (9): 44-45.

[7] 刘冬梅, 冯芝军. 关于农民弃耕情况的调查 [J]. 江西农业经济, 2001 (3): 2-3.

[8] 宁中华. 农大3号节粮小型蛋鸡介绍 (二) [J]. 养殖技术顾问, 2002 (6): 17-18.

[9] 中国人民银行西安分行金融研究处. 宁夏"土地信用合作社 (土地银行)"和农村资金互助合作社发展的启示 [J]. 西部金融, 2008 (7): 19-21.

[10] 方文. 中国农村土地流转的制度环境: 农户行为和机制创新 [M]. 杭州: 浙江大学出版社, 2012: 57.

温州民间借贷困境及其政策分析

兰 虹[①]

【 西华大学经济与贸易学院 四川成都 610039 】

[摘要] 民间借贷作为温州模式的一个重要内容和组成部分，在温州经济的发展过程中发挥了极其重要的作用。虽然其规模随着金融体制改革的深入正在不断缩小，但其在温州民营发展过程中的地位依然是不可替代的，我们应该对此进行深入的分析和研究，探讨其发展的新趋势和规律，引导其健康发展，让其在温州经济的发展过程中继续发挥重要作用。

[关键词] 温州模式 民间借贷 借贷危机 金融体制

一、温州民间借贷的现状

（一）民间借贷的概念

最高人民法院司法解释："民间借贷是指公民与公民之间、公民与法人之间、公民与其他组织之间的借款，只要双方当事人意思表示真实即可认定有效，因借贷产生的抵押物相应有效。"在银监会和法律规定下的范围内，民间借款和融资利率不高于同期银行贷款利率的四倍均合法，受国家法律保护。抵押借款率一般控制在抵押物价值的 30%~70% 以内，安全有保障。民间借贷分为民间个人借贷活动和公民与金融企业之间的借贷。民间个人借贷活动必须严格遵守国家法律、行政法规的有关规定，遵循自愿互助、诚实信用原则。

（二）温州民间借贷发展的现状

民间借贷的资金主要来源于以下几个方面：一是商人在生产经营过程中的积累；二是城乡居民的劳动收入和历年的积蓄；三是来源不明资金，如一些灰色收入，多见于高利贷者；四是借入资金，包括向银行借入和向亲戚朋友借入。在资金来源中，自有资金占绝对比重，借入资金占的比重很小。

温州民间借贷的传统模式主要攀附在亲缘与地缘之上，但各类担保公司的介入，打破了这一传统的借贷纽带。温州民间借贷中最具代表性的融资方式为"呈会"，

---

① 兰虹，1962 年生，男，四川资阳人，西华大学经济与贸易学院副院长，硕士生导师、教授，主要从事金融与证券领域的研究。

即亲朋直接共同集资，轮流给彼此使用，这种互助形式慢慢催生出了"掮客"。目前"呈会"在温州已经非常鲜见，代之以形形色色的担保公司、典当行、寄售行等。2007年下半年，房地产成为温州人最狂热的投资领域，但当时经济有过热的风险，国家收紧了银根，导致大量的担保公司开设。一座温州城，就诞生超过250家担保公司。温州当地人大多知道，所谓担保公司，多半干的是地下钱庄的活。但此举将一些在危机中的实体企业卷入高利贷融资，如饮鸩止渴般。金融危机引发市场动荡，一些企业因高额借贷到期无法偿还及其他因素叠加，产生了大规模的倒闭潮。

中国人民银行温州市中心支行（简称温州人行）就温州民间借贷的一项调查显示，2010年贷款规模收紧后，民间借贷利率最高涨至14.37%，与六个月以内央行贷款利率有近10%的利差，这吸引了不少民资借助典当行、担保公司等成为各式各样的民间借贷主体。调查还发现，温州民间借贷容量达到560亿元人民币，有89%的家庭个人和56.67%的企业参与民间借贷，几成"满城借贷"之势，这借贷容量相较于之前当地银监系统所测算的300亿又上升了近两倍。

从民间借贷的利率来看，2011年6月份温州民间借贷综合利率水平是24.4%，月息超过2分，比2010年6月上升3.4个百分点。而且不同的中介有不同的放贷利率，社会融资中介放贷利率是40%左右，小额贷款公司放贷利率是20%左右，一般社会主体之间的普通借贷利率平均是18%。

二、温州民间借贷发生的原因探讨

（一）金融危机后天量的信贷资金

2008年年底，为抗御国际金融危机，中国政府宣布了"四万亿"投资计划。该计划公布后，信贷如潮水一般从金融机构涌出。2009年全年新增人民币贷款高达9.59万亿，而2008年这一指标仅为4.91万亿。当然，温州在此轮信贷大潮中也未能免俗。2009年温州新增人民币贷款1088亿元，而2008年这一指标为585亿元。除此以外，当时温州的贷存比已达85%，这不仅大幅超越了银监会75%的红线，也远高于当时全国67%的贷存比。然而，进入2011年，为了遏制通胀的节节上升，政府开始重拾紧缩的宏观政策，导致相关行业在经济刺激计划退去时出现了严重的产能过剩，进入寒冬。银行的收贷和抽贷等自保政策经过互保、联保进一步扩散、加深了温州民间借贷危机。之前的天量信贷在企业遇到危机时也导致温州银行业不良贷款率的加速上升，

（二）高杠杆率的信贷

突然间出现的大量信贷主要通过房地产抵押贷款和企业互保、联保贷款流入市场。在温州，企业大多会采取多次互保、联保的措施去获得贷款，这样做的好处是1000万元的资产可以为数千万的贷款担保，实际上提高了企业的杠杆率。

在经济上行期间，房地产抵押品的价值会上升，而企业大多处于扩张状态，盈利状况不错，因此无论是房地产抵押贷款，还是互保、联保贷款，其安全度都较高。然而，一旦经济形势逆转，房价可能迅速下跌，由此造成房地产抵押品价值缩水，而企业也可能在较短时间内从盈利转为亏损，一家亏损的企业会通过之前形成的互

保、联保贷款网将危机传染给其他企业。对于一些处于互保、联保贷款网核心的企业而言，一旦出问题，其危机可能迅速扩散开来，并引发"系统性"风险。

（三）相关法律法规的缺失

《放贷人条例》虽然几经修改，但至今没有出台，导致民间借贷活动无法可依。民间借贷手续不完备，缺乏合理的管控和适用的法规支持，一旦出现借款人无法偿还贷款的情况，容易引起纠纷。民间借贷为诈骗和洗钱等犯罪活动提供了滋生的土壤，给一个地区的社会稳定带来一定的风险隐患。

除了"借贷利率不能超过同期银行基准利率4倍"的司法解释外，国家在法律上对非正规金融的主体、客体及其法律关系缺乏制度安排，民间借贷的监管无章可循。由于缺乏有效监管，导致了大量非正规金融机构违规操作，民间借贷纠纷增加，不良贷款率上升。不完善的法律导致非法集资的事件频发，影响民间借贷的正规化和合法化，我们或许可以从吴英案中得到一些启示。

（四）不完善的中小企业服务体系

企业一般通过种两种方式来获取融资：股权方式和债权方式。而在我国，由于大部分中小企业未能达到我国对上市企业的政策法规要求，上市的可能性极小，基本上无法通过股权融资方式来获得发展所需资金。所以，众多中小企业只能通过债权方式来进行融资。而债权融资按照渠道的不同可以分为三类：银行信用、公司债券和民间信贷。而在我国，只有少数大型国有企业才有资格发行企业债券。然而，银行信用对于中小企业有着严格的资格审查要求，这提高了中小企业获取银行信用的成本。所以在权衡之后，众多中小企业可能更倾向于通过民间借贷来筹集所需资金。

行业"隐形限制"的存在阻碍了民间资本进入高利润行业的步伐，民间资本对垄断行业和蕴藏隐形壁垒的行业"可望而不可即"。一部分垄断性行业、基础设施和公共服务等领域都以资金实力、股权限制等各种限制条件推高了准入门槛，致使民间资本"进不去"；另一部分已经向民间资本打开闸门的行业如航空业却因政府干预过多、民营企业缺乏话语权，也使得民营企业的生存异常艰难，民间资本"不敢进"。

而高度竞争的制造业领域让民间资本望而却步，民资进入竞争性行业缺乏直接动力。近几年，实体经济运行困难加大，做实业的平均年投资回报率已经被严重挤压，甚至部分传统竞争性行业已产能过剩，实体经济对民间资本的吸引力在不断减弱。

（五）金融改革的滞后

一方面，市场对金融交易的需求比较旺盛，但是另一方面，金融机构的市场准入限制又比较严格，使得民间资本很难进入到正规金融体系，无法满足广大中小企业的特殊需求。温州民间借贷的迅速蔓延，或许从一定程度上满足了中小企业对于资金的需求。

银行信贷市场和民间借贷市场之间"利率双轨制"的运行，给一些机构和个人成为"资本寻租者"提供了空间，国企、上市公司甚至商业银行陆续成为民间借贷的"二传手",在一定程度上成为民间金融借贷危机的推手,特别是在宏观政策调整期间。

三、温州民间借贷中银行扮演的角色

(一)货币充裕下的民间借贷阴影

2008年第四季度,国家启动"4万亿元投资计划"。从年度安排来看,2008年四季度为1030亿元,2009年为4875亿元,2010年为5895亿元。"4万亿投资计划"保证了当时已经陷入危机的中国经济继续以超过8%的增速发展,同时为地方创造了千载难逢的机会,也催生了各类投融资平台大幅发债的局面。根据温州市统计局的数据,2009年温州市金融机构本外币各项贷款余额4486.68亿元,增长34%;而在2010年金融机构本外币各项贷款余额又在上年基础上增加23%。银行开始了对中小企业前所未有的慷慨劝贷。在银行的盛情诱惑下,很多企业贷了款之后四处寻找投资项目,所以就有了之后房地产的逆势上扬和原材料价格的猛涨等"危机中繁荣"的景象。

股权融资和债权融资本是两个相互独立的融资系统,但2008年后宽松的货币环境却将两个金融系统连接了起来。当企业贷款越多时,就越需要资金来周转。当还钱给银行时,一下子拿不出来那么多钱,就需要借用几天民间借贷;当续贷时,银行一般需要两周的工作日做续贷工作,这两周也需要找民间借贷填补空当。在实业日渐艰难的情况下,很多企业追求以投资为主的多元化经营,实业则仅仅是他们的融资平台而已。

通过银行的数据可以看出银行贷款与民间借贷有密切的联系。2010年,中国人民银行温州市中心支行行长吴国联在调查报告中写道:"目前,温州民间借贷市场处于阶段性活跃时期。估计市场规模约1100亿元,占全市银行贷款的20%。历史上,最近的一次较大规模的调查是2001年末,我们曾经测算过当时民间借贷规模约为300亿~350亿元。在近10年的时间里,温州民间借贷规模增长了2.4倍以上,但同期银行贷款增长了7倍。"

中国人民银行温州市中心支行的监测调查分析,当前1100亿元温州民间借贷资金的具体用途分布如下:①用于一般生产经营的占35%,即380多亿元;②用于房地产项目投资或集资炒房的占20%,即220亿元;③由一般社会主体(个人为主)借给民间中介的20%,220亿元;④民间中介借出,被借款人用于还贷垫款、票据保证金垫款、验资垫款等短期周转的占20%,即220亿元;⑤剩余5%即60亿元为其他投资、投机及不明用途等。后两部分借贷债权或资金(合计40%)没有直接进入生产、投资等领域,而是停留在民间借贷市场上。

(二)银行抽贷:倒下的多米诺骨牌

许多投资都是有周期的,如果在周期内资金减少,即便已经接近投资末期,也可能前功尽弃。为了应对通货膨胀,从2011年1月开始,央行6次上调存款准备金率。截至2012年6月14日,大型金融机构的存款准备金率是21.5%,而1月份未调整之前是18.5%。"这相当于市场有9000亿元资金没有了,引发了金融市场的连

锁反应。"

在资金环境还未紧张的时候，民间借贷松散的形式还能维持，债主对他们拖延利息表示理解，并没有过多追究。但随着八九月份银根紧缩后，银行推倒了这个资金游戏的第一块多米诺骨牌——开始对资质不那么优良的企业抽贷（银行抽贷：银行贷款给企业，在还未到协议规定的还款期限期间，银行认为企业经营出现问题了，要提前收回贷款的行为）。在企业破产、老板跑路的风潮下，民间的债主们纷纷上门挤兑，要求于令刚归还连本金在内的所有借款。民间借贷资金链断裂的危机全面爆发。

（三）民间的自我救赎

虽然资金领域风声鹤唳，但温州仍然有大量民间资本。温州市政府批准成立的国内首个专以民资为服务对象的机构——温州民间投资服务中心的资金库内，已经有180亿元的资金登记在册，希望能寻找到合适的投资项目。温州民间仍然有钱，需要的只是信心。

这或许也是温州中小企业的一个机会——产业转型背景下产生的危机将倒逼金融转型。在这场危机中，民间依靠熟人网络组织的借贷资金链已经显示出了局限性：提供资金的个体能力弱，抗风险能力小，外部环境的改变，让贷款极具不稳定性。在游戏一旦做大后，熟人网络吸纳资金的速度仍然很难与资金游戏的速度匹配。传统依靠债权融资的方式，不得不面临转型。

黄伟建的民间投资服务中心致力于用股权模式将民间资金与项目结合，他的投资服务中心，只与股权发生关系，不与债权发生关系。债主们待公司正常运转起来后，按借款数量的多少，分享公司的利润；债主可以查看账本，监控资金的流向，但并不参与企业的具体管理。这是一种介于股权与债权之间的关系，是民间在危机期间被迫达成的一种风险共担机制，但是这种方式正成为解决温州民间借贷的一种新方式。

四、治理民间借贷危机的政策建议

（一）制定相关法律法规，在法律上明确区别民间借贷行为的合法性和非法性

目前我国最高人民法院《关于人民法院审理借贷案件的若干意见》和《关于如何确认公民与企业之间借贷行为效力问题的批复》等几条司法解释虽在某种程序上承认民间借贷行为的合法性，但都是从民法的角度出发为官司纠纷而做的解释，这些已难以引导和规范民间借贷健康发展。因此，国家有必要制定一部适合国情的《民间借贷法》和《民间融资中介机构和中介业务管理办法》，从法律上明确界定民间借贷的形式、运行方式，在制度设计上为民间借贷双方构建法律保障。颁布《放贷人条例》等相关规范性法规，对民间借贷的性质、资质、利率、税收、额度、风险防范等作出明确规定，能使民间借贷双方和监管部门都有法可循。这样能保护民间借贷各方的合法权益，让庞大的民间资本为经济社会建设发挥更大作用。

（二）加快金融产品创新和加强金融服务

一是鼓励外资和民营资本进入金融行业，建立多层次的、充分竞争的银行体系，提供相对充分的、多样化的金融产品，满足包括中小企业在内的融资需求。二是建

立中小企业信用评价机构，健全信用制度，以解决在融资问题中产生的信息不对称以及"逆向选择"和"道德风险"问题，同时也可减少商业银行贷款的审查难度和监督成本，逐步建立起民营企业良好的信用环境和秩序。三是改善金融服务，增加信贷有效投入，开发完善适应中小企业发展的信贷业务品种，并尽量简化审批环节。

（三）加强金融监管

银监会应切实担负起金融监管职责，规范民间借贷行为。金融监管部门应制定严格的管理规章制度，给予民间金融合理合法的地位；同时也要坚决保护合法的借贷活动，维护债权人的合法权益。充分发挥杠杆的合理作用，增强金融、财政对民间资本的支持力度。完善适应民间资本投资的金融服务体系，加强对民间资本的引导，包括产业投向引导、资金区域流向引导等等。制定和出台进一步利用民间资本的财政政策，如加强财政投资和民间投资的融合，为部分民间资本投资项目提供财政支持等。完善民营中小企业的融资担保体系、以信用担保业务为基础，建立完善包括信用评价、信用担保等在内的社会化信用体系。

（四）保持货币政策的稳定性

当货币政策宽松时，银行会乐于给企业贷款，不少企业利用贷款扩张规模，扩展经营范围，启动一些新项目；若前期基础工作完成了，需要资金投入生产、产生效益时，却遭遇货币政策突然收紧，后续资金跟不上，就会导致企业资金链紧张或断裂，前期投资或许有成为不良贷款的风险；企业在银行求贷无门甚至遭遇逼债，它们对资金的渴求就推动民间借贷升温和高利贷泛滥。因此骤松骤紧的货币调控政策容易引发金融市场的动荡，应该保持货币政策的相对稳定性，货币发行、信贷投放、利率调整等要有前瞻性和预见性。

参考文献

[1] 许经勇，任柏强. 从温州民间借贷危机看民营经济面临的挑战 [J]. 学习论坛，2012（4）.

[2] 唐古荣. 从温州民间融资发展看我国金融改革 [J]. 发展研究，2012（1）.

[3] 蔡晓阳. 对我国民间借贷的思考 [J]. 金融教育研究，2012（1）.

[4] 何萍，万颗星. 解析温州民间借贷 [J]. 企业技术开发，2012（1）.

[5] 钟士取. 温州市中小企业融资及民间融资现状的调查 [J]. 金融发展，2011（7）.

[6] 邹进洋. 中小企业融资问题研究 [J]. 时代金融，2011（27）.

[7] 贺琛，宁萍萍. 对我国民间金融发展问题的思考 [J]. 金融与经济，2011（7）.

[8] 张艳花. 民间金融：如何阳光化 [J]. 中国金融，2011（14）.

[9] 飞翔，龙玉国. 温州民间借贷研究 [J]. 中国证券期货，2010（3）.

[10] 韩雪萌. 透析高利贷产业链-民间借贷何时结束疯狂之舞 [N]. 金融时报，2011-10-10.

[11] 张玫. 温州民间借贷真相调查：担保公司异化成地下钱庄 [N]. 经济日报，2011-10-10.

中资银行与外资银行理财业务发展比较研究[①]

孙从海[②]

【西华大学经济与贸易学院　四川成都　610039】

[摘要]　随着改革开放的深入发展，尤其是 2001 年中国加入 WTO 之后，在华设立分支机构开展业务的外资银行逐年增多，金融市场的竞争格局发生着深刻变化，促进了金融市场的运行效率。本文在对目前中资银行与外资银行理财业务比较研究的基础上，试图找出各自的发展特点与竞争优势，探索出促进中国银行理财市场健康发展的业务模式选择。

[关键词]　中资银行　外资银行　理财业务　比较研究

一、银行理财产品研发：中资银行与外资银行差别明显

（一）从产品研发支持来看，中资银行理财研发更依赖于内部，而外资银行则相对独立

从组织构架上看，目前，中资银行理财研发团队大致有四种形式：一是把理财产品研发放在金融市场部或资金部；二是把理财产品研发放在零售业务部（有些银行也称为个人业务部或个人金融部）；三是把理财产品研发放在财富管理中心；四是独立的理财产品研发部门。

银行理财业务不同于银行传统的中间业务，它涉及金融市场部或资金部、零售业务部、计划财务部、会计结算部、法律合规部、风险管理部、信息科技部等多个部门，将理财业务研发放在不同部门，可能因为各家银行的组织架构设置不同，如部分银行将财富管理中心设置在零售业务部之下，也有一些银行将财富管理中心与零售业务部设置为平行部门，不同银行出于自身情况的考虑，就有可能将理财产品

①　本文是四川省哲社规划项目《财富管理与居民财产性收入相关性——基于四川省银行理财市场数据的考察与分析》（项目编号：SC13JR06）的部分研究成果，并获得西华大学社科研究重大项目（项目编号：w13212187）的资助。

②　孙从海，西华大学经济与贸易学院副教授，硕士生导师。主要研究方向：金融市场和商业银行管理。

研发放在不同部门；此外，也可能是理财业务发起部门不同。例如，拥有客户资源的零售业务部，可能基于投资者的理财需求而发起或牵头组织进行理财产品研发，而拥有投资渠道和金融市场工具交易经验的金融市场部或资金部，可能基于投资的需要而发起设立理财产品研发团队。

值得注意的是，无论将理财产品研发放在哪个部门项目下，都需要一个部门牵头，同时更为重要的是需要总行高管人员重视这个业务的发展，因为要涉及多个部门之间的合作，总行高管在整合理财业务相关部门并促进部门间合作、利益分配、权责划分、考核和激励制度安排等方面发挥着重要的作用。因此，中资银行理财产品研发除了取决于自身理财研发团队的研究与开发能力外，还取决于高管对理财业务的重视程度、相关部门的合作程度、部门间权责划分和考核激励制度等因素。

与中资银行相比，外资银行理财产品研发则相对独立。虽然外资银行在华理财产品开发同样需要涉及产品部、合规部、法务部以及高管责任，但它们更多地可以直接利用母公司研发团队的力量。例如，花旗银行在做理财产品开发时可以使用花旗亚太区的"卓越中心"。花旗在新加坡的亚太总部有一个在资本市场和金融工程方面的现有团队，也有很多已经建立好的交易对手和交易平台，他们可以通过这个平台更灵活地设计产品，甚至去执行一些产品策略。

（二）从产品研发方向来看，中资银行与外资银行明显不同

中资银行尤其是为数众多的城市商业银行，理财业务的核心是发展债券和货币市场类理财产品。一方面，因为近年来国内股票市场持续低迷，房地产投资风险逐步加大，而融资类理财产品开发受到严格监管，而债券和货币市场类产品风险较小、收益稳定，可以满足大众理财的需求；另一方面，由于城市商业银行理财业务起步较晚，它们的资金部往往更熟悉和擅长进行传统的货币市场工具和债券品种的投资，将理财资金投向自己熟悉的投资领域也是自然而然的选择。因此，货币市场工具和债券品种以及包含它们的组合投资工具是中资银行理财产品最主要的投向，主流产品类型决定了中资银行理财研发的重心必然是对债券市场的研究。从目前整个中资银行理财业务开展的情况来看，理财产品研发在债券品种和债券发行主体的甄选以及债券资产池的运作等方面投入了更多的研究精力。

外资银行主流理财品种为结构性产品和 QDII 产品。其中，结构性产品可能要挂钩到海外利率市场、汇率市场、资本市场、贵金属市场，而 QDII 产品投向更为宽泛，海外基金、海外成熟市场的股票和债券都可以是它的直接或间接投资对象，所以外资银行更加关注对国际宏观经济、外汇市场、成熟股票市场和债券市场、黄金及其他大宗商品的研究。这也与外资银行的国际化背景有关，受母公司悠久经营历史的影响，外资银行对境外资本市场有着深刻的理解，具备丰富的海外投资实战经验。外资银行可以依托其母公司的国际化投资研发团队，这些团队不仅具有高水平的衍生工具交易平台，而且在国际上拥有成熟的交易对手，这些研发资源正是中资银行所不具有的。

二、银行理财资金运用：中资银行与外资银行平分秋色

（一）中资银行理财产品资金主要投资于债券和货币市场

据统计，2011 年 1 月至 2012 年 9 月，商业银行共发行理财产品 47 182 款，债券和货币市场类理财产品发行 23 971 款，占比达 50.80%，其中，中资银行发行了 23 948 款债券和货币市场类理财产品。因此，仅从中资银行的产品发行情况来看，统计期间债券和货币市场类产品市场占比达到 53.19%，而人民币债券和货币市场类产品占比达 44.58%。可以看出，中资银行发行的理财产品主要集中于债券和货币市场类产品，而人民币债券和货币市场类产品是最主流的品种。人民币债券和货币市场类产品以收益稳定为特征，该类产品受到稳健性客户的青睐，而银行间货币市场和银行间债券市场是各中资银行的传统投资领域，人民币债券和货币市场类理财业务自然就成为了中资银行的优势理财业务。但值得注意的是，理财产品的收益率与国内经济走势高度相关，受经济放缓和利率下调的影响非常明显。

（二）外资银行主要发行连接海外市场的结构性理财产品和 QDII 产品

据统计，2011 年 1 月至 2012 年 9 月境内各商业银行发行结构性理财产品 2703 款，其中，外资银行发行 2086 款，占比达 77.17%，而中资银行仅发行了 617 款。结构性理财产品成为外资银行理财的主流产品，主要有两个原因：从市场角度来看，为了满足不同类型投资者的需求，完整的银行理财市场理应由不同风险—收益类型的产品所组成，而不能只由风险、收益相对固定的债券和货币市场类或信贷类产品组成，部分风险承受能力较强且对收益有更高要求的投资者需要通过结构性理财产品得到投资需求的满足；从银行角度来看，一方面，由于中国银行间债券市场不是外资银行传统的投资领域，这必然会促使外资银行另辟蹊径，开发符合监管法规要求和市场需要的理财产品；另一方面，结构性理财产品要求其发行银行具备较高的风险控制能力和管理能力，同时还必须对衍生金融工具有较深刻的认识和理解。作为纵横国际资本市场多年的各大外资银行，显然在这方面具有较大的优势。

外资银行致力于发展结构性理财产品，主要体现在如下几个方面：

（1）外资银行可开发的挂钩品种较多，全球范围内的利率、汇率、贵金属以及股票等都可以成为挂钩对象。因国内的基础产品交易市场发展不成熟，更缺乏高质量的金融衍生品交易平台，这就使得中资银行无法利用自己熟悉的国内投资品种进行结构性理财产品开发，而外资银行几乎不对国内基础市场存有依赖性。

（2）结构性理财产品开发需要强大的全球金融市场研究能力和较高的风险控制水平。外资银行或其母公司通常有国际化的投资研发团队，得益于母公司悠久的经营历史、经过市场沉浮后对资本市场的深刻理解和多年从事利率市场、汇率市场及海外股票市场交易的经验，外资银行在这类产品开发中具有明显优势。

（3）外资银行具有高效的 IT 系统。几乎所有的主流中资理财产品开发银行都认可结构性理财产品开发需要一个强大的 IT 系统，部分有先觉意识的银行还专门去海外考察学习，而外资银行借助母公司的技术资源，已经将国际化高水平的 IT 系统在结构性理财产品设计和开发中进行了广泛的运用。

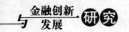

三、银行同业产品引进：中资银行优势明显

（一）中资银行引进同业产品种类丰富，多方受益

目前中资银行凭借庞大而密集的网点网络，已经成为国内最大的金融产品代销平台，投资者可以通过银行渠道购买到主要金融机构的投资理财产品，包括证券投资基金、保险产品、券商集合理财产品、信托产品及黄金交易产品等。种类丰富的同业产品引进，使得中资银行在多个方面获益匪浅：

1. 丰富的产品种类能满足不同的客户需求，维系广泛的客户群体

不同金融机构的投资理财产品在风险性、流动性和收益性上都有显著的不同，可满足不同类型的客户需求，如银行代销的银保产品，兼具资产保值增值和保险的"保障"功能，其风险性较小，但是流动性却很差，该类产品期限较长，而且只有持有到期才能获得较好的收益率，因此，该类产品适合保守型且有充足流动性的投资者；而银行代理的上海金融交易所的黄金 T+D 交易，通过保证金交易，收益性高，流动性好，但同时风险性也很大，适合激进型的投资者。现阶段各金融机构的投资理财产品基本上能满足保守型、稳健型、平衡型、进取型和激进型的客户需求，这意味着中资银行可以通过引进同业产品，来满足不同类型的客户需求，借此扩展客户群体，维系客户关系，并在此基础上促进自身的业务发展。能与广泛的客户群体保持长期稳定的联系，无疑是中资银行最大的优势。

2. 中资银行引进同业产品丰富，使得中资银行为客户提供"一站式"的综合理财服务成为可能，促进理财市场的深化发展

中国银监会 2005 年颁发的《商业银行个人理财业务管理暂行办法》将个人理财业务界定为：商业银行为个人客户提供的财务分析、财务规划、投资顾问、资产管理等专业化服务活动。同时按照管理运作方式的不同，个人理财业务进一步分为：理财顾问服务和综合理财服务。前者是指银行向客户提供的财务分析与规划、投资建议、个人投资产品推介等专业化服务；后者是指银行向客户提供前者服务的基础上，接受客户的委托和授权，按照与客户事先约定的投资计划和方式进行投资和资产管理的业务活动。从目前中资银行提供个人理财服务的现状来看，中资银行提供的个人理财服务还处在自行设计和销售理财产品以及推介其他金融机构的理财产品的初级阶段，离上述理财顾问服务和综合理财服务都有较大的差距。

3. 广泛引进同业产品促进同业合作交流

广泛引进同业产品，增加了中资银行与其他金融机构交流合作的机会，便于中资银行学习其他金融机构的投资管理经验，增强自身业务能力，同时也为银行理财资金增加了新的投资渠道。其中，中资银行与信托公司的合作最为典型，中资银行与信托公司的合作，始于中资银行代销信托产品与托管信托资金，后来逐渐发展为中资银行和信托公司合作发行理财产品，银信合作理财产品甚至在一段时间里成为中资银行理财产品占比最大的产品。银行具有极大的资金量和丰富的客户资源，但是资金运用受到限制，投资渠道较窄，而信托的资金运用则受限较少，但是筹资渠道较窄，银信合作产品正好实现了两类金融机构的优势互补。引进同业产品增强了

同业沟通交流的机会，有利于同业的深化合作。

4. 广泛引进同业产品加速中资银行战略转型

自 2004 年开始，中资银行陆续提出战略转型，如招商银行 2004 年提出加速发展零售业务、中间业务；工商银行 2005 年提出实施第一零售银行战略，加快中间业务发展速度。中资银行的战略转型主要集中在两个方面，在业务结构方面以零售业务作为战略重点，而在收入结构方面以中间业务为重点，扩大非利息收入。而引进同业产品，在业务结构和收入结构方面都有利于中资银行战略转型，首先，广泛引进同业理财产品，毫无疑问可以促进银行个人理财业务的发展，从而助力银行零售业务。其次，代销同业产品，可以增加中间业务收入来源。

（二）中资银行大力引进同业产品，面临潜在风险

中资银行大力引进同业产品，使得银行在多个方面获益，但也存在潜在的风险，这个风险主要是声誉风险。银行代销产品，理论上银行不需要承担太多的责任，但毕竟投资者通过银行渠道购买理财产品是基于对银行的信任，而当风险事件发生时，投资者往往是找银行"算账"。而且中资银行代销同业产品众多，而投资者容易将代销投资理财产品与银行自主管理理财产品混淆，认为只要是通过银行渠道购买理财产品都是银行自主管理产品，银行为产品的投资管理负责，而当代销产品发生风险时，往往也给银行造成较大的声誉损失。

造成这一现象的主要原因在于，我国理财市场起步较晚，投资者金融知识还相对比较缺乏，而银行在投资者教育方面也做得不够，从现阶段中资银行个人理财服务的现状来看，中资银行在开展个人理财业务时，更多的只是理财产品的营销，而忽视了理财业务中的服务性，甚至出现为了销售产品而故意模糊银行自主管理产品和代销产品的概念。因此，中资银行在大力引进同业产品时，必须加强业务管理，健全相应的风险管理制度和操作流程，在产品销售过程中应当向客户充分揭示产品特点、属性和风险性，保证将合适的产品销售给合适的客户。

（三）外资银行可引进的同业产品较少，业务发展受限

与中资银行相比，外资银行可引进的同业产品极为有限。目前仅有代理保险业务和代销证券投资基金，而且业务起步较晚。外资银行引进同业产品受限，在以下几个方面影响着外资银行的业务发展：

1. 同业产品引进受限，约束着外资银行的财富管理能力和手段

不能有效地引进同业产品，意味着无法满足客户多元化的投资需求，也意味着外资银行不能有效地利用自身和同业产品的互补优势来开展理财业务，而需要通过不断增加自身产品的广度和深度，来满足不同的客户需求，这必将增加外资银行开展理财业务的成本，更难以提供最佳的个人资产组合投资方案。

2. 同业产品引进受限，增大外资银行经营压力

中国人民银行 2012 年 6 月 7 日宣布，自 8 日起将金融机构存款利率浮动区间的上限调整为基准利率的 1.1 倍，将金融机构贷款利率浮动区间的下限调整为基准利率的 0.8 倍，央行此举，被认为是拉开了我国利率市场化改革的序幕。对商业银行而言，此次调整后存款利率明降暗升，表面上自 3.5% 下调至 3.25%，而浮动空间扩大至 1.1 倍后，实际可达 3.575%，为争夺客户资源，不少银行在该政策宣布后几日便将存款利率一浮到顶，而贷款利率下浮，使得实际贷款基准利率降为 5.679%，银行息差由此前的 3.06% 显著压缩至 2.104%，降低近 1 个百分点。息差的大幅降低，将会对银行的经营业绩造成显著压力，使得提升中间业务收入变得更加迫切。而引进同业产品受到限制，限制了外资银行拓宽中间业务收入的渠道，使得外资银行在资产负债业务和中间业务上两面承压。

3. 基金代销开闸，为外资银行理财业务松绑

2011 年中国证监会颁布新的《证券投资基金销售管理办法》规定，在华外资法人银行可以向中国证监会申请基金销售业务资格，自此基金代销业务正式向外资银行放开。外资银行代销本地基金，将对外资银行现有财富管理产品提供有益的补充，外资银行可以在提供境外基金类产品和结构性票据等投资于海外市场的产品外，还可以为境内客户提供本地产品，便于外资银行为客户提供更为完善的财富管理方案和财富管理工具。

四、理财业务服务：中资银行与外资银行各具优势

（一）中资银行网点众多，提供理财服务更加便利

中资银行网点众多，这无疑是中资银行较外资银行在开展理财业务、为客户提供理财服务时的一大优势。目前，我国绝大多数理财客户还习惯于实体网点服务，因而网点是现阶段客户享受理财服务最直接有效的渠道，较少的网点数量使得大部分客户失去了享受银行理财服务的便利性。另外，个人理财业务面对分散的个人客户，若没有一个布局合理的网点网络，商业银行很难与客户群体建立起紧密联系，无法快速积累理财客户资源。目前，汇丰银行在中国境内有网点 131 个；东亚银行有网点约 110 个；渣打银行有 22 家分行和 67 家支行；花旗银行有 48 家零售银行网点；恒生银行有 43 个网点，而且这些网点大多集中在经济发达的沿海地区和大型城市，分布不均覆盖面窄。相较于中资银行，特别是国有商业银行庞大的网点网络，外资银行在中国境内的网点数量是相形见绌。以工商银行为例，目前工商银行境内分支机构共有 16 609 家，包括一级分行 31 家，直属分行 5 家，一级分行营业部 26 家，二级分行 396 家，一级支行 3076 家，基层营业网点 13 075 家，这些分支机构和经营网点不仅"点多面广"，而且呈均匀分布的格局。

外资银行要在理财业务上与中资银行展开竞争，让更多的客户享受其理财服务，网点瓶颈亟待解决。自 2011 年起，外资银行网点已成加速扩张之势，并且逐步加大中西部地区布局。花旗银行 2011 年新开网点 12 家，是近年来扩张最快的一年，同年花旗银行南京分行、长沙分行开业，花旗智能银行零售网点落户重庆机场；渣打银行目前的 88 个网点中有约 20 个是在 2011 年新开的，济南分行、长沙分行于 2012 年开业；2012 年 1 月，星展银行重庆分行开业；2012 年 6 月，汇丰银行清远支行开业。网点的扩张，有利于拉近外资银行与客户的距离，使外资银行变得更"亲近"。

（二）外资银行在服务渠道和服务内容上占有优势

目前，中资银行提供理财服务的渠道主要有网点服务、网上银行服务、手机银

行服务，尽管中资银行越来越重视网上银行和手机银行等电子银行渠道的拓展，并不断通过各种手段来促进电子渠道的发展，如为鼓励客户通过电子渠道购买理财产品，中资银行还特意发售网银专属理财产品和手机银行专属理财产品，这类产品在预期收益率上一般较网点销售的同类产品高出 0.10~0.20 个百分点，而且只能通过网上银行和手机银行购买。但是相较于网点服务来说，电子银行渠道仍然相对较弱，客户仅能通过电子银行渠道了解账户情况及银行理财产品信息和申购理财产品，满足一般性的投资理财需求，很难满足客户进一步的综合理财服务需求，通过网点来提供理财服务仍然是中资银行的主要渠道。

相较于中资银行而言，外资银行在网点建设方面无法与中资银行抗衡，但是外资银行在渠道多样性以及通过不同渠道提供的理财服务的丰富性方面要显著强于中资银行，在一定程度上弥补了网点不足的缺憾。除营业网点、网上银行和手机银行外，外资银行一般还有电话银行和传真指令服务来为客户提供理财服务，而且提供的服务不仅限于查询和购买理财产品等简单的业务，客户同样可以通过网上银行和电话银行等获得专业的理财顾问和咨询服务。

（三）外资银行在服务方式和理念上更加完善

纵观国内外理财市场的发展，国外开展理财业务的历史要远远早于国内，早在20 世纪 30 年代，欧美等发达国家的理财业务已经在开始萌芽，并在 60 年代中后期逐渐发展成熟起来。外资银行在长期开展理财业务的过程中，积累了丰富的财富管理经验和手段，形成了较为完善的服务方式和理念。随着金融现代化的逐步深化，客户服务水平将变得越来越重要，而这也是外资银行的在国内开展理财业务的一大核心竞争力。

外资银行早已实现了从出售产品到出售理财方案的转变，而中资银行目前还多处于前一阶段。在外资银行看来，客户不再是单一产品和服务的被动接受者，银行也不仅为客户提供单纯统一的产品和服务，外资银行更强调的是个性化的综合理财服务，包括了解客户的资产状况和财务信息，根据客户的投资需求和投资目的提供顾问建议和理财计划设计，根据客户自身情况和市场变动不断地对理财计划进行调整和优化。针对最富有阶层，外资银行提供的财富管理服务更是无所不包，涉及生活和家庭的方方面面。

不过中资银行正在努力追赶，竭力改变这种不利的境地，通过开设的私人银行和财富管理中心等方式为高净值客户提供一对一个性化的财富管理业务。高端客户一直以来是外资银行的最主要目标客户群体。随着中资银行加大对高净值客户的争夺以及财富管理经验的不断丰富和完善，未来中资银行和外资银行在财富管理领域的竞争将日趋激烈。

参考文献

［1］西南财经大学信托与理财研究所. 中国理财市场发展报告（2011—2012）［R］. 北京：中国财政经济出版社，2012.

［2］孙从海. 中国独立第三方理财服务市场发展研究［J］. 金融理论与实践，2011（12）.

从我国输往国外太阳能光伏产品争端解决看WTO《与贸易有关的投资措施协议》

吴总建　陈　妍[①]

【吴总建　西华大学经济与贸易学院　四川成都　610039】
【陈　妍　四川水利职业技术学院　四川成都】

[摘要] 近些年来，我国太阳能光伏产品出口屡遭欧美国家"双反"调查，并征收高额"双反"惩罚性关税，致使该产业上百家企业多次蒙受巨大经济损失，对于这种困局的解法，地方当局及出口企业应充分利用WTO规则中《与贸易有关的投资措施协议》的有关规定，转变经营思想，改变传统营销观念，变出口为对外直接投资，在东道国内设厂建站，以避免国外采取贸易保护措施，促进企业良性发展。

[关键词] 光伏产品　争端解决　投资措施协议

2012年11月7日，美国国际贸易委员会通过了对我国晶体硅光伏电池及组件征收"双反税"的终裁，反倾销税率分别为18.32%与249.96%，反补贴税分别为14.78%与15.97%，同年9月和11月，欧盟行业协会也向我国相关太阳能光伏企业提出了反倾销和反补贴调查，紧随美国之后。2013年7月突然峰回路转，27日欧盟委员会宣布，我国太阳能光伏产业与欧盟已就输欧光伏产品达成价格协议安排。同日，我国机电商会、资源综合利用协会可再生能源专业委员会等5家行业组织发表声明，价格协议体现了我国大多数企业的意愿，使我国光伏产品在双方协商达成的贸易安排下继续对欧盟出口，并保持合理的市场份额。根据价格协议安排承诺，我国输欧光伏产品不得低于0.56欧元/瓦，这一价格与欧盟最初要求的0.65欧元/瓦相比低了不少。与此相关，欧盟将撤销对我国光伏产品从8月6日起征收47.6%的反倾销税率的初裁，中方也将接受将输欧光伏产品限制在一定的数量内。这一价格协议安排，充分体现了中欧贸易开始重视协商、妥协，是中欧双方务实和智慧的结晶。但从经济贸易的角度来看，我国光伏企业损失依然惨重。因此，相关部门和企业需要另辟蹊径，不能单纯去被动应付倾销与补贴的申诉，而应从国际贸易与投资的角度，即从WTO规则中《与贸易有关的投资措施协议》相关内容来进行研究，

---

① 吴总建，男，西华大学经济与贸易学院，教授，主要研究方向：世界经济和国际贸易。陈妍，女，四川水利职业技术学院，讲师，研究方向：工程管理。

拓宽国际营销决策视野，转换对外经营思路，增加对外直接投资，促进企业发展。

一、《与贸易有关的投资措施协议》的由来

20世纪80年代以来，以跨国公司为主体的国际直接投资活动日益频繁，1986年到1990年国际直接投资的增长速度达到28%。80年代所有外商直接投资流出额中，发达国家占97%~98%，发展中国家仅占2%~3%。投资国与东道国以及投资者和东道国之间围绕着直接投资方面的争议不断增多。国际社会曾经为规范投资问题进行了努力，1976年6月30日经济合作与发展组织（OECD）在巴黎公布了《关于国际投资和多国企业宣言》，1980年12月5日联合国第35届大会通过了《关于管制限制性商业做法的公平原则与规则的多边协定》、国际商会也分别于1972年和1977年公布了《国际投资准则》和《对付勒索和贿赂行为守则》，这些协定、守则、宣言都不具有拘束力。1965年3月18日制定的《解决东道国与他国国民之间投资争议公约》，虽对缔约方具有约束力，但是该公约仅仅涉及解决投资争议的问题，没有涉及投资措施方面的问题，效果不大。1986年6月美国提出的把投资问题纳入乌拉圭回合谈判的建议得以通过，并在埃斯特角城部长宣言中明确授权审查投资措施对贸易所产生的影响，乌拉圭回合部长宣言对投资问题的谈判授权内容是："在对关贸总协定中有关投资措施对贸易产生限制和扭曲影响的条文的执行情况进行审查之后，谈判应视情况拟订可能需要的进一步原则，以避免给国际贸易带来不必要的影响。"经过谈判最后达成了《与贸易有关的投资措施协议》（Agreement on Trade-Related Investment Measures，简称TRIMs协议），这是第一个多边贸易直接投资措施方面的国际协议，该协议所要解决的问题是所有成员都要修改或废除与协定不符的与贸易有关的投资措施，旨在建立一个有利于各成员方的国际多边贸易投资立法和行政措施体系。

二、《与贸易有关的投资措施协议》的主要内容

（一）协议的性质和结构

投资措施是指资本输入国（东道国）政府，为贯彻本国的外资政策，对外国直接投资的项目或企业采取的各种立法和行政措施。但不包括资本输出国为了保护本国海外私人投资者的利益和安全所采取的各种法律和行政措施。投资措施是政府的管理行为，而不是投资者本身所采取的各种投资措施。TRIMs协议所说的与贸易有关的投资措施，可以分为鼓励性措施和限制性措施两种类型，一类是鼓励性措施，如：关税减免、国内税收减免、提供优惠信贷、加速折旧等。另一类是限制性的措施，即会给国际经济贸易带来消极的影响，会改变国际贸易和国际投资的正常流向，造成对国际贸易和投资的扭曲。因此，"与贸易有关的投资措施"主要就是指那些能够对国际贸易产生扭曲或限制的投资措施。能够扭曲和限制贸易的投资措施主要包括：当地成分要求、出口实绩要求、国内销售要求、当地制造要求（即要求外国投资企业须在当地生产产品）、产品销售方向要求（即要求外资企业将其产品出口到特定的世界市场）、贸易平衡要求、本地股权要求、限制资本和利润汇出、技术

转让及许可要求（即要求外国投资者须采用包含某种特定技术在内的生产或加工工艺，或在当地进行符合规定的最低程度的研究开发，或强迫外国投资者在当地实施或许可实施其特定的技术等）。其中为 TRIMs 协议禁止的投资措施有 5 种（主要指违反国民待遇和数量限制的行为，在适用范围和禁止实施的投资措施中详述）。该协议并没有禁止成员方政府对外国投资的正当管理措施，包括限制严重污染的外国投资和鼓励符合本国经济发展的投资措施。

TRIMs 协议包括序言、9 个条文和一个涉及第二条的附件。

第一条"范围"，协议规定仅适用于与货物贸易有关的投资措施；第二条"国民待遇和数量限制"规定任何成员实施的与贸易有关的投资措施，不得违反 1994 年关贸总协定第三条"国民待遇原则"和第十一条"取消数量限制原则"，违反这些原则的投资措施均列在本协定的附件中；第三条"例外"规定 1994 年关贸总协定规定的例外适用于本协定；第四条"发展中国家成员"规定允许发展中国家成员在一定条件下暂时背离第二条规定的义务；第五条"通知与过渡安排"规定成员方应在规定的时间内向货物贸易理事会通报其不符合协定规定的与贸易有关的投资措施，并应在过渡期内消除这些措施；第六条"透明度"规定成员重申遵守协定的透明度和通报义务；第七条"与贸易有关的投资措施委员会"规定设立与贸易有关的投资措施委员会，该委员会的职责是监督本协定的实施并向货物贸易理事会作出年度报告；第八条"磋商与争端解决"规定 1994 年关贸总协定第二十二条与第二十三条《关于争端解决规则和程序的谅解协定》适用于本协定项下的磋商与争端解决；第九条"货物贸易理事会的审议"规定在 WTO 协定生效 5 年内，对本协定进行审议。

（二）适用范围和禁止实施的投资措施

TRIMs 协议第一条规定，本协议仅适用于与货物贸易有关的投资措施，与服务贸易、知识产权贸易有关的投资措施和其他投资措施，不受本协议约束。

TRIMs 协议第二条国民待遇和数量限制第 1 款明确规定："在不妨碍 1994 年关贸总协定其他权利义务的情况下，成员方不得使用与 1994 年关贸总协定第三条（国民待遇）和第十一条（数量限制）规定不相符的任何与贸易有关的投资措施。"因此，各成员采取与贸易有关的投资措施的基本界限，是不得违反国民待遇原则和禁止数量限制的义务。

对于违反国民待遇的投资措施，TRIMs 协议附件解释性清单中列举了两项内容：①要求企业购买或使用国内产品或来源于国内渠道供应的产品，不论这种具体要求是规定特定产品、产品数量或价值，还是规定购买与使用当地产品的数量或价值的比例；②限制企业购买或使用进口产品的数量，或与其出口当地产品的数量或价值相联系。

充分体现出不得在国内产品和进口产品之间实施歧视待遇，使进口产品在东道国的市场上，与其国内产品处于同等的竞争地位，得到平等的待遇。

对于违反数量限制义务的投资措施，协定附件解释性清单列举了三项内容：①限制企业进口其生产所使用的或与其生产有关的产品或将进口量与企业出口当地产品的数量或价值相联系；②将企业使用外汇的额度与其出口获得的外汇相联系，通过对企业使用外汇的控制，限制企业进口其生产所使用的或与其生产有关的产品；③限制企业出口其产品或出口销售其产品，不论这种限制是规定具体产品、产品数量或价值，或者是规定这些产品出口或出口销售的数量或价值占当地生产中的比例。

具体的说，TRIMs 协议所禁止的投资措施是资本输入国对输出方要求的当地成分、贸易平衡、东道国产品指令、外汇管制以及本地销售数量等。无论这些措施是以国内法律还是以行政规定形式存在并强制或准强制地推行，都属被 TRIMs 协议禁止的行为。

（三）机构、争端解决和对协定运作情况的审议

TRIMs 协议规定专门建立一个与贸易有关的投资措施委员会，该委员会对所有成员开放。根据第七条第 1 款规定，该委员会应选举其主席和副主席，每年至少举行一次会议，或应任何成员方的请求举行会议。该委员会的主要职责是：①管理协定的运作与实施，并就此向货物贸易理事会作出报告；②向各成员提供有关该协定运作和实施的任何事项的磋商机会；③负责执行货物贸易委员会指派的其他职责。本协定下发生的争端，适用 WTO 争端解决机制的决定。

TRIMs 协议第九条规定，货物贸易理事会在 WTO 协定生效后最迟不超过 5 年应对协定的运行情况进行审议，并在适当情况下应向部长会议建议对本协定的修正，提出该协定是否应增加投资政策和竞争政策的建议。

三、对《与贸易有关的投资措施协议》的合理运用

光伏发电与风能发电一样是间歇式寻求能源的一种方式，并入电网技术上要求特殊，在我国，这一能源产业的营销模式呈现为"三头在外，一头在内"，即原材料、技术设备和市场主要依靠国外，加工在国内企业的脆弱性特征，近些年来，在国家政策扶持、财税（税收减免，价格补贴）支持和各级地方政府的大力推动下，光伏产能出现爆发性膨胀，产量迅猛增加，据不完全统计，2012 年产量已经突破 30GW① 大关，在此期间，我国输美光伏产品 31 亿美元；输欧光伏产品 210 亿欧元，9 月和 11 月，欧盟就向我国分别提出了反倾销和反补贴调查，许多进口中介公司与使用者因担心惩罚性关税的追溯因素，中止了合约的履行，加上美国经济发展低于预期，欧洲主权债务危机的滞后，欧盟一些国家对光伏电站补贴费用逐年减少，投资措施不断变化的影响，导致国际需求迅速下降。

从太阳能光伏产品出口的遭遇来看，由于各级政府在土地、资金、财税等方面的大力支持下，各地企业上马形成产能的速度很快，国内出口供应商之间的竞争格局已经形成，在对外谈判中为确保产品能够顺利销售，签约价格一般定得较低。这种格局非常有利于进口方，他们会在选择质量、价格和服务中来确定最终供应商，这就造成了我国供应商之间的竞相杀价，这种情况非常残酷，就是人们通常所说的中国人"买什么，什么东西就涨，卖什么，什么东西就跌"。这样做的后果有两个，

---

① GW（gigawatt 吉瓦）等于 1000MW（兆瓦），1 兆瓦等于 1000KW（千瓦），1 千瓦等于 1000W（瓦特）。

一是出口产品利益基本上被进口商拿走了，而供应方小赚保本；二是由于进口的光伏产品价格低，导致进口方的需求量增加，对本国相同产业企业的成本和销售造成了威胁或实质性威胁，也对进口国的市场构成了较大冲击。根据 WTO 规定，为了保护进口国相同产业企业和市场，他们有权采取救济措施，即对我国的光伏产品和相关企业进行申诉，要求行业组织和政府机构对我光伏产品进行反倾销和反补贴调查，这种情况最初是买卖双方没有想到的，而且都不愿意看到，但往往会频繁出现。从近十多年国外对我出口企业征收的"双反税"的情况来看，绝大部分出口产品都有在国外被"双反"调查的经历，损失惨重，教训深刻。

但如果用对外直接投资这种方式，情况就会有所不同，因为 WTO 的规则变了，各成员方遵循的是 TRIMs 协议，根据各成员国经济发展的状况不同，制订的投资措施也不一样，又分为两种情况。

一般来说，东道国政府在发展本国产业经济时会根据实际情况和需要制订相应的投资规划和措施，为吸引国外的资金和技术，这时往往会制订以鼓励性为主的投资措施，一旦国内产业发展到一定规模或者国外竞争者对本国产业的发展构成威胁并影响就业或者国外产品较为严重的冲击国内市场时，就会采取限制性的投资措施来抵销这种外来优势，这里，可以从我国一些营销光伏电站及组件的上市公司发布的公告内容（摘录）折射出资本输入国对光伏发电产品所采取的投资措施：

（一）上市公司扩大对资本输入国的太阳能电站投资项目

第一类为上市公司积极扩大对资本输入国的太阳能电站投资项目，表明东道国的投资环境较为正常，能够吸引我国对外投资来发展本国的太阳能光伏电站，上市公司通过对光伏电站的出售获利。如：

1. 向日葵（300111）

公司拟通过子公司向日葵（卢森堡）光能科技有限公司全资子公司向日葵（瑞士）光能科技有限公司（下称瑞士公司）在罗马尼亚 Miercurea Sibiului 地区投资 25MW 太阳能地面电站。预计项目总投资约 4000 万欧元，达产后，预计年发电量为 25MW，项目所需组件全部采用公司自产组件，资金将通过自筹或其他融资方式解决。罗马尼亚目前太阳能电站补贴政策：到 2013 年年底上网的电站每发 1000 千瓦时的电都能拿到 6 个绿色证书，每个绿色证书的最低价为 27 欧元，目前，市场交易的最高价为 55 欧元，国家保证 15 年绿色证书的发放，并以最低价格收购，同时成立了专门机构来保证绿色证书的回收。根据上述补贴政策，公司预计本次投资净资产收益率为 12%～43%。

为进一步优化公司资产结构，实现可持续发展，公司决定将先后陆续建成的三座海外电站出售。三座电站的基本情况为：

（1）意大利 3.662 兆瓦的电站，项目公司名称：Clar Energy S. r. L。该电站是公司全资子公司卢森堡公司（下称向日葵卢森堡）100% 的子公司，位于意大利北部城市 Parma，目前已获得了意大利 MPS 银行的融资。

（2）德国 4.7 兆瓦的电站，项目公司名称：Energy One Solar 6 GmbH & Co. KG。该电站是向日葵卢森堡 100% 的子公司，位于德国 Erfuhr 附近的小城 Greuen。

（3）德国 3.3 兆瓦的电站，项目公司名称：Energiepark Guben GmbH & Co. KG，该电站是向日葵卢森堡 100% 的子公司，电站位于德国 Cotbus 附近的小城 Guben，是一个屋顶工程。①

2. 东方日升（300118）

（1）由公司全资子公司东方日升新能源（香港）有限公司使用自有资金 3000 万澳元对其全资子公司东方日升新能源（澳洲）有限公司（以下简称"日升澳洲"）进行投资，该笔投资将全额用于日升澳洲向其控股子公司 Golden Sunrise Developments Pty Ltd（以下简称"Golden Sunrise"）进行投资，投资完成后，Golden Sunrise 的股本总额为 3500 万澳元，日升澳洲持有的股份比例为 92.14%。②

（2）东方日升与墨西哥杜兰戈州政府就公司在杜兰戈分期建设 200MW 太阳能发电站项目签订了《合作意向书》，总投资额约 6000 万美元。③

（二）资本输入国对投资光伏电站采取的限制性措施

另一类为资本输入国对投资光伏电站采取的限制性措施，造成减值、利润减少、投资收益率差，被迫出售太阳能电站等情况，如东方日升：

（1）受保加利亚当局作出包括向光伏、风电、生物质能发电和小型水电站在内的可再生能源电力生产商追溯性征收 1%~39% 不等比例入网费的决定影响，公司在保加利亚电站项目出现了明显的减值迹象。④

（2）公司预计 2012 年 1 月 1 日至 2012 年 6 月 30 日归属于上市公司股东的净利润为盈利约 100 万~500 万元，比上年同期下降 93.77%~98.75%。

业绩变动原因说明：第一，受光伏行业产能阶段性过剩、欧洲经济不景气、美国"双反"等诸多因素的持续影响，产品销售价格同比去年大幅下降，公司主营业收入和利润率同比大幅下降。第二，公司电站项目仍处于建设或试运行期，收益尚未实现。第三，公司产品销售量同比去年增加，公司运营成本同比增加。

（3）由于投资收益率低或当地补贴政策变化，转让和出售太阳能电站。

公司从 2011 年因德国减少对光伏电站的发电补贴，减少了对光伏电站及产品组件的投资和出口。2012 年因意大利调减了发电补贴，公司减少了在该国的投资和出口。

公司投资的英国威尔士 5MW 太阳能电站项目已与客户签订转让协议，本次转让的标的为公司子公司东方日升新能源（香港）有限责任公司下属项目公司 Risen Energy Projects 1 Co. Limited 投资的英国威尔士 5MW 太阳能电站，该电站位于英国威尔士 Llancayo Farm，Llancay，Usk NP15 1HY，电站于 2011 年 8 月底实现并网发电。本次电站项目的受让方为 Sovgen Infrastructure limited。2011 年 12 月公司子公司日升香港与 Sovgen Infrastructure limited 签订了电站转让协议，日升香港将英

---

① ［2012-08-04］《刊登授权公司管理层出售海外电站的公告》
② ［公告日期］2013-07-23《东方日升关于全资子公司东方日升新能源（香港）有限公司对其全资子公司进行投资的议案》
③ ［2011-11-29］刊登关于签订合作意向书的公告《东方日升关于签订合作意向书的公告》
④ ［2013-04-03］刊登 2012 年度业绩快报修正公告及 2013 年第一季度业绩预告

国威尔士 5MW 太阳能电站整体转让给 Sovgen Infrastructure limited，转让金额为 14 550 000.00 英镑。①

总的说来，以上对外直接投资的两类情况从结果来看都比货物出口要好得多，第一，可以绕过关税和非关税壁垒，既可降低产品的营运成本，又无生产和销售数量上的各种限制，最大限度地利用 TRIMs 协议中的禁止东道国实行数量限制规定。第二，从根本上消除了国外的反倾销、反补贴等贸易保护手段，利用原产地规则可有效地使企业产品本土化，最大限度地享受 TRIMs 协议所规定的投资输出国企业在东道国贸易投资的国民待遇。在这方面，我国海尔在国外的实业投资，TCL 并购德国施耐德公司及其他很多企业都有成功的经验。

企业在对外投资中应注意两个重要问题，一是全面收集并认真分析东道国的投资政策对哪些产业进行倾斜，这些投资政策能给投资企业带来的最终利益有多大，要进行认真的详尽的调查研究，为投资决策提供必要的基础数据；二是在投资过程中应密切关注东道国投资政策及管理运行机制的变化，这些变化对投资所带来的影响，并及时采取相应措施。

需要指出的是，对一些以设备、物料及其他形态的物资对外投资，在投资协议中必须穷尽并详细列明，对经常性投入的料件和物资也要在附件或具体的执行合同中明确，以避免可能引起的投资输入国海关或相关部门的通关和行政许可的麻烦。对一些与贸易有关的直接投资出现的新情况，应及时向中国世界贸易组织研究会（CWTO）反映，由 CWTO 根据 TRIMs 协议规定及时向 WTO 部长会议提出增加或修改投资政策和竞争政策的建议，以期问题在较短的时间内得到解决。

四、结语

对于我国太阳能光伏产品出口所引发出来的情况，有三个不同层级的问题值得探讨：第一，也许是我国太需要 GDP 的增长，太需要发展这种局限性较强的间歇式发电能源，忽视了国内产能与国际需求量的平衡，忽略了生产该产品的设备和原料大多来自国外，市场也在国外，国内只是加工生产，制订大力发展光伏产品的"金太阳"工程；第二，也许是地方政府的官员们太需要政绩了，较多地考虑在辖地内生产，而较少地考虑对外直接投资，设厂建站；第三，也许我国的企业太需要外向型发展了，既不考虑国际市场的容量和变化，也不考虑企业本身的经济效益，只要能出口销售、能得到政府专向生产和出口补贴、能听地方政府的话就行，也许，他们都认为欧美国家对我国光伏产品的出口采取的一系列救济措施只是一种偶然现象，太阳能光伏产业属朝阳产业，肯定会蓬勃发展下去。这就需要我们从更深的层次去思考行政经济一体化的改革问题，长官权力与经济规律的矛盾一直是伴随我国经济发展诸多问题的焦点和难点，太阳能光伏产品只不过是诸多问题当中的一个缩影。

---

① ［2012-07-13］刊登 2012 年半年度业绩预告公告

参考文献

［1］蒋帅. 世界贸易组织规则透视［M］. 上海：立信会计出版社，2004：175-179.

［2］国务院法制办法规译审外事司. "WTO 规则"比较与创新［M］. 北京：中国法制出版社，2004：120-126.

［3］于安. WTO 协定国内实施读本［M］. 北京：中国法制出版社，2002：169-174.

［4］WTO 规则《与贸易有关的投资措施协议》.

景点类旅游上市公司
丽江公司财务状况分析

游文静　张　华[①]

【西华大学经济与贸易学院　四川成都　610039】

[摘要] 景点类旅游上市公司具有旅游资源和自然景观的垄断地位，发展后劲很足，但同样存在投资风险，其财务状况是人们关注的热点和焦点。借助同花顺股票行情软件分析丽江旅游公司近两年的财务状况，结合杜邦财务分析法进行驱动因素分析，得出影响丽江旅游公司权益净利率的关键核心财务指标是总资产周转率，需要加强流动资产监控，提高资产营运能力；融入更多纳西元素，提高游客参与度；走多元化经营道路，增加公司经营效益。

[关键词] 丽江旅游公司　偿债能力　营运能力　盈利能力　杜邦财务分析

旅游业是世界各国重点发展的支柱产业。我国旅游业正由旅游资源大国向世界旅游强国发展。我国旅游上市公司的总体走势良好，其中景点类旅游上市公司因其旅游资源和自然景观的垄断性，发展后劲很足，是人们关注的焦点和投资的热点。因此，分析景点类旅游上市公司的财务状况十分必要，可为旅游企业的财务决策、计划与控制提供帮助和参考。按照我国学者以及业内人士普遍的分类方式，可把我国旅游上市公司分为三类：一是以旅游资源为经营主体的"资源类旅游公司"；二是以酒店经营为主的"酒店类旅游公司"；三是"综合类旅游公司"[1]。从业绩表现看，三类上市公司呈分化趋势：酒店类疲软，景点类平稳，综合类有潜力[2]。本文以景点类旅游上市公司丽江公司为例进行财务状况分析，以期为景点类旅游上市公司的经营决策提供有效帮助。

一、丽江旅游概况

丽江旅游全名是"丽江玉龙旅游股份有限公司"（以下简称为丽江旅游公司）的股票名称，其股票代码是002033，该公司成立于2001年10月18日，于2004年

---

① 游文静，1988年生，女，四川广安人，2012级旅游管理专业硕士研究生；张华，1970年生，男，四川开江人，副教授，硕士生导师，研究方向为区域经济、旅游管理。

8月25日成功上市，主要经营旅游索道、五星级度假酒店等多项旅游业务及旅游文化演艺业务。从经营业绩看，丽江旅游公司每股收益的排名，在22家景点类旅游上市公司中的排名仅次于中国国旅居于行业第二，在6家自然景点类旅游上市公司中的排名则居于行业第一名。可见，丽江旅游公司在同行中具有较强的实力。

二、对丽江旅游公司的财务评价

（一）财务评价的必要性

随着我国经济的不断发展和经济结构的不断调整，国家和地方政府给予了旅游业越来越多的扶持政策。旅游业具有密度高、链条长、拉动力大的特点，是我国国民经济的支柱产业和新的经济增长点，更是我国经济转型中一个重要的大产业。

随着旅游业的发展，旅游上市公司已经成为旅游产业化经营的重要形式[3]。旅游经济越发展，对于旅游企业的管理也日显重要。作为旅游经济的微观个体，旅游企业的经营决策离不开财务信息[4]。旅游企业财务分析就是运用财务报表数据对旅游企业过去的财务状况、经营成果、现金流量及发展前景所作的综合评价。通过财务分析，可以为企业的未来筹资、融资、经营决策提供依据，帮助旅游企业抓住市场机会，整合内外部资源，从而更好地开展企业的运营和管理工作。

（二）财务评价方法

1. 比率分析法

比率分析法是以同一期财务报表上若干重要项目的相关数据相互比较，求出比率，用以分析和评价公司的经营活动以及公司目前和历史状况的一种方法，是财务分析最基本的工具。为简洁表达景点类旅游上市公司的财务状况，本文以丽江旅游公司2011年、2012年的财务报表的内容为基础从偿债能力、营运能力、盈利能力三个方面进行对比分析（见表1），在偿债能力中选取短期偿债能力指标速动比率、长期偿债能力指标资产负债率两个指标进行衡量，在营运能力上选取营运资本周转率、总资产周转率两个指标进行衡量、在盈利能力上选取销售净利率、总资产净利率、权益净利率三个指标进行衡量。

表1　　　　丽江旅游公司2011—2012年财务比率分析表

选择指标	2012年	2011年
一、偿债能力		
1. 速动比率	1.95	1.33
2. 资产负债率	39.18%	30.47%
二、营运能力		
1. 营运资本周转次数	1.80	5.17
2. 总资产周转次数	0.353	0.438
三、盈利能力		
1. 销售净利率	33.24%	31.64%

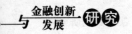

选择指标	2012 年	2011 年
2. 总资产净利率	11.73%	13.86%
3. 权益净利率	19.28%	19.93%

数据来源：由丽江旅游公司在同花顺股票行情软件中的财务数据计算得来。

速动比率＝速动资产÷流动负债

资产负债率＝负债总额÷资产总额

营运资本周转次数＝销售收入÷（流动资产－流动负债）

总资产周转次数＝销售收入÷资产总额

销售净利率＝净利润÷销售收入×100%

总资产净利率＝净利润÷总资产×100%

权益净利率＝净利润÷股东权益×100%

从上表中的指标数据可以看出，丽江旅游公司的偿债能力在不断加强，盈利能力和营运能力虽然有所下降，但总的来说公司的盈利能力较强，这表明该公司资产管理效率有待进一步改善，需要采取必要的措施提高资产周转率。

在偿债能力方面，速动比率反映短期偿债能力，资产负债率反映长期偿债能力。从速动比率来看，丽江旅游公司2011年为1.33，2012年上升至1.95，该指标反映出公司的短期偿债能力在增强。但是，对于丽江旅游公司这种以提供旅游服务为主要业务的公司而言，大部分业务应当是现销业务，其速动比率一般应小于1，可见，丽江旅游公司连续两年大于1的速动比率显示出公司在速动资产运用上过于保守，从而导致资产闲置。从资产负债率来看，丽江旅游公司2012年为39.18%，较2011年上升8.71个百分点，表明公司的长期偿债能力在减弱，但减弱程度远远低于50%，并不足以影响投资热情。在营运能力方面，2011年丽江旅游公司的营运资本周转次数为5.17，2012年则下降到1.80，这一巨大的下滑显示出公司2012年营运资本的周转次数降低，营运资本周转一次的时间延长。2012年公司总资产的周转次数由2011年0.44下降到0.353，虽然周转次数也有所下滑，但是下跌的比率小于营运资产，这表明公司长期资产的周转次数得到了改善，长期资产得到了充分的利用。在盈利能力方面，虽然2012年丽江旅游公司的销售净利率比2011年提高1.6个百分点，但总资产净利率和权益净利率均有所下降，表明公司的资产营运能力需要进一步加强。其中，丽江旅游公司在2012年权益净利率保持在19%以上，显示公司仍然拥有较强的盈利能力，这可从景点类旅游上市公司权益净利率排名得到印证，丽江旅游公司2013年一季度行业排名第三，仅次于中国国旅和首旅股份。

2. 杜邦财务分析法

杜邦分析法（DuPont Analysis）是利用几种主要的财务比率之间的关系来综合地分析企业的财务状况，是一种用来评价公司赢利能力和股东权益回报水平，从财务角度评价企业绩效的一种经典方法。根据丽江旅游公司2012年的财务报表，运用杜邦分析法的计算结果见图1。

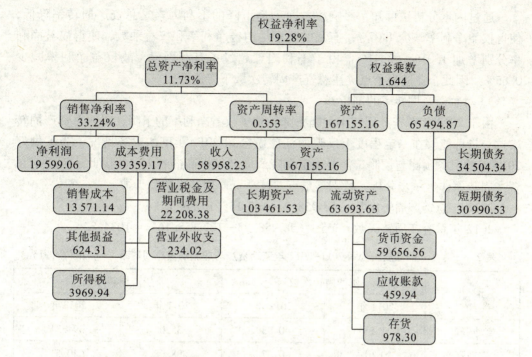

图 1　丽江旅游公司 2012 年杜邦财务分析图（单位：万元）

数据来源：由丽江旅游公司在同花顺股票行情软件中的财务数据计算得来。

杜邦财务分析系统的核心是净资产收益率。它是一个综合性最强的财务比率，反映所有者投入资本的赢利能力，同时反映企业筹资、投资、资本运营等活动的效率。决定净资产收益率高低的因素有三个方面：权益乘数、销售净利率和总资产周转率，它们分别反映企业的负债比率、盈利能力比率和资产管理能力。为了深入分析权益净利率的驱动因素，需要采用因素分析法作进一步剖析。

权益净利率＝销售净利率×总资产周转次数×权益乘数

2011 年：19.93% = 31.64%×0.438×1.438

2012 年：19.28% = 33.24%×0.353×1.644

权益净利率变动 = －0.65%

①销售净利率变动的影响：

按 2012 年销售净利率计算 2011 年的权益净利率

　　= 33.24%×0.438×1.438 = 20.94%

销售净利率变动的影响 = 20.94%－19.93% = 1.01%

②总资产周转次数变动的影响：

按 2012 年销售净利率、总资产周转次数计算 2011 年的权益净利率

　　= 33.24%×0.353×1.438 = 16.87%

总资产周转次数变动的影响 = 16.87%－20.94% = －4.07%

③财务杠杆变动的影响：

财务杠杆变动的影响 = 19.28%－16.87% = 2.41%

通过因素分析法可知，影响权益净利率下降的不利因素是总资产周转率降低，使得权益净利率减少 4.07%。有利的因素是销售净利率和权益乘数，使得权益净利率分别增加 1.01%、2.41%。由于不利因素超过了有利因素，故权益净利率减少 0.65%。因此企业应当重点关注总资产周转次数下降的原因。

3. 对总资产周转率的剖析

由于 2012 年总资产周转率大幅下降导致了权益净利率的下降，说明总资产周转率这一指标能够在一定程度上反映丽江旅游公司 2012 年度的财务情况。为了做好 2013 年的财务预测与控制，需要确定总资产周转率提高的着力点，因此还需要对总资产周转率作进一步分析，特别是重点关注总资产周转次数和天数。

2012 年总资产周转次数 = 58 958.23÷167 155.16 = 0.353

2012 年总资产周转天数 = 365÷（58 958.23÷167 155.16）= 1034.82

表2 　　　　　丽江旅游公司 2011–2012 年流动资产与非流动资产周转率　　　　单位：万元

项目	资产周转次数		资产周转天数	
	2011 年	2012 年	2011 年	2012 年
流动资产	1.55	0.93	235.00	394.31
非流动资产	0.61	0.57	598.08	640.51
资产总额	0.438	0.353	833.08	1034.82

数据来源：由丽江旅游公司在同花顺股票行情软件中的财务数据计算得来。

由表 2 得知，总资产周转率的降低是由于流动资产周转率与非流动资产周转率下降共同影响的。其中，流动资产导致资产周转天数延长 159.31 天，非流动资产导致资产周转天数延长 42.43 天，两者共同作用导致总资产周转率延长 201.74 天，流动资产的影响最大。因此，在 2013 年丽江旅游公司应当特别重视对流动资产的管理，在提高销售收入的同时，应当采取一定措施提高流动资产的周转率，避免过多的流动资产闲置而影响总资产的周转率。另一方面，虽然非流动资产周转率的影响相对较小，但是也应引起公司重视，从而共同提高权益净利率。

三、改善丽江旅游公司经营状况的建议

（一）加强营运资产管理，提高流动资产利用率

通过表 1 和表 2 的分析，我们能够得出一个共同的结论，丽江旅游公司营运能力还有待加强，尤其是在流动资产的管理上更是显示该公司对流动资产周转能力的提高有待改善。首先该公司应当尽量减少速动资产的持有，以避免速动资产的闲置，从而降低相应的管理费用，同时利用好速动资产可以帮助企业获得一定的投资收益。其次建立相应的流动资产控制系统，如建立现金控制系统、存货控制系统等，加强对流动资产的监控。

（二）调整资本结构，充分利用财务杠杆

从表 1 中的资产负债率的情况可以得知，丽江旅游公司的财务杠杆并没有得到

充分利用，还有一定的提升空间，加之丽江旅游公司以玉龙雪山这一天然景区为背景，具有资源的独特性和垄断性，而谨慎的融资、投资策略可能会导致该公司失去良好的发展机会。因此公司在融资决策时可以适当加大债务的比重，增大权益乘数，利用财务杠杆效益达到提高资产收益率的目的。

（三）创新旅游产品与服务，提升核心竞争力

丽江旅游公司的营业收入主要由四个部分构成：印象演出、索道运输、酒店经营、汽车运输，2012 年这四部分的收入分别占旅游收入的 41.38%、40.38%、17.57%、0.67%，各自成本占总成本的比重为 47.95%、27.90%、22.38%、1.77%。① 从这组数据可知，印象演出的收入比重最大，但是成本也是最高，因此该项目并不是丽江旅游公司的第一净利润来源，而索道运输由于成了玉龙雪山旅游的必备交通工具，且由于其经营成本相对较低，因此是丽江旅游公司净利润的第一来源。值得注意的是，索道运输收入主要是因为其必要性，但是本身由于消费者心理原因，其收费具有一定的刚性，要想在价格提高上做文章有一定的难度，但是印象演出的收费却是一个具有操作性的收入项目。首先，针对印象演出这一文化项目，公司应分期推出新的节目内容，且与丽江古老的纳西文化、丽江古城相结合，将古代中原的音乐如《浪淘沙》融入到《印象·丽江》雪山篇的演出中，让游客能够通过演出节目深入了解丽江文化和纳西民族尊重自然、保护环境、与自然和谐相处的思想和风气，以及对古老中原文化的包容。其次，除了观赏《印象·丽江》演出外，节目设置上还应当提高游客的参与度，给予游客更多体验纳西族的文化、历史、音乐的机会，从而让游客能够对丽江留下深刻印象。第三，在旅游服务上，当地服务人员在服装上应当以纳西族的传统服装作为日常工作服，以体现丽江当地特色；第四，旅游本身就是提供服务，服务的每一个环节都会影响顾客的下次选择，而且还会通过口碑影响潜在顾客的选择，因此，公司应特别重视一线面对游客的员工，给予这些员工充分的尊重和企业如家般的温暖，员工才会更好地为游客服务，从而不断提高游客的满意度。通过这些措施，可以逐渐改变丽江旅游公司以索道运输为第一利润来源的传统经营模式，充分挖掘当地特色，让文化服务收入成为第一利润来源。同时，以特色服务和人文服务为根本，可以吸引更多的游客，大幅增加公司的营业收入和利润。

（四）适当多元化经营，提高抗风险能力

丽江旅游公司在旅游上市公司中属于景点类上市公司，但公司不应只把投资放在景点开发和相应的服务上，可以考虑走综合类旅游上市公司的道路。近年来，综合类旅游上市公司的经营业绩充分显示出了发展潜力，并且多元化经营可以增加利润来源，规避单一经营风险，提高风险抵御能力。在多元化业务的选择上，可立足原来的景区经营，适当开发与丽江特色符合的旅游产品一并进行销售。此外，依托旅游带来的人气以及云南良好的气候条件，适当考虑发展旅游地产，开发相应的楼盘、别墅，可以实现旅游业与旅游地产的双赢。

---

① 数据来源：同花顺股票行情软件丽江旅游的个股资料。

四、结束语

丽江旅游公司在景点类旅游上市公司中经营业绩靠前，属于该行业内的绩优股。从财务层面上看该公司财务状况良好，盈利能力较强；从业务范围来看，该公司较为重视当地文化与旅游的融合，符合旅游业未来的发展方向。因此，可以判断丽江旅游公司具有持续发展的基础。但是，丽江旅游公司需要在财务管理上增强资产营运能力，尤其应当加强对流动资产的监控，提高公司的流动资产周转率；在经营业务上应当融入更多的纳西元素，提高游客的参与度；在未来发展战略选择上，可以考虑走多元化的经营道路，以多元化、综合性的旅游产业来增加营业收入，提高公司的经营效益。

参考文献

[1] 杨彦锋，刘丽敏. 中国旅游上市公司财务分析及对策研究 [J]. 财会研究，2011 (10).

[2] 于莉. 景点类旅游上市公司经营能力探析 [J]. 西南农业大学学报，2009 (12).

[3] 余莉蓉. 旅游类上市公司财务状况实证分析 [J]. 商场现代化，2008 (12).

[4] 王文君. 对四川旅游上市公司峨眉山公司的财务评价与建议 [C]. 旅游经济与旅游管理（论文集），2012 (11).

保险法案例教学中提升学生
参与度的方法探讨

张　佩①

【西华大学经济与贸易学院　四川成都　610039】

[摘要]　学生参与度是案例教学效果得以保障的重要影响因素。针对保险法案例教学中存在的被动参与多，主动参与少；课上参与多，课下参与少；师生互动多，生生互动少问题进行了分析，并指出了保险法案例教学中学生参与度低的原因，最后从教学准备、教学方法、教学讨论、教学总结四个方面提出了相应的应对策略。

[关键词]　保险法　案例教学　学生参与度　方法

保险法是保险专业开设的一门专业课，同时，它也是一门理论与实践紧密结合的课程，相应的实践性教学主要是案例教学。在案例教学中，学生是学习的主体，再好的教学活动，如果学生不参与，就无法从中得到收获，学生的参与程度直接决定着学生的收获大小，学生参与是案例教学能否取得预期效果的关键。

一、保险法案例教学的实践

案例教学法起源于 20 世纪 20 年代，由美国哈佛商学院所倡导。直到 80 年代，才受到师资培育的重视，尤其是 1986 年美国卡内基小组提出《准备就绪的国家：二十一世纪的教师》的报告书中，特别推荐案例教学法在师资培育课程的价值，并将其视为一种相当有效的教学模式。而国内教育界开始探究案例教学法，始于 90 年代。

案例教学法是围绕案例进行的教学活动。案例选择是否恰当直接关系到整个教学过程的顺利进行和教学目标的实现。选择合适的教学案例是案例教学的第一步，具有基础性的作用。同时，由于整个教学活动都是围绕案例展开的，因此案例在教学过程中具有核心性的作用。在保险法案例教学过程中，案例具有以下特点：

（一）案例的针对性

案例教学应针对具体教学目标，围绕学生所需掌握的知识要点、特定技能来组

---

① 张佩，女，西华大学经济与贸易学院，讲师，主要研究方向：保险与社会保障。

織和篩選。每個章節所選擇的案例，要將相關的基本理論和方法融匯于具體實例之中，明確指出案例剖析所運用的理論、方法及準則，以便學生掌握。綜合案例則要體現知識的融會貫通，選擇出具有針對性和實用性的案例，激發學生進行深入細致的調查研究和分析評價，促進其對難點和重點問題的認識和掌握，從更高層次提高學生發現、分析和解決實際問題的能力。

（二）案例的典型性

案例專家雷諾茲指出，解決不同層次的問題，就需要選擇與之相對應的具備相關特點的案例。案例的典型性在很大程度上決定了案例教學的效果。只有當所選取的案例具有典型性，才能讓學生更好地結合書上的知識解決問題，從而達到活學活用的效果。

案例應當能代表某一種社會現象，具有同類案例的共性；或者對于案例所提出的問題，學生存有不同的觀點，而這些觀點往往代表一部分人的觀念和看法。一個恰當的案例，不僅應當有利于學生去理解課堂教學內容，還應當引導學生去思考和分析現實中存在的類似問題，達到理論與實踐的結合。案例的結論在很多情況下都是開放性的，以便學生在課下進行更深入的思考。

（三）案例的真實性

一方面，案例來自于現實生活，內容要符合客觀實際，要從學生的實際理解情況出發，從而激發學生學習和討論的興趣；另一方面，案例的表述要準確，選編的案例要進行精心提煉，使案例來源于生活，又略高于生活。

（四）案例的時效性

西方國家的高校每年都要對課程中的案例進行淘汰，刪除一批舊的案例，增加新的案例，以確保案例的時效性。自 2009 年 10 月 1 日起，中國施行修訂之後的新保險法，相比于原保險法，新保險法在很多方面都有大的修訂。如果教師在案例教學中，仍然簡單地借用以前的案例，又沒有根據新保險法對原有的分析結論作出解釋或補充，很容易誤導學生。對于那些經典的案例，在采用時要不斷賦予其新的內涵，使案例體現時代特色。

（五）案例的導向性

中國保險市場主體的無序競爭仍然較為嚴重，國民的保險意識也還不強，關于保險的各種糾紛大量存在。與其他專業的教學不同，教師在通過反面案例讓學生對保險行業現實狀況有所了解的情況下，也應當把正面案例與反面案例結合起來，以免影響到學生對保險業認識和學習的積極性。

二、保險法案例教學中存在的問題

與傳統的教學模式不同，案例教學強調學生的主動參與，讓學生參與到教學過程中來，使學生在參與講解和討論案例的過程中把握教材的內容。然而，中國傳統的從小學到大學，老師台上講學生下面聽的教學模式，導致中國案例教學中學生的參與程度很低，影響了案例教學的效果。

（一）被動參與多，主動參與少

與傳統的教學方式不同，案例教學不再是一個單向溝通的過程，而是一個學生与教师之间、学生与学生之间多向沟通的过程。学生通过小组讨论的形式参与到案例分析的各个环节中来，承担着更多的学习任务。教师的作用是挑选或撰写教学材料，并在课前向学生布置题目，要求学生阅读案例；教师还要在课堂上引导学生进行思考和讨论，总结提炼必要的理论知识。因此，在案例教学过程中，学生充当着参与方的主要角色，而教师充当着引导方的次要角色，并各自发挥作用。

然而，由于受到传统教学方法的影响，在保险法案例教学课堂上，教师在整个学习过程中处于主导地位，学生也习惯被动接受教师在课堂上所讲授的知识。除此之外，还有的学生担心自己的观点受到教师和其他学生的质疑，不愿意参与到讨论过程中来。

（二）课上参与多，课下参与少

学生在保险法的案例学习过程中，主要通过在课堂上回答教师提问的方式参与到教学中来，在课下预习、复习和课后实践等方面还做得不好。由于学生课下参与少，因此导致学生在课上讨论的时候，因为知识储备不足而无从下手，丧失参与的兴趣，因而难以达到案例教学应有的效果。

（三）师生互动多，生生互动少

生生互动少不仅体现在课堂上，还体现在课堂下。在课堂上，由于思考的时间太过于仓促，准备不充分，对案例的背景知识以及相关领域的专业知识掌握的不够。因此，在小组讨论的时候，实施效果差，难以形成生生之间激烈讨论的场面。在课堂下，由于学生原本一直处于以教师为中心的传统教学模式中，突然开展以学生为中心的案例教学，学生既缺乏心理准备，又缺少必要的知识技能，以至感到困惑甚至不知所措。

三、保险法案例教学中学生参与度低的原因分析

（一）学生学习动机功利化、兴趣不足

学习兴趣是学习动机的源泉，学习兴趣引起学习动机，内在动机有利于提高学习效率。由于受到不良社会环境的影响，导致学生更看重现实，多数是为了毕业和就业的目的来学习这门课程，势必影响学生参与度。

知识范围的掌握程度不够，不仅是专业知识，更是综合知识的掌握。往往一个案例都是活的，所需要的不仅仅是书本上的专业知识，更多的是学生自身的思维方式和长期以来积累的知识和综合能力的一个反馈和体现。

（二）传统教育方式的影响

学生从小接受的是被灌输的思想和知识，已经在漫长的传承过程中形成了固定的方式，很难在短时间内改变。在案例教学过程中，案例讨论是关键环节，案例讨论的主体是学生本人。然而，由于学生长期缺乏案例讨论的锻炼，导致学生不能很好地认识到自身的优点，更不能自由地表达自己的观点和想法。以前的案例教学注重结论的获得，轻视知识的探索过程。教师没有从方法、内容体系上进行根本性变革，只是在课堂教学中穿插了某些案例作为补充，这种简化的案例教学最终的结果还是简单的理论传授。

在传统讲授法中，教师的角色是讲解员，强调的是老师对学生的一种"单向"传递，教师的责任在于把自己知道的书本知识传授给学生，师生之间互动、交流很少。案例教学中，教师的角色是导演者，需要指导案例教学的全过程，课前要有针对性地精选案例，课堂上组织案例讨论过程，去解决讨论中发现的问题，最后要进行总结，对整个讨论情况做出评价。因此，在案例教学过程中，教师和学生之间不是简单的知识"单向"传递，而是师生之间思想、心得、智慧的"双向"交流，教师和学生都承担了更多的教与学的责任。

（三）教师组织能力和引导方式比较欠缺

案例教学是学生和教师的互动式活动，对教师的综合素质要求较高，教师需要经过良好的训练才能取得较好的教学效果。同时，教师在花费大量时间、精力备课之后，由于课堂教学中不可控因素增加，如果组织不好，引导不利，不一定能达到预期的教学效果。

四、提升保险法案例教学中学生参与度的方法

案例教学是师生之间、生生之间的一个互动讨论学习的过程。课堂上学生不应只是接受者和被训练者，更应是一个主动参与者和探索者。探索如何提高学生参与度，形成师生互动、生生互动、课上课下互动、课内课外互动的氛围是决定保险法案例教学质量的重要因素。

（一）教学准备上，充分准备是前提

1. 教师的充分准备是关键

案例教学与传统教学方法不同，它对教师提出了更高的要求，甚至是一个严峻的挑战。首先，案例教学不仅需要教师具有扎实的专业理论知识，还需要教师具有丰富的实践经验，并将理论与实践融会贯通。其次，案例教学要求教师不断地更新教学内容，补充教案，还要求教师更加重视社会实际现状，对现实中的问题保持高度敏感，不断地从社会实践中寻找适宜教学的案例。最后，案例教学需要教师在教学中扮演组织者、引导者、参与者和控制者等多种角色，这就需要教师在课前要熟练掌握案例，并在组织表达、沟通技能等方面进行课前演练。

2. 学生的准备有利于教学效果的提升

案例教学法不单纯追求一种正确答案，而是重视得出结论的思考过程。每个教学案例所涉及的问题都需要由同学们自己进行分析、解释和讨论。这种教学法的成功取决于学生参与的程度，而能否参与，又与学生是否为每个案例做了充分的准备有关。如果没有课前充分的准备，学生在课堂讨论时往往会不知所措，或消极地等待答案，这样会违反案例教学的初衷。一般在正式开始上课前的一到两周，把案例发给学生。学生拿到案例后，先进行消化，再查阅各种必要的理论知识，这无形中加深了对知识的理解，而且是主动进行的。

（二）教学方法上，不断完善教学方式，提升教师自身魅力

1. 不断完善教学方式

传统的教学知识告诉学生怎么去做，而且其内容在实践中可能不实用，且非常

乏味无趣，在一定程度上损害了学生的学习积极性和效果。但是，在案例教学中，没人会告诉你应该怎么做，而是需要自己去思考、去创造，使得枯燥乏味变得生动活泼。

案例教学中，需要不断变换教学形式，使学生大脑兴奋不断转移，注意力能够得到及时调节，有利于学生精神始终维持最佳状态。

2. 提升教师自身魅力

课堂教学是一门艺术，不同的教师在课堂上会演绎出不同的感染力和艺术效果。不断提升教师自身的魅力，增加对学生参与课程的吸引力。自身魅力来源于个性和渊博知识。在课堂上，教师应该发扬教学民主，创造良好的教学环境，做到师生的平等交流。针对一些问题，教师与学生之间可以一起展开讨论，既调动了学生的积极性和主动性，又有助于增进师生之间的了解。

（三）教学讨论上，通过启发式设问引导学生进行讨论

1. 教师要发挥好主导与协调的作用

在课堂上应充分调动学生的积极性，鼓励每个学生都参与发言，并尽量引导学生拓展思维，深入讨论，以促进学生对问题的认识和对知识的理解。在把主角让给学生的同时，又要避免缺位，教师应充分发挥配角作用，对学生积极引导，使案例教学始终围绕主题顺利进行。

2. 启示式设问引导学生进行思考

案例教学的实质是开放、互动，强调学生的高度参与。在案例讨论中，教师尽管不是主体，但是要发挥主导作用。首先，通过启发式设问引导学生积极参与讨论。教师提问的问题要少而精，紧紧围绕教学内容。由于学生对教学内容的理解和接受能力不一样，因此在提问的时候要有层次性，由易到难，逐渐深入。其次，教师和学生要形成一种良性的互动关系，营造良好的课堂讨论氛围。在讨论的过程中，教师要鼓励学生自主思考，并采用灵活多样的形式去调动学生的积极性。最后，允许学生发表不同意见和看法。保险业的发展起步较晚，虽然 2009 保险法经历了第二次修订，但是仍然存在一些争议和一些不完善的地方，因此，在讨论过程中，允许学生发表自己对同一问题的不同意见和看法。

（四）教学总结上，准确点评案例

教学中，教师应当及时对学生的讨论进行点评，解答学生提出的疑点问题，并对讨论中暴露出的问题及时修正，把讨论引导到正确认识的轨道上来。如果没有必要，对学生案例分析、讨论的表现往往不进行优劣评价，而应以鼓励表扬为主。只有学生认为自己被老师肯定了的情况下，才能更积极地参与到下一次的案例教学中。在教学总结上，教师要克服自己的主观随意性和自己对案例理解分析的局限性，应注重关注学生的分析思路是否清晰，是否抓到了问题的实质和关键，从什么角度分析问题等。

参考文献

［1］陶斌智. 保险法课程案例教学法运用的探讨［J］. 梧州学院学报，2006（4）.

［2］萨仁图亚. 试论案例教学在保险学课程教学中的运用［J］. 大观周刊，2012（38）.

［3］杨敏. 关于保险学课程案例教学理论与实践的思考［J］. 湖北经济学院学报：人文社会科学版，2009（4）.

［4］黄芳，张月. 案例教学中学生参与度及其影响因素研究——以工商管理本科生为例［J］. 淮海工学院学报：人文社会科学版，2012（3）.

美国家庭的理财与投资

谭　阳　郑兴渝①

【西华大学经济与贸易学院　四川成都　610039】

[摘要] 高物价、低利率背景下应如何理财投资，是摆在我们每个家庭面前的重要问题。经济危机极大地改变了成百上千家庭的理财观念，美国民众在家庭理财观念上出现了四大趋势：减少债务、家庭价值超过物质享受、谨慎投资、正常消费取代超前消费。人们希望能做到合理分配资金，采取多渠道、多模式的投资方式，并将长期和短期投资相结合，以分散风险，稳健理财。本文从三个方面介绍了美国大多数家庭的投资和理财的渠道、成功的理财投资需注意的问题以及如何教育下一代学习理财和投资，以期对我们有所启发。

[关键词] 美国家庭　理财　投资

2012年美国的人均收入是50 700美元，世界排名第14。[1]所以，美国家庭的收入一般来说是不错的。但是，在减掉要支付的所得税、房屋贷款、汽车贷款和维护费、保险以及日常开支后，生活的负担依旧很重。因此明确家庭的需求，做到合理规划收支，将积攒的钱拿来做资本，用钱来赚钱，使家庭的财务处于最佳状态，从而提高生活质量，显得非常重要。

首先，我们来看看美国第一家庭的理财投资情况。披露家庭财产是美国行政部门所有高官及国会议员们都必须做出的，这让我们可以有机会了解美国第一家庭的财务情况。根据2013年5月15日公布的数据，美国总统奥巴马的收入来自于40万美元的薪水和近十年来出书所得的版税。米歇尔作为第一夫人，是没法赚钱的，所有的公益活动都是做义工。如果仅仅依靠薪水收入，奥巴马一家再怎么节省攒钱，也难以拥有现在这么多财富。白宫发言人在公布奥巴马家庭财富时表示，到目前为止，奥巴马的财富积累还没有出现以权谋私的现象，总统的家庭财富获得没有出现利益冲突的事情，他们的财产申报经过了政府独立的审计部门的审核。按奥巴马一家最低和最高财富额两个数字来统计的第一家庭的总资产在190万~690万美元之间。其中，现金存款为51.5万美元，中长期国库债券投资在100万~500万美元之

① 谭阳，1989年生，女，SJU Haub商学院2012级金融计划与服务硕士研究生；郑兴渝，1963年生，女，硕士，西华大学经济与贸易学院副教授，研究方向是宏微观经济分析、企业管理。

间，退休账户金额在 32.5 万~78 万美元之间，子女教育储蓄账户金额在 20 万~40 万美元之间。在债务方面，主要的债务是房屋贷款，约在 50 万~100 万美元之间。可见，奥巴马夫妇能跻身入美国最富有的 1% 的队列，靠的是奥巴马的版税收入以及十分保守的理财方式。家庭投资组合是以稳健的形式集中投在美国国债上，还有一部分资产放在银行储蓄以及指数基金中。[2] 那么，美国普通家庭又是如何理财的呢？有哪些理财和投资的渠道？是如何教育自己的后代理财的呢？

表1　　　　　　　　　　美国家庭资产负债表（部分）　　　　　　　单位：十亿美元

	2007 年	%	2008 年	%	2012 年	%
总资产	81 114.9		68 261.5		80 784.1	
非金融资产	28 216.9	35%[(1)]	24 825.6	36.4%	25 188.9	31.2%
金融资产	52 898.0	65.2%	43 436.0	63.6%	55 595.2	68.8%
总储蓄资金	7494.9	14.2%[(2)]	8106.2	18.7%	9139.3	16.4%
信贷市场工具	4865.4	9.2%	5204.1	12.0%	5468.8	9.8%
美国国债	183.0	0.3%	269.4	0.6%	1197.8	2.2%
共同基金	4869.1	9.2%	3313.9	7.6%	5372.4	9.7%
退休基金账户	13 236.1	25.0%	10 567.7	24.3%	14 444.1	26.0%
人寿保险	1076.8	2.0%	1049.8	2.4%	1186.1	2.1%
负债	14 253.2		14 097.6		13 437.7	
房屋贷款	10 580.1	74%[(3)]	10 523.1	74.6%	9432.0	70.2%
净资产	66 861.7		54 163.9		67 346.4	

数据来源：美联储官网，http://www.federalreserve.gov/releases/z1/current/z1r-5.pdf, 2013-06-06. （1）数据为占总资产的百分比；（2）数据为占金融资产的比例；（3）数据为占总负债的百分比

根据表1，我们可以看出 2008 年金融危机前后，美国家庭的资产负债概况：家庭总资产在危机时大幅下降，到 2012 年已基本恢复到 2007 年的水平；储蓄、国债、共同基金、退休基金、保险都有所增加；房屋贷款有所减少；净资产增加。另外，2012 年美国家庭拥有金融资产比例最高的是退休基金账户为 26%，人寿保险占 2.1%，也就是说有 28.1% 的资金用于保险与养老金储备。信贷市场工具和共同基金的比例加起来占 19.5%，储蓄资金为 16.4%。

一、美国家庭理财投资的渠道

美国是世界金融业最发达的国家，金融投资产品很多，比如短、中、长期的国库券，地方政府债券、上市公司债券、房贷债券、外汇、股票、期货、期权、共同基金以及投资保险等等，应有尽有。美国家庭的资产组合主要由以下几种形式组成：

（一）银行储蓄

它通常有支票账户（Checking Account）、储蓄账户（Saving Account）、定期储蓄（Certificates of Deposit）和货币市场存款账户（Money Market Deposit Account）四种。支票账户是零利息，储蓄账户的利息收入几乎为零，甚至还要缴纳服务费。货

币市场存款账户利息是一般储蓄账户利率 0.01% 的三倍，而且同一般储蓄账户一样可以随时从中提取资金或转入到支票账户；存入这个账户的钱将投资政府机构和企业的短期贷款；通常情况下，银行会要求保持 \$ 2500 左右的存款，有可能会限制支票开出的最高额度以及每月可写的支票张数。当然利息越高，资金的灵活性就会越低，比如选择 6 个月、1 年或者 5 年的定期储蓄。除了储蓄时间和利率不同外，美国的各家银行提供的利率和最低储蓄额度也是不同的，例如全国性的大银行美国银行（Bank of America）、富国银行（Wells Fargo）一年定期存款利息率分别为 0.03% 和 0.05%，要求的最低额度分别为 \$ 1000 和 \$ 2500。而地方性银行则会提供相对较高的利率，例如 PNC 银行提供的利率为 0.15%，最低储蓄额度 \$ 1000。可见，美国人储蓄率低（最近 3 年基本在 4%~5% 之间），是由于银行各种存款利息低，几乎是无利可图，如果通货膨胀率高于银行存款利率，在银行存钱等于是在做亏本的买卖。因此，在美国人的观念中，除攒有 3~6 个月的应急钱（如果家庭收入来源中断，积攒的钱可以维持生活），多的钱会去投资，而不是存在银行里吃利息，这也被称之为家庭财务安全的短线目标。

（二）股票（Stocks）

有人开玩笑说，美国人对股市的热衷远胜于对 NBA 的热情。据报道，全美 50% 以上的家庭涉足股票市场，股票价值占美国家庭财产的 1/3 以上，股票给美国家庭创造的财富难以计算。据专家估算，在 2007 年以前近 30 年，美国股票投资年回报率平均高达 20%。美国花旗银行投资部高级副总裁埃文斯·蓝说，根据过去 50 年的统计，美国股市每年的增长率为 10.6%，远远高于房地产 6% 的年增长率，所以股市被美国公众普遍认为是一种收益率高的投资增值渠道。很多美国人可能会持有一只股票几十年。许多人家里都藏有父母一代留下的股票。一般美国人买一只股票，平均持股时间为 2~3 年。美国历史上曾经出现过几次大的股灾，即使在平稳时期，一只股票从几十美元跌到几美元的例子也并不少见，但美国的股市仍是目前世界上监管得最好的股市，且证券交易委员会监管的重点不在于维持指数的稳定，而在于维护股市的公正性。股指的涨落是正常的，关键不在于多少人赚钱、多少人亏钱，而在于所有的人必须在一个公平、透明的平台上进行交易，内线交易行为会成为股市监管机构和司法部门严厉打击的对象。[3] 而且，美国政府有三种鼓励老百姓储蓄的方法：第一种，每年要缴社保税，总共的余额为 4.5 万亿美元；第二种是 401（k）退休福利计划，余额有 8.5 万亿美元；第三种是 1974 年开始推动的个人退休金账户（IRA），这类钱大概有 4.9 万亿美元左右。以上三项加在一起有 17.9 万亿美元左右，是美国 GDP 的 1.19 倍。这笔钱的 80% 左右都投入了美国股市，这是美国股市真正上涨的原动力。[4] 据 Ifa. com（IndexFundAdvisors）统计，S&P500 指数近五年上涨了 30.92%，年平均收益率为 4.80%，NSDQ 指数近五年上涨了 30.86%，年平均收益率为 5.77%。[5]

（三）基金（Funds）

基金是出于特定用途而集中的资金。在美国虽然投资股票通常比投资基金能获得更高的收益率，但在资本市场上，风险与收益是息息相关的。一般民众通常对数以千计的股票和债券无所适从。如果购买基金，可以让专业化的投资团队来替自己完成资产的保值和增值，还可以通过组合投资实现投资的多元化，以分散风险。基金帮助了许多没有时间，没有相关的知识或者没有兴趣自己买股票的人投资。它不仅容易操作，而且风险小。经过 100 多年的发展，共同基金已成为美国非常成熟的大众理财产品，市场规范成熟，深受老百姓青睐。国家对此也进行了严格的监管，比如他们至少得购买 20 种不同的股票来降低风险。当然，共同基金优异的市场业绩是美国人青睐共同基金的首要因素。据统计[6]，过去 20 年的股票基金，平均年收益率在 11% 左右。据美国投资公司协会的调查[7]，目前，有 48% 的美国家庭持有共同基金，持有人约为 9600 万人。约占美国总人数的三分之一。多数美国人的投资哲学是看好就长期持有。数据显示，美国基金持有人自 20 世纪 80 年代牛市以来的平均持有周期是 3 年到 4 年左右，这反映了美国投资者将基金视为时间较长的理财工具，而非短期炒作工具。他们通常不会随短期市场波动而频繁进出。

（四）美国国债（U. S. Treasure Securities）

美国国债是指美国财政部代表联邦政府发行的国家公债。根据债券的偿还期不同，可以分为短期国库券（T-Bills），中期国库券（T-Notes）和长期国库券（T-Bonds）。短期国库券是美国政府发行的售价低于票面价值的低于一年到期的债券，当到期时，政府再支付给持有者债券的票面价值。通常面值为 1000 美元起，最多可购买 500 万美元的。中期国库券是固定利率，期限为 1 年到 10 年不等，可从美国政府或银行购买。从政府处购买时，分为两种形式，竞争性或非竞争性投标。竞争性投标，可以指定自己想要的收益率，但这并不意味着就以这个出价能被批准。非竞争性投标，是接收拍卖会上的任意收益率。长期国库券是固定利息率、期限为 10 年以上的债务证券。长期国债每半年支付一次利息，持有人所得的收入只缴纳联邦一级的税。投资国债的好处是保险，不会大赚同时也不会大亏。

（五）529 大学教育储蓄计划（529 College Savings Plans）

美国实行的是十二年制义务教育，由联邦政府和州政府共同承担学生高中毕业之前的全部教育费用。所以对没有孩子上私立学校的一般家庭而言，教育成本可说是微乎其微，但上大学就需要家庭自己支付费用了。随着大学学费的逐渐攀升，家庭为此的支出也逐年增加，所以明智的做法是加入 529 大学储蓄计划。它是 1996 年设立的，由国家和教育机构经营的，用税收的优势和潜在的其他奖励，使得更多的后代们能得到高等院校的培养。该账户有以下几个非常突出的优点：第一，该账户的收益无需纳税，且使用时，只可以用于指定的项目并免收税费，比如学费、书籍以及食宿。根据 2013 年的最新更改，还可以用于购买笔记本电脑、iPad 等电子产品以及网络的服务费，例如每个月扣除账上 20 美元以支付互联网服务费。第二，任何人都可以开设 529 储蓄账户，并且可以自己定义受益人，可以是亲属、朋友甚至是自己。第三，只有开设 529 账户的人是保管人，有控制该账户的权利。第四，账户保管人可以更改受益人，如果之前的受益人不打算上大学。教育账户的最大投资不能超过 32 万美元。并且如果该账户的资金被挪作教育之外的用途的话，要付一定比例的强制性罚款。比如盈利部分将被收取普通联邦收入税、任何可能适用的州收入税以及额外 10% 的联邦税作为罚款。

2012 年的美国政府报告显示，只有 3% 的美国家庭通过 529 大学教育储蓄计划或教育储蓄账户来为以后上大学存学费。到了 2013 年，还有大概 69% 的美国人不知道有这样一个储蓄计划。所以美国政府将 5 月 29 日定为全国 529 大学教育储蓄日（529 College Savings Day）以提高其受关注度。根据大学储蓄计划网络统计，2011 年 12 月到 2012 年 12 月，529 储蓄账户余额从 10.7 万美元上升至 11.1 万，账户总数增加了 3.7%。[8]

奥巴马的成长过程说明了教育对一个人人生的重要性，他也深知很多低收入家庭由于缺钱无法让孩子接受良好的高等教育。虽然奥巴马夫妇已到了不缺钱的地步，但是他们还是把为孩子设立教育储蓄当作家庭理财的一个重要部分。截至 2012 年底，奥巴马夫妇为两个女儿一共设立了 4 个教育储蓄账户，每一个储蓄账户中的存钱均为 5 万至 10 万美元之间。这表明奥巴马夫妇已为孩子的教育攒下了 20 万~40 万美元。[9] 这样，等到两个女儿上大学时，奥巴马夫妇既不用动用存款或是养老金，也不用动用每年的收入，就能支付女儿上大学的全部费用。有了教育储蓄账户，奥巴马的女儿上大学不用借教育贷款，大学毕业时也无债一身轻。

（六）401（K）退休福利计划

这是美国于 1981 年创立的一种延后课税的退休金账户计划，美国政府将相关规定订在国税法 401K 条中，所以简称为 401（K）。它适用的范围仅限于私人公司的在职员工。该计划是员工自愿参与的，其目的除了为员工自己的退休福利做准备以外，也是为了鼓励员工长期在一家公司就业。401（K）计划由劳工雇主申请设立后，雇员每月拨薪水的 1%~15% 至其退休金账户，该项金额可以从雇员的申报所得税中扣除，等到年老提领时再纳入所得课税。与此同时，雇主也会放入一定量的金额到雇员账户，即使不一定是同比例的金额。根据美国利润分享（Profit Sharing/401k Council of America）的数据显示，最受欢迎的投资额度为自己薪水的 3%。而公司将根据自己的条例和雇员存入的数额，在雇员的账户中存入对应的数额。该账户的退休金在紧急时可以提前领取，但是 60 岁前提领者会被扣 10% 的惩罚金，而 70 岁开始则是强制提领，否则会被扣总金额 50% 的罚金，此罚则可以避免过早或过晚提领的现象。401（K）的投资项目有很多，可以是基金、股票、债券、存款、保证产品（美国称 GIC）。一般企业向职工提供 3 到 4 种不同的组合方式，职工可以自由的选择。但并非该账户所有钱都可以用于投资，2013 年的上限规定为 17 500 美元。而不可抗的因素（例如通货膨胀，股票的贬值）可能使得 401（K）的表现不佳，使得退休的人不能得到投资 401（K）预期数额的养老金。

（七）个人退休金账户（Individual retirement account，IRA）

个人退休金账户是 1974 年员工退休收入保障法案（ERISA）中提出的。如果公司没有帮雇员存钱，雇员自己也是可以存钱到个人退休金账户，该账户可以通过银行、保险公司或其他金融机构设立。同 401（K）类似，是一种延后课税的退休金，每一年存款不能超过＄5000，且存款金额免税。这些钱只有到退休之后才可以取出。[10]退休账户投资是美国人积攒养老钱的主要方法之一。美国人不靠儿女养老，也不完全依赖政府养老，更多情形是老了自己养。作为美国总统，奥巴马退休后生活会有一定的保障：终身每年可领退休金 199 700 美元、办公和人员费用、旅行支出、特勤局保镖服务等。总统如果过世，其遗孀可以终身享受每年 2 万美元的退休金。但奥巴马仍然像很多普通美国人一样，平时就在退休账户上投资。他们共有 3个退休账户，2012 年退休金总额在 30 万～70 万美元之间。这些退休金投入到指数基金中，也是一种比较稳固和保守的投资策略。2012 年奥巴马退休账户投资获得的回报在 2.5 万～8 万美元之间。[11]

（八）住房

在美国有一套完整、成功、普及了的住房抵押贷款制度，且"住房价购常数"（即房价与家庭年收入的比值）为 3～4，"还贷压力常数"（即住房还贷金额与家庭年收入之比）为 1/3～1/4，均较合理。因此，长期以来，购买住房都是美国家庭最大的投资之一。虽然家庭通常会欠一大笔债，但一旦偿还完房贷，家庭的净资产和安全感必然大幅增加。目前，美国 65% 左右的家庭拥有自己的房屋。购屋基本上是美国人的美国梦，一般一个工薪家庭需要将收入的 35% 到 55% 花在这个梦上，除需偿还房贷（免税）和每月要交纳小区管理费外，每半年还要缴纳一次房产税（美国每个州税率不同，2010 年大致平均征收房屋总价值的 1.14%）。美国人在自由竞争的环境中活动性很大，于是家庭住宅也相应流动，住房三五年一换直到满意为止是30～50 岁人的普遍规律。当 65 岁以上形单影孤难以自立时，便售出豪宅，转住老人公寓。工作单位地址变动，失业或破产房屋被拍卖，也使房地产市场更加活跃。随着美国不同时期、不同地区经济和人口的起伏，房价也随之涨落。因而住房成了人们投资、保值增值的商品，也使房屋建筑业不断兴旺起来。而且，住宅的档次无声地述说着人们成就的档次。

（九）保险

美国人要买的保险特别多，有的保险是州政府强制规定购买的，例如汽车驾驶的责任险；有的是原有房屋屋主申请再贷款时，银行要求申请人出具房屋保险单；有的是家庭自行购买的，例如医疗保险（到 2014 年时，医疗保险将成为联邦政府规定购买的险种）。如把一般家庭所购买的保险列一个单子，那就基本上有如下的种类：普通医疗保险（各类保险中开支最大的一项）、眼睛保险、牙齿保险、汽车保险、房屋保险、家庭财产保险，还有许多家庭为了保护未成年子女而购买人寿保险。美国家庭在保险方面的支出要占其净收入的 20% 左右。当然上述大部分保险你可以不买，责任自负。但美国人的防范意识较强，他们多数人不愿意冒险，因为一旦发生不测，无论是健康、房产还是车祸，没有保险公司的理赔则足以让一个家庭破产。

二、成功的理财投资需注意的问题

通过合理的理财投资，人们希望可以使自己变得富有些，使自己的子女接受良好的高等教育，让自己退休后可以过上衣食无忧的惬意生活。那么，如何才能实现这些愿望呢？

第一，要设立明确的目标。这个目标不论是准备好小孩子的学费、买新房子、买汽车、买家电，还是在50岁以前退休或去一次旅行等等，不论目标大小，一定要有个计划，并且为了这个计划全心全意地去努力。比如认真学习，努力工作，获取更高的收入；提高自己的信用分数，来获取更低的贷款利率等；购买低价产品替代较昂贵的产品；自己多动手做饭，少去餐馆；提前预订有折扣的机票、旅店，等等。通过各种各样有效的方式为期待实现的目标做准备。

第二，明确自己的家庭资产情况。此时，会计基本知识就起到了很好的作用。一般家庭主要有资产和负债两类，家庭资产主要分为金融资产和非金融资产两大类，金融资产包括银行存款、债券、股票、投资基金、退休基金、人寿保险等。非金融资产包括住宅、汽车、耐用消费品、金银、珠宝、古董和艺术品等。负债类主要是贷款，比如房屋贷款、汽车贷款等。接着要关注的就是家庭主要的收入和支出项目。收入部分主要来源于工资、利息、分红等；支出部分，主要有税收、贷款、日常生活费等。理想的状态是，自己的收入除了能满足支出，还能够减少自己的负债，并有剩余进行储蓄以及投资。

第三，建立良好的信用记录。每当需要贷款买房、买车或者开办信用卡时，贷款人会了解借款人的信用记录，从而估计借款人在未来是否能按时还款。不要小看水、电、气和电话等往往只有几十美元的公用事业费，在美国申请信用卡乃至移民办身份时，经常需要公用事业账单来验明正身。因此，美国人可以拖欠信用卡公司上万美元，却不愿拖欠几块钱的公用事业费，一旦拖欠，不仅会给自己的信用带来极大的污点，弄不好再把你的水电气断了，日子就难过了。所以自己的信用记录非常重要。在美国，信用记录是用分数来体现，最低300分，最高为850分。这些分数的计算是基于还贷款的历史记录（占35%的比例）、贷款数额（占30%）、拥有信用记录的时间（占15%）、新增贷款（占10%）和贷款的用途（占10%）这五个方面综合计算出最终的分数。[12]建立良好的信用记录，获得高分的好处非常明显：一是能帮助你更容易借到贷款，二是拥有更低的利息率。例如，有一个需要向银行借钱买房的客户拥有720分的信用积分，可以比信用分数为620的获得低接近2%的利息率。别小瞧这2%的区别，如果是贷款＄20万，大约每个月有300美元的差额。

第四，选择好储蓄和投资的资产组合。要考虑自己的风险承受能力、自己的家庭和职业等因素，选择适合自己的资产组合才是最好的。储蓄方面，自己的退休金不能忽视，一般自己的退休收入包括三个部分：社保、401K和个人退休金账户（IRA）。据研究，一般人退休后需要维持以前的生活标准，大约需要70%到85%的退休前收入。在退休后，人们大约每个月可从社保获得按以前收入的一定比例的退休金，低收入群为以前的55%，中等收入群为41%，高收入群为34%，富有的人为28%。[13] 401（k）和个人退休金账户就能增加些退休后的收入。投资方面，通常来说风险与回报是成正比的，财富管理实质上就是风险和收益的平衡。下面的一个组合方式可供参考，比例可以根据情况在一定范围内调整。10%高风险（投资国际小盘股指数基金）；30%较高风险（投资美国股票指数基金）；35%低风险（分散投资在债券基金、市政债券）；25%无风险（投资TIPS债券、银行定期存款、持有至到期的国债（比如5年，10年到期）[14]。

第五，要有前瞻性。近年来美国各种费用都在不断上涨。例如2011—2012学年度，全职学生在公立学校每年的学费、书本费、日常吃住费的总额平均为15 000美元。2012—2013学年度，公立学校光学费就涨了4.8%，学生公寓，书本费等等也都不同程度地上涨。再有，根据2013Milliman医学指数（Milliman Medical Index）显示[15]，每年四口之家的家庭健康保险花费在22 030美元，比2012年上涨了6.5%。因此，人们需要提前做好储蓄准备，充分利用各种税收政策，获得更多收益的同时免掉一些税费。

第六，尽量避免以下几种投资方式和消费行为：①拥有过多的负债。生活中应当量入为出，消费中不赶时髦，以实用为原则，尽可能地减少还款额。奥巴马夫妇理财的特点就是他们的负债只有一项，就是自己2005年买房子时所得到的30年期的房贷。而很多消费型的贷款，例如购置新的汽车、家具、家电或是用于生活的贷款，则应当减少或是没有。因为过多的负债，可能导致一个不良的循环，那必是申请新的贷款来还旧的账，终身被种种负债缠身，财务状况难以好转。②盲目追求高收益率。如果只是为了争取获得更高的收益率而不惜承担极高的风险或是投资一些自己都弄不明白的复杂产品，这样的行为是愚蠢的。这种心理往往最容易上当受骗。③持有过多自己所工作企业的股票。这就如同将鸡蛋都放入一个篮子中，风险很大。如果自己公司遇到了麻烦，自己将遭受双重打击。比如那些曾经为安然（Enron）或者是雷曼兄弟（Lehman Brothers）工作过的人，家庭财务状况都纷纷陷入困境。④信用卡的麻木消费。信用卡使用起来非常方便，也非常容易在不知不觉中花掉很多钱。所以要尽量控制自己的消费，随时详细查看账单，努力还清信用卡债务。

三、关于孩子理财的教育

美国小孩的理财意识非常强，金钱教育是从零花钱的使用开始的。家长会教小孩如何预算、节约和自己做出消费决定。但一旦孩子因使用不当而犯错误时，家长一般不会轻易帮助他们渡过难关。因为只有如此，孩子才能懂得过度消费所带来的严重后果，从而学会对自己的消费行为负责。家长鼓励中小学生出去打工，赚取自己的零花钱。据了解，每年都会有300多万的中小学生"打工仔"，帮忙遛狗、剪草坪、送报纸等等，让孩子学会独立，了解金钱的来之不易。很多家长利用返校购买学习用品的机会，教会孩子区分什么是需要买的，什么是想要买的，还教会孩子学会在网上对比差价。

　　当理财的话题对孩子来说不再陌生的时候，大概是小孩 7、8 岁时，就可以为他/她开设一个银行账户。当家长自己存钱或存支票的时候带他们一起去银行，还一起浏览每月的银行账单。还有一些理财师会教自己孩子理解什么是投资，了解通货膨胀，然后给予一定限额的金钱进行投资。例如 Concierge Financial Planning 的主要负责人 Ann Minnium. 的儿子 George18 岁，拥有 600 美元的投资账户，并且每个月增加 50 美元。她会限制自己的儿子投入股票类的资金不能超过他投资组合的 15%，剩下的资金则投资到交易所交易基金（Exchange Traded Funds，简称 ETF）。因为该基金投资的组合非常多元化，包含有现金、美国和非美国的股票、债券，而且只需要少量的钱就能投资。等到孩子有工资收入时，开设个人退休基金储蓄（IRA）将会是下一理财课题。[16]总之，帮助孩子为未来生活做好准备是家长应尽的义务。

　　巴菲特说："人生就像滚雪球，最重要的是发现很湿的雪和很长的坡"。"很湿的雪"应该是指在适当的时机选择有价值的投资对象，只有有价值的投资对象，才能持久的给自己带来回报，就如湿的雪一样，才能握成团，并不断的沿着下滑的坡道粘起更多的雪。"很长的坡"就是时间的问题，财富的积累不是一朝一夕的事，有种说法，钱来得快去得也快，一夜暴富的心态不能有。总得来说，投资理财也正是为了发现这很湿的雪和很长的坡，让自己的生活变得更美好。

参考文献

［1］美国国家情报局官网 CIA［EB/OL］. https://www. cia. gov/library/publications/the-world-factbook/rankorder/2004rank.html，2012

［2］［9］［11］乔磊. 美国政客如何投资理财 看看奥巴马攒了多少家底［J/OL］. 理财周刊，http://elegantliving.ceconline.com/ART_6000021209_350300_EL_01.HTM，2013-06-09

［3］顾列铭. 美国人理财不进银行［N］. 中国信息报，2008-06-04.

［4］郎咸平. 9 成中国人人均存款 9000 元不敢花钱［J/OL］. 理财周刊. http://elegantliving.ceconline.com/ART_6000021553_350300_EL_02.HTM，2013-07-24.